유아전통교육

전남련 · 남궁기순 · 서영순 · 변혜영 · 윤오식 · 강경화

창지사

머리말

21세기를 세계화, 지식·정보화 시대라고 한다. 이제 세계는 우리의 이웃인 동시에 함께 더불어 살아가야 할 공동체이다. 우리가 세계화(Globalism) 시대를 잘 살아가기 위해서는 우리 민족의 전통문화를 계승·발전시켜 세계에 널리 알릴 필요가 있다. 우리 민족의 고유한 전통문화를 계승·발전시키는 일은 우리 민족의 주체성을 확립하는 데 결정적인 역할을 하며, 우리 민족의 생존과도 무관하지 않다. 이스라엘 민족이 영토와 주권이 없이 세계를 떠돌아다니면서도 세계 속에 강한 민족으로 존재할 수 있었던 것은 그들만의 전통문화 즉, 유태인식의 교육법을 간직하고 오늘날까지 자녀들에게 부지런히 가르치며 계승해 오고 있기 때문이다.

우리나라는 분단된 국가이기 때문에 다가오는 통일을 대비하여 우리 민족의 동질성을 이해하고 분단 이전의 전통문화를 서로 인식하고 공유하기 위해서 전통교육이 필요하며, 외래문화를 선택할 수 있는 힘을 기르기 위해서도 우리 전통문화를 계승·발전시킬 수 있는 교육의 장이 필요하다고 본다. 그러나 급격한 사회의 변화와 생활 문화의 변화로 자칫하면 우리 고유의 전통문화가 소멸되기 쉬운 시대에 우리가 살고 있기 때문에 교육적인 노력 없이는 계승·발전시키기가 어렵다고 본다. 그리하여 저자들은 감각적으로 민감기에 놓여 있는 유아들에게 우리 전통교육 프로그램을 제공해 주는 것이 어느 시기보다도 더 적기라고 생각하고, 유아 교육 현장에서 우리 민족의 전통문화를 쉽게 접근해 볼 수 있는 방법을 모색하여 책으로 엮어 보았다.

이 책은 제5부와 부록(별도 CD)으로 구성되어 있다. 제1부는 전통교육의 이론적 기초로 전통교육의 개념, 전통교육과 태교, 한국 전통 사회의 유아교육 원리, 한국 전통 유아 교재를 중심으로 주로 전통교육의 기초적인 이론을 소개하였다. 제2부는 전통문화의 정의, 한국의 전통문화, 전통문화와 효, 한국의 전통문화와 생활 문화, 세시 풍속, 전래 동화 속 인성 덕목 프로젝트의 실제에 대하여 소개하였다. 제3부는 전통교육과 유아 사회생활로 유아 사회교육의 정의와 내용, 3~5세 누리과정의 사회관계 영역, 전통교육과 기본 생활 습관, 전통교육과 개인 생활, 전통교육과 가정생활, 전통교육과 집단 생활, 전통교육과 환경 보전으로 나누어 소개하였다. 제4부는 전통 놀이의 개념, 전통 놀이의 종류, 각 지방별 전통 놀이의 실제를 소개하였다. 제5부는 한국 전통 음식의 역사, 전통 음식의 특징, 우리나라의 계절 음식, 전통 요리 실습의 실제를 소개하였다. 지면 관계상 부록은 CD에 수록하였다. 부록1은 누리과정의 5개 영역을 전통교육 활동으로 전개해 볼 수 있도록 수록하였으며, 부록2는 전통 놀이를 이용한 게임의 실제를 소개하였다.

이렇게 광범위한 부분을 책으로 엮을 수 있었던 것은 지혜가 부족하여도 꾸짖지 않으시고 후하게 주신 하나님의 은혜이며, 우리 민족의 전통교육을 앞서 연구하신 선배 학자님들의 땀의 결실로 이루어진 연구들이 있었기 때문이다. 또한 제4부는 제주관광대학 유아교육과 3학년 학생들과 직접 수업을 하면서 얻은 결실의 소산이다. 전통교육 수업을 위해 함께 고민하고 동참해 준 제주관광대학 유아교육과 학생들과 전국에서 전통교육 교재를 활용해 주신 많은 교수님들과 학생들에게도 지면을 통해 감사를 드린다. 또한 이 책의 삽화를 예쁘게 구성해 준 조현미 선생과 세시 풍속 행사 자료를 체계적으로 구성하여 좋은 책이 될 수 있도록 도와주신 미예림어린이집 변혜영 원장님과 교사들, 전통 요리 실습을 실제로 유아들과 함께 활동하면서 사진으로 자료를 제공해 주신 민족사관어린이집 서영순 원장님과 교사들, 전래 동화 속의 '사랑'이라는 인성 덕목을 프로젝트 접근법으로 수행하여 자료를 제공해 준 남궁기순 교수와 다솔숲어린이집 윤오식 원장님과 교사들, 고운유치원 강경화 원장님과 교사들에게도 감사를 드린다. 좋은 책이 출판되길 바라며 기도해 주신 글로벌멘토링연구회 연구원들과 원고 정리를 끝까지 맡아 수고해 준 남궁기순 교수와 최병민 선생, 이 책의 출판을 맡아 주신 창지사 사장님과 직원들께도 감사한 마음을 드린다.

모쪼록 이 책이 다문화 시대에 우리 민족의 정체성을 갖는 데 중요한 지침이 되길 바라며 전통교육을 공부하는 모든 학생들에게 많은 도움이 되길 바란다.

2018년 7월

글로벌멘토링연구소에서

대표 저자 전남련

제2부 전통문화

제3부 전통교육과 유아 사회생활

제4부 전통 놀이

제5부

전통 음식

부록 1

누리과정에 따른 전통교육 활동의 실제

부록 2 전통 놀이 게임의 실제

제 1 부

전통교육의 이론적 기초

전통교육이란 무엇인가

제 1 장

1. 전통교육의 개념

전통교육이란 우리 민족의 전통문화를 가르치는 일이다. 즉, 서구 문물이 유입되기 이전에 우리 민족 구성원 전체가 향유했던 문화유산을 가르치는 것이다. 전통(tradition)이란 개념은 "과거로부터 전해진 신념 체제나 사고 양식, 또는 구체적인 일련의 실천들로서 지금도 존재하고 있는 것"이라고 Gross는 정의했다.[1)]

'전통'이란 문자 그대로 해석하면 '전해져 내려오는 계통'이다. 영어의 'tradition'의 어원은 라틴어의 'tradito' 또는 희랍어의 'pradosis'라고 하는데 둘 다 모두 '넘겨주다'(handing over)라는 의미를 갖고 있다.[2)] 그러나 전통은 단순히 넘겨받은 유산은 아니며 '전통적'이라고 하는 말을 사용할 때는 부정적인 의미보다는 긍정적인 의미가 강하다.

---

1) Gross, D. (1992). *The past in ruins: Tradition and the critique of modernity*. Amherst: University of Massachusetts press.

2) 김종서 외, 「전통 사상의 현대적 의미」, 성남: 한국정신문화연구원, 1990, p.9.
정재걸·이혜영, "전통교육의 체계화를 위한 연구", 한국교육개발원, 연구 보고, RR 93-25, 1993, p.13.

고병익은 전통의 의미를 다음과 같이 세 가지로 요약했다.[3]

첫째, 전통은 변화를 전제로 한다. 모든 것이 바뀌는 가운데서도 바뀌지 않는 것이 전통이다(변화성).

둘째, 전통은 계속성을 포함한다. 특정 역사적 시기에 돌출적으로 발생한 사건을 전통이라 하지 않는다. 전통이란 한 민족을 단위로 하여 면면히 이어져 오는 것이 전통이다(계속성).

셋째, 특정 민족이나 공동체만이 가지고 있는 독특하고 고유한 것이 전통이다(고유성). 어느 민족이나 어느 공동체가 가지고 있는 그 무엇은 전통의 범주에 포함될 수 없다.

우리의 전통이란 우리 조상으로부터 오랜 세월을 거쳐 장기간 성립·발달·정착되어 온 사상, 종교, 풍습, 예술 등이 언어 또는 일상생활을 통해 대대로 현대까지 이어져 내려오는 것을 의미한다. 즉, 전통이란 우리 민족 속에서 전통적으로 내려오는 문화인 것이다.[4]

전통교육이란 전통을 가르치는 일이다. 그리고 전통교육의 내용에 비중을 둘 경우에는 '전통문화를 가르치는 활동'이다. 왜냐하면 전통의 내용이 곧 전통문화이기 때문이다.[5]

2. 전통교육의 목적

'전통교육을 왜 하는가? 전통문화를 왜 배워야 하는가?'라는 질문에 우리는 전통의 계승과 발전이 필요하기 때문이라고 한다. 그러면 왜 전통의 계승과 발전이 필요

3) 고병익, 「동아시아의 전통」, 서울: 일조각, 1982, pp.8-20.
이기현, "유아교육과정과 전통문화 교육", 아동 교육, 제11권 제1호 79-92, 2002, pp.80-81.

4) 이기현, 앞의 연구, p.81.

5) 정재걸·이혜영, 앞의 연구, p.17.
임희섭, "문화 전통과 생활 문화", 「문화 전통과 사회 발전」, 미원문화재단, 1991, p.343.
임희섭은 "전통=문화"라고 하여 다음과 같이 정의하고 있다. 전통은 "과거로부터 현재에 이르기까지 축적되고 계승되어 온 문화적 유형의 총체"를 의미한다.

할까? 전통문화의 계승과 관련하여 세계는 크게 3가지 유형으로 대변할 수 있다(정재걸·이혜영, 1993).

첫째, 유럽과 같이 전통문화 자체가 현대 문화로 계승·발전되는 유형, 둘째, 인도와 같이 오히려 전통문화가 문화의 주류를 형성하고 서구 문화가 부분적으로 유입되고 있는 유형, 셋째, 전통문화와 서구 문화가 갈등을 겪고 있는 우리나라와 일본과 같은 나라의 유형이다.

그래서 현재 문화재 보호법을 가지고 있는 나라는 우리나라와 일본 두 나라뿐이라고 한다.[6] 일본은 1955년부터 인간문화재를 지정·보호하기 시작했고, 우리나라는 1961년 정부 산하 문화재 관리국의 발족과 더불어 유형문화재(1962년)와 무형문화재(1964년)를 지정하여 오늘날까지 이르고 있다.

이런 맥락에서 볼 때 전통문화의 계승과 발전은 전 세계적인 문제가 아니라 우리나라를 비롯한 동아시아의 문화권 혹은 한자 문화권의 독특한 문제라고 한다.[7]

이들 나라의 공통적인 특징은 급속한 산업화 과정을 통해 외형상 서구 문화와 유사한 모습을 보여 주고 있으나, 그들이 축적해 온 문화적 전통이 서구의 문명에 완전히 동화·흡수되기에는 너무 뿌리가 깊다는 것이다.[8]

왜 전통의 계승과 발전이 이루어져야 하는가?

전통의 계승과 발전의 목적을 흔히 '민족 주체성'으로 표현하는 경우가 있다. 민족 주체성이라는 목적이 전통교육의 가장 일반적인 목적이다. 그래서 누구나 쉽게 동의할 수 있다. 민족 주체성을 형성하는 데는 다음과 같은 단서가 있다(정재걸·이혜영, 1993).

첫째, 자신의 전통문화를 계승 발전시키는 데 있어서 계승자의 민족적 자존심과 반드시 연결되어야 한다는 것이다.

이홍우 교수는 "조상으로부터 물려받은 유산이 영광스러운 것인가, 수치스러운 것인가 하는 것은 그 유산 자체의 특성에 달려 있는 것이 아니라 그것을 물려받은 자손

6) 박상희, 「이 사람 이후」, 서울: 도서출판 월드북, 1991, p.204.
7) 전통문화와 현대 문화가 심각하게 갈등을 일으키며 그 개혁과 조화가 절실히 요구되는 곳은 결국 한자 문화권의 고유한 문제라고 할 수 있다. 조동일, 「우리 학문의 길」, 서울: 지식산업사, 1993, p.72.
8) 정재걸·이혜영, 앞의 연구, pp.19-20.

의 태도에 달려 있다."[9]라고 하여 전통과 계승의 발전에 있어서 계승자의 주관적 입장이 결정적이라는 것을 단정적으로 표현했다.

둘째, 저질 외래문화의 유입에 따른 청소년들의 가치관 혼란, 통일을 위한 민족 동질성 회복의 필요성 등도 전통교육의 계승과 발전이 필요하다는 근거가 될 수 있다.

전통교육의 목적으로서 '민족 주체성'과 '서구 문명의 한계와 대안'은 매우 유사한 것처럼 보이지만 실제로는 전통교육의 내용과 방법과 관련하여 상당한 차이를 나타낼 수 있다고 정재걸과 이혜영은 말하고 있다. '민족 주체성'이나 '서구 문화의 한계와 대안'은 궁극적으로는 민족의 생존이라는 목적의 하위 요소들이다. 전통교육의 목적을 어떻게 설정하든지 간에 "전통의 '어떤' 내용을 '어떻게' 가르칠 것인가?" 하는 것이 가장 중요한 문제라고 할 수 있다. 우리 민족이 우리 민족다운 문화적 개성을 계승, 확산, 발전시키는 문화적 번식 능력이야말로 우리 민족이 계속 생존할 수 있는 의미와 가치를 지니게 되는 것이므로 투쟁에 가까운 노력으로 우리 문화를 계승, 확산, 발전시켜야 하는 것이 바로 전통교육의 목적이다.[10]

3. 전통교육의 필요성

전통은 왜 계승되고 발전되어야 하고 전통교육은 왜 필요한가?[11]

첫째, 민족의 고유한 전통문화를 계승·발전시키는 일은 민족 주체성을 형성하고 확립하는 데 결정적인 역할을 하기 때문이다.

세계화 시대에 남과 나의 차이점을 알고 세계와 우리나라를 구분하기 위해서는 민족의 주체성을 확립해야 한다. 즉, 우리 문화의 실체를 명확하게 알기 위해서는 자신의 전통문화를 주체적인 시각으로 탐지할 수 있어야 한다. 급속한 산업화 과정에서 우리 고유문화에 대한 부정적인 인식으로 말미암아 서구 문화에 적극적으로 동화하

9) 이홍우, "우리의 교육적 유산", 한기언 교수 정년 기념 논문집, 「한국교육학의 성찰과 과제」, 서울: 교육과학사, 1990, p.213.

10) 이기현, 앞의 연구, p.81.

11) 전경화는 전통 교육의 필요성을 다음과 같이 기술하였다. 전경화, "유아 전통 교육에 대한 교사 인식과 실태에 대한 연구", 유아교육학론집, 제4권 제2호, 27-51, 2000, pp.30-31.

려는 노력을 기울인 결과 외형적인 것은 서구화되었으나, 우리가 축적해 온 문화적 전통이 서구 문화에 완전히 동화되기에는 뿌리가 깊어서 가치관과 문화적 정체성에 혼란을 가져오게 되므로 우리는 이제 우리의 미래인 유아들에게 우리의 정체성을 찾아 주어야 한다.[12)]

둘째, 전통문화의 계승과 발전은 한 민족의 생존과 관련된다.

국가의 성립 요건을 국민, 영토, 주권이라고 한다면 전통문화 혹은 민족 문화도 또 하나의 요인으로 포함되어야 한다고 이계학은 말한다.[13)]

비록 영토와 주권이 없이 세계를 떠돌아다니던 이스라엘 민족이었지만 그들만의 전통문화(유월절, 초막절, 수장절, 맥추절…), 즉 유태인식의 교육법을 간직하고 있었기 때문에 세계화에 성공하였으며 작은 나라였지만 강한 민족으로 존재할 수 있는 것이다.

셋째, 우리나라는 분단된 국가로서 분단 이전의 전통문화를 서로 인식함으로써 북한과의 민족의 동질성을 찾아낼 수 있기 때문이다. 북한과 서로의 관계를 확인하고 공동의 전통문화를 찾아내는 것은 서로가 새로운 관계로 발전할 수 있는 민족 동질성의 밑거름이 될 수 있기 때문이다.

넷째, 우리 전통에 대한 교육은 우리 전통에 어울리는 외래문화를 선택할 수 있는 힘을 기를 수 있기 때문이다.[14)] 우리의 전통적인 생활 문화나 전통적인 가치관들을 낡고 쓸모없는 유물로 여겨 폐기해 버릴 것이 아니라 바로 그 속에서 우리만의 고유한 어떤 것을 가려내고 새롭게 발전시켜 나갈 수 있어야 한다.

오늘날 우리 고유의 전통문화는 밀려오는 서구 문화 속에서 우리를 지켜 줄 수 있는 방파제가 되면서 동시에 우리의 미래를 보장해 줄 수 있는 열쇠가 될 수 있으므로 우리는 유아들로 하여금 우리의 전통에 대한 바른 이해를 통해 자긍심을 갖도록 도와주어야 한다.[15)]

12) 이기현, 앞의 연구, p.81.
13) 이계학, "한국인의 전통 교육 사상과 가정 교육", 한국정신문화연구원, 1993.
14) 박이문, 「문명의 위기와 문화의 전환」, 서울: 믿음사, 1996.
15) 이기현, 앞의 연구, p.81.

제 2 장

전통교육과 태교

태교란 태중 교육의 준말로서 태중의 아기를 교육한다는 의미이며[16], 과학적 의미로 태교는 임산부가 먹고, 보고, 듣고, 생각하고, 느끼는 일체이며, 태교는 세포 내에 잠재되어 있는 무한한 가능성들을 키워 내는 태중의 교육이다.

한국 전통 사회에서 통용되어 온 태교의 개념은 임산부가 태중 아기를 위해 수행해야 할 주의 사항 이상의 개념으로 보다 적극적이고 포괄적인 개념을 교육적인 노력으로 수용하고 실천하였다.

즉, 태교란 심신이 건강한 아기의 수태와 태내 발달 및 출생을 위하여 부모가 될 부부가 임신을 준비하는 기간부터 아기의 출생 시까지 수행해야 하는 모든 교육적인 노력으로 볼 수 있다.[17] 주정일은 임신을 부정적으로 받아들이고 정서적으로 불안정하고 자기도취적이고 부모-자녀 관계가 원만하지 못한 경우에 조산할 가능성이 많으며, 이에 반해 정신적으로 건강한 임신부들은 분만 시간이 짧았고 조산이나 난산도 적었다고 했다.

우리나라의 전통 태교인 칠태도(七胎道)에서는 "나쁜 말은 듣지 말고, 나쁜 일은

16) 주정일 a, 「태교: 출산의 지혜」, 서울: 샘터, 1989.

17) 정진자, "우리나라 전통교육 방법이 발달장애아의 발달에 미치는 영향 (I)", 한국지체중복건강교육학회. 지체중복건강장애연구, 제36호, 2000, pp.69-70.

보지 말며, 나쁜 생각은 품지 말라."고 세 가지를 금하고 있으며 "아름다운 말을 듣고, 선현의 명구를 외우며, 시나 붓글씨를 쓰며, 품위 있는 음악을 들어야 한다."고 네 가지를 권하고 있다. 특히 이 중 마지막 덕목을 예악(禮樂)이라 하여 일찍부터 태교 음악의 중요성을 강조해 왔다.[18)]

또한 「태교신기」(胎教新記)에서는 생육은 아기 낳기 전에 가르칠지니 그러므로 스승이 십 년을 잘 가르쳐도 어미가 열 달을 뱃속에서 잘 가르침만 못하고 어미가 열 달을 뱃속에서 가르침이 아비가 하룻밤 부부 교합할 때 정심(正心)함만 못하다 하여 태교의 중요성을 말하고 있다.[19)] 태교에는 임신 전후에 조심할 것과 임신을 위해서 노력하라는 가르침, 생명의 존엄성을 알고 미리 주의하는 지혜를 갖추는 모든 것이 포함될 수 있다. 현재 우리나라는 가임 여성들의 출산율이 세계 최저를 기록하고 있다. 저출산율로 인해 국가가 관심을 갖고 출산 장려를 하고 있는 이때 좋은 태교로 신체·정신·영적으로 건강한 아이를 낳아 잘 길러서 한 사회의 구성원으로 맡은 바 역할을 잘할 수 있도록 배출해야 하는 것이 우리들의 임무일 것이며, 또한 본 장을 공부하는 의의라 보겠다.

1. 태교의 개념

태교의 사전적 의미는 "아이를 밴 여자가 말과 행실을 삼가 아이에게 저절로 좋은 감화를 주는 일"이라고 한글학회는 말하고 있으며, 유아교육 사전에서는 "태교(prenatal education)란 임신 중에 태아에게 좋은 영향을 주기 위하여 임산부가 지켜야 하는 태중 교육이다. 임산부의 언행, 섭생, 행동 등에 의해 태아의 선한 기질과 악한 기질이 일차적으로 형성된다고 믿어 왔기 때문에, 정서적·심리적·신체적으로 건강한 아기를 낳기 위해 임신한 여자는 매사에 조심하고 나쁜 생각이나 거친 행동을 삼가며 편안한 마음으로 말하고 행해야 한다. 우리나라에서는 10세기경부터 중국의 유교와 의학의 영향을 받아 오늘날까지 실행하고 있다."라고 말하고 있다.[20)] 학자들의 정의

18) 국민일보, 2000. 4. 21. 33면.
19) 사주당 이씨, (최삼섭·박찬국 역해), 「태교신기」, 서울: 성보사, 1997.

를 보면 이효영은 "태교란 태아가 하나의 인격적인 존재임을 인정하고, 가역적 존재로서 그의 능력을 최대한 활용하여 태아의 태내에서와 출생 후의 올바른 성장 발달을 도모하기 위하여 양친은 물론 주변 사람들이 부인이 아이를 잉태하기 전부터 출산 시까지 심신적으로 각종 교육적 환경을 조성하는 활동 일체를 말한다."라고 하였으며, 최경옥은 "태교란 임신 기간은 물론 임신 전 부모가 준비하는 일 등을 합하여 수태 전, 수태 시, 수태 중에 앞으로 출생될 아이를 위해 하는 모든 교육 활동을 의미한다."라고 하였다.[21]

주정일[22]은 태교란 태중 교육의 준말로서 태중의 아기를 교육한다는 의미로서 우리말로 태교는 '닮는 것'으로, 한자로 태(胎)자는 달 월(月)변에 별 태(台)를 써서 달과 별이 태라는 줄로 인연을 맺는 것을 뜻한다고 하였다.

즉, 태교란 수태 교육으로서 태로 연결된 어머니와 자녀 간의 인연 속에서 이루어지는 교육이며, 어머니가 자녀를 위하여 할 수 있는 모든 바람직한 행위를 뜻한다. 이에 저자는 위의 사전적인 의미와 학자들의 정의를 수용하여 태교의 정의를 다음과 같이 내린다. 즉, 태교란 "태아를 인격적인 존재로 인정하여 부부가 임신 전 부모됨을 준비하는 마음 자세에서부터 시작하여 수태 전, 수태 시, 수태 중, 출산 시까지 출생될 아이를 위하여 긍정적이고, 계획적이고, 적극적인 교육적 환경을 조성하는 활동의 총체"로 본다.

2. 태교의 의의

우리나라에서는 태아는 임산부의 언행과 마음을 그대로 닮으니 바른 마음으로 귀한 것을 보며 행동거지를 삼가야 된다며 인간의 품성 형성에 주안점을 두고 있다.[23]

일본에서는 태교란 임신 중에 태아에게 좋은 영향을 주고자 하는 것으로 "어머니의

20) 유아교육 사전, 한국유아교육학회편, 한국사전연구사, 1996, p.613.

21) 박상희·주영애, 「전통 생활 문화의 계승 차원에서 본 유아 사회 교육」, 양서원, 2001, pp.11-12, 재인용.

22) 주정일 b, 「태교: 출산의 지혜」, 서울: 샘터, 1997.

23) 임동근, 「태훈(胎訓)」, 서울: 정음사, 1989.

교육은 아버지의 교육보다 9개월 일찍 시작된다."라는 속담과 같이 모성의 정신작용은 이미 임신 중의 태아에게 영향을 미치고 있다고 보고 있다.

1983년 캐나다의 정신과 의사 버니 박사를 중심으로 토론토에서 "태아기 및 출산의 심리학"이란 제목으로 제1차 국제회의를 통해 태교의 중요성과 조산 방법의 혁신론이 일어나기 시작하였는데 여기서 동양에서 3천 년 전부터 시작되었던 태교의 인식이 과학적으로 규명되는 계기가 되었다고 한다.

교육은 학교에서부터가 아니라 태중에서부터 시작되어야 함이 학문적으로 확인되었고 우리 조상들의 슬기로움을 알 수 있었다.[24)]

서양에서는 태어난 아기를 0세로 보는 데 비해 동양 문화에서는 태어난 아기를 한 살로 여기고 있다. 즉, 서양에서는 태중 10개월을 무시하고 나이를 세는 데 반해 우리는 아기의 10개월 동안의 태중 생활을 존중해서 태어나면 한 살이 된다. 이것은 인생의 출발점을 수태로 본 것이냐 출생으로 본 것이냐의 관점의 차이에서 나온 결과이다.[25)]

주자의 「소학(小學)」, 「내편(內篇)」, 「입교(入敎)」의 첫머리에는 다음과 같은 글이 있다. "열녀전에 의하면 예부터 부인이 아기를 잉태하면 잠을 잘 때도 한쪽으로 기울이지 않아야 하며 앉을 때도 앞으로 몸이 쏠리지 않도록 하여야 하고 또한 서 있을 때도 한 발로 서지 말아야 한다. 음식을 먹을 때도 좋지 않은 음식을 먹지 말아야 하며 모양이 갈라지고 온전하지 못한 것은 피해야 한다. 또한 좋지 못한 것은 눈으로 보지 말아야 할 것이며, 귀로 음탕한 소리를 듣지 않아야 한다. 그리고 밤에는 맹인으로 하여금 아름다운 시를 읊게 하여 들을 것이며, 항상 바른 마음을 갖게 힘써야 한다. 그렇게 하면 용모 단정하고 재주가 뛰어난 아기를 얻게 될 것이다."라고 가르치고 있다. 주자는 본문의 주석에서 "아기를 배었을 때는 반드시 마음가짐을 조심해야 한다. 착한 마음을 가지면 반드시 착한 아이를 낳게 될 것이며, 악한 마음을 가지면 반드시 악한 아이를 낳게 될 것이다."라고 말하고 있다.

태임[26)]은 문왕을 잉태하여 눈으로 나쁜 것을 보지 않았고, 귀로 음탕함을 듣지 않았으며, 말을 조심하여 문왕과 같은 명군(明君) 성인(聖人)을 낳았다. 태임이 어린 문

24) 정진자, 앞의 연구, p.72.

25) 주정일 b, 앞의 책.

26) 문왕(文王)의 어머니이며 지(摯)나라 임공의 둘째 딸이다. 왕계(王季)가 그녀에게 장가들어 비로 삼았다.

왕에게 하나를 가르치면 백을 알았으며, 마침내 주나라를 세웠다. 이것은 오로지 태임이 문왕을 태내에 잉태했을 때 태교에 힘썼기 때문이라고 하였다. 주자는 이처럼 태임이 태교에 힘쓰고 실천함으로써 주나라 조종(祖宗)이 될 정도의 성인(聖人) 문왕을 탄생시키게 되었다며, 태교의 중요성을 역사상의 실증 인물을 통해 강조하고 있다.[27)]

맹자의 어머니는 "여자가 아기를 잉태하여 마땅히 해야 할 일은 석부정(席不正)이다."라고 하여 임산부에게 몸가짐을 바르게 가질 것을 강조했다. 또한 「규범」에는 "사람이 자식을 가르치는 것은, 즉 자손을 깨우쳐 가르치는 일이다. 사람은 태어나기 전에 모태에서 10개월 동안 머물게 된다. 따라서 태어난 아이의 성품이나 용모는 그 어머니를 닮지 않을 수 없다. 성인들이 태교를 강조하는 것은 바로 그 때문이다."라고 기록하고 있다.[28)]

「태교신기」(胎敎新記)에서는 태교의 중요성을 다음과 같이 말하고 있다.

"즉, 사람의 본성은 하늘에 근본하였으나 기(氣)와 질(質)은 부모에게서 받았나니, 기와 질이 한편으로 치우치면 차차로 본성을 가리어 인간다운 사람이 되지 못하니, 부모들이 어찌 생육(生育)에 대한 문제를 깊이 생각하고 조심하지 아니하리요. 아비가 낳는 것과 어미가 기르는 것, 스승이 가르치는 세 가지가 합하여야 완전한 사람을 만들 수 있는데, 최선의 방법은 의원이 병자를 치료함과 같아서 명의는 병들기 전에 치료(예방)하는지라. 생육도 역시 아기 낳기 전에 가르칠지니 그러므로 스승이 십 년을 잘 가르쳐도 어미가 열 달을 뱃속에서 잘 가르침만 못하고 어미가 열 달을 뱃속에서 가르침이 아비가 하룻밤 부부 교합할 때 정심(正心)함만 못하니라."[29)]

예로부터 전해 내려오는 태교법 중에서 중국에는 10가지 태교 수칙이 있고 우리나라에서도 7태도의 도가 있다. 입으로 전해 내려오는 남도 지방의 3태도와 7태도가 지금까지 전해지고 있으며, 신분이 낮은 집에서는 3태도를 신분이 높은 집에서는 7태도를 지켰다고 한다.[30)]

중국의 태교 10칙과 우리나라 7태도는 다음과 같다.

---

27) 오시림, 「신사임당과 자녀 교육」, 서울: 민예사, 1993.
28) 정진자, 앞의 연구, p.73.
29) 사주당 이씨, 앞의 책, 1997.
30) 정진자, 앞의 연구, p.73.

첫째, 중국의 태교 10칙에서는

① 잘 때 모로 눕지 않는다.

② 앉을 때 가장자리에 앉지 않는다.

③ 설 때 몸이 기울어지게 외발로 서지 않는다.

④ 자극적인 음식을 먹지 않는다.

⑤ 반듯하게 썰지 않은 고기나 과일은 먹지 않는다.

⑥ 자리가 비뚤어지게 깔려 있으면 앉지 않는다.

⑦ 눈으로 간사한 빛을 보지 않는다.

⑧ 귀로 음란한 소리를 듣지 않는다.

⑨ 밤이면 악사를 시켜 좋은 시를 읊게 한다.

⑩ 언제나 올바른 말만 한다.

둘째, 우리나라의 7태도는

① 해산달이 되면 머리를 감지 말고 높은 마루나 걸상에 올라가지 말고 술을 마셔서는 안 되며 험한 길이나 냇물을 건너지 말며 담을 넘거나 개구멍으로 지나다니지 않는다.

② 말을 많이 하지 말고 함부로 웃거나 놀라거나 겁을 먹거나 울어서도 안 된다.

③ 임신 첫 달에는 마루, 둘째 달은 창호, 셋째 달은 문턱, 넷째 달은 부뚜막, 다섯째 달은 평상, 여섯째 달은 곳간, 일곱째 달은 학돌(절구 같은 큰 돌), 여덟째 달은 측간, 아홉째 달은 서재에 태아를 해치는 기운이 있다.

④ 아름다운 말만 하고 성현들의 글을 읽고 아름다운 시를 읽는다.

⑤ 가로눕지 말고 기대어 앉지 말고 한쪽 발로 서지 않는다. 단, 아이를 잉태한 홀수 달에는 왼쪽으로 가로누워도 되는데 이것은 홀수와 왼쪽이 갖는 남성 주술 때문이다.

⑥ 기품이 높은 거북, 봉황, 주옥, 명향 같은 노리개를 몸에 지니거나 얼굴에 쓰인다.

⑦ 음욕이나 욕심, 투정이나 원한을 품어서는 안 된다. 또 잉태한 후에는 부부 생활을 금하며 특히 산월에 부부 생활을 하면 아이가 병들거나 일찍 죽는다.

현대의 태교의 의의를 정진자는 다음과 같이 기술하고 있다.[31)]

원하지 않았던 임신, 마지못해 한 임신, 또는 임신 중 술과 담배를 계속하는 경우도 어머니와 태아는 연대감을 갖지 못한다. 따라서 모체와의 연대감 없이 10개월을 보낸 아기의 경우 자폐증이나 정서 장애를 일으킬 확률이 크다. 또한 어머니의 심한 스트레스와 짜증은 태아의 뇌 발육을 저지하는 요건이 되며, 어머니가 생활 리듬을 지킬 경우 뱃속의 아기도 그 리듬을 익히게 되며 호르몬의 정확한 변화로 안정감을 얻게 된다. 또한 일찍 자고 일찍 일어나는 규칙적인 생활 리듬은 태아의 뇌를 활발하게 하는 데 도움이 된다. 생활 리듬을 자연의 리듬에 맞출 때 태아의 뇌가 발달한다. 즉, 수면뿐만 아니라 일상생활에서도 규칙적인 생활을 하는 것이 좋으며 식사와 간식 시간을 정해서 규칙적으로 실시하는 것도 매우 중요하다. 불규칙한 식사는 영양 면에도 문제가 있지만 태아의 정서적인 면에도 좋지 않다. 또한 적당한 일을 하며 긴장된 상태로 지내는 것도 아기에게는 좋다. 지나친 격무로 심신을 피곤하게 하지만 않는다면 적극적인 생활 방식이 태아의 뇌 발달에 도움이 된다. 태아의 뇌는 임신 4개월쯤 되면 소리를 기억하는 부분이 발달하게 된다. 따라서 태아는 어머니의 목소리를 기억하게 되며 어머니의 온화한 목소리를 들으며 편안함을 느낀다. 또한 어머니의 다정한 목소리만큼이나 자연의 소리와 경쾌하고 조용한 클래식 음악을 좋아한다. 특히 뇌를 비롯한 모든 장기가 생성되는 시기의 태아에게는 특히 신선한 산소가 충분히 공급되어야 한다.

최근 몬트리올 대학에서 사회 경제적으로 극빈자에 속하는 여성들에게 영양에 관한 교육을 시키고 계란, 우유, 오렌지 등 비타민이나 미네랄 함유 음식을 꾸준히 공급한 결과 사산이나 유산, 영아 사망과 같은 현상이 현저히 줄었고 허약아, 장애아의 비율도 줄었다고 한다. 또한 끼니를 자주 거르는 여성들의 경우 신생아의 체중이 평균에도 미치지 못하며 유산, 기형아, 신생아 사망과 같은 사고의 발생률이 매우 높다고 하였다. 이는 임신 중에 먹는 음식이 태아에게 얼마나 큰 영향을 끼치는지를 입증해 주는 연구 결과들이다.[32)]

31) 정진자, 앞의 연구, pp.74-75.

3. 태교의 역사

우리나라의 태교는 중국의 영향을 많이 받아 왔다. 중국에서 태교의 발생을 알아볼 수 있는 가장 오래된 기록은 중국 전한(前漢 B.C. 32～A.D. 8)의 「열녀전」에서 찾아볼 수 있으며, 태교에 관한 문헌과 내용은 다음과 같다.[33)]

〈표 1.1〉 중국 태교에 관한 문헌과 내용

책	저자	연대	내용	특징
열녀전	유희	B.C. 32 ～A.D. 8	태교란 뱃속에 있을 때의 가르침을 말하며 새로운 생명을 간직한 임부가 몸과 마음을 단정히 해야 한다고 함	보고, 듣고, 먹고, 행동하고, 말하는 것에 조심하여 용모가 단정하고 재주가 많은 건강한 아기가 태어나기를 기원함
대재례기	재덕	200년	열녀전과 내용이 유사함	
안씨가훈	언지추	600년대 남북조 시대	태교란 눈으로 사기로운 것을 보지 않고 귀로 망령된 것을 듣지 않고 음악이나 요리 등은 예가 정하는 바에 따라 알맞게 하는 것을 일컬음	
천금방	손사막	당나라 650년	임신 3개월에는 태아의 소질이 아직 결정되지 않으며 임신부의 생활 태도에 따라 변화한다. 따라서 임신부는 마음가짐을 올바르게 해야 한다고 함	
여사서	왕상	청나라 720년	여계, 여논어, 내훈, 여범의 네 가지를 묶어서 엮음	

우리나라의 태교에 관한 문헌과 내용은 정몽주의 어머니인 이씨가 「태중훈문(胎中訓文)」에서 "여자가 아기를 가지면 옛날 성인들의 가르침과 행정을 배우도록 힘쓰고 좋은 책을 읽어서 항상 추앙사모하여 자신도 그와 같은 성인군자를 낳기를 소원하고 일반 사람들이 지킬 수 있는 일을 행해야 한다."라는 기록을 비롯하여 「내훈」, 「성학집요」, 「동의보감」, 「계녀서」, 「규범」, 「태교신기」, 「규합총서」 등에서도 태교의 중요성을 강조하고 있다. 특히 「태교신기」에서는 모성 태교만을 강조하는 것이 아니라,

32) 황혜성, 「태교 음식」, 서울: 도서출판 둥지, 1996.
33) 박상희·주영애, 앞의 책, p.12.

부성 태교가 매우 중요함을 언급하고 있다.

우리나라의 태교에 관한 문헌과 내용을 정리하면 다음과 같다.[34)]

〈표 1.2〉 우리나라 태교에 관한 문헌과 내용

책	저자	연대	내용	특징
태중훈문	정몽주의 모친 이씨	1370년	태교에 대한 내용으로 가장 오래됨, 태교의 중요성에 대한 언급이 발견됨	항상 행동에 신중함을 기하며 건강한 아기를 낳도록 조심해야 함을 가르치고 있음
태중명신기	태중훈문과 동일	1370년	태교란 남을 도울 줄 알아야 하는 것으로 바른 마음씨로 부정한 음식을 삼가야 한다고 함	
내훈	소혜왕후 한씨	1450년	중국의 열녀전의 내용과 유사하며 태아를 가지면 잠을 자도 옆으로 기울이지 않으며 앉을 땐 바르게 앉고 나쁜 것은 보지 않으며 음탕한 소리를 듣지 않고 밤이 되면 시를 외우며 바른 일만 하여야 한다고 함	
성학집요	이율곡	1570년	내훈의 내용과 유사	
동의보감	허 준	1611년	임신 전에 부부가 지켜야 할 사항을 설명	
계녀서	송시열	1660년	임신하였을 때 몸을 단정히 가지면 자식이 자연히 단정해진다고 함	
규범	권 모	1680년	여사서의 태교 내용과 동일함	
태교신기	사주당 이씨	1801년	임산부의 행동거지 마음가짐 하나하나에 대해 자세히 기술함	
규합총서	방허각 이씨	1805년	여성 백과 사전으로 그 내용 일부에서 태교를 언급함	

출처: 이길표 외 3인, "태교에 관한 문헌 고찰", 「한국 전통생활문화학회지」 제3권 1호, 2000, p.8 참조.

사주당 이씨가 「태교신기」에서 아버지의 몸가짐, 마음가짐과 어머니의 몸가짐, 마음가짐을 적은 내용은 다음과 같다.[35)]

34) 이길표 외 3인, "태교에 관한 문헌 고찰", 「한국 전통생활문화학회지」, 제3권 1호, 2000, p.8.
35) 김인옥, "태교신기를 중심으로 본 전통 사회의 태교에 관한 고찰", 「한국 전통생활문화학회지」, 제2권 1호, 1999, p.124.

〈표 1.3〉 사주당의 「태교신기」에 나타난 태교의 내용과 특징

구분	내용	특징
아비의 몸가짐과 마음가짐	• 母의 열 달 태교보다 父의 正心이 더 중하다. • 아내의 방이 아니거든 들어가지 않는다. • 몸에 병이 있거든 아내 방에 들지 않는다. • 일식과 월식이 있거든 아내 방에 들지 않는다. • 크게 덥거나 크게 춥거나 큰 바람이 불거나 큰 비가 오거나 큰 뇌성이 날 때는 아내 방에 들지 않는다. • 허욕이 마음에 일지 않고 사기가 몸에 침노치 않게 한다. • 어진 여성을 가려 태교를 실행토록 한다.	• 父의 태교 강조 • 父의 정신적, 신체적 건강 강조 • 父로서 정조 관념 제시 • 천의 기운을 받듦 • 부부 교합 시 숭고한 마음가짐 강조
어미의 몸가짐과 마음가짐	• 임부는 보는 법, 듣는 법, 말하는 법, 행동하는 것은 모두 바르고 순하게 갖도록 한다. • 기울어진 자리에 눕지 말고 몸을 단정히 갖는다. • 한 집안에 아기 가진 이가 있으면 이를 시기하고 꺼리는 마음을 갖지 않도록 한다. • 분한 일이라도 소리 질러 말하지 말며, 성났어도 악한 말을 말라. • 이가 보이도록 웃지 말며, 남에게 희롱의 말을 말라. • 부리는 사람을 친히 꾸짖지 말며, 남을 속여 거짓말을 하지 말라. • 남과 귓속말을 말며 말이 근거가 없거든 전하지 말라. • 벽에 기대앉지 말고, 다리 뻗고 앉지 말며, 걸터앉지 말며, 마룻가에 앉지 말라. • 앉아서 높은 데 있는 물건을 내리지 말며, 서서 땅의 물건을 집지 말며, 왼쪽의 물건을 잡으려면 오른손으로 집지 말며 오른쪽의 물건을 잡으려면 왼손으로 집지 말라. • 어깨만 돌려 뒤돌아보지 말고 산달이 되거든 머리를 감지 말라. • 잘 때 엎드려 자지 말며, 누울 때 송장처럼 눕지 말며, 꼬부리고 자지 말라. • 문틈에 얼굴을 대거나 옷을 벗은 채 자지 말며, 산달에는 옷을 쌓아 곁에 놓고 하룻밤의 반은 왼쪽으로 기대어 자고 하룻밤의 반은 오른쪽으로 기대어 자도록 한다. • 옷을 너무 덥게 입지 말라. • 밥을 배부르게 먹지 말라. • 지나치게 성내어 기운을 쓰거나 애태우지 말라. • 많이 자거나 오래 누워 있지 말고, 때때로 거닐어라.	• 임부 언행의 중요성 강조 • 임부의 부덕 강조 • 순리적 몸가짐과 마음가짐 강조 • 의, 식, 절제 강조 • 적당한 운동 권장

4. 태교의 종류

태교의 종류를 정진자는 음식 태교, 태교 음악, 태담으로 나누어 정리하였는데 구체적인 내용은 다음과 같다.[36)]

1) 음식 태교

여러 가지 태교법은 아기에게 좋은 자극이 되어 뇌의 발달을 촉진시킨다. 음식을 통한 태교가 모든 태교에 우선되어야 하는 것은 어머니의 기분이 좋으면 체내의 특정 호르몬이 생성되는데 이것이 탯줄을 통해 아기에게 전달되고 이 호르몬은 아기의 뇌에 자극을 주어 뇌 발달과 성장을 촉진시킨다. 그러나 아무리 좋은 자극도 세포가 건강하지 못하면 뇌 계발에 이용될 수 없다.

일반적으로 사람의 뇌는 160억 개가량의 뇌세포로 이루어져 있다. 그런데 놀라운 것은 그중 140억 개가량의 뇌세포가 어머니의 뱃속에 있는 동안 만들어진다. 그래서 출생 당시 아기의 뇌 무게는 성인의 70%에 이르고 만 2세 된 유아의 뇌 크기는 성인의 90%에 이른다.

뇌의 발육은 태아기에서부터 출생 후 3살까지 급격히 자라고, 5살 이후부터는 성장이 완만해진다. 뇌가 가장 왕성하게 세포 분열을 하는 이 시기에 충분한 영양이 공급되지 못하면 뇌가 정상적인 발육을 할 수 없다. 뇌뿐만 아니라 신체의 모든 기관이 형성되는 태아기와 유아기에는 적절한 영양분이 공급되어야 한다. 골격을 이루는 시기에는 칼슘이 절대적으로 필요하고, 태반이 형성되는 시기에는 철분의 섭취가 충분히 이루어져야 한다. 또 뇌신경 세포가 잘 발육하려면 충분한 단백질 공급이 필수적이다. 즉, 이 시기에 결핍된 영양소를 나중에 어른이 되어 열심히 공급해 주어도 뇌의 성장에는 아무런 도움이 되지 않는다. 따라서 임신 전 기간 동안 균형 잡힌 영양 섭취를 해야 하며 균형 잡힌 식사를 위해서는 첫째, 하루 세 끼를 정해진 시간에 먹되 음식을 가리지 않고 고루 먹는 것이 중요하다. 한 실험 결과 엄마가 공복감을 느끼면 태

36) 정진자, 앞의 연구, pp.75-82.

아도 공복감을 느끼고 만족감을 느낄 때 태아도 만족감을 느낀다고 한다. 둘째, 음식의 양을 늘리는 것이 아니라 질적인 면을 생각해서 먹어야 한다. 과자나 빵, 초콜릿, 인스턴트식품들은 단백질이나 비타민, 미네랄 같은 영양소를 거의 기대할 수 없는 반면 칼로리가 높기 때문에 산모의 몸무게만 늘어나게 한다. 따라서 이러한 경우 체중은 늘어나지만 중요한 영양분은 공급되지 못하는 현상이 일어나 미숙아, 조산아, 저체중아 등이 태어날 우려가 높다. 임산부의 비만은 임신 중독증, 당뇨병 등 여러 가지 합병증을 초래하게 되고 출산할 때에도 난산이 될 우려가 높다.[37)]

산성 식품, 즉 흰쌀, 밀가루, 흰설탕, 육류, 달걀 등은 체내에 다량의 이산화탄소와 물을 방출하게 되므로 몸을 쾌적한 상태로 유지할 수 없다. 태아의 뇌세포가 왕성한 세포 분열을 할 때 많은 양의 산소를 필요로 하기 때문에 이때 산소가 부족하면 뇌의 기능에 치명적인 영향을 주게 된다. 또한 임신 중에 산성 식품을 과잉 섭취하게 되면 태아의 체질이 산성화가 되어 질병이 걸리기도 쉽고 성격적인 결함을 나타내기 쉽다. 정서가 불안한 아이, 주위가 산만한 아이, 생각하는 능력이 떨어지는 아이는 임신 중의 잘못된 식생활이 원인인 경우가 많다. 즉, 산성 식품을 많이 섭취하게 되면 혈액이 산성화되고 간장과 신장도 약해진다. 간장이 나빠지면 성격과 행동에도 영향을 끼치게 되는데 성격이 난폭해지고 신경질적으로 변하게 된다. 또한 뇌신경의 영양인 비타민 B_1이 부족하게 되어 뇌 기능이 저하되어 학습을 잘할 수 없게 되고 그렇게 됨으로써 학습에 흥미를 잃어 이를 기피하는 현상을 나타낸다. 산성화된 체질은 신경 활동을 원활하게 하는 데 없어서는 안 될 영양분인 뼈 속의 칼슘 부족을 초래한다. 칼슘의 부족은 발육 장애, 집중력 부족, 기억력 저하 등을 일으키고 질병에 대한 저항력도 약해진다.

특히 임신 중 설탕, 착색제, 인공 향료 등 가공 식품의 과다 섭취나 임산부의 스트레스, 충격, 흥분, 불안, 초조, 신경과민 등은 정서 장애의 원인이 되기도 하며, 임신 중 설탕과 우유의 과잉 섭취, 아연 성분의 부족은 자폐아의 원인이 되기도 한다.[38)]

즉, 임신 기간 동안의 계획성 있는 음식 태교가 일생을 통해 매우 중요하며 태교 음식은 성격 형성에도 영향을 끼친다.

37) 황혜성, 앞의 책.

38) 김동극, 「장애 예방」, 서울: 성원사, 1995.

2) 태교 음악

생리적으로 태아는 출생 전 자궁 속에서 심장의 율동적인 고동소리를 경험하며, 출산 시의 호흡을 위한 흉부의 움직임 등이 리듬 경험의 기원이 된다. 즉, 자궁 속에서 태아는 진동에 의해 엄마의 심장의 율동적인 고동소리를 경험하게 되고 스스로의 심장 박동은 수태된 지 6개월 후에나 듣게 된다. 그러므로 엄마는 아름다운 음악 감상을 통해 자신의 아름다운 심장 박동을 태아에게 경험시켜 줄 필요가 있다.[39] 즉, 어머니의 심장 고동은 태아의 리듬 경험이므로 편안하고 행복한 리듬을 경험하도록 해야 한다.

임부가 어떤 음악을 많이 들었느냐에 따라서 태어난 아기의 직업 선택에까지 영향을 미친다는 연구 보고가 있다. 즉, 클래식 음악을 많이 들은 어머니의 아기는 후일 성직자나 교수 등 존경받는 직종에 종사하는 사람이 많았고, 재즈 음악을 많이 들은 어머니의 자녀 중에는 범죄 등 반사회적인 행위를 한 사람이 많았고, 이것저것 가리지 않고 들은 어머니의 자녀는 평범한 중산층 직업인이 되었다는 것이다. 중국의 왕실에서는 왕후가 임신을 하면 태사라고 불리는 음악 담당자가 별실문 왼쪽에 서서 좋은 음악을 연주해 주었다고 한다.[40]

만약 어떤 아이가 태내에서 성장할 때까지 늘 도전적인 소리만 듣고 자라면 그 아이는 커서도 틀림없이 도전적인 성격의 소유자가 될 가능성이 많다. 또한 저속한 가요나 말은 색정을 일으키게 하고, 비속한 행동을 유발하게 하는 원인이 된다.[41] 따라서 임산부는 음탕한 소리나 아무 음악을 들어서는 안 된다. 어떤 음악은 오히려 사람의 마음에 안정보다는 혼란과 불안을 일으키기 때문이다.

태아는 엄마의 심장 고동과 템포가 흡사한 모차르트의 음악을 좋아한다. 아이들이 뱃속에서 제일 먼저 듣는 소리는 심장이 박동하는 소리, 혈류가 흐르는 소리, 엄마의 목소리, 위장에서 꼬르륵대는 소리, 방귀 소리, 하품 소리 등 엄마 신체의 생리적인 소리들이다.[42] 이 소리에 익숙한 아기에게 음악을 들려줄 때는 이와 비슷한 분위기의

39) 김형주·김군자, 「태교 음악」, 서울: 샘터, 1997.
40) 주정일 b, 앞의 책.
41) 오시림, 앞의 책.
42) 김재은, 「태아도 뭔가를 배운다」, 서울: 샘터, 1993.

곡을 선정하는 것이 아기를 흥분시키지 않아서 좋다고 한다.

즉, 태아에게 좋은 음악이란 태아와 임산부에게 다 같이 적합한 음악이어야 한다. 태아도 거부하지 않고 친숙해질 수 있으며 임산부도 받아들일 수 있는 음악이란 어머니의 심장박동과 비슷한 템포와 리듬을 가진 음악이 좋다. 우리 인간의 목소리를 음악적으로 보면 가장 자연스럽고 편안하며, 어머니의 호흡 소리, 위장의 움직이는 소리에 가까우면 태아는 편안하게 듣게 될 것이다.[43)]

우리나라의 전통 태교인 칠태도에서는 나쁜 말을 듣지 말고, 나쁜 일을 보지 말며, 나쁜 생각을 품지 말라 등 세 가지를 금하고 있으며, 아름다운 말을 듣고, 선현의 명구를 외우며, 시나 붓글씨를 쓰며, 품위 있는 음악을 들어야 한다 등 네 가지를 권하고 있다. 특히 이 중 마지막 덕목을 예악(禮樂)이라 하여 일찍부터 태교 음악의 중요성을 강조해 왔다.[44)]

음악이 임산부에게 좋다고 하지만 아무 음악이나 무턱대고 듣는 것이 아니라 선택적으로 들어야 한다. 어떤 음악은 사람의 마음을 오히려 흔들어 놓아서 안정보다는 혼란과 불안감을 일으킬 수 있기 때문이다.[45)] 또한 임산부 중에 음악을 듣는 것을 별로 즐기지 않는데도 태아에게 좋다는 이유만으로 억지로 하루에도 몇 시간씩 내키지 않는 음악을 듣고 있다. 그것도 클래식 음악만을 고집하는 경우가 있다. 클래식 음악이라고 다 좋은 것은 아니다. 규칙적이고 고른 음향, 안정되고 평화로운 멜로디, 포근하고 감미로운 클래식 음악은 태아의 감정 발달에 도움이 된다. 태교 음악을 들을 때는 임산부의 상태를 파악하고 감정 조절을 잘하는 것이 중요하다. 피곤하다고 해서 갑자기 행진곡풍 음악을 듣는다든지 빠르고 강한 리듬의 팝송을 듣는 것은 좋지 않다. 또한 하루의 일과를 고려하여 음악을 달리 듣는 것도 좋은 방법이다.[46)]

반드시 기억해야 할 것은 태아의 리듬에 맞춰 음악을 들려줘야 한다는 것이다. 태아는 보통 2~3시간씩 자고 30분 정도 깨어 있는 생활을 반복하고 있으므로 자고 있는 태아를 굳이 깨울 필요는 없다. 즉, 태동을 하고 있을 때는 태아가 깨어 있는 때

43) 김재은, 앞의 책.
44) 국민일보, 2004. 4. 21. 33면.
45) 주정일 b, 앞의 책.
46) 한국영재교육개발원, 「천재는 태교에서부터 시작된다」, 서울: 시간과 공간사, 1999.

이므로 명랑한 음악을, 태동이 없을 때는 태아가 쉬고 있을 때이므로 조용한 음악을 들려주거나 오히려 음악을 들려주지 않는 것이 좋다.[47] 또한 어머니가 직접 노래를 불러 주는 것이 좋다. 엄마의 목소리는 아기에게 정신적으로 평온감을 주며 노래를 부를 때 깊은 호흡을 하기 때문에 아기에게 좋은 공기를 공급해 주는 효과도 있다고 한다.[48]

3) 태담

태담이란 뱃속의 아기와 엄마가 이야기를 나누는 것으로 어려운 지식이나 특별한 기술이 필요한 것은 아니다. 그러나 태아의 성장과 발달을 잘 모른다면 효과적인 태담을 하기 어렵기 때문에 아기의 성장과 발달에 관심을 갖고 꾸준히 책이나 자료를 통해 지식을 습득하는 것이 필요하다.[49]

태담이 아기에게만 필요한 것은 아니다. 태담은 임부와 남편에게도 아주 효과적인 정신 안정법 중의 하나이다. 그 이유는 태담을 하기 위해서는 우선 엄마 자신이 마음을 가라앉혀야 하기 때문에 엄마에게는 좋은 습관이 된다. 또한 부부간의 애정을 깊게 해 주며 뇌 회로도 증가시킨다. 사람의 뇌는 세포가 빽빽이 연결되어 있는데 원래는 하나하나의 작은 세포가 세포 분열을 거듭함으로써 임신 중 약 140억 개의 뇌세포가 생긴다.[50] 인간의 뇌세포 대부분이 엄마의 뱃속에서 형성되기 때문에 태내에서의 발육이 아기에게는 아주 중요한 것이다. 그러나 이러한 뇌세포는 숫자만으로 중요한 것이 아니라, 세포를 연결하는 신경 조직이라는 회로가 있어야만 정보를 모으고 학습하고 분석할 수 있다. 이 회로는 뱃속의 아기의 성장과 더불어 함께 늘어나는 것이다. 이런 회로가 만들어지면서 그 사람의 개성과 인격이 형성된다는 것이다. 그런데 자극을 받으면 성장이 증가하지만 자극을 받지 못하면 발달을 그만둔다는 것이다. 이때 태아의 뇌세포를 자극하는 가장 효과적인 방법이 바로 태담이라고 한다.

47) http://www.mami.co.kr
48) 국민일보, 2000. 4. 21. 33면.
49) http://www.mami.co.kr
50) 한국영재교육개발원, 앞의 책.

태담은 아기의 뇌를 자극하고 세포나 회로를 비약적으로 증가시켜 준다고 한다. 사람의 뇌세포의 수나 형태는 모두 같지만 세포를 연결하는 회로가 많으면 많을수록 머리가 좋아진다고 한다. 따라서 엄마가 태담을 거듭 반복하면 아기의 뇌는 자극을 받고 성장을 계속한다.[51] 그러기 위해서는 엄마의 인내와 끝까지 해내는 신념이 필요한 것이다. 임신 단계에 맞는 태담의 방법은 다음과 같다.[52]

첫째, 임신 초기에는 발로 차기 게임을 한다. 즉, 발로 차기 게임은 뱃속의 아기가 엄마의 배를 차는 행동에 맞춰서 엄마가 배를 두드리며 아기에게 말을 거는 일종의 의사소통이다. 이 게임은 아기가 발로 찰 수 있는 임신 6개월경부터 시작할 수 있으며, 엄마와 아기 모두에게 최초의 의사소통이기 때문에 태아와 엄마 모두 놀이를 하는 마음으로 여유롭게 시작하는 것이 좋다.

① 1단계: 아기가 배를 찰 때 엄마는 "아기가 배를 차네."라고 정확한 발음으로 말하면서 아기가 찬 곳을 툭툭 두드린다. 그리고 기다리면 1~2분도 지나지 않아 아기가 다시 찰 것이다.

② 2단계: 아기가 찼던 반대 장소를 엄마가 "발로 차네."라고 말하면서 두드린다. 그러면 뱃속의 아기는 엄마가 두드린 장소를 힘차게 찬다. 엄마의 목소리에 반응을 해 오는 것이다. 다음에는 배의 윗부분, 아랫부분 등 장소를 옮겨 가면서 "발로 차네."라고 하면서 두드려 본다. 그러면 뱃속의 아기는 정확하게 엄마가 두드린 장소를 발로 찰 것이다.

③ 3단계: 배를 두드릴 때 숫자를 세어 본다. 톡톡 하면서 2번 두드리면 아기는 2번 응답해 오게 된다. '발로 차기 게임'은 하루에 2~3번 하는 것이 좋으며 자신이 원하는 시간에 하면 된다. 단, 게임을 시작할 때에 엄마가 스스로 자신의 뇌와 자궁을 개방하고 몸을 따뜻하게 하도록 한다. 맨 처음에는 반응이 없더라도 자꾸 시도해 본다.

둘째, 임신 중기에는 실제의 대화에 들어간다. 아기와의 대화는 처음에는 일상의 인사부터 시작한다. 짧은 말이지만 엄마나 아빠의 감정을 듬뿍 담으면 더욱 효과가

51) http://www.mami.co.kr

52) http://www.mami.co.kr
한국영재교육개발원, 앞의 책.

크다. 다음은 뱃속의 아기와 다양한 체험을 하면서 그것에 관한 이야기를 하는 것이다. 처음에는 아기와 함께 우주에 관한 이야기를 나눈다. 또 다른 한 가지 방법은 엄마가 달이나 별 등을 바라보면서 즐기는 자연에 대한 느낌을 들려준다. 동물이나 꽃 등의 이름을 아기에게 들려주면서 즐거운 엄마의 감정을 그대로 표현한다.

셋째, 임신 후기에는 뱃속 아기를 칭찬하는 태담을 한다. 이 시기가 되면 뱃속의 아기의 반응이 점점 확실해져 양수 가운데서도 엄마나 아빠의 목소리를 구분할 수 있다. 때로는 가끔 말을 걸어 오는 형제나 주위에 있는 어른들의 목소리를 알아듣기도 한다. 처음에는 알아듣기 어려운 말이나 회화와 같은 긴 내용의 말도 점차 알아듣기 시작하며, 동물이나 꽃의 이름 등과 같은 지식의 축적도 점차 발전한다.

태담 후기에 엄마나 아빠가 주의해야 할 몇 가지 사항은 우선 무엇보다도 뱃속의 아기를 반드시 칭찬하라는 것이다. 또한 후기의 태담은 초기의 태담을 점차 전진시켜 그 내용을 깊이 있게 하는 것이 좋다. 뱃속의 아기에게 주위에 있는 애완동물 등의 이름을 가르쳐 주거나 그 모양을 설명해 주는 것도 좋다.

또한 태담에는 반드시 남편을 참가시켜야 한다. 태담이라는 공동의 목표를 가진 부부의 공동 작업이 부부간에 애정을 더욱 깊게 해 준다.[53] 태담을 한 아이들과 일반 아이들과는 출산 후의 발육 상황이나 행동이 현저히 다르다. 즉, 이러한 현상은 생후 2~3개월경부터 나타나기 시작하며 자신의 주장을 강하게 표현한다는 것이다. 예를 들면 기저귀를 보아 달라거나 배가 고프다고 우는 것 외에는 원인 없이 울어 엄마를 곤란하게 하는 적이 거의 없고 떼를 쓰거나 밤에 우는 경우가 거의 없기 때문에 아이를 키우기가 쉽다.

태담을 한 아이는 보통의 아이들보다 높은 발달 지수를 보이고 있으며 특히 이 아이들은 사회성이 매우 뛰어나다.

보통의 아이들은 생후 3개월 정도가 되어야 목을 가누는 반면, 태담을 한 대부분의 아기는 생후 1개월 정도가 되면 목을 가누기 시작한다. 이는 태담이 아기의 평형 감각과 운동 감각 발달에 관계가 있기 때문이다.

또한 태담은 엄마의 정서를 안정시킨다. 즉, 태담을 하기 위해서는 우선 엄마 자신

53) 주정일 b, 앞의 책.

의 마음을 가라앉혀야 하며, 그것은 엄마 자신의 몸과 마음에 좋은 습관이 될 수 있고 부부간의 애정을 깊게 해 준다.[54)]

태담의 목적은 지식의 축적에 있는 것이 아니고 엄마와 아기의 유대감을 만드는 데 있으며, 또한 좌뇌와 우뇌를 균형 있게 발달시켜 지적 능력뿐만 아니라 창조성이나 정서적인 면에서의 발달을 도모하며, 태아와 엄마와의 애착 관계를 형성하는 데 있다고 한다.

54) http://www.kidca.com

제 3 장

한국 전통 사회의 유아교육 원리

류점숙은 전통 사회의 유아교육 원리를 모방의 원리, 조기 교육의 원리, 지행일치의 원리, 생활 교육의 원리, 남녀유별의 원리, 발달 특성의 원리 등으로 나누어 다음과 같이 설명하고 있다. 여기서는 류점숙과 김진경의 연구를 중심으로 전통 사회의 유아교육 원리를 살펴본다.[55)]

1. 모방의 원리

전통 사회의 유아교육에서 사용된 주된 방법은 모방할 수 있는 본보기를 제시하는 것이었다. 전통교육은 인간의 심성과 행실에 관한 인격 교육을 중요시하였기 때문에 그 방법에는 독특한 면이 있다.

전통 사회의 동몽 교육에서는 부모의 모범적인 언행과 스승의 선택과 벗의 사귐, 또

55) 류점숙, "조선 후기 동몽 교재의 내용 연구", 경북대학교 대학원 박사학위논문, 1991.
박상희·주영애, 앞의 책, pp. 16-21.
김진경, "전통 유아교육 원리를 적용한 유아 사회생활 지도 모형 연구", 신라대학교 교육대학원 석사학위논문, 2001, pp. 30-39.

는 교육적인 환경 조성 등을 매우 중요하게 생각하였다. 유아는 신체적·정신적으로 모든 발달과 형성의 초기 단계에 있기 때문에 모방성이 강하다. 따라서 바람직한 성장을 위해서 모방은 어떤 가르침보다도 앞섰던 것이다. 부전자전(父傳子傳), 고전여전(母傳女傳)이라는 표현은 이를 잘 말해 준다. 또한 맹모삼천지교(孟母三遷之敎)의 가르침은 누구나 알고 있듯이 보고 배울 수 있는 교육 환경의 중요성을 일깨우는 것이다.

「소학」에는 다음과 같은 글이 있다.

> 맹자의 어머니는 그의 집이 무덤에 가깝게 있었는데, 맹자가 어릴 때 놀이하는 것이 무덤에서 일어나는 일을 하며 뛰며 쌓고 묻거늘 맹모가 말하기를, '여기는 아들을 키울 곳이 아니다' 하고 곧 떠나서 시장에 살았더니, 맹자의 놀이에 상인들이 물건을 사고파는 짓을 하거늘 맹모가 말하기를, '여기도 자식을 키울 만한 곳이 아니다' 하고 곧 이사하여 학관의 곁에 사니, 맹자의 놀이에 제기를 벌려 놓고 읍하며 사양하고 나아가거늘 맹모가 말하기를, '여기는 참으로 아들을 키울 만한 곳이다' 하고, 드디어 그곳에서 살았다.

또한 옛말에 "애들 앞에서는 찬물도 못 마신다."라는 말도 이와 같은 어미를 강조한 것이다. 즉, 유아의 특성을 이해하여 그들을 완전한 인격체로 교육하는 데는 성인의 역할이 무엇보다 중요하다 하겠다.

「사소절」에서는 성인의 행동이 유아들에게 모범이 되지 못함을 경계하였다.

> … 어른이 아이들과 부담 없이 어울려서 익살부리기를 좋아하면, 아이들은 두려워하고 꺼리는 점이 없어 날로 어리석게 되어 버릴 것이다.

모방은 일상적인 사회생활에서 타인의 생활을 반복적으로 관찰한 결과로 생기기 때문에 관찰 학습 또는 사회 학습으로 불린다. Bandura의 사회 학습 이론에 의하면 사회적 상황에서 타인들의 행동을 단순히 관찰(observation)만 하여도 그들의 행동을 학습할 수 있다고 보았다.

Bandura는 두 집단의 아동들에게 공격적인 행동의 학습이 관찰을 통해서 가능한지를 실험하였다. 두 집단 중에 한 집단의 아동들에게는 인형에게 공격적 행동을 가하는 사람들을 등장시킨 필름을 보여 주었고, 다른 집단의 아동들에게는 공격적 행동이 없는 중립적인 필름을 보여 주었다. 그 후 두 집단의 아동들을 관찰한 행동을 비교해 보았더니, 공격적 행동을 가하는 장면으로 된 필름을 본 아동 집단이 그렇지 않은 집단의 아동보다 공격적인 행동을 더 많이 하는 것을 발견하였다.

이 실험 결과로 인간의 학습 과정은 직접적인 강화에 의한 경험을 통해서 학습되기도 하지만, 타인의 행동을 관찰만 하여도 이를 모방함으로써 새로운 행동을 학습할 수 있다고 주장하였다.[56)]

현대 학자들의 실험에 의하면 건강한 신생아는 생후 42분 만에 이미 모방 행동을 하는 것으로 판명되었는데, 전통 사회에서는 이미 오래전부터 이 사실을 인식하였으므로 어른들은 아이들 앞에서 모든 행동을 조심하였던 것이다.

2. 조기 교육의 원리(적기성의 원리)

예로부터 "세 살 적 버릇 여든까지 간다."는 속담이 있다. 이는 인격 형성기인 유아기의 도덕적 조기 교육의 필요성을 강조한 것이며 교육의 기초성을 강조하는 것이다. 이렇듯 유아의 조기 교육을 강조한 바는 옛 글에서 수없이 찾아볼 수 있다. 현대적인 교육 제도가 도입되면서 유아교육이 시작된 것으로 오인하는 경우가 있으나, 우리의 전통교육에서는 이미 조기 교육의 필요성과 중요성을 널리 지적하고 있었다. 또한 전통 사회 조상들은 매사에 시(時)를 중시하였으며, 특히 유아 생활 습관 지도 시 알맞은 시기를 기다려서 적합한 지도를 하였다.

특히 전통 사회의 동몽 교육은 가소성, 흡수성, 전이성, 산만성을 인정하여 조기 교육을 강조하였다.

「사소절」 동규편에는 다음과 같은 글이 있다.

56) 전남련, 「영유아보육개론」, 형설출판사, 2004, p.107.

> 갓난 망아지는 착실하고 엄격하게 길들여 좋은 기술을 익히게 하지 않으면 좋은 천리마를 만들지 못하고, 어린 소나무 모종을 잘 북돋아 기르지 않으면 훌륭한 재목을 만들지 못한다. 그러므로 아들을 잘 가르치지 않으면 이는 오히려 버리는 것과 같다.

또한 시기를 놓쳤을 때는 그 결과가 어떠한지에 대해서도 서술되어 있다.

> 어릴 때에 반듯하게 앉는 자세를 익히지 않으면 자라서는 뼈가 굳어져서 반듯하게 앉는 것을 견디지 못하며 두 다리를 쭉 뻗고 앉거나 한쪽으로 기우뚱하게 앉게 되고, 따라서 행동이 거칠어지며 마음도 또한 간특해지고 아홉 가지 몸가짐이 무너질 것이니 슬픈 일이다.

적기성은 조기 교육의 의미를 포함하면서도 내면화, 성숙 등이 고려된 원리인데 적기성을 고려하여 때를 놓치지 않고 자녀 교육에 힘썼던 조상들의 지혜를 위의 글에서도 엿볼 수 있다.[57)]

「소학」에도 다음과 같은 글이 있다.

> 장횡거 선생이 말하기를 어린이들을 가르치되 먼저 모름지기 안정하고 차분하고 조심하며 공손하고 공정할 것이니, 지금 세상에 학문을 강론치 아니하여 남녀가 어릴 적부터 곧 교만하고 게으르게 되어 버려 자람에 이르러 더욱 흉악하고 사나워지나니, 오직 일찍이 자제로서의 일을 배우지 않았기 때문이다. 곧 자기의 부모에게 이미 남과 나라는 생각이 있어, 나라는 것을 고집하여 부모에게 굴복하고 낮추는 일을 즐겨하지 않아서, 교만하고 게으른 병의 뿌리가 항상 있어서 또 있는 바를 따라 자라서 죽음에 이르도록 오직 옛 버릇을 그대로 지녀 간다.

또한 조기 교육은 유아들에게 나쁜 습관이 형성되기 전에 미리 예방한다는 관점에서도 이루어졌다. 「예기」와 「소학」에 따르면 다음과 같다.

57) 김진경, 앞의 연구, pp.30-31.

… 자식이 밥을 먹을 수 있게 되거든 가르치되 오른손으로써 하게 하며, 말을 할 수 있게 되거든 남아는 빨리 대답하고 여아는 느즉히 대답하게 하며 … 여섯 살이 되거든 하나, 둘, 셋 등의 셈하는 것과 동서남북 등 방위의 이름을 가르칠 것이다. 일곱 살이 되면 남녀가 자리를 같이하여 앉지 않으며, 음식을 함께 먹지 않는다. …

위의 「예기」와 「소학」, 「사소절」에서 보면 조기 교육의 중요성을 강조할 뿐 아니라 교육의 기초성도 습관과 관련시켜 중요성을 강조하고 있음을 알 수 있다.

3. 지행일치의 원리(지행합일의 원리)

전통교육에서는 아는 것과 실천하는 것과의 관계를 매우 중요하게 보았다. '행(行)'과 '지(知)'가 조화를 이루지 못하고 서로 이롭게 해 주지 못할 때의 병폐를 일찍부터 관찰한 것은 바로 우리 조상들의 지혜이다.

「소학」에 '수십 권의 글을 읽고서 문득 높고 큰 체하며 어른을 업신여겨 소홀히 하며 동배를 가볍게 보며 업신여기니, 사람들이 미워하기를 원수처럼 한다.'

이와 같다면 배움으로써 이익됨을 구하려는 것이 도리어 스스로에게 손실을 가져오니 배움이 없는 것만 같지 못하다.[58]

이와 같이 우리 조상들은 행함이 없는 지는 해롭다는 것을 통찰하였을 뿐 아니라 지(知)와 행(行)이 서로 분리되지 않고 조화를 이룰 때에만 의미가 있다는 지행일치의 원리를 유아교육 원리로 적용하였음을 볼 수 있다.

전통 사회의 교육은 지식을 바탕으로 이를 바르게 실천하여, 지행일치를 이루도록 하는 데 힘써 왔다. '알고도 하지 않으면 더 나쁘다'라는 말 역시 지행일치의 교육 원리를 담고 있다고 보겠다.

58) 주희, (이기석 역해), 「소학」, 서울: 홍신문화사, 1997, p.309.

「속근사록」에는 다음과 같은 글이 있다.

> 헛되이 밝아 행하지 않으면 그 밝음이 사용되는 바가 없어 텅 빈 밝음일 뿐이며, 헛되이 행하여 밝지 못하면 행이 지향하는 바가 없어 캄캄하게 어두운 행(行)일 뿐이다.

이이의 「격몽요결」의 지신장에서도 알고 행함이 항상 일체되어 누가 보든 보지 않든 알고 있는 것을 바르게 실천해야 할 것을 지적하였다.

> 자기 몸을 바르게 해서 속과 겉이 한결같아 어두운 곳에 처해서도 밝은 곳에 있는 것 같고, 혼자 있어도 역시 여러 사람이 앉아 있는 것같이 한다.

또한 "만약 입으로만 읽고, 마음으로 체득하지 못하고, 몸으로 행하지 못하면, 글은 글대로 나는 나대로이니 무슨 이득이 있으리오?" 하면서 행(行)이 뒤따르지 않는 것이 얼마나 허망한 일인가를 지적하였다.

또한 배움이란 생활 속에서 행동으로 실천하는 것이 중요함을 강조하였다.

> 배움이란 날로 일을 행함에 있으니, 만일 평상 생활에 처해 삶에 공손하고 하는 일에 공경하고 남과 사귐에 충실하면 이것을 학문한다고 하는 것이니 책을 읽는 것은 이 이치를 밝히는 것뿐이다.

4. 생활 교육의 원리(체험의 원리)

전통 사회에서는 유아의 직접 경험을 중시하였다. 유아의 행동거지는 직접적인 체험, 생활 교육을 통하여 수정되고, 배운 것을 행동하도록 하였다. 즉, 유아들에게 바른 행동거지를 가르치는 데에 직접적인 체험이 우선되어야 한다는 교육철학을 갖고 있었다.

「격몽요결」의 지신장에 보면, 일상생활에서 구체적인 학문 체험에 대해 다음과 같이 진술하고 있다.

> 학문을 한다는 것은 사람이 일상생활하고 일하는 사이에 있는 것이니, 만약 평상시에 있어 거처함을 공손히 하고, 하는 일을 공경하고, 남과 더불어 성실하면 이것이 곧 학문한다고 말할 수 있을 것이다. 그러니 읽는 사람은 바로 이 이치를 밝히고자 하는 것일 뿐이다.

이와 같이 유아를 가르침에 있어 구체적인 행동을 통한 직접적인 체험을 중시하는 것은 전통 사회의 유아교육이 생활 교육의 사상의 중요성을 강조하기 때문인 것으로 볼 수 있다.[59)]

전통 사회에서의 제도적 교육 실시 이전의 유아교육은 주로 가정에서 부모나 조부모를 통해서 이루어졌다. 일상생활에서 어른들의 행동을 모방하고 그들의 역할을 도우면서 동일시하는 과정 가운데 자연스럽게 교육이 이루어졌던 것이다. 일상생활의 모든 의식이나 행동은 예(禮)를 의미하므로 전통 사회의 유아교육은 예(禮)로 일관된 교육이라고 할 수 있다. 한 예로 전통 사회에서 식사 예법을 가르치는 내용을 살펴보면 다음과 같다.

> 수저를 사용하는 것도 조모의 소관으로 훈련받았는데 음식을 흩트리거나 흘리는 것도 너그럽게 허용되면서 서서히 배워 나갔다. 대개 3~4세경에는 숟가락만 사용하도록 요구되다가, 이 시기가 지나면 젓가락도 사용하도록 허용되는데 6~7세경에는 능숙하게 젓가락을 사용하는 기능을 습득하게 되었다.

한 번 나쁜 습관이 형성되면 고치기가 어렵고, 이 또한 부모가 고쳐 주지 않으면 힘들다는 지적은, 가정에서의 교육을 통한 기본 생활 지도를 강조하고 있다. 그러나 현대 가정에서는 이와 같은 전통 사회의 유아교육을 충분히 지도하지 못하고 있는 것이 현실이다. 따라서 유아교육기관에서 그 지도의 기준과 방법을 제시하여 가르치면

59) 이이, (이기석 역해), 「격몽요결」, 서울: 명문당, 1995, p.37.

서, 가정과의 연계 지도를 통한 훈육에 힘쓰는 것이 바람직할 것이다.

「율곡집」에 제시된 교아 17조의 내용은 일상생활 가운데 가르칠 훈육 지침이 되는 것으로 여아는 '여중 군자'의 인격에, 남아는 '군자'의 인격에 이르기를 희망하는 바를 기록하고 있는데 내용은 다음과 같다.

① 가르치고 이끌어 주는 말을 지키지 아니하고, 마음을 딴 일에 쏟고 있는가?
② 부모가 명한 것을 곧 시행하지 않고 있는가?
③ 형이나 어른을 공경하지 아니하고, 말하는 것은 사나운가?
④ 형제가 사랑하지 아니하고, 서로 노여워하는 일이 있는가?
⑤ 음식을 먹을 때 서로 다투거나 서로 사양하지 않는가?
⑥ 다른 아이들을 모욕하거나, 서로 노여워하지 않는가?
⑦ 서로 경계하라는 충고를 받아들이지 아니하고, 문득 원망과 노여운 생각을 나타내는가?
⑧ 두 손 모으고 절하는 것이 단정하지 아니하고, 옷소매를 풀어헤치고 절름발이 걸음 놀음을 하는가?
⑨ 걸음걸이가 경솔하고, 어디에 뛰어오르거나 뛰어넘는가?
⑩ 희롱이나 익살스러운 말하기를 좋아하고, 말하고 웃고 하는 것이 시끄럽거나 요란한가?
⑪ 무익하고 관계없는 일을 지어내기 좋아하지 않는가?
⑫ 일찍 자고 늦게 일어나고 나태하여 책을 읽지 않고 있는가?
⑬ 책을 읽을 때 서로 돌아보고 이야기를 하는가?
⑭ 공부할 때 마음을 놓아 사리에 어둡고 낮에도 또한 앉아서 졸고 있는가?
⑮ 나쁜 점을 감싸고 잘못된 점을 숨기고, 말이 진실하지 않는가?
⑯ 한가로운 사람만 대하기를 좋아하고, 누구의 공부 그만둔 것을 들어 이야기하는가?
⑰ 초서로 흘려쓰기를 좋아하고 난필로 종이를 더럽히지 않는가?

출처: 박상희·주영애, 앞의 책, p.20.

5. 남녀유별의 원리

전통 사회에서는 남녀유별의 규범을 매우 강조하였다. 특히 조선시대에 이르러 남녀유별의 생활 규범이 중요하게 적용되어 왔는데, 「소학」에는 '남녀칠세부동석(男女七歲不同席)'이라 하였고, 남녀가 모든 물건을 사용하거나 건네어 줄 때도 직접 하지 못하도록 철저히 지도하였다. 뿐만 아니라 남녀의 거처까지 구분하여 엄격한 남녀유별의 질서를 지키도록 하였다. 전통 사회에서는 음양의 원리에 따라 남녀를 구별하였으며, 그에 따른 역할 중심의 교육에 힘을 써 왔다. 남성에게는 외향적이며 학문 위주의 교육을 강조했다면 여성에게는 내향적이며 가정을 중심으로 한 교육에 초점을 두어 왔다. 이는 남녀의 성차에 따른 역할의 교육 내용이기도 했다. 다음 글에서 일찍부터 남녀아의 교육적 차이가 구별되었음을 알 수 있다.

> 여아는 능히 밥 먹거든 가르치되, 오른손으로써 하게 하고 말하거든 남아는 빨리 대답하고 여아는 느즉이 대답하게 하라. … 열 살이 되면 남자는 스승에게 나아가 사랑방에서 잠자며 글쓰기와 셈본을 배우게 한다. … 여자는 열 살이 되면 나다니지 아니하고 언제나 집 안에서 여선생을 따라 부드러운 말씨와 유순하게 좇는 습관을 배워야 한다. …

그러나 남아의 교육과 여아의 교육은 내용은 다소 달리 하였어도, 그들의 가르침에는 경중을 가릴 수 없다는 지적을 해 왔다. 「사소절」에는 다음과 같이 강조하였다.

> 남아를 가르치지 않으면 자기 집을 망하게 하는 것이요, 여아를 가르치지 않으면 남의 집을 망하게 하는 것이다.

남자와의 구별된 교육이었으나 가정교육, 윤리 교육적 측면에서 여성의 지위와 그 교육은 소홀함이 없었던 것으로 볼 수 있다.

6. 발달 특성의 원리

전통 사회에서도 유아의 교육은 발달의 성숙도와 개인적인 개성과 능력의 개인차를 인정하였으며, 발달의 순서에 따라 점진적인 교육을 해 왔던 점을 볼 수 있다. 그러나 전통 사회에서는 실제적으로 청소년기가 없었다는 것이 특징이다.[60)]

즉, 아동기에서 바로 성인기로 이어졌는데, 7세부터는 성인기로 돌입하기 위한 준비 교육을 제공한 아동기였다는 점을 미루어 알 수 있다. 그러나 아동기 동안에는 발달 수준에 맞추어서 가르쳐야 함을 강조하였는데, 「소학」에서는 다음과 같은 내용이 있다.

> 일곱 살이 되면 사내아이와 계집아이를 같이 앉게 하지 않으며 같이 음식을 먹지 않게 한다. 여덟 살이 되면 집안의 문안 드나들거나 자리에 나아가 식사를 할 때는 반드시 어른이 먼저 드신 뒤에 하여 사양의 미덕을 가르치게 한다. 아홉 살이 되면 날짜 계산하는 법을 가르치게 한다.

전통 사회의 유아교육 발달 단계와 현대 유아교육 학자들이 구분한 유아의 발달 단계를 비교해 보면 다음과 같다.

60) 유안진, 「한국 전통 사회의 유아 교육」, 서울: 정민사, 1987.

〈표 1.4〉 한국 전통 사회의 유아교육 발달 단계와 현대 유아교육 학자들의 유아 발달 단계

전통적인 유아교육 단계	piaget의 인지발달 단계 이론	Freud의 성심리발달 단계 이론	Erikson의 심리사회 이론	비고
1. 태교 단계 (0~1세)	1. 감각운동기 (0~2세)	1. 구강기 (Oral stage, 0~1세)	1. 유아기 (출생~1세), 신뢰감 : 불신감	Erikson의 인간의 성장 발달 단계를 유아기에서 노년기까지 8단계로 나누어 사회심리 이론을 체계화했으나 여기서는 전통적인 유아교육 단계와 맞추어 5단계까지만 살펴본다.
2. 감각 및 동작 훈련 단계 (1~3세)		2. 항문기 (Anal stage, 2~3세)	2. 아동 초기 (2~3세), 자율감 : 수치감	
3. 무릎학교 단계 (3~5세)	2. 전조작기(2~7, 7세) 전개념기 (2~4세) 직관적 사고기 (4~6, 7세)	3. 남근기 (Phallic stage, 4~6세)	3. 놀이기 (4~6세), 주도성 : 죄의식	
4. 자발적 학습 단계(5~7세)			4. 학령기 (6~11세), 근면성 : 열등감	
5. 역할교육 단계 (7~13세)	3. 구체적 조작기 (7~12세)	4. 잠복기 (Latency stage, 7~12세)		
• 역할 심화기 (13~15세) • 성인기 (15세 이상)	4. 형식적 조작기 (12세~)	5. 생식기(Genital stage, 12세~)	5. 청소년기 (11~15세), 동일시 : 역할 혼란	

본 표는 유안진의 「한국 전통사회의 유아교육」, 정민사, 1987, p.21에서 재구성함

7. 유아 중심의 원리

우리의 전통교육은 유아의 심성과 그 타고난 본능을 충분히 고려하여 가르침을 주도록 하는 유아 존중 사상에 입각하였다. 우선 자녀의 심성을 거스르지 말고 그 본성을 존중하여 가르쳐야 한다는 점을 자녀 교육 지침서인 「사소절」의 '동규'편에 다음과 같이 서술하고 있다.

> 자녀가 어릴 때부터 자질이 아름답고, 그 심지를 살펴볼 때 세속의 과거에 관한 학문 익히기를 원하지 않거든 그의 본성을 거스르지 말고 그가 좋아하는 취미에 맡겨서 어진 사우를 택해서 그에게 부탁하여 학업을 성취시킨다면 과거의 영리에 비교할 때 그 경중과 대소가 어떠할까?[61]

이와 같이 양반 계급의 입신의 최대 관문인 과거를 기피할 정도로 유아 자신의 심성을 중시한 가정교육의 한 측면을 엿볼 수 있다. 유아를 가르치는 데 있어서는 최대한 자녀의 흥미와 관심을 존중하고, 자질을 고려한 교육을 강조한 것이며 항상 행동의 동기를 고려하여 시행하도록 권고하였다.

> 어린아이들을 교육하는 데 있어서는 오직 효제(孝悌), 충신(忠臣), 예의(禮義), 염치(廉恥)를 위주로 하고 있으니, 그 가꾸고 함양하는 방법에 있어서는 시를 노래하도록 유도하여 의지가 발발하게 하고, 예절을 익히도록 유도하여 위의가 엄숙해지게 하고, 글을 읽도록 유도하여 지각이 트이게 해야 한다.[62]

타고난 본성에 따라 적절하게 교육하여야 한다는 점에 대해서는 「사소절」에 상세한 방법이 제시되어 있다.

> 글을 가르치는 데 있어서는 많이만 가르칠 것이 아니라, 그 자질을 헤아려서 능히 200자를 배울 수 있는 자에게는 100자만 가르쳐서 항시 정신과 역량이 남아돌게 하면 싫증을 낼 염려가 없고 자득하는 좋은 성과가 있을 것이다. 어린아이에게 글을 가르쳐 줄 때에는 많은 분량을 가르쳐 주는 것은 절대 금기다. 총명한 아이가 조금만 읽어서 잘 외는 것도 좋은 일이 아니거니와 둔한 아이에게 많은 분량을 읽히게 하는 것은 마치 약한 말에 무거운 짐을 실은 것과 같으니 어찌 멀리 갈 리가 있겠는가? 어린아이에게 글을 가르쳐 줄 때에는 번거롭게 말하는 것이 가장 금기다. 모름지기 그 제

61) 이덕무, (김종권 역해), 「사소절」, 서울: 명문당, 1985, p. 290.
62) 이덕무, 앞의 책, p. 285.

품의 고하에 따라 상세하면서도 간략하게 해석해 주어야 한다.[63]

위와 같이 전통 사회에서는 유아의 심성이나 본능, 정신 역량을 충실히 고려하여 유아를 지도할 것을 강조하였기 때문에 유아를 중심으로 한 유아교육의 원리를 적용하였다고 본다.

63) 이덕무, 앞의 책, p.286.

제 4 장

한국 전통 유아 교재 (동몽 교재)

전통 사회의 동몽 교재는 주로 조선시대의 유아 훈육서에 해당된다. 동몽 교재는 어린이, 즉 유아들의 교육 고전에 해당하는 것이다.

전통 사회에서는 남아 교육과 여아 교육의 차이를 두어 남아와 여아가 읽어 왔던 교재가 다름을 알 수 있다. 본 장에서는 남아 교육서와 여아 교육서를 박상희와 주영애가 나누어 기록한 내용을 중심으로 살펴본다.[64)]

1. 남아 교육서

1) 동몽선습

박세무(1487~1564)가 어린이 교육을 위하여 저술한 우리나라 최초의 교과 서적 성격을 띤 책으로서 의의가 있다. 현존하는 동몽선습 중에 가장 오래된 것은 한국 정신문화연구원에 소장되어 있는 필사본으로서 연대가 1541년(중종 36년)으로 추정

64) 박상희·주영애, 앞의 책, pp. 24-33.

된다. 이 책은 국사의 독자적 성격을 인정하였다는 점에서도 큰 의의가 있다. 박세무는 아무도 관심을 두지 않던 국사를 아동들을 위한 교육서로의 활용에서 매우 값진 의식의 전환과 구체적 역사의식을 보여 주었다.

유아들은 천자문으로 한자를 익힌 다음 과정으로 동몽선습을 공부하는 것이 정례처럼 되었으며 이는 조선조 말까지 이어졌다.

2) 명심보감

약 700년 전 고려 충렬 왕조의 추적(秋適)이라는 사람이 편찬한 것으로 전해져 왔으나, 최근에 그 원본은 명나라 초기에 범립본(范立本)이라는 사람이 편찬했다는 것이 밝혀졌다. 그러나 이 책은 중국에서보다 오히려 우리나라에서 더 읽혔다고 한다. 수세기가 지난 오늘날에도 이 책의 윤리 도덕적·한문 교육적 가치가 인정되고 있다.

이 책은 착한 행실, 순명, 효행, 공부, 예절, 언어, 교육 관계, 부녀자 행실 등에 관한 글귀를 모은 귀중한 전통 사회의 유아용 교과서였다.

3) 소학

주희가 그의 만년(58세로 추정)인 1187년에 「예기」, 「논어」, 「맹자」, 「효경」 등의 책에서 발췌, 편찬한 동몽 교재이다. 우리나라에 전래된 연대는 정확히 알 수 없으나 주자학의 전래와 함께 전해진 것으로 추정되고 있다. 조선조 역대 왕들은 국가적인 차원에서 적극적인 권장 서적으로 꼽았으며, 진흥 정책으로서 「소학」 교육에 의한 백성들의 사회 교화가 그 목적이 되었다. 태조 이후 철종에 이르기까지 역대 왕들이 「소학」을 장려한 내용을 조선왕조실록을 통해서 보면 734건이나 된다.[65]

「소학」은 내외 2편 총 386장으로 구성되어 있으며, 내편은 입교, 명륜, 경신, 계고의 4권 214장으로 이루어져 있고, 외편은 가언, 선행의 2권 172장으로 이루어져 있다. 그 내용은 일상생활의 범례를 비롯하여 수양을 위한 격언과 충신, 효자 등의 사

65) 박상희, "가정에서의 자녀 교육에 관한 연구", 성신여자대학교 대학원 박사학위논문, 1999.

적들로 구성되어 있다.

「소학」은 아동이 8세가 되면 반드시 배웠는데, 그 이유는 하(夏), 단(段), 주(周) 3대 때 아동을 가르치는 법이기 때문이었다고 한다.

4) 격몽요결

명조에서 선조 때(1536~1584)의 학자이며 정치가인 율곡 이이가 선조 10년에 지은 책이다. 율곡 이이(1584~1681)는 퇴계 이황(1501~1570)과 함께 조선 성리학의 쌍벽을 이루었던 대학자였다. 「격몽요결」은 아동의 계몽을 위한 교훈서이고 모두 10장으로 되어 있다. 격몽요결은 이이의 문집인 「율곡전집」 전 38권 중 27권에 수록되어 있다.

'격몽'이라는 말이 의미하듯이 몽매한 이들을 깨우친다는 것, 곧 교육을 의미하는 것이고, '요결'은 그 일의 중요한 비결의 의미를 가르친다는 것이다. 따라서 배우는 이들을 위한 지침서의 성격을 갖고 있다. 「격몽요결」은 지어진 후 일반 유생으로부터 국왕에 이르기까지 널리 읽히게 되었고, 중앙과 지방에서 각각 간행 반포되었다는 기록이 인조실록에도 잘 나타나 있다. 또한 이 책을 널리 읽도록 조선 왕조에서 노력해 왔던 것이 다른 동몽 교재와 유사하다.

「소학」과 비교해 볼 때, 「소학」은 분량이 많고 범위가 넓어 체계를 세우기가 힘든 반면 「격몽요결」은 간략하고 일상생활의 실례를 곁들임으로써 초학하는 자들이 알기 쉽게 학문의 요체를 조리 있고 체계적으로 깨달을 수 있도록 구성되었다는 점에서 매우 귀중한 자료가 되고 있다. 「격몽요결」은 서(序)와 본문 10장에 입지(立志), 혁구습(革舊習), 지신(持身), 독서(讀書), 사친(事親), 상제(喪制), 제례(祭禮), 거가(居家), 접인(接人), 처세(處世)의 내용까지 상세히 기록되어 있다. 특히, 서문에서는 학문의 중요성과 일상생활을 해 나가는 데 있어서 마땅히 행하여야 할 길을 강조하고 있으며, 「격몽요결」을 저술하게 된 동기 등에 대해 기술하였고, 입지장(立志章)에서는 마땅히 성인을 목표로 삼고 먼저 뜻을 세워야 함을 역설하면서 사람의 용모와 체력과 신체는 고칠 수 없지만 입지(立志)는 얼마든지 훌륭하게 성장시킬 수 있다고 했다.

5) 사소절

조선조 후기 북학파 실학자인 아정 이덕무(1741~1783)가 사전, 부의, 동규의 내용으로 영조 51년(1775)에 저술한 수신서이며 아동 훈육서이다. 그는 소절(小節)을 닦지 않고서는 대의를 이루는 자를 보지 못했다고 밝히고 일상생활에서 지켜야 할 세칙을 적어 놓았다.[66)]

남성과 부인, 나아가 아동에 이르기까지 일상생활에 필요한 도덕적 수양을 위하여 가져야 할 마음가짐과 몸가짐에 대한 행동 규범이 잘 제시되어 있고, 특히 '동규'는 자기의 자제들을 훈계하기 위한 것으로 오늘날에도 그 가치를 재조명하고자 하는 연구들이 진행되고 있다. '동규'장은 「소학」, 「격몽요결」, 「해동속소학」 등과 더불어 유아들의 교양 교재로 많이 읽혀서 전통 사회의 유아들의 훈육에 큰 몫을 담당하였고, 나아가 당시 사회의 가치관 정립에도 이바지하였던 것으로 보인다. 「사소절」은 8권 2책 924장(실제는 916장에 개설 3장 포함)으로 만들어져 있다. 동규편은 이 중 제8권에 해당된다. 제8권 한 권은 어린이의 규범 131장으로, 그 내용은 행동거지 39장, 가르쳐 익힘 38장, 어른을 공경함 23장, 이런 것 저런 것 31장이다.[67)]

'동규'의 내용은 동지장, 교습장, 경장장, 사물장으로 나뉘어 있으며, 어린이들의 마음가짐과 몸가짐, 의복, 음식에 대한 습관, 아동 교육의 목표와 학습 방법, 부모 섬기기, 스승에 대한 공경, 어른과 손님에 대한 예의, 물건을 다룰 때 주의해야 할 점 등이 상세히 기록되어 있다.

전통 사회의 남아 교육 교재는 이 외에도 「천자문」, 「자치통감」, 「사서」, 「삼경」, 「사기 춘추」, 「예기」, 「근사록」, 「소아수지」 등이 있으며 한국정신문화연구원이 정리한 남아 교육 교재는 다음과 같다.[68)]

66) 우영희, "조선시대 교훈서를 통해서 본 자녀 교육", 중앙대학교 대학원 박사학위논문, 1989.
67) 이덕무, (김종권 역), 「사소절」, 명분당, 1985, p. 17.
68) 한국정신문화연구원, 「한국의 교육고전연구」, 1983, pp. 49-52.

〈표 1. 5〉 전통 사회의 남아 교육 교재

교재	저자	특징	내용
천자문 (千字文)	중국 주흥사(周興嗣)	석봉 한호의 「석봉 천자문」이 유명	• 천자의 한글을 천자구의 운문으로 엮은 글
동몽선습 (童蒙先習)	조선 중종 박세무(朴世茂)	우리나라 사람이 쓴 최초의 아동 교양 도서	• 오륜의 요의를 간결하게 서술 • 중국의 역사(삼황 오제~명)와 한국 역사(단군 조선~이성계의 건국)를 간략하게 기술
명심보감 (明心寶鑑)	고려 충렬왕 추적(秋適)	부녀자의 행실에 관한 부분도 포함	• 아동용 도의 교과서, 고금 문장가의 좋은 글을 따 모아서 지은 책(150여 종의 금언, 경구)
소학 (小學)	송나라 유자징(劉子澄)	사대부의 자제들은 8세경에 익힘	• 일상생활의 세세한 예의 범절을 비롯하여 수양을 위한 격언, 충신과 효자의 사적 모음
자치통감 (資治通鑑)	송나라 사마광(司馬光)	중국 역사를 배웠던 것으로 사대 사상을 엿볼 수 있음	• B.C. 403~A.D. 959년까지의 통사로서 치도의 자료가 되고 역대를 통하여 거울이 된다고 여김
사서 (四書)	정자(程子)	유교 도덕 입문의 기본 서적	• 대학, 중용, 논어, 맹자를 총칭하는 것
삼경 (三經)		유교의 기본 경전	• 시경, 서경, 역경의 총칭
사기 (史記)	한나라 사마천(司馬遷)	열전에 조선전이 나옴	• 황제~무제까지의 편년사, 제도사, 열국사 및 열전으로 엮은 방대한 역사책
춘추 (春秋)	노나라 사관(史官)	정치 이념의 지침서	• 노나라 은공 1년(B.C. 722)~애공 14년(B.C. 481)의 역사. 통일 천하의 윤리적 질서 확립, 대의 명분을 바로잡기 위한 당위를 이념적으로 제시
예기 (禮記)	한나라 재성(載聖)	고려 때 안향이 들여온 후, 과거 시험 과목의 하나가 됨	• 오경의 하나 • 예에 관한 전언을 편찬(46편) • 예에 관한 이론과 실제를 기술해 놓은 것
근사록 (近思錄)	송대(宋代)의 주자(朱子)와 제자 여조겸(呂組謙) 공저	일상 수양에 긴요한 장순	• 주무숙의 정명도, 정이천, 장횡거 등의 저서와 어록 중에서 백전조를 뽑아서 씀(622조목을 14부로 분류한 14권)
소아수지 (小兒須知)	율곡(栗谷)	주희의 「동몽수지」를 개편함	• 아동의 품성 교육을 위한 행동 양식을 기술

출처: 한국정신문화연구원, 「한국의 교육 고전 연구」, 1983, pp.49-52 참조.

2. 여아 교육서

여아 교육서는 남아 교육서의 글을 통해서도 그들의 역할 훈련의 교육 내용을 담고 있어, 「명심보감」이나 「소학」과 같은 글은 동일하게 읽고 익혀 왔으나, 특히 여아를 위한 교육은 여성 교육서와 동일하게 보아 온 것을 알 수 있다.[69)]

조선 초기의 여성 교육서는 거의 모두 중국의 것이었다. 후한 조소의 「여계」, 당 송약소의 「여논어」, 명 인효문황후의 「내훈」, 명 왕절부의 「여범」, 그리고 「열녀전」, 「명감」, 「소학」 등이 그것이다. 그러나 이들은 모두 한문으로 되어 있어 널리 읽히기에는 어려움이 있었고, 이러한 단점을 극복하기 위해 우리의 여성 규범류가 만들어지기 시작했다.

1) 내훈

조선조 성종의 어머니인 소혜왕후가 「소학」, 「열녀」, 「여교」, 「명감」 등에서 여성 교육에 가장 긴요하다고 여긴 대목을 가리어 7장으로 나누어 앞에 자신의 서문을 얹고 뒤에는 상의 조씨의 발문을 붙여 국역하여 3권으로 나누어 엮은 규범서이다. 「내훈」은 비빈의 교육에 주 목적을 둔 책이지만 모든 여성에게 귀감이 될 것이라 하여 해를 거듭해서 발간되었고, 여성 교육의 지침으로 삼아 현존하는 규범서의 본보기가 되고 있다.

2) 규중요람

국립도서관 장서 목록에 퇴계 이황의 저술로 기재되어 있으나 한국정신문화연구원 장서인 「규중요람」을 중심으로 보면 이황의 저서라는 것은 불분명하고, 본래 남성이 쓴 것은 분명하며, 이를 여성이 옮겨 적은 것임에 틀림이 없다고 한다.[70)] 내용은 부의나 수신, 효행과 관련된 것이다.

---

69) 유안진, 「한국 전통 사회의 유아 교육」, 서울: 정민사, 1987.
70) 이길표·주영애, 「전통 가정 생활 문화 연구」, 서울: 신광출판사, 1995.

3) 계녀서

우암 송시열(1607~1689)이 그의 장녀를 권씨 댁으로 출가시킬 때 일상생활의 행실 범절을 지키도록 적어 준 훈계서이다. 1939년과 1946년에 소책자로 출간한 사학자 이재욱의 서문에 의하면, 권씨 공주소거 권씨의 둘째 아들 권유(현감)로서 이 책은 그 문중에 비밀리에 간직되어 전해 오던 것을 고종 28년에 충북 영동에 사는 우암의 9세 손 연제 송병준 문하에 종유 중이던 경주 주인 삼희제 손진번이라는 이가 베껴 써서 그 자신의 며느리 이씨에게 전한 것이 세상에 알려진 시초라고 한다.

「계녀서」의 내용은 수신 생활(성품, 언어), 윤리 생활(사친, 사부, 사구고, 화형제, 화친위, 교자녀, 봉제사, 접빈객, 무노비), 가사 생활(절제, 근면, 구환, 복식, 대차, 매매)로 총 20장으로 나누어져 있다.

여성으로서 꼭 갖추어야 할 아름다운 덕행을 바탕으로 마음가짐과 몸가짐을 잘 닦고 가정을 잘 다스리는 데 관한 올바른 도리를 순수한 국문으로 간곡하게 훈계한 것이 특색이며, 일상생활의 실제적인 행동 범절을 시집가는 딸에게 가르친 혼인 준비 교육의 진수라고 할 수 있다.

4) 규합총서

서유본의 아내 빙허각 이씨(1759~1824) 저서의 일부이다. 총 3부 12책으로 된 빙허각 전서의 제1부였다고 전해진다. 그 전서의 전모는 알려져 있지 않으나 간추려진 채 목판본으로나마 전해 온 것은 「규합총서」뿐이며, 목판본도 고종 6년(1869)에 나왔다. 「규합총서」는 실학사상의 영향을 받았던 조선 후기의 문헌으로 「산림경제」, 「증보산림경제」 등을 많이 인용하였다. 「규합총서」는 일반 부녀의 계몽적 서적이며, 고유의 전통적인 가정 백과 사전의 체제를 갖춘 책이라 하겠다.[71] 장 담그기, 반찬 만들기 등의 음식과 관련된 내용과 바느질에 관한 내용, 시골 살림살이, 병구완하는 방법 등의 내용을 수록하고 있다.

71) 이길표·주영애, 앞의 책.

5) 삼강행실도

세종 때 여자를 유교적인 열녀로 교화시키기 위한 의도로서 고금의 정녀, 열녀의 행적을 골라 편찬한 것으로 중국과 우리나라의 모범적 충신, 효자, 열녀 35명이 수록되어 있다.

전통 사회의 여아 교육서를 한국정신문화연구원에서는 다음과 같이 정리했다.

〈표 1.6〉 **전통 사회의 여아 교육 교재**

교재	저자	특징	내용
명심보감 (明心寶鑑)	추적(秋適)	남녀 교육용 교재	부녀자의 행실에 관한 부분이 포함되어 있음
내훈 (內訓)	소혜왕후 한씨	궁중·민서의 부녀 국문	언행, 효친, 부부, 모의, 돈목, 염검장 등으로 나누어져서 여자 행실에 알맞은 내용을 간추린 책
규중요람 (閨中要覽)	이황	사대부가의 부녀자	소학, 시경, 논어, 춘추 등 중국의 고서를 인용하여 부의, 수신, 치가, 규범록, 효행 편으로 구성
사소절 (士小節)	이덕무	사대부가의 부녀	사전, 부의, 동규로 구성
계녀서 (戒女書)	송시열	사대부가의 부녀	출가하는 딸에게 여자의 도리를 교육
규합총서 (閨閤叢書)	빙허각 이씨	모든 계층의 부녀	일반 부녀의 계몽을 위한 가정 백과 전서

출처: 한국정신문화연구원, 「한국의 교육 고전 연구」, 1983, p.69 참조.

제 2 부

전통문화

제 1 장 전통문화의 정의

최운식 등은 각 민족이 지닌 고유의 문화를 민족 문화라 하고, 이 문화는 민족적 개성이 강하다고 했다. 민족은 거대한 인간의 집단이며 그 집단을 통솔하는 지배 계층과 그들의 통솔을 받는 피지배 계층이 있다.

피지배 계층은 흔히 민간·민중 또는 서민이라고 부르는데, 이들은 민족의 심층부를 이루고 있으며, 절대 다수를 차지하고 있어 민족의 주체가 된다.

지배 계층에 속하는 상류층의 사람들은 외래문화를 수용하면서 고도로 발달된 문화를 창조해 왔는데, 이를 표층 문화(表層文化), 유동 문화(有動文化)라고 한다. 서민층의 사람들은 한국의 사고와 언어, 행동이 구체적으로 형상화된 유형·무형의 문화유산을 생활을 통해 계승해 왔다.

이것은 간혹 상류층 고급 문화의 영향을 받기도 했지만, 그 본질은 바뀌지 않았다. 이를 기층 문화(基層文化), 재래 문화, 전통문화 또는 민속 문화라고 하며 민족의 절대 다수를 차지하는 서민층의 문화 현상이기에 민족 문화의 주류를 이루고 있다고 한다.[1)]

전통문화란 '전통'과 '문화'가 합성된 개념이다.

1) 최운식 외, 「한국민속학개론」, 서울: 민속원, 1998.

정재걸과 이혜영은 전통문화를 "서양 문명의 본격적인 유입 이전에 우리 민족이 모든 역사적 단계를 거쳐 개별적 혹은 집단적으로 이룩한 문화적 유산"이라고 했다.[2)]

인류학자 이관규는 전통문화란 "한민족과 같이 하나의 민족이 오랜 세월 동안 많은 시행착오를 겪으며 이루어 온 생활 문화이고, 그 민족에게 가장 적절한 삶의 지혜"라고 했다.

한상복은 "전통문화란 전통 사회의 문화가 아니라 현대사회에서도 적합성을 갖고 있는 문화적 유산으로 전통문화는 현대 문화와 단절된 것이 아니라 연속성을 가지며, 또한 전통문화는 건축 설계, 의상 패턴, 사고방식, 행동 원리, 생활양식 또는 여러 가지 예술에 담겨져 있는 에스프리(esprit, 정신, 정수, 핵심적 요소, 의미)로서 주형(모델)이다."라고 정의하였다. 또한 그는 전통문화는 "현대와 미래의 문화 창조를 풍요롭게 해 주는 바탕, 즉 새로운 문화 창조의 원동력이며 현대사회와 미래사회에 알맞은 문화의 발전 방향을 정립하는 기초"라고 정의했다.

이종철은 전통문화란 "오늘날에도 생명력을 가지고 있어서 새로운 문화를 창조하는 데 끊임없이 작용하는 문화이며 과거의 것이라고 해서 모두 전통문화가 아니며 오늘날을 풍요롭고 윤택하게 하며 미래를 적극적으로 추진시킬 수 있는 문화가 진정한 의미의 전통문화"라고 했다.[3)]

위의 내용을 종합해 보면 전통문화는 과거에서 현재까지의 일상적인 생활 속에서 의식적이거나 무의식적으로 문화적 정체성을 바탕으로 형성된 유·무형의 모든 창조물이라고 볼 수 있다.

이에 저자는 위의 학자들의 정의를 수용하여 우리의 "전통문화를 서양 문명이 들어오기 전까지 우리 민족의 가장 적절한 삶의 지혜를 모은 생활 문화이면서 현대 문화와의 연속성을 가지고 있는 정신문화와 물질문화를 포함하는 유·무형의 개인적, 집단적 노력의 모든 창조물"로 정의한다.

---

2) 정재걸·이혜영, "전통교육의 체계화를 위한 연구", 한국교육개발원, 연구 보고 RR 93-25, 1993, p. 29.
3) 전경화, "유아 전통교육에 대한 교사 인식과 실태에 대한 연구", 유아교육학론집, 제4권 제2호, 27-51, 2000, p. 30에서 재인용.

한국의 전통문화

제 2 장

1. 일생의례(一生儀禮)·통과의례(通過儀禮)

일생의례란 한 개인의 일생에서 반드시 거쳐야 하는 각종 의례로, 출생의례, 성년식, 혼인식, 회갑, 회혼례, 상장례, 제례 등이 있으며 이를 통과의례라 하고 동양 3국에서는 관혼상제(冠婚喪祭)라고 한다. 즉, 통과의례(transitional rites)는 사람이 출생에서 사망에 이르기까지 한 생애를 경과하면서 그때그때 중요한 시기에 행하는 의례이다. 통과의례란 말은 프랑스의 학자 Van Gennep가 *Les Rites de Passsage*(Emile Novrry, 1909)라는 저서가 출판된 후에 널리 쓰이기 시작하였다.

Gennep는 장소, 상태, 사회적 지위, 연령 등의 변화에 따라 그때그때 거행하는 의례를 'Ceremonie Passage'라 하였는데, 영어권에서는 'rites of passage' 혹은 'transitional rites'라 불러 오고 있고, 한자권에서는 통과의례라고 번역해서 쓰고 있다. 이러한 통과의례란 용어는 사람이 일생을 경과하면서 그때그때 마디가 되는 시기, 즉 출생·성년·결혼·환갑·사망 등과 같은 중요한 시기에 행해지는 일종의 종교 의례의 의미로 사용되고 있다.[4]

4) 박주홍,「한국 민속학개론」, 서울: 형설출판사, 2001, p.118.

본 장의 통과의례는 박주홍의 연구를 중심으로 살펴본다.[5)]

2. 출생(出生)·생육의례(生育儀禮)

출생·생육의례란 잉태에서 출산하여 그 아기가 어느 정도 성장할 때까지의 지성과 건강을 확인하고 그 결과에 대한 축의 등을 목적으로 하는 의례를 말한다. 이러한 의례는 산전의례(産前儀禮), 해산의례(解産儀禮), 산후의례(産後儀禮)로 나눌 수 있다. 산전의례란 아기를 낳기 전까지의 의례로서, 임신하지 못하는 여인이 임신을 위하여 행하는 기자의례(祈子儀禮), 임신하고 나서 출산까지 태내의 아이가 정상적으로 자라기를 바라며 금하고 준수하는 여러 가지 의식이 있을 수 있다. 해산의례란 아기를 낳을 때의 의례로서 산실의 위치, 출산의 준비와 방법, 태아나 태반의 처리, 산신에게 기원하는 것 등이 여기에 속하는 의례이다. 산후의례란 출산한 아기가 돌을 맞이할 때까지 그때그때의 건강을 확인하고 무병장수하기를 기원하면서 치르는 의례를 말한다.

즉, 출산·생육의례란 기자로부터 잉태와 출산을 거쳐, 출생 만 1주년이 되는 돌까지의 사이사이에 중요한 계기에 행해지는 의례를 말한다.

1) 기자(祈子)

우리 민족은 자손에게 노후를 의탁하고, 죽은 다음에도 책임을 지게 하였기 때문에 우리 민족에게 자식은 절대적인 존재였다. 그래서 부귀다남(富貴多男)은 행복의 필수 조건이었다. 해방 전까지만 해도 여자가 아기를 낳지 못하면 그것은 곧 조상에 대한 씻을 수 없는 죄인 동시에 불효로 여겨졌다. 그래서 무자(無子)는 칠거지악(七去之惡) 중의 하나로서 자식을 낳지 못하는 여인은 죄인 취급을 받았기 때문에 아기를 낳지 못하는 여인들은 온갖 방법으로 아기를 잉태하고자 하였다. 여기서 각종 기

5) 박주홍, 앞의 책, pp. 122-150.

자의례가 발생하였다. 기자의례라면 넓은 의미로는 자식(아들)을 얻기 위한 의례라 할 수 있다. 기자의 풍속은 단군신화에서도 나타나는데, 웅녀가 날마다 단수(壇樹) 밑에서 아기 갖기를 축원하였다는 내용이 바로 기자 행위였다고 한다.

기자의례는 몇 가지 유형으로 나눌 수 있는데, 첫 번째가 빌거나 굿을 하는 치성 행위(致誠行爲)이며, 두 번째가 특별한 음식을 먹거나 마시는 식음 행위(食飮行爲)이고, 세 번째가 주물이나 주력을 이용하는 주술 행위(呪術行爲)이고, 네 번째가 좋은 일을 많이 하고 선심(善心)을 많이 쓰는 공덕 행위(功德行爲)이다.

위의 내용을 구체적으로 살펴보면 다음과 같다.

① 치성 행위

- 산에 가서 3일(혹은 7일, 100일) 기도를 드린다.
- 절에 가서 불공을 드린다.
- 절의 산신각(山神閣)에 가서 빈다.
- 집 안에 칠성님, 조왕님 또는 삼신할머니께 정화수를 떠놓고 빈다.
- 샘이나 거수(巨水)를 대상으로 빈다.
- 성황당이나 당산나무를 향하여 빈다.
- 해변에 나가 용왕에게 빈다.
- 바위 밑에 촛불을 켜 놓고 빈다.

② 식음 행위

- 황계(黃鷄, 누런 장닭)의 불알을 생으로 입에 넣고 꿀꺽 삼키면 아들을 낳는다.
- 산모에게 첫국밥을 해 주고, 그 산모와 함께 첫국밥을 먹는다.
- 남의 삼신상에 올려놓았던 쌀을 훔쳐다가 밥을 지어 먹는다.
- 남의 집 금줄에 매단 고추를 훔쳐다 달여 먹는다.
- 설날 낳은 달걀을 삶아 먹는다.
- 한 개나 두 개만 열린 홍도(紅桃)를 따 먹거나, 동으로 뻗은 뽕나무에 열린 오디를 따 먹는다.
- 가지 돋힌 고추를 삶아 먹는다.

- 들국화를 따다 말렸다가 삶아 그 물을 마신다.
- 황소의 불알을 삶아 먹는다.
- 수탉의 생식기를 날로 먹거나 색깔이 다른 땅거미 3마리를 잡아먹는다.

③ 주술 행위

- 산모가 출산 시 입었던 피 묻은 옷을 얻어 입고 산실의 아랫목에 앉아 출산을 흉내 내며 하룻밤을 지낸다.
- 아기 낳은 집 대문에 걸어 놓은 금줄을 몰래 훔쳐다 자기 집에 모셔 둔다.
- 다산한 여인의 월경대(月經帶)를 훔쳐다(얻어다) 몸에 두른다.
- 다른 여인이 출산할 때 입었던 치마를 얻어다 입는다.
- 친정어머니가 준 은장도를 치마 끝에 달고 다니거나, 은장도를 많이 밟고 다니는 문턱 밑에 3개월간 묻어 두었다가 꺼내어 차고 다닌다.
- 다산한 집의 식칼을 훔쳐다가 작은 도끼를 만들어 여자의 베개 밑에 놓거나 속옷에 차고 다닌다.
- 작은 도끼를 베개 속에 넣고 잔다.
- 작두 고르재기나 호랑이 발톱, 수탉의 생식기를 지니고 다닌다.
- 상여가 나갈 때 공포(功布, 관을 닦는 삼베 헝겊) 조각을 훔쳐다 속옷에 달고 다닌다.

④ 공덕 행위

- 정월보름날 남편이 냇물에 징검다리를 놓아 많은 사람들이 편안히 건너다닐 수 있도록 한다.
- 가끔 마을 공동 우물을 푸어 물이 깨끗하도록 한다.
- 허물어진 길을 잘 닦아 주고, 늘 길을 쓸어 깨끗하게 한다.
- 부부가 절대로 남에게 해로운 일을 하지 않도록 노력하며 불쌍한 사람을 도와준다.
- 스님에게 시주를 정성껏 한다.

2) 임신

임신(妊娠)이 되면 임부는 여러 가지 전래하는 금기 사항을 지켜야 한다. 이것은 유가(儒家)에서 말하는 태교와 비슷한 것이다.

태교가 태아에 대한 정상적인 교육으로서 비교적 체계적으로 진행되는 것이라면, 전래의 금기는 태아에 대한 부정(不淨)이나 불길(不吉)을 예방하기 위한 내용이다.

그러나 태교에서든 전래의 금기에서든 임부가 모든 행동을 조심하고 음식을 가려 먹으며, 올바른 마음가짐으로 태아의 건강과 훌륭한 장래를 보장받고자 하는 점에서는 일치하기 때문에 임부의 행동에 여러 가지 제약이 따른다. 그러므로 임부가 지켜야 할 금기 사항을 다음과 같이 적고 있다.

"석부정부좌 이불청음성 목불시악색(席不正不坐 耳不聽淫聲 目不視惡色)"이라 하여 바르지 못한 곳에 앉지 말고, 음란한 소리를 듣지 말며, 좋지 못한 것을 보지도 말아야 한다. 임부가 지켜야 할 행동을 나열하면 다음과 같다.

- 난간에 걸터앉거나 음탕한 이야기를 듣지 않는다.
- 살생 등을 목격해서는 안 된다.
- 임부는 상가(喪家)나 혼사(婚事)에 가서도 안 된다.
- 불을 넘어 다녀도 안 된다.
- 남을 시기하거나 질투해서도 안 된다.
- 부삽을 넘지 말고 배의 닻줄을 넘지 말아야 한다.
- 음식을 바가지에 담아 먹어서도 안 된다.
- 빗자루를 깔고 앉지 말아야 한다.
- 무거운 것을 들지 말아야 한다.
- 말고삐나 체를 넘으면 열두 달 만에 아기를 낳는다.

임부가 가려야 할 음식은 다음과 같다.

- 토끼고기를 먹으면 산아의 눈이 토끼눈처럼 붉어진다.
- 오리고기를 먹으면 태아의 손가락, 발가락 사이가 오리처럼 붙는다.
- 개고기를 먹으면 형제간에 우애가 없다.

- 상어고기를 먹으면 산아의 피부가 거칠어진다.
- 꿩고기와 참새고기를 먹으면 산아의 명이 짧아진다.
- 비둘기 고기를 먹으면 산아의 자손이 귀하다.
- 오징어나 문어를 먹으면 아기의 뼈가 물러진다.
- 임부는 상가(喪家)의 음식을 먹어서는 안 된다.

임부뿐만 아니라 그 가족들도 지켜야 할 일들은 다음과 같다.

- 임부의 가족들도 상가(喪家)의 출입을 하지 말아야 한다.
  (가족이 상가에 가면 산아가 잘 운다고 한다.)
- 불난 곳에 가지 말아야 한다.
  (불난 집에 가면 아기에게 부스럼이 많이 난다고 한다.)
- 산월(產月)에 부엌이나 부뚜막을 고치면 아기가 언청이가 된다.
- 벽에 못을 치면 아기 몸에 구멍이 생긴다.
- 대나무를 깎으면 젖이 적게 나온다.
- 문을 고치거나 바르면 난산(難產)을 한다.

이처럼 임신과 동시에 임부를 비롯한 모든 가족들은 일체의 행동과 마음가짐을 극도로 조심하며, 태아의 건강과 그 태아가 태어나서 훌륭한 인물이 되어 주기를 바라기 때문에 온갖 정성과 기원(祈願)을 쏟으면서 출산일을 기다리게 된다.

3) 해산(解產)

해산은 초조와 기쁨 그리고 공포가 뒤섞이는 순간이다. 고대하던 아들을 낳아 지어미로서의 책임을 다할 것인가 하는 초조와 무사히 순산할 것인가 하는 공포로 인해 산일이 가까워지면 해산을 위한 모든 준비를 서두르게 된다.

보통 임신 8~9개월이 되면 미역·쌀·기저귀·포대기·배냇저고리 등을 준비한다. 미역은 뒤주 위에 두었다가 먹어야 산아나 산모에게 좋다고 하며, 미역을 미리 뜯어먹으면 산아가 젖꼭지를 문다고도 한다.

첫 번째 출산은 친정에 가서 하는 경우도 있으나 대개는 시집에서 출산한다.

산기가 있으면 방을 따뜻하게 하고 자리를 걷어낸 다음 깨끗이 추린 짚을 깐다. 가위(혹은 낫), 솜, 참기름, 걸레, 실, 기저귀, 배냇저고리 등을 준비해 놓으며, 지역에 따라서는 짚단을 방 한 귀퉁이에 세워 놓기도 한다.

산실 머리에 쌀, 정화수, 미역으로 삼신상을 차려 놓기도 한다. 임부는 속옷을 벗고 검정 치마만을 걸친 채 출산을 기다린다.

아기를 낳을 때는 대개 친정어머니나 시어머니 그렇지 않으면 동네 부인 중 아기를 많이 받아 본 할머니가 시중을 들어 준다.

출산은 임부에 따라 앉아서 할 수도 있고 누워서 할 수도 있으며, 대개는 누워서 한다. 출산 시 임부가 힘을 쓰기 위하여 방의 대들보에 튼튼한 줄을 매고 그것을 붙들고 출산하기도 한다.

첫 아기를 낳을 때 남편이 곁에 있어 주었으면, 그 다음 출산 때에도 남편이 곁에 있어야만 순산을 할 수 있다고 한다. 부득이 남편이 출타하여 곁에 있을 수 없는 형편일 때에는 남편의 옷이나 허리끈이라도 잡아야만 순산을 할 수 있다고도 한다.

진통만 계속되고 출산이 더딘 경우를 난산(難產)이라 하는데, 순산을 재촉하기 위해 여러 가지 행동과 방법을 시행했는데 그 내용은 다음과 같다.

- 산모에게 어떤 물건을 붙여 주거나, 무엇을 먹이거나, 산모의 자리를 옮기거나 가족들이 특이한 행동을 하여 순산하게 하고자 하였다.
- 남편의 이름을 쓴 종이를 산모의 발바닥에 붙여 주거나 순산·다산의 경험이 있는 부인의 허리띠나 치마를 얻어다가 산모에게 덮어 준다.
- 메밀대나 수숫대를 삶아 그 물을 마시게 한다.
- 계란에 참기름을 섞어 먹게 한다.
- 콩에 글씨를 써서 먹게 한다.
- 문고리, 은반지, 열쇠 등을 달여서 그 물을 마시게 한다.
- 남편이 산모를 업고 집을 한 바퀴 돌기도 한다.
- 식구들의 신발을 모두 엎어 놓고, 농서랍을 모두 빼어 놓기도 한다.
- 도끼를 방 안이나 산모 자리에 갖다 놓기도 한다.
- 우물에 가서 우물 바닥의 돌을 모두 엎어 놓거나 쥐구멍을 터 놓고 방의 고리를

풀고 문은 모두 열어 놓기도 한다.

- 아주까리 대를 산실의 한 귀퉁이에 세워 놓았다가 출산을 하면 즉시 치운다. (만일 출산을 하였는데도 아주까리 대를 그대로 방치해 두면 산모의 내장이 모두 쏟아져 나온다고도 한다.)

출산을 하면 태(胎)를 가르어야 하는데, 태의 길이는 아기 무릎에 닿을 정도이거나 아기의 배꼽에서부터 한 뼘 정도로 자른다. 태를 너무 짧게 가르면 아기가 오줌을 자주 누는 조루가 된다고 한다. 태를 가를 때에는 가르어야 할 위치에서 아기 배꼽 쪽으로 3번, 산모 쪽으로 3번을 훑어 올린 다음 낫이나 가위로 가른다.

지역에 따라 사내 아기는 낫으로, 여자 아기는 가위로 태를 가르기도 하고, 아기의 아버지가 이로 태를 가르기도 한다. 낫으로 태를 가르면 그 아기가 커서 일을 잘하고, 가위로 가르면 바느질을 잘하며, 이로 가르면 아기의 명이 길어진다고 믿기 때문이다. 가른 태의 끝은 실로 묶어 피가 나오지 않도록 한다. 태를 처리하는 방법은 땅에 묻거나, 물에 띄우거나 불에 태우는 법 등이 있다.

태를 가르고 나면 아기가 울기 전에 참기름으로 입을 닦아 주고, 깨끗한 솜으로 얼굴을 씻긴 다음 강보에 싸서 자리에 눕히게 되는데, 이때 아기의 머리가 남쪽을 향하도록 하고 산모는 머리를 북쪽으로 하여 아기와 산모가 서로 반대로 누워야 좋다는 말도 있다.

아기를 낳으면 삼신상에 차려 놓았던 쌀과 미역을 내려다 밥을 하고, 국을 끓인다. 그것을 일단 삼신상에 차려 놓고 빈 다음 산모에게 먹이는데 이것을 '첫국밥'이라 한다.

해산을 하면 밖에서는 곧 금줄을 준비하여 그것을 대문 위쪽에 늘인다. 금줄은 '삼줄', '인줄', '금구줄'이라고도 하며, 아들을 낳으면 왼새끼에 숯, 솔가지를 각각 3개씩 꿰어 매단다. 금줄은 해산을 알리고 외인의 접근을 금하는 표시로서 금줄이 늘여져 있는 집에는 그 가족 이외에 아무도 들어갈 수 없는 것이 민속 사회의 관습이다.[6)]

6) 금줄의 의미는 왼새끼는 신성·거룩이고, 고추·숯·백지·솔잎은 신성한 곳이며, 부정한 것의 접근 금지이다.

4) 산후

산후 3일째의 아침에 산모는 미지근한 쑥물로 몸을 씻고 아기도 목욕시킨다. 3일째 비로소 아기에게 젖을 빨리고(3일 이전에는 밥물, 꿀물 등을 조금씩 떠먹임) 산실을 정리한다. 산실에서 나온 모든 오물은 왕겨불을 피워 놓고 태운다. 이 불을 삼불이라고도 한다. 태를 처리하는 것도 보통 산후 3일째 하게 되는데 태를 태우거나 땅에 묻거나 물에 띄우거나 잿간에 버리는데 지역에 따라 처리하는 방법이 다르다.

산후 7일째를 '한이레' 또는 '첫이레'라 한다. 이 날 아침에는 산실 윗목에 삼신상을 차려 놓았다가 산모가 먹는다. 이 무렵에 아기의 강보를 벗기고 깃 없는 옷을 입힌다. 이 날에 시아버지가 아기를 첫 대면하기도 한다. 아기에게 새 저고리를 입히고 묶어 놓았던 한쪽 팔을 풀어 자유롭게 해 준다.

산후 14일째를 '두이레'라 한다. 이 날 아침에도 역시 삼신상을 차려 놓았다가 산모가 먹는다. 아기에게 새 옷을 갈아입히고 두 손을 자유롭게 한다. 이 무렵이 지나면 탯줄에 매달린 산아의 배꼽이 빠진다. 그러면 이것을 산실 아랫목의 횟대 끝에 매달아 두었다가 아기가 자라면서 경기가 났을 때에 가루를 내어 먹이면 곧 낫는다고 한다.

산후 21일째가 되는 '세이레'에도 삼신상을 차려 놓았다가 산모가 먹는다. 이때 아기에게 아래와 위의 옷을 갖추어 입힌다. 세이레가 지나면 일체의 부정이 가시고 해산에 따르는 모든 금기가 해제된다. 따라서 이 날 비로소 이웃이나 일가친척들에게 산실이 공개되고 산모는 평상시의 생활로 되돌아온다. 그래서 이 날 일가친척들, 이웃들은 실이나 돈 등의 선물을 가지고 아기를 보러 온다. 그러면 주인집에서는 밥과 미역국, 수수경단, 백설기 등을 대접한다. 대문에 늘였던 금줄은 대개는 세이레쯤에 거두어 대문 한쪽 귀퉁이에 매달아 놓는다.

산후 100일째를 백일이라 한다. 백일이 되면 그동안 흰 옷만 입히던 아기에게 색깔이 있는 고운 옷을 입히고 아기의 배냇머리를 깎아 준다. 또한 수수경단, 백설기, 인절미, 송편, 미역국, 밥 등의 푸짐한 음식을 마련하고 이웃을 초대하여 백일잔치를 베푼다. 초대받은 사람들은 타래실, 옷, 수저, 반지, 돈 등의 선물을 하기도 한다. 과거에는 대개 백일이 되어서야 아기의 이름을 지어 불렀다. 출산에서 삼칠일까지의 모든 행사는 주로 아기를 보호하고 산모의 건강 회복을 위한 의례적인 행사로서 금기 생활이 대부분이다. 그러나 백일은 아기 본위의 의례 행사인 동시에 아기를 사회적으로 공인하는 사회적 성격을 지닌 의례라 할 수 있다.

생후 만 1년이 되는 날을 '돌'이라 하는데 이 날에는 '돌뵘(돌빔의 옛 말)', '돌떡', '돌잡이'가 행해진다.

돌뵘은 돌을 맞은 아기에게 화려한 옷을 지어 입히는 일이다. 남아에게는 보라색·회색 바지, 분홍·색동저고리, 색동두루마기, 남색 조끼, 색동마고자를 입히고 복건을 씌우고 다래 버선을 신기고 염낭을 차게 한다. 여아에게는 색동저고리에 빨간색 긴 치마를 입히고 조바위를 씌우며 다래 버선을 신기고 염낭을 차게 한다. 돌뵘에서 남·여 모두에게 중요한 것은 돌띠와 돌주머니이다. 돌띠는 길게 하여 한 바퀴를 돌려매는데, 이는 장수를 기원하는 것이다. 돌주머니는 앞면에 모란꽃이나 국화, 뒷면에 수(壽)자나 복(福)자를 수놓으며, 이것은 수나 복을 기원하는 것이다.

돌떡으로는 백설기, 수수경단, 찹쌀떡, 송편, 무지개떡, 인절미 등을 만든다. 돌떡은 아기의 명과 복을 기원하는 의미에서 만들어 아기에게 먹이고 이웃과 친척들에게 나누어 준다. 돌떡을 받은 집에서는 떡을 담아 온 그릇을 씻지 않고 거기에다 실이나 돈, 옷, 반지, 수저 등을 담아서 선물로 보낸다.

돌잡이는 돌상 위에 놓는 물건 중에 아기가 무엇을 제일 먼저 잡느냐에 따라 그 아기의 미래를 점치는 일이다. 남아의 돌상이나 여아의 돌상에는 기본적으로 떡과 과일을 차려 놓되 돌잡이로 남아의 돌상에는 활, 실, 책, 붓, 먹, 두루마리(종이), 쌀, 대추 등을 놓고, 여아의 돌상에는 쌀, 먹, 종이, 국수, 실, 가위, 자, 바늘, 칼 등을 놓는다.[7)]

---

7) 남아가 활을 먼저 잡으면 아기가 커서 훌륭한 무인이 될 것이라고 하고, 붓·먹·책 등을 잡으면 문장가가 될 것이라 하며, 쌀을 잡으면 부자가 되고, 대추를 잡으면 자손이 번창할 것이라 한다. 여아가 자나 바늘, 가위 등을 잡으면 커서 바느질을 잘할 것이라고 하고, 칼을 먼저 잡으면 커서 음식 솜씨가 좋을 것이라고 장래를 점친다.

3. 관례(冠禮), 성년식

관례는 성년식(成年式)과 같은 것이다.

우리나라에서는 성년식이 관례를 대표하여 왔다. 남아에게는 긴 머리를 틀어올려 갓을 씌워 주고, 여아에게는 비녀를 꽂아 줌으로써 어른의 모양을 갖추게 하여 관례를 치름으로써 비로소 사회적으로 당당한 한 인간으로서의 대우를 받게 되는 것이다.

이러한 남자들의 의례를 '관례'라 하고 여자들의 의례를 '계례(笄禮)'라 한다. 그러나 단발령이 내려졌던 갑오경장 이후부터 관례는 급격히 사라졌고 대신 혼례(婚禮)로써 관례까지 대신하게 되었다.

보통 관례는 남자의 나이가 15~20세에 치른다. 그러나 조혼을 하거나 상중일 때는 시기를 늦추거나 이르게 할 수 있었다. 특히 부모가 1년 이상의 상주복을 입을 때는 관례를 행할 수 없다.

관례는 정월에 행하는 것이 가장 좋지만, 그때를 놓치면 4월이나 7월 초하룻날에도 행하였다. 관례의 날짜가 정해지면 관례일의 3일 전에 사당에 고하고 모든 준비를 서두른다. 관례는 대개 양반 선비들의 사회에서만 전승되어 왔다. 중인이나 상인들은 나이 15세가 되면 호패를 찼다.[8)]

4. 혼례(婚禮)

혼례는 성인이 된 남녀가 부부로 결합하는 의례이다. 이러한 의례를 거침으로써 하나의 가정을 이루게 되고 사회적으로는 보다 당당한 지위를 획득하게 된다. 혼례는 다른 어떤 통과의례보다 중요한 의미를 갖는다.

8) 관례는 빈(賓)의 주관 하에 가관건(加冠巾), 재가모자(再加帽子), 삼가복두(三加幞頭)의 삼가례(三加禮)를 행하고, 축사와 술 마시는 예절을 가르치는 초례(醮禮)를 한 뒤 자(字)를 수여하고 사당에 고하고, 참석자들에게 절한다. 여자의 경우에는 계례(笄禮)를 행하고, 호를 수여한 다음, 사당에 고한다.

1) 의혼(議婚)

의혼은 혼사를 의논한다는 뜻이다. 의혼은 중신아비, 중매쟁이로 불리는 중매인이 총각 처녀의 양가를 드나들면서 혼담을 진행시켜, 혼인을 결정할 때까지의 모든 절차와 혼사를 결정한 이후에 양가의 여러 가지 문서 교환이 끝날 때까지의 과정을 말한다. 혼담이 익어 가면 양가에서는 상대방의 문벌·재산·인품·학식·용모·그 부모들의 됨됨이를 탐색하고 어느 정도 합당하다고 생각되면 궁합을 맞추어 본다. 모든 조건이 아무리 흡족하다 해도 서로 궁합이 맞지 않으면 그 혼인은 절대로 성사될 수 없다.

2) 납채(納采)

의혼에서 여러 가지 조건이 맞아 혼인할 의사가 있으면 신랑집에서 신부집으로 청혼서를 보낸다. 청혼서(請婚書)를 받은 신부 측에서는 그 혼인을 하고자 할 때는 허혼서(許婚書)를 보낸다. 허혼서를 받은 신랑 측에서는 신랑의 생년월일시(生年月日時)를 적어 편지와 함께 봉투에 넣은 다음, 손이 없는 날을 택하여 신부집으로 보낸다. 이때 신랑의 생년월일시를 사주(四柱), 사성(四星), 사주단자(四柱單子)라고 하고 사주를 주고받는 것을 납채라 한다.

3) 납길(納吉)·연길(涓吉)

납길은 신부집에서 오행법에 따라 혼인 날짜를 택일하여 연월일시를 적어 신랑집으로 보내는 의식이다. 이 연월일시를 적은 문서를 예서(禮書)에서는 연길이라 했고, 지역에 따라서 '택일단자' 또는 '날받이'라고 한다. 연길로써 약혼은 완전히 성립된 것이다.

4) 납폐(納幣)

납폐는 신랑집에서 신부집에 대하여 혼일을 허락한 데 대한 감사의 표시로 보내는 예물을 납폐 또는 함이라고 말한다. 납폐는 혼인의 증빙(證憑)으로서 신랑집에서 신부용 혼수와 예단(禮)을 함에 넣어 신부집으로 보내는 절차이다. 납폐는 원래 두 개의 함에 납폐서와 채단을 각각 넣어 혼례일 며칠 전에 신부집으로 보내는 것으로 함진 아비가 혼례 절차에서 납폐의 시간은 반드시 지켜야 한다고 하여 미리 정해진 시간에 주고받는다.

5) 친영(親迎)

친영은 신랑이 신부의 집에 가서 혼례를 치르고 신부를 맞이해서 돌아오는 모든 예를 친영이라 한다. 결혼식 날이 되면 혼례 시간에 맞추어 신랑은 가마나 말을 타고 신부집으로 향한다. 이때 초롱을 든 사람이 신랑의 앞에 서고 상객, 후행, 부행, 함진 아비가 신랑의 뒤를 따른다. 이를 신행(新行) 또는 초행(初行)이라 한다. 혼례식장인 초례청에는 대례상(大禮床)이 준비되어 있다. 대례상을 친영상, 교배상이라고도 한다.

상 위에는 대개 한 쌍의 촛대에 촛불을 켜 놓고, 송죽이나 사철나무를 꽂은 화병 한 쌍, 백미 두 그릇, 과일과 떡, 그리고 보자기에 싼 닭 한 쌍을 남북으로 갈라 놓는다. 혼례 시각이 되면 기럭아비가 앞장서서 혼례복으로 예장(禮裝)을 갖춘 신랑을 안내한다. 신랑이 대문에 이르면 주인이 나와 맞이하고 전안청으로 안내한다.

대문에 들어설 때에는 짚불을 놓고 그 불을 넘어가게도 한다.

신부집에서는 대청에 초례청을 꾸미고 마당 북쪽에 병풍을 친 다음 그 앞에 상을 놓아 전안청을 삼는다. 전안청에 이르면 신랑은 기럭아비로부터 기러기를 받아 상 위에 놓고 재배를 한 다음 물러난다. 기러기를 전안상에 놓고 신랑이 재배하는 사이 신부의 어머니나 시녀가 얼른 목안(木雁)을 치마로 싸안고 신부가 있는 내실로 들어간다. 혹은 내실 밖에서 목안을 쓱 밀어 던지기도 한다. 밀어 던진 나무 기러기가 쭈르륵 미끄러져 나가 정상적으로 서면 첫아들을 낳고, 옆으로 넘어지면 첫딸을 낳는다고 한다. 신랑이 재배를 하고 나면 구경꾼들이 신랑을 향하여 "무얼 보고 절했나?" 하며 웃어댄다. 이러한 절차를 모두 합하여 전안례(奠雁禮)라 한다. 전안례는 기럭아비와 함께 신부집에 도착하여, 신부의 어머니에게 기러기를 드리는 예이다. 전안례가 끝나면 신랑은 혼례상 앞으로 안내되어 동쪽에 선다. 그러면 신부가 하님(수모)

의 부축을 받고 나와 마주 선다.

먼저 하님의 도움으로 신부가 재배하면 신랑은 답례로 일배한다. 이러한 절차를 교배례(交拜禮)라 한다. 교배례는 신랑과 신부가 서로 상대방에게 절함으로써 부부로서 서약을 하는 것이다.

교배례가 끝나면 수모가 상에 있는 표주박잔에 술을 따라 신부의 입에 약간 대었다가 신랑의 대반(對盤)에게 준다. 대반이 받아서 신랑에게 주면 신랑은 받아서 마신다. 답례로 대반이 다른 표주박잔에 술을 따르면, 신랑이 입에 약간 대었다가 대반을 통하여 수모에게 건네준다. 수모가 이를 받아서 신부에게 주면 신부는 약간 입을 대었다가 내린다. 이러한 절차를 '합근례'라 한다.[9)]

합근례는 술잔이나 표주박잔에 술을 부어 나누어 마시는 과정을 말하는 것으로 이는 신랑과 신부의 화합을 의미한다.

우귀(于歸)는 신부가 신랑을 따라서 시댁으로 들어가는 절차로 신행(新行)이라고도 한다. 우귀 시에는 말을 탄 신랑이 앞서고 신부를 태운 가마, 신부 측을 대표하는 상객, 신부를 시중드는 수모, 혼수를 옮기는 짐꾼들이 그 뒤를 따른다. 신랑집에서는 새 며느리에게 큰 상을 차려 주며 신부의 집으로 보낸다.

신행 당일 혹은 신행 후 하룻밤을 지낸 다음 날에는 현구고례(見舅姑禮)라 하여 시부모와 시댁 친척들에게 예를 올리고 준비해 간 예물을 내놓는데 이것을 근래에는 폐백(幣帛)이라 한다. 폐백은 원래 시부모에게만 드리는 예를 의미하였다. 신행을 하고 나면 대개 3일 뒤에 처가에 인사를 드리기 위해 신랑이 처가에 가는 것을 재행이라 한다. 재행한 그날 저녁에는 처가 마을의 청년들이 모여 앉아 신랑을 끌어다 놓고 여러 가지 문초를 하며 신랑을 거꾸로 매달아 놓고 빨래방망이로 신랑의 발바닥을 내려치기도 한다. 이는 모두가 풍족한 술과 안주를 나오게 하기 위한 수단이다. 이를

---

9) 전안례 때 나무 기러기를 놓는 이유는 기러기는 절대로 짝을 바꾸지 않기 때문이다.
교배례(交拜禮): 손을 씻은 다음 신부가 재배, 신랑 일배를 두 번 반복한다. 교배상에 촛대, 송죽이나 사철나무를 꽂은 화병, 밤, 대추, 쌀, 암탉, 수탉 등을 놓는다. 교배상의 수탉과 암탉은 수탉 같은 신랑, 암탉 같은 신부가 되라는 뜻이다. 수탉은 생활권과 명예를 지키기 위해 싸우며 시간의 흐름을 알기 때문이다.
합근례(合巹禮): 술잔을 교환하여 마심, 셋째 잔은 표주박잔을 사용한다. 표주박잔의 짝은 오직 하나, 박은 토지·생생력(生生力)을 상징한다.

'신랑 달아먹기' 또는 동상례(東床禮)라 한다.

신부가 시댁으로 들어간 후에 처음으로 친정나들이를 하는 것을 근친(覲親)이라 한다. 신부는 첫 농사를 지어 수확한 곡식으로 떡과 술을 만들어 친정 부모에게 인사드렸다. 근친을 갈 때는 파란 치마에 노란 저고리를 입었으며, 근친은 보통 한 달 이상을 친정에 머무는 것이 상례였다. 근친이 끝나야만 비로소 모든 혼례의 절차가 끝나는 것이다.

5. 상례(喪禮)

상례는 사람이 죽어 치르는 의식으로 한 인생에서 거쳐야 하는 마지막 통과의례이다. 상례는 사례(四禮) 중 가장 그 절차가 복잡하고 엄숙하였다.

이 의례는 본인이 아닌 다른 생존자들에 의해 진행되는 의례라는 데 특징이 있다. 제3자들은 사자(死者)의 시신을 정중히 모시고 동시에 육신을 떠난 영혼을 성의껏 위로함으로써 한 인생의 마지막 의례를 장식하게 해 준다.

특히 육신을 떠난 영혼이 무사히 영의 세계로 귀환하는 데 필요한 적절한 의식 절차를 갖춤으로써 그 영혼을 전송하고 그 영혼의 음조를 얻고자 하는 것이 상례이다. 과거에는 석 달 만에 장례를 치렀고, 초종(初終)에서 길제(吉祭)까지 상례의 기간이 27개월이나 소요되었다고 한다. 본 장에서는 사례편람(四禮便覽)에 나타난 상례의 절차를 중심으로 살펴본다.

1) 초종례(初終禮)

① 임종(臨終)

부모의 죽음을 지켜보는 것을 임종 또는 종신(終身)이라 한다.

② 초혼(招魂)·고복(皐服)

운명을 하면 시신을 대면하지 않는 사람 중에서 어른 한 사람이 망인의 윗옷을 가지고 지붕으로 올라간다. 지붕에 오를 때는 앞 처마를 거쳐 올라가며 남상에는 남자가 여상에는 여자가 올라간다. 지붕에 오르면 북쪽을 향하여 윗옷을 휘두르며 남자는 관직명이나 자를, 여자는 이름을 부르기도 한다. 이를 초혼 또는 고복이라 한다.

③ 사자상(使者床)

초혼이 끝나면 사자상을 차려 놓는다. 사자는 육신으로부터 분리된 영혼을 저세상으로 이끌어 가는 사신이다.

사자상에는 대개 밥 세 그릇, 반찬 한 그릇, 술 석 잔, 엽전 세 개, 짚신 세 켤레를 놓는 곳도 있고, 밥 세 그릇에 간장이나 된장 한 그릇만 놓고 사자상 아래 망인의 신발을 놓는 곳도 있다. 사자는 둘인데 세 그릇, 세 개, 세 켤레를 놓는 것은 사자 둘과 망인의 영혼을 상상한 듯하며, 사자의 반찬으로는 보통 된장이나 간장 중에 한 가지만을 차려 놓는데 그것은 사자가 짠 것을 먹어야 영혼을 끌고 가는 도중 자주 목이 마를 것이고, 사자가 목이 말라 자주 물을 마셔야 끌려가는 영혼도 조금이나마 물을 얻어 마실 수 있을 것이라는 생각 때문이라 한다.

④ 발상(發喪)

고복 등의 절차가 끝나면 자녀부(子女婦)들은 머리를 풀어 발상하고 주상(主喪)을 세운다. 망인의 자식을 통틀어 주상이라 하며, 그중에서도 맏아들이나 망인과 가장 가까운 사람을 주상이라 한다.

발상이란 머리를 풀고 초상을 알리는 일로서 아들과 출가 전의 딸, 그리고 며느리가 머리를 푼다. 출가한 딸은 머리를 풀지 않고 비녀만 뺀다.

⑤ 호상(護喪)·부고(訃告)

호상은 친척 또는 친지 중에서 상례에 밝고 경험이 있는 사람으로 선정한다. 오늘날의 호상은 부고의 발송, 조객의 안내, 부의록 작성, 금품의 출납 등 상례 일체를 주관한다. 이 중 호상이 제일 먼저 서둘러야 할 일은 부고의 발송이다.

2) 습렴(襲殮)

습이란 향나무를 잘게 쪼개어 삶은 물이나 쑥을 삶은 물로 시신을 씻기는 것을 말한다. 과거에는 습과 염을 따로 하였으나 근래에는 습을 하고 나서 바로 염에 들어간다. 그래서 이를 '습렴한다' 또는 '염한다'라고 한다.

염에는 소렴과 대렴이 있다. 소렴이란 수의를 입히는 절차를 말한다. 대렴이란 소렴한 시신을 입관하는 절차를 말한다.

소렴은 사망한 후 2일째 날의 아침에 행하는 것이 예라 한다. 대렴은 소렴이 끝난 뒤 시신을 대렴포(큰 이불)로 싸서 묶어서 임시로 관을 만들어 입관하는 의식인데 소렴을 한 다음 날, 즉 사망한 후 3일째 되는 날에 한다. 수의를 입힌 후, 반함(飯含)을 한다.

반함이란 물에 불린 쌀을 시신의 입에 버드나무 수저로 세 번 떠 놓는 절차를 말한다. 반함이 끝나면 멱모로 얼굴을 싸고 대대와 조대로 허리를 맨 다음 신을 신긴 후 교포(絞布)를 한다. 교포에는 종교와 횡교가 있다. 종교(縱絞)란 키에 따라 길게 아래위로 묶기 위한 포이고, 횡교(橫絞)란 시구를 옆으로 동여매기 위한 포이다.

그 다음은 시신을 관에 안치하는 입관(入棺)은 복인(服人)들로 하여금 가장 큰 슬픔에 처하게 하는 순간이다. 그것은 생자(生者)와 사자(死者)의 마지막 작별을 고하는 순간이기 때문이다.

입관이 끝나면 종이와 짚을 섞어 왼쪽으로 꼰 밧줄이나 포로 결관(結棺)을 한다. 입관이 끝나면 사자와 생자는 완전히 분리(分離)된다. 그래서 입관 후에 비로소 성복제(成服祭)를 지내며 곡은 무시곡(無時哭)에서 조석곡(朝夕哭)으로 바뀐다.[10)]

성복은 대렴한 다음 날, 죽은 지 4일째 되는 날, 날이 밝으면 모든 복인들이 각자 자기에게 해당되는 복(服)을 입고 조곡을 한 다음 양식에 따라 조상(弔喪)을 하는 것이 예라 한다.

10) 무시곡이란: 시신의 곁에서 곡을 계속하여 곡성이 그치지 않게 하는 곡이다.
조석곡이란: 생시 조석 문안과 같이 일출시와 일몰시에만 하는 곡을 말한다.

3) 치장(治葬)

치장에는 장지 선정·발인제·노전제·산역·하관 등이 있다.

유해가 장지(葬地)를 향하여 집을 떠나는 것을 '발인'이라 한다.

옛날에는 대부(大夫)는 3개월, 선비는 1개월이 지나야 매장을 하였으나 요즘은 3일장, 5일장이 일반적이고 7일장도 있기는 하지만 매우 드문 일이다.

관을 상여에 안치하고 그 앞에 병풍을 세운 다음 집 안에서의 마지막 제를 올린다. 이 제를 원래는 견전(遣奠)이라 하였으나 보통 발인제(發靷祭)라 한다.

노전제(路奠祭)란 집을 떠난 상여가 장지에 도착하기 전, 적당한 장소에 상여를 내려놓고 상여 앞에 장막이나 병풍을 친 다음 망인과 친한 친구나 친척 중에서 뜻이 있는 사람이 조전자(弔奠者)가 되어 간단히 올리는 제를 말한다.

치장에 앞서 장지가 미리 정해져야 하고 장일(葬日)이 되면 발인에 앞서 상가(喪家)에 출입하지 않는 인부들을 미리 장지로 보내어 산역(山役)을 하게 된다. 그 다음 하관(下棺)을 하게 된다.

하관이 시작되면 상주들은 곡을 그치고 하관을 지켜보며 다른 물건이 광중으로 떨어지거나 관이 비뚤어지게 놓이지 않나를 살핀다. 하관 후에 내광이 흙으로 메워져 평지(平地)가 되면 평토제(平土祭)를 지낸다.

상주들은 평토제가 끝나면 혼백을 묘 앞에 묻거나, 아니면 혼백을 모시고 묘지를 한 바퀴 돈 다음 반곡(返哭)한다.

영위(靈位)를 모시고 가던 길을 따라 곡을 하면서 천천히 집으로 돌아오는 것을 반곡이라 한다. 반곡을 할 때는 절대로 뒤를 돌아보아서는 안 된다고 한다.

4) 흉제(凶祭)

흉제는 우제(虞祭)로부터 졸곡제, 소상, 대상, 길제가 끝날 때까지의 각종 제례를 말한다.

① 우제(虞祭)

우(虞)는 혼신을 편안하게 해 준다는 뜻이다.

장례식이 끝나면 영실(靈室)에 혼백을 봉안(奉安)하고 끼니 때마다 상식을 올린다. '상식'은 뫼(밥), 갱(국), 찬(반찬) 등을 제청의 제상에 차려 놓고 곡하는 것을 말한다. 이 상식은 삼우제가 끝날 때까지 한다.

영실에 혼백을 모시고 첫 번째 올리는 제사를 초우(初虞) 혹은 초우제(初虞祭)라 하고, 장례의 다음 날에 지내는 제사를 재우(再虞), 3일째에 올리는 제사를 삼우제(三虞祭)라 한다.

초우제는 장지로부터 반혼하는 대로 즉시 거행해야 한다. 낮에 올리는 것이 원칙이다. 재우와 삼우는 날이 밝을 무렵에 지내며, 삼우제가 지나면 그동안 끼니때마다 올리던 상식을 매월 초하루와 보름날 아침에만 올리게 되는데 이를 삭망전(朔望奠) 혹은 삭망상식(朔望上食)이라 한다.

② 졸곡(卒哭)과 부제(祭)

졸곡제(卒哭祭)는 삼우제의 이튿날 지내는 곳도 있고, 초상 후에 석 달째 맞는 날(보통은 100일쯤 되는 날)에 지내는 곳도 있다. 졸곡은 지금까지 수시로 하던 무시곡을 그친다는 뜻이다. 그러나 삭망일 아침에 뫼와 갱 등의 상식을 영전에 올리고 곡을 하는 일은 전과 같이 한다.

부제(祭)는 신주를 그 조상의 신주 곁으로 모실 때에 지내는 제사다. 졸곡 다음 날에 사당에서 지낸다.

③ 소상(小祥)·대상(大祥)

예서에 소상은 초상 후 13개월이 되는 날에 날짜를 가려 지내도록 되어 있다. 그러나 근래에는 초상 후 만 1년이 되는 첫 기일에 소상을 지낸다. 이때 가족은 물론 복(服)을 입는 근친들이 모두 엄숙하게 지낸다.

대상(大祥)은 초상 후 만 2년, 소상 후 만 1년 뒤인 두 번째 기일에 올리는 제사이다. 대상의 제례 절차는 소상 때와 같다.

④ 담제(祭)와 길제(吉祭)

담제는 3년상을 무사히 마쳤다는 뜻에서 올리는 제사로서, 대상 후의 둘째 달(초상 후 27개월째 되는 달) 정일(丁日)이나 해일(亥日)을 택해서 사당에서 지낸다. 담제의 절차는 대상과 같고, 이때는 담복(服)을 준비한다. 담복이란 화려하지 아니한 수수한 빛깔의 옷을 말한다. 담제를 지내고 나서 비로소 탈복(脫服), 탈상(脫喪)을 하고 음주와 육식을 할 수 있다.

길제(吉祭)는 담제를 올린 다음 달의 정일이나 해일 또는 대상으로부터 100일 되는 날을 택하여 조상의 신주를 고쳐 쓰고 제사를 지내는 것이다. 길제를 지내려면 3일 전부터 재계를 하고 전날에는 사당에 고한다. 길복(吉服)을 준비하며 그 절차는 담제와 같다. 길복이란 평상복을 말한다. 길제를 마침으로써 상인들은 완전한 의미의 일반인이 될 수 있다. 이때부터 평상복을 입을 수 있고, 부인과 함께 지낼 수 있다.

이상으로 한국의 전통문화 중에 관혼상제(통과의례)에 대해 살펴보았는데 사례편람(四禮便覽)에 나타난 상례의 내용을 요약하면 다음과 같다. 그러나 상례는 매우 복잡하고 절차 등이 너무 많아서 이 책에서 자세히 살펴볼 수 없으므로 더 자세한 내용을 알고자 하면 박주홍의 「한국민속학개론」을 참고하기 바란다.

〈표 2.1〉 **사례편람(四禮便覽)의 상례(喪禮) 내용**

1. 초종(初終)	사람이 임종을 맞이하여 숨이 끊어지면 속광(屬纊: 환자가 숨을 거둔 듯하면 환자의 콧구멍에 솜을 놓아 그 솜이 움직이는지 여부를 살펴 죽음을 확인하는 것)과 수시(收屍: 환자의 죽음이 확인되면 먼저 시신의 눈을 감겨 주고, 햇솜으로 시신의 입과 코, 귀 등을 막아 주는 것)의 과정을 거쳐 초혼(招魂)을 한다. 초혼이란 '혼을 부르는 것'이다. 초혼을 고복(皐復)이라고도 하는데, 초혼 후에 사자밥을 놓고 자손들은 머리를 풀고 곡을 한다.
2. 호상(護喪)	호상이란 상주를 도와 상사(喪事)의 모든 일을 처리하는 사람으로 상사를 알리는 일부터 모든 범절을 주관한다. 자제 중 예절을 아는 사람으로 모든 일을 그에게 알린다. 호상은 친척 또는 친지 중에서 상례에 밝고 경험이 있는 사람으로 선정한다.
3. 염습(殮襲)	염습은 입관하기 전에 시신을 깨끗이 닦고 수의(壽衣)를 입히고, 입관할 때까지의 여러 가지 절차로 염(殮)은 다시 소렴과 대렴으로 구분한다. 염이란 향나무를 잘게 쪼개어 삶은 물이나 쑥 삶은 물로 시신을 씻기는 것을 말한다.

4. 소렴(小殮)	소렴은 사망한 2일째 되는 날에 시신에게 수의(壽衣)를 입히는 절차이다. 남자의 시신은 남자가 여자의 시신은 여자가 입힌다. 소렴이 끝나면 영좌(靈座)를 설치하고 혼백을 모신다.
5. 대렴(大斂)	소렴이 끝난 뒤에 시신을 대렴포(큰 이불)로 싸서 묶어서 임시로 관을 만들어 입관하는 의식이다. 소렴한 다음 날, 즉 사망 후 3일째 되는 날에 한다.
6. 성복(成服)	성복은 대렴한 다음 날, 죽은 지 4일째 되는 날 상주(喪主)를 비롯하여 근친들이 각자 복제(服制)에 따라 상복(喪服)을 입는 것을 성복이라 한다. 복제란 죽은 이와의 관계에 따라 상복을 입는 것을 말한다.
7. 조문(弔問)	성복 후에 조문을 한다. 성복 전에는 상주에게만 인사하고 시신에는 절을 하지 않는다. 성복 후에 먼저 고인의 영좌 앞에서 곡(哭)을 하고 두 번 절을 한 뒤, 상주와 맞절한다.
8. 치장(治葬)	치장은 시신을 묻을 묘지를 고르고 매장한 후에 묘를 만드는 성분(成墳)까지의 모든 절차이다. 치장에는 장지 선정부터 발인제, 노전제, 산역, 좌관 등이 포함된다. 시신을 묻을 묘지가 정해지면 땅을 파고 묘(墓)자리를 만든다.
9. 천구(遷柩)	천구란 "널을 옮긴다"라는 뜻이다. 빈소에서 대청으로 옮겨 대청에 휘장을 치고 영좌를 설치하고 전을 올리며 상주와 근친들이 곡(哭)을 한다. 이어서 발인할 준비를 한다. 시신을 장지로 모시기 위해 상여로 모신 뒤 마지막으로 전(奠)을 올리는데, 이를 발인제(發靷祭) 혹은 영결식(永訣式)이라고 한다.
10. 발인(發靷)	유해가 장지를 향하여 집을 떠나는 것을 발인이라 한다. 관을 상여에 안치하고 집안에서의 마지막 제를 올리는 것을 발인제라 한다. 발인제가 끝나면 관을 상여에 싣고 장지로 향한다. 상여 뒤에는 상주 이하 근친들이 곡하며 따른다. 상여가 장지로 가는 중 길가에 휘장을 치고 노제(路祭) 또는 노전제를 지낸다.
11. 매장(埋葬)	상여가 장지에 도착하면 시신을 매장한다. 관의 상하와 방향을 정확히 하여 무덤의 구덩이에 내린다. 이를 하관(下官)이라 하는데 상주 이하 근친들은 곡을 그치고 하관하는 것을 본다. 하관 시각이 되면, 하관을 목격해서 안 될 때(십이간지)를 불러 잠시 그곳을 피하도록 한다. 그것은 하관을 보아서는 안 될 때의 사람이 하관을 보면 살을 맞아 즉사한다고 믿었기 때문이다.
12. 반곡(反哭)	상주와 근친들이 상여가 오던 길을 따라 천천히 집으로 돌아가는 것을 반곡이라고 하며 이를 반혼(返魂)이라고도 한다. 고인의 신주나 혼백 또는 사진을 모시고 집으로 돌아와 영좌를 모시고 곡을 한다. 반곡을 할 때는 절대로 뒤를 돌아보아서는 안 된다고 한다.
13. 우제(虞祭)	우제는 고인을 위로하기 위한 제사로서 모두 세 번을 지낸다. 장사 지낸 당일에 초우제(初虞祭)를 지내고, 다음 날 재우제(再虞祭), 그 다음 날 삼우제(三虞祭)를 지낸다.
14. 졸곡(卒哭)	졸곡은 곡을 끝마치는 것이다. 고인이 죽은 지 100일쯤 되는 날 강일(剛日)을 골라 아침에 지내는 곳도 있고 삼우제 이튿날에 지내는 곳도 있다. 졸곡은 지금까지 수시로 하던 무시곡을 그친다는 뜻이다.
15. 부제(祭)	졸곡제를 지낸 다음 날에 부제를 지낸다. 이는 고인의 신주를 조상의 곁이 모시는 것으로 사당에서 지낸다.

16. 소상(小祥)	고인이 죽은 지 1년 만에 소상을 지낸다. 이때 가족은 물론 복(服)을 입는 근친들이 모두 참석하여 엄숙하게 지낸다. 예서에는 소상을 초상 후 13개월 되는 날 날짜를 가려서 지내도록 되어 있다.
17. 대상(大祥)	고인이 죽은 지 만 2년 만에, 소상을 지낸 지 1년 뒤에 대상을 지내는데, 소상 때와 같이 가족과 근친들이 모여 성대하고 엄숙하게 제사를 지낸다. 대상제가 끝나면 상복은 불에 넣어 처리하거나 가난한 사람에게 준다.
18. 담제(祭)	담제는 3년 상을 무사히 마쳤다는 뜻에서 올리는 제사로 대상 후에 두 달째 되는 날에 일진 중 정일(丁日)이나 해일(亥日) 중에 택일하여 담제를 지낸다. 이때 상복을 벗고 평상복을 입으며 담제를 지내야 고기와 술을 먹을 수 있다. 담제를 탈상(脫喪)이라 한다. 담복이란 화려하지 않은 수수한 빛깔의 옷을 말한다.
19. 길제(吉祭)	담제를 지낸 한 달 후에 날을 택하여 사당에 신주를 고쳐 쓰는 제사이다. 대상으로부터 100일쯤 되는 때로 상주(喪主)와 복을 입는 근친들은 이때 비로소 완전한 일반인이 될 수 있다. 이때부터 평상복을 입을 수 있고 부인과 함께 지낼 수 있다.

제 3 장

전통문화와 효

1. 효행 설화에 나타난 한국인의 효 의식

효행(孝行)을 소재로 한 효행 설화는 예로부터 널리 전파·전승되어 오면서 효행을 권장하고, 효 관념을 강화시켜 주는 구실을 해 왔다. 효행 설화 중에 자녀가 부모를 위해 자기의 소중한 것을 희생하였다는 희생 효 설화(犧牲孝說話), 효행을 하니 이적(異蹟)이 일어났다는 효행 이적 설화(孝行異蹟說話), 효자의 효성에 감동한 호랑이가 효의 성취를 돕는다는 효 감호 설화(孝感虎說話) 등은 한국인의 효에 관한 의식이 잘 나타나 있다고 한다. 다음은 전통문화와 효와 관련된 내용을 최문식이 정리한 효행 설화를 중심으로 살펴본다.[11)]

1) 효 지상주의적(孝至上主義的) 사고

효행 설화에는 효(孝)에 최고의 가치를 부여하고, 효는 어떠한 희생이나 대가를 치르더라도 반드시 실천해야 할 규범(規範)이라는 의식이 바탕에 깔려 있다. 이러한 의

11) 최운식, 「한국의 효행 이야기」, 서울: 민속원, 1999.

식은 '효자가 효의 성취를 위하여 가장 소중한 자기 자신이나 자식, 또는 아내를 희생하였더니 기적이 일어나 부모에게 효도가 되었다.'는 내용이 희생 효 설화에 두드러지게 나타난다.

'효녀 지은(知恩)', '관음사 연기 설화', '에밀레종', '바리공주'와 같은 '효녀 자기희생형 설화(孝女自己犧牲型說話)'에서 효녀는 부모가 가난·질병에 시달리거나 심각한 고민에 싸여 있을 때 이를 해결해 드리기 위하여, 혹은 죽은 부모를 살리기 위하여 자기 자신을 팔거나 죽음의 길을 자청하여 감으로써 효를 성취한다. 생명체로서 자기 몸보다 더 소중한 것은 없는데, 효녀는 효를 성취하기 위하여 자기를 희생한다.

'산삼동자형 설화(山蔘童子型說話)'에서는 효자가 부모의 중병에 자기의 아들이 명약(名藥)이라는 말을 듣고, 글방에서 들어오는 자기 아들을 삶아서 부모님께 드리니, 부모는 그것을 먹고 병이 나았는데, 그날 삶은 것은 산삼이었다고 한다. '효자매아형 설화(孝子埋兒型說話)'에서는 가난한 효자가 부모님께 드리는 음식을 축내곤 하는 아들을 묻으려고 땅을 파다가 보물을 얻어 아들도 살리고, 부모 봉양도 잘했다고 한다. 이 두 설화에는 자식보다 효를 더 중시하는 의식이 나타나 있다.

'호랑이에게 자식을 준 효부형 설화'에서는 술에 취해 잠든 시아버지를 호랑이가 물어 가려고 하는 것을 본 며느리가 업고 있던 아들을 대신 던져 주고 시아버지를 구한다. '죽은 아들을 묻은 효부형 설화'에서 며느리는 남편에게 시부모가 실수로 죽인 아들을 시부모 모르게 파묻자고 한다. 시아버지를 구하기 위해 업고 있던 아들을 호랑이에게 던져 준 며느리의 행동, 부모님이 자기의 실수로 손자를 죽게 했다는 사실을 알면 죄책감으로 괴로워할 것을 생각하여 시부모 몰래 죽은 아들을 파묻자고 한 며느리의 행동은 효를 자식보다 더 중히 여기는 마음에서 나온 것이다.

위의 내용과 같이 효행 설화에는 효(孝)에 최고의 가치를 부여하고, 효야말로 어떠한 희생이나 대가를 치르는 한이 있더라도 반드시 실천해야 할 규범이라고 하는 의식이 드러난다. 이것은 효 지상주의적 사고에서 나온 것이라 한다.

2) 효행 이적(孝行異蹟)의 양상

효행 설화에는 지극한 효성은 사람은 물론, 천지 만물(天地萬物)을 감동시킬 수 있다는 믿음이 나타나 있다. 이 믿음은 불가항력적인 상황에서 이적(異蹟)이 일어나 효를 성취함은 물론, 예상하지 못했던 행운을 얻는 구성으로 이어진다. 여기에서 효 지상주의적 사고는 효감만물사고(孝感萬物思考)와 이어지고, 이것이 효행 이적을 가져오게 한다. 효행 이적은 각 설화에서 그 상황에 따라 다채롭게 나타나는데, 다음과 같이 3가지로 나눌 수 있다.

① 사람의 도움을 통한 것

효행 이적 중에는 사람의 도움을 통해 일어나는 것이 있다. '효녀 지은' 이야기에서 지은은 귀족인 효종랑의 도움을 받고, 임금의 상을 받아 효를 성취한다. 이것은 현실성이 있는 일이기는 하지만, 한미(寒微)한 지은에게는 이적에 가까운 일이다. '관음사 연기설화'에서 아버지의 눈을 뜨게 하려고 몸을 판 홍장은 뒤에 진나라 혜제(惠帝)의 황후가 되고, 아버지는 눈을 뜬다.

효행 설화에는 효자나 효부의 효행이 마침 그곳을 지나가던 원님이나 암행어사 또는 임금에게 발견되어 큰 상을 받았다는 이야기가 있다. 이것 역시 현실적인 일이기는 하지만, 가난한 농부가 효행을 통하여 재물과 명성을 얻은 것은 이적과 같은 일이라 할 수 있다.

② 하늘의 감동에 의한 것

효행 설화에서 이적이 일어나는 것은 신이자(新異者)가 직접 등장하여 신이함을 보여 주는 경우가 있는가 하면, 신이 직접 나타나지 않은 채 이적이 일어나는 경우도 많이 있다. 신이 직접 나타나지 않는 경우에는 보통 하늘의 감동에 의해서 이적이 일어나는 것으로 되어 있는데, 이 경우의 '하늘'은 우주 만물의 운행을 주관하는 '천신(天神)'의 의미를 가지고 있다. 그래서 여기서는 이를 통틀어 하늘의 감동에 의한 것이라고 하였다.

신이 직접 등장하여 이적을 일으키는 경우를 보면 다음과 같다. '효성의 느티나무'에서는 가난한 효자가 아버지의 병을 낫게 하려고 여러 가지 약을 구하여 써 보았으나 효험이 없자 100일 기도를 하였는데, 99일째 되는 날의 밤에 흰 옷을 입은 노인이 나타나 약이 있는 곳을 알려 주어 아버지의 병을 낫게 한다. '효녀와 약수', '효자샘'에서는 효녀 또는 효자가 아버지의 문둥병을 낫게 해 달라고 100일 기도를 드리니, 신령이 나타나 약수 있는 곳을 가르쳐 주어 그 물로 몸을 씻기니, 문둥병이 깨끗이 나았다고 한다.

'효녀 이야기'에서는 부모를 위해 풍년제의 이시미에게 바치는 제물로 몸을 판 처녀가 제물이 되어 죽게 되었을 때, 구름을 타고 온 노인이 이시미를 퇴치하고 효녀를 구해 준다. '산삼동자형 설화'에서는 효자의 지극한 효성에 감동한 신승(神僧)이 명약을 알려 주고, 산삼을 효자의 아들로 변신시켜 보낸다. 이들 이야기에 나오는 노인이나 신승은 신과 통한다.

'효녀와 산신령'에서는 산신령의 화신인 호랑이가 병중의 어머니가 먹고 싶다는 잉어를 구하려고 눈길을 헤매는 소녀를 연못으로 인도하고, 소녀가 깨뜨려 놓은 얼음 구멍으로 들어가 잉어를 잡아 준다. 이것은 산신이 호랑이의 모습으로 나타나 이적을 일으킨 예이다.

효행 설화에는 자기의 머리를 잘라 팔아서 시아버지를 봉양한 며느리, 개가 게워 놓은 것 속에 있는 낟알이나 시궁창에서 잡은 지렁이를 깨끗이 씻어서 시어머니께 끓여 드린 며느리가 황금 벼락을 맞아 부자가 되었다는 이야기가 있다. 또 효자가 실수로 아들을 죽게 한 부모가 죄책감에 괴로워할 것을 염려하여 부모 모르게 죽은 아들을 묻으려 하자, 죽었던 아들이 다시 살아났다는 이야기도 있다. 이것은 하늘의 감동에 의한 이적이라 하겠다.

신이 직접 나타나지는 않으나, 신이한 능력을 발휘하여 이적을 보이는 경우를 보면 다음과 같다. 효자가 한겨울에 병중의 부모님이 드시고 싶다는 복숭아·딸기·홍시·죽순·잉어·게·뼈 없는 물고기 등을 구하기 위해 온갖 정성을 드리고, 이것을 찾아 헤맬 때에 이것들이 눈 속에서 나타나기도 하고, 얼음 구멍에서 튀어나온다. 이름난 의원인 형도 고칠 수 없다는 어머니의 병을 고치려고 어머니를 업고 유람을 다니던 효자가 산 속의 바위 밑에서 특효약을 구해 어머니의 병을 낫게 하였다. 이러한 것은 모두 효자가 약을 구하는 데 따르는 이적이다.

③ 동물의 감동에 의한 것

효행 설화에는 동물들이 효자의 효성에 감동하여 효자를 돕는 이적이 일어난다. 이를 편의상 감수 이적이라 하였다. 여기에 등장하는 동물로는 호랑이·사슴·수리·솔개 등이 있는데, 대표적인 동물은 호랑이이다.

효행 설화에서 호랑이는 한 노인을 잡아먹으려다가 시아버지를 살리기 위해 자기 아들을 희생하는 며느리의 효성에 감동하여 아이를 잡아먹지 않고 살려준다. 또 호랑이는 늦은 봄에 홍시를 구하려고 애쓰는 효자를 등에 태워 홍시가 있는 집에 데려다 주기도 한다. 그리고 효부에게 너구리를 물어다 주어 시아버지의 병을 낫게 해 주기도 한다. 호랑이는 개가(改嫁)하라는 친정 부모의 권유를 뿌리치고 병든 시아버지를 보살피려고 밤중에 산을 넘는 청상과부를 등에 태워다 주고, 가마꾼들에게 납치되었을 때에는 구해 주기도 한다. 호랑이는 효자가 약 지으러 다니는 길, 성묘 다니는 길을 태워다 주고, 시묘살이하는 효자를 도와 함께 지내기도 한다.

사슴을 통한 이적으로는 포수에게 쫓기다가 나무꾼의 도움으로 살아난 사슴이 나무꾼에게 산삼이 있는 곳을 가르쳐 주어 어머니의 병을 낫게 해 주었다는 이야기가 있다. 조류를 통한 이적으로는 어머니의 대하증에 좋은 치료약을 구하지 못해 고심하는 효자에게 대하증에 특효약이라고 하는 가물치를 수리가 가져다 주는 이야기가 있다.

지금까지 살펴본 바와 같이 효행 설화의 기반을 이루고 있는 것은 효 지상주의적 사고인데, 이것은 효감 만물 사고와 연결되어 있어 효행 이적을 가져온다. 효행 이적은 이야기에 따라 아주 다채롭게 나타난다. 그런데 효행 이적은 누구에게나 쉽게 나타나는 것이 아니고, 효자가 극한적 상황에서도 부모를 위하는 지극한 효성으로 모든 인간적 갈등이나 시련을 극복한 후에 선물 형식으로 주어진다.

2. 전통 사회에 나타난 효 교육 내용

효는 인류의 발달 과정에서 가장 기초적인 규범으로서 우리의 전통 사회를 지탱해 온 사회 규범이며 기본적인 윤리이다. 예부터 효는 덕행의 근본이며, 모든 가르침이 여기서 시작된다고 하여 효를 최고의 덕목으로 삼았다. 「논어」에는 "효는 부모가 살아 있을 때는 예로 섬기고, 죽어 장사 지낼 때도 예로 모시고, 제사를 예로 지내야 한

다."고 하여 생존뿐만 아니라 사후에도 예를 지키는 것이 효의 실천이라 했다.[12)]

본 장에서는 전통 사회에서 효 교육의 내용을 유아들에게 일깨워 주었던 규범서로 「소학」, 「격몽요결」, 「동몽선습」에 나와 있는 8가지 분류와 주영애가 효 교육의 내용과 개념을 정리한 것을 중심으로 살펴보고자 한다.[13)]

1) 공경의 효

「동몽선습」에서는 부모를 공경해야 함을 다음과 같이 말하고 있다.

> 만일 사람의 자식으로서 불효를 하는 자는 그 어버이를 사랑하지 아니하고 다른 사람을 사랑하며, 그 어버이를 공경하지 아니하고 다른 사람을 공경하며 …

「격몽요결」에서는 부모에 대한 존경심은 자식의 예의바른 태도와 행동에서 나타나야 함을 이야기하고 있다.

> 아버지와 자식 사이는 흔히 사랑하는 마음이 공경하는 마음보다 지나치기 쉽다. 그런즉 … 지극히 존경하여야 한다. 부모가 앉아 계시고 누워 계시는 곳에는 자식이 감히 앉고 눕지 못하며, 손님을 접대하는 곳에서는 자식이 감히 자기의 사사로운 손님을 접대하지 못한다. 또 부모가 말을 타고 말에서 내리고 하는 곳에서는 자식이 감히 말을 타거나 내리지 못한다.

부모를 공경하는 일은 부모를 섬기는 일 중에서도 가장 중요한 도덕적인 의무이며 부모에 대한 존경하는 마음이 가장 소중하기 때문에 예의를 지켜 극진히 행하여야 한다고 한다.

---

12) 박상희·주영애, 앞의 책, p.83.

13) 주영애, "효 교육 내용을 중심으로 한 유아 예절 교육 프로그램 개발의 기초", 「한국 전통 생활 문화 학회지」, 제2권 2호, 1999.
이길표·주영애, 「전통 가정 생활 문화 연구」, 서울: 신광출판사, 1995.
박상희·주영애, 앞의 책, pp.83-93.

2) 봉양의 효

어버이와 자식은 타고난 성품이 친하다. 어버이는 낳아서 기르고 사랑하고 가르치며, 자식은 받들면서 뒤를 잇고 효도하며 봉양한다. … 불효를 하는 자는 … 그 사지를 게을리하여 부모의 봉양을 돌보지 아니하며 … (「동몽선습」 中)

지금 사람들은 모두 부모가 길러 준 은혜를 입고서도 자기 힘으로 그 부모를 봉양하지 못한다. 만일 이렇게 그대로 세월을 지내고 보면 끝내 충성되게 부모를 봉양할 시기가 없을 것이다. 그러나 반드시 몸소 집일을 주장해서 자기 스스로 맛 좋은 음식을 갖추어서 드려야만 자식 된 직책을 다했다고 하겠다. … 만일 이렇게 마음마다 생각하고 생각해서 마음이 오로지 부모 봉양하는 데 있으면, 맛있는 음식도 반드시 얻을 수가 있을 것이다. (「격몽요결」 中)

봉양의 효는 부모 생전에 자식은 부모가 생활을 영위해 나가는 데 있어 기본적인 의식주 생활에 최선을 다해서 물질적으로 정성껏 보살펴 드려야 한다는 점을 강조하고 있다.

3) 시봉의 효

시봉의 효란 부모님 곁에서 시중들며, 심부름을 해 드리는 것이다. 세수 시중, 음식 시중, 잠자리 시중, 병구완 등의 다양한 내용이 있다.

「동몽선습」에서는 부모님 곁에서 항시 머무르고 있다가 잔심부름을 하고 세심하게 보살펴 드려야 함은 물론, 부모의 곁에서 멀리 떨어져 있으면 시중드는 일을 하지 못하며, 자식에 대한 걱정을 안겨 드리므로 멀리 떠나거나 행방을 알리지 않는 외출은 금해야 함을 강조하였다.

효자가 어버이를 섬김에는 닭이 처음 울거든 세수와 양치질을 다하고, 부모님의 처소로 가서 기운을 나직이 하고 부드러운 목소리로 옷이 더운가 추운가 묻자오며, 무엇을 잡숫고 싶은가를 묻자오며, 겨울에는 따뜻하게 해 드리고 여름에는 서늘하게 해 드리며, 저녁에는 잠자리를 정해 드리고 새벽에는 문안드리며, 외출할 때는 반드시 고하고 돌아와서는 반드시 뵈오며, 멀리 나돌아 다니지 않고 나돌아 다니는 데는 반드시 행방을 알리며 …

「격몽요결」에는 자식은 직접 부모의 병을 극진히 간호해야 한다고 이야기하고 있다.

부모가 병환에 계시면 마음속으로 조심하고 얼굴빛을 면하여 다른 일들은 모두 내버려 두고 오직 의원에게 묻고 약을 지어다가 쓰는 것을 일로 삼는다.

부모의 시중은 타인이 아닌 자식이 직접 보살핌으로써 부모의 심신을 편안하게, 정신적으로는 안정감을 주어야 하며, 특히 부모가 병이 났을 때 행하여야 할 도리를 담고 있다.

4) 순종의 효

부모가 자식을 낳아 기르고 가르쳐서 훌륭한 인물로 만들려고 한다면 자식은 그 부모의 뜻에 순종하고 정성을 다해 효도하는 것이 부모와 자녀의 일반적 관계이다. 순종의 효란 부모에게 효순하는 길은 부모의 뜻을 그대로 따르는 것임을 말한다.

「동몽선습」에서는 부모의 뜻에 따라 무조건 순종해야 함을 나타냈다.

부모가 잘못하는 일이 있으면 간(諫)하되 거슬리지 말며, 세 번 간(諫)해도 듣지 않으시거든 울면서 따른다.

「격몽요결」에서는 부모의 옳지 못한 일을 자식으로서 반드시 설득시킴으로써 불의에 빠지지 않도록 하는 것이 효도임을 강조하였다. 즉, 부모가 자식의 효순을 바라는 것은 곧 자식이 올바른 인도의 길을 가기를 바라는 깊은 의미가 담겨 있다.

> 부모의 뜻이 만일 도리에 해로운 것이 아니면 마땅히 먼저 뜻을 이어받아서 순순히 행하고 조금이라도 어기지 말아야 한다. 만일 부모의 뜻이 도리에 해로우면 화평한 기운과 즐거운 안색, 부드러운 목소리로 부모에게 간(諫)해서 여러 가지로 사유를 말씀드려 기어이 부모가 이를 듣도록 한다.

5) 형제, 친척 간의 돈목의 효

전통 사회에서 효는 부모에 대한 보은뿐만 아니라 자신의 형제와 친척 간에 돈목하게 지내는 것도 같은 범위에서 파악하였다. 따라서 효와 관련된 문헌에서는 형제, 친척 간에 화목하게 지내는 도리에 대해서 자세하게 기록하고 있다. 뿐만 아니라 장유유서의 질서를 지키는 개념과도 연결하여 서술한다.

> 어른과 어린이는 천명의 차례다. … 어른은 어린이를 사랑하고 어린이가 어른을 공경한 연후에야 젊은이를 업신여기고 어른을 능멸하는 폐단이 없어 사람의 도리가 바르게 될 것이다. 그러니 하물며 형제는 동기(同氣)의 사람이라, 골육의 지친(至親)이니, 더욱 마땅히 우애하고 가히 노여움을 감추며 원망을 품거나 해서 천륜의 떳떳함을 잘못되게 해서는 안 된다. (「동몽선습」 中)

또한 「소학」에는 장유의 관계를 지키면서도 형제간 우애를 강조하는 가르침을 담고 있다.

> 품안에 안기는 2~4세 되는 어린아이도 그 어버이를 사랑할 줄 모르는 아이가 없고, 자라게 되면 그 형을 공경할 줄 모르는 아이가 없는 것이다.

「격몽요결」의 거가장에서는 형제간에 돈목하지 않는 것을 불효라고 하였다.

> 형제같이 부모에게서 몸뚱이를 물려받은 터이니 둘은 모두 한 몸뚱이와 같은 것이다. 그러니 마땅히 저와 나라는 간격이 있게 보아서는 안 된다. 음식이나 의복이 있고

없음을 마땅히 모두 함께 해야 할 것이다. 그러니 가령 형은 주리고 아우만 배가 부르거나, 아우는 춥고 형만이 따뜻하게 있다고 한다면 이것은 마치 한 몸뚱이 안에 있는 사지 중에서 어느 한편은 병들고 다른 한쪽은 튼튼한 것이나 마찬가지니 … 형제끼리 서로 사랑하지 않는 것은 모두 자기들의 부모를 사랑하지 않기 때문이다.

한편 친척 간까지 확대하여 돈목을 강조하였다.

형제의 자식은 내 자식이나 마찬가지다. 그러므로 그를 사랑하는 것이나 그를 가르치는 것을 마땅히 자기 자식과 똑같이 할 것이고, 조금도 경중과 후박이 있어서는 안 된다.

6) 보신의 효

보신의 효는 부모로부터 물려받은 자신의 신체를 잘 보전하고 처신을 잘하여 덕행에 그릇되게 하지 않는 것이다.

「격몽요결」에서는 부모의 생육의 은혜에 보답하는 길은 바로 자신의 신체를 잘 보전하는 것이라고 하였다.

천하의 모든 물건 중에 내 몸보다 더 소중한 것은 없다. … 부모는 나에게 이 몸을 주셨으니 천하에 있는 모든 물건을 다 준다 해도 이 몸과 바꿀 수는 없다.

또한 '지신장'에 보면 자신을 바르게 성찰함으로써 건전한 사고력을 키우는 것이 곧 자신을 지키는 일이라고 가르쳤다.

자기 몸을 이겨 나가는 공부는 … 내 마음을 반성하고 살펴서 내가 여색을 즐기지나 않는가, … 안일한 것을 희망하지는 않는가, 신기하고 볼 만한 물건을 갖고 싶어하지는 않는가를 알아보아야 한다.

즉, 자신의 신체를 잘 보호하고 안전하게 하여 건강을 유지할 뿐만 아니라 건전한 마음을 갖고 바르게 성장하는 것도 효도의 방법이라 하겠다.

7) 입신행도의 효

「효경」에서는 자식된 자가 사회적으로 낙오됨이 없이 인간으로서 해야 할 도리를 알고 행할 것을 강조하였다.

> … 몸을 세워 도를 행하고 이름을 뒷세상에 드날려서 부모를 빛나게 하는 것은 효도의 마침이니라.

「동몽선습」, 「격몽요결」에도 이러한 내용이 나타나 있다.

> 효도란 사람에게 중대한 일이지만 또 높고 멀어서 행하기 어려운 일도 아니다. 그러나 나면서부터 아는 자가 아니면 반드시 학문에 의하여 알아야 하나니, 학문의 길은 다름이 아니라 장차 옛날과 오늘의 일에 통하며, 사물의 이치에 통달하여 이를 마음에 간직하고 이를 몸에 받는 것이니, 가히 그 학문을 기르는 데 힘쓰지 않겠는가?
> (「격몽요결」 서문 中)

> 사람이 이 세상을 살아가는 데 있어 학문이 아니면 올바른 사람이 될 수가 없다. … 학문이란 무엇이냐 이것은 다만 남의 아비가 된 자는 그 아들을 사랑할 것, 자식 된 자는 부모에게 효도할 것 … (「격몽요결」 서문 中)

즉, 학문을 통해 올바른 사람이 될 수 있고, 인간의 도리를 깨닫고 행할 수 있다고 하였다. 그러므로 입지를 향해 정진하여야 함을 강조하고 있다.

> 처음 학문을 하는 사람은 반드시 맨 먼저 뜻부터 세워야 한다.

> 뜻을 세우는 것이 가장 귀하다고 말하는 것은, 즉 이 뜻을 가지고 부지런히 공부하면서도 오히려 내가 따라가지 못할까 두려워하여 조금도 뒤로 물러서지 말라는 것이다. 만일 그렇지 않고 혹시라도 뜻이 정성스럽고 착실하지 못한 채 그대로 우물쭈물 세월만 보내고 있으면 자기 몸이 죽을 때까지 또는 이 세상이 다할 때까지 무슨 성취하는 일이 있겠느냐.

따라서 자식이 건강한 신체와 건전한 정신을 가진 한 인격체로 성장한 떳떳한 사회의 일원으로서 자신이 맡은 책임과 의무를 충실히 수행하여 인정받는 것이 곧 부모를 기쁘게 해 드리는 것이며 효도하는 길이다.

8) 양지의 효

부모의 뜻을 따르는 것은 부모 생존 시에 끝나는 것이 아니라 돌아가신 후에도 그 뜻을 기리며 지속적으로 해야 하는 것이다.

> 날마다 하는 일이며 또 아무리 짧은 시간일지라도 부모를 잊어서는 안 된다. 그렇게 행해야 비로소 효도한다는 말을 할 수가 있다. 그렇지만 만일 제 일신 가지기를 삼가지 않고 말을 하는 데 있어서도 법도가 없이 그저 웃고 노닐면서 세월을 보내는 자는 모두 그 부모를 잊은 자의 행동들이다. (「격몽요결」 中)

즉, 양지의 효는 부모의 뜻을 늘 잊지 않고 부모의 덕행을 실천하고 부모가 생전에 의도했던 것이나 그 유지(遺志)를 잘 이어 나가는 것을 말한다.[14] 따라서 부모에게 단순히 부모의 생시에 공경하고 봉양하는 것만으로는 효도를 다했다고 할 수 없는 것이다. 유아들은 평소 부모님의 훈계 말씀이나 조상 때부터 지켜 오고 있는 가훈을 통하여 양지의 효 교육이 이루어지는 것이 필요하다. 위의 내용을 종합하여 주영애는 다음과 같이 전통 사회의 효 교육의 내용과 개념을 정리하였다.

14) 김미혜, "한국 가족에서의 효의 의미", 이화여자대학교 대학원 석사학위논문, 1978.

〈표 2.2〉 전통 사회에서의 효 교육 내용의 개념

효의 분류	효 교육 내용의 개념
공경의 효	부모에 대한 존경하는 마음이 가장 소중하고, 이는 예의를 지켜 극진히 행하여야 하는 것으로 부모에 대한 언어, 태도, 행동을 예의바르게 함으로써 자기 자신은 물론 가정 내의 질서를 유지하고 밖에서도 웃어른을 섬기는 경로 효친 사상을 실천하는 것이다.
봉양의 효	자식으로서 부모가 생활해 나가는 데 물질적·정신적으로 궁핍함을 느끼지 않도록 의복, 음식, 잠자리를 보살펴 드리며 정신적인 면까지 최대한의 정성을 보이는 것을 말한다.
시봉의 효	언제나 부모님의 신상에 관심을 갖고 생활을 살펴 드리며, 모든 일을 상의드려 의견을 존중하며 가까이에서 잘 모시는 것을 뜻한다.
순종의 효	부모에게 순종하여 그 뜻을 따르고 모든 일을 행함에 있어서 부모의 허락을 받고 실행하여야 함을 말한다.
형제, 친척 간의 돈목의 효	부모를 잘 섬기고 부모의 마음을 편히 해 드리기 위해서는 같은 부모에게서 태어난 형제, 자매와 우애가 있어야 하며 나아가 같은 조상에서 태어난 친척과도 화목해야 한다.
보신의 효	부모가 주신 자기의 신체를 보호하고 건강을 유지하여 부모에게 걱정을 끼치지 않도록 하는 것이다.
입신행도의 효	건전한 신체와 정신을 가진 한 인격체로 성장하여 떳떳한 사회의 일원으로 자신이 맡은 책임과 의무를 충실히 수행하여 부모를 기쁘게 해 드린다.
양지의 효	부모의 뜻을 잊지 않고, 부모의 덕행을 실천하여 그 유지를 이어가는 것을 말한다.

출처: 주영애, "효 교육 내용을 중심으로 한 유아 예절 교육 프로그램 개발의 기초", 「한국 전통 생활 문화 학회지」, 제2권 2호, 1999, p.200 참조.

제 4 장

한국의 전통문화와 생활 문화

우리의 전통문화를 생활 문화, 사상 문화, 예술 문화 등으로 나누어 볼 수 있다. 본 장에서는 우리의 전통문화를 생활 문화에 국한하여 의·식·주 생활을 중심으로 살펴본다.[15]

1. 생활 문화

생활의 기본으로는 '의·식·주'를 말한다. 우리나라의 기후는 온대와 아열대에 걸쳐 있어 겨울에는 섭씨 영하 20도 이상 내려가고, 여름에는 영상 30도 이상 올라가며 큰 폭을 보여 준다. 그러면서도 봄, 여름, 가을, 겨울이 뚜렷하다. 북으로는 유라시아 대륙에 접해 있고, 3면이 바다이며, 대한해협을 사이에 두고 일본 열도와 이웃하고 있는 동양 문화권의 교두보이기도 하다.

지세는 서울을 중심하여 북쪽과 동쪽은 높고 산악 지대가 많은 데 비하여, 서쪽과 남쪽은 비교적 평야를 이루고 있다. 지세로 보아 유리한 남쪽 평야에서는 벼농사가

15) 민속학회, 「한국 민속학의 이해」, 1994.

일찍부터 발달하였고 3면의 바다는 어로와 교통의 요충지이다.

이러한 입지적 여건들로 외세의 끊임없는 침략을 받게 되었으며 그로 인해 숱한 곤경을 겪으면서도 자주적 생활 문화를 지켜 오고 있다.

생활 문화의 기둥인 의식주를 중심으로 살펴보면 다음과 같다.

1) 의생활

사계절이 분명한 우리나라의 옷은 추위와 더위를 막기에 알맞은 저고리, 바지, 치마로 구성된 '북방 호복계'이다.

한복은 우리 민족이 널리 입어 온 고유의 옷을 통틀어 이르는 말이다. 한복은 오래 전부터 있었지만 모양은 조금씩 변해 왔고, 현재는 한복이라 하면 조선시대에 입던 옷을 가리킨다. 그리고 오늘날에도 그 모양을 따르고 있다. 한복은 몸에 끼이지 않고 여유가 있는 것이 특징이다. 예부터 입어 온 한복의 평상복에는 남자들의 옷으로 저고리는 품이 넉넉하고 허리까지 오는 윗옷과 통이 매우 넓은 바지가 있다. 바지의 허리 품은 매우 넓으며 같은 옷감으로 만든 허리끈으로 편안히 묶고 밑부분은 발목에 대님이라는 끈으로 묶어 활동하기 쉽게 한다. 여자들의 옷은 남자들보다 길이가 더 짧은 저고리와 긴 치마로 되어 있다. 치마는 가슴 위에서 발목 아래까지 이르는데 특히 엉덩이 부분이 풍성하여 마치 종과 같은 모양을 이룬다. 저고리의 앞은 터져 있고 고름이라는 끈이 옷의 앞부분에 달려 있어 이것을 맵시 있게 묶어 여민다. 한복은 옷 전체가 단정한 직선과 부드러운 곡선이 조화를 이루어 아름다운 선을 이룬다. 특히 여자의 경우 저고리가 짧고 단정하나 치마는 길고 풍성하여 전체적인 옷차림이 단아하고 안정된 느낌을 주어서 조용한 아침의 나라라는 이미지와 잘 어울린다. 오늘날에는 평상복으로 한복을 입는 경우는 드물고, 명절이나 결혼식 등의 행사에만 입는다. 그러나 한복이 지닌 아름다움은 여전히 우리들을 매료시키고 있기 때문에 현대인의 생활에 맞게 좀 더 간소하고 활동하기에 편한 모양으로 바꾼 한복이 다시 생활 속으로 들어오고 있다.

우리 옷의 특징을 요약하면 우선 흰색을 든다. 처음에는 경제적 여건, 예컨대 염색에 많은 비용이 들어 베나 무명을 그대로 입기도 하였지만 점차 습관화된 요인을 생각할 수 있다. 즉, 흰색의 숭상을 상고시대 우리 민족의 태양 숭배 사상과 결부시키기도 한다. 하지만 일상적 관습으로 되면서 한편으로는 세탁 등 뒷손질의 어려움도 있었다.

여자의 옷인 경우 특히 봉건적 가부장제 생활 속에서 제도화되어 옷의 발달에 제약을 받아 왔다. 일반 민중의 '일옷'은 발달의 여지도 없을 만큼 빈약한데, 이에 반해 사대부가의 의복은 신체적 압박을 주면서 겉치레가 심했다. 여기에 중화사상에 의하여 벼슬아치의 복색과 일반복에 이르기까지 중국 복식을 채용한 결과, 우리 고유 옷의 자유로운 전개는 저해를 받았다. 조선 왕조가 끝날 때까지도 중국식 복식과 고유 복식과의 대립이 있었으며, 남복과 여복, 그리고 대처와 시골의 대립 등으로 의생활은 2중 구조적 양상을 띠게 된다.

우리나라 1900년대 초의 의복 구조는 서양 옷에 더 많이 기울어져 가고 있다. 한복을 기본으로 하고 주머니 대신 호주머니가 달린 조끼를 양복에서 착용하거나 갓 대신 중절모를 두루마기에 쓰고, 대님을 매고 구두를 신기도 하였다. 여자들도 치마저고리에 구두를 신고, 두루마기에 여우 목도리를 두르고 핸드백을 들었다. 이는 '갓 쓰고 자전거 타는 격'이라 볼 수 있지만 점차적으로 조화를 이루는 일면도 보였다.

우리나라 옷의 문화는 한복과 양복의 2중 구조 속에서 과도기적 변화를 겪고 있다. 독창성을 지니면서 실용성과의 조화를 어떻게 이루느냐 하는 문제가 오늘의 과제이다.

2) 식생활

① 밥

우리나라의 지세는 서울을 중심하여 북쪽과 동쪽은 높고 산악 지대가 많은 데 비하여, 서쪽과 남쪽은 비교적 평야를 이루고 있다. 지세로 보아 유리한 남쪽 평야에서는 벼농사가 일찍부터 발달하였다. 이에 따라 쌀은 신석기 시대부터 우리 민족의 주식이 되었다. 일반적으로 밥은 쌀이나 보리 등의 곡물에 물을 붓고 끓여서 익힌 음식이다. 어떤 곡물이 주가 되었느냐에 따라서 쌀밥, 보리밥, 조밥 등으로 불리며 일반적으로 밥이라고 했을 때는 보통 쌀밥을 가리킨다. 밥은 먹는 사람에 따라 명칭이 다양하며 어른이 드실 때는 '진지', 임금에게 바칠 때는 '수라', 제사상에 올릴 때는 '메'라고 한다. 이는 밥이 우리 민족에게 그만큼 중요하고 기본이 되는 음식이라는 것을 단적으로 보여 준다. 우리나라의 음식은 주식과 부식이 분명하게 구별되기 때문에 주식인 밥이 전체 식사에서 차지하는 비중은 클 수밖에 없다. 식사하는 것도 주로 '밥을 먹다'라고 표현하는데 이는 밥을 먹는 것이 곧 식사를 하는 것이라고 생각하기 때문이다. 이와 같이 밥은 우리나라 식사에서 절대적인 지위를 가지고 있다. 또한 밥은 영양소 면에서도 매우 훌륭한 식품이어서 탄수화물뿐만 아니라 단백질, 지방, 비타민, 무기질 등이 고루 들어 있다. 우리 민족은 하루에 필요한 열량의 50%와 단백질의 15%를 밥에서 섭취하고 있다고 한다.

② 김치

김치는 무나 배추 따위의 채소에 고춧가루, 젓갈, 파, 마늘, 생강, 소금 등 각종 양념을 넣어 발효시킨 우리나라 고유의 음식이다. 김치는 우리 민족의 식단에서 가장 중요한 반찬으로 이미 오래전부터 우리나라 대표적인 음식이다. 김치는 배추, 오이, 무, 가지, 깻잎, 열무, 갓 등 거의 모든 채소로 담글 수 있다. 이 중에서 배추로 가장 많이 담가 먹어 일반적으로 김치라고 하면 배추김치를 가리킨다. 우리가 즐겨 먹는 김치는 과학적으로 매우 훌륭한 음식이다. 특별한 저장 용기가 없었던 과거에 제철이 아닌 채소를 구하여 먹는 것이 매우 어려웠다. 따라서 철이 아닐 때도 싱싱한 채소를 먹기 위한 방편으로 생각해 낸 것이 바로 김치이다. 그뿐만 아니라 김치에는 젓갈이나 각종 해산물과 같은 재료가 첨가되어 단백질을 섭취할 수 있다. 결국 김치는 식물성 재료와 동물성 재료가 조화를 이루어 필요한 영양소를 충분히 섭취할 수 있고 추운 겨울이나 눈이 채 녹지 않은 이른 봄에도 싱싱한 채소를 먹을 수 있게 된다. 김치의 맛과 영양은 다른 나라까지 널리 알려져 많은 외국인들이 김치의 맵고 독특한 맛을 즐기고 있다. 김치는 이제 단순한 음식을 넘어서 우리나라의 전통과 생활이 배어 있는 소중한 문화이다.

③ 된장

된장은 메주를 숙성시켜서 만든 우리나라 전통 양념의 하나로서 되직한 죽 상태의 음식이다. 특유의 구수한 맛과 향이 있어서 국이나 찌개를 끓일 때에 기본 양념으로 많이 쓰이며 생으로 먹기도 한다. 된장을 만드는 방법은 메주로 장을 담가서 장물을 떠내고 남은 건더기로 만들거나, 메주에 소금물을 알맞게 부어 익혀서 장물을 떠내지 않고 그냥 만들기도 한다. 오래전부터 농경 생활을 해온 우리 민족에게 고기나 생선은 쉽게 먹을 수가 없었다. 이런 환경에서 콩은 부족한 단백질을 공급해 줄 수 있는 좋은 먹을거리였다. 뿐만 아니라 콩은 소화가 잘되지 않는 단점이 있는데 된장은 발효 식품이어서 소화와 흡수가 잘되며 최근에는 암을 예방하는 효과가 있다는 것이 밝혀져 과학적으로도 훌륭한 음식임이 증명되었다.

식생활 역시 자연적 배경을 살펴보아야 한다. 상고시대 수렵·채집 경제 단계에는 산과 들에서 짐승을 잡아먹고, 바다의 조개류, 해초, 생선 등과 나무 열매를 채집하여 식량으로 삼았다.

기원전 6, 7세기경 '무문토기인'들이 북방에서 이 땅으로 들어오면서 농경 시대가 열렸다는 학계의 의견이 있다. 자연의 좋은 조건에 의하여 벼농사가 보급되고 일찍부터 여러 가지 식품류의 가공법이 발달한다. 여기에 중국 문화의 유입으로 식생활에 변화를 주게 되고, 13세기에 이르러서는 몽골 등의 북방족의 침입으로 북방 식품이 들어온다. 16세기에는 임진왜란을 계기로 남방 식품의 유입이 있었고, 19세기에 이르러 서구 음식물의 유입 등으로 우리의 식생활은 변천을 거듭하면서 오늘에까지 이르고 있다.

17세기에서 18세기에 걸쳐 유입된 고추, 호박, 토마토, 옥수수, 낙화생, 동부, 완두, 감자, 고구마, 수박 등의 대부분이 오늘날에도 널리 재배되고 있다는 것이 특징이다.

위의 식품 중에서 고추와 호박은 임진왜란 무렵 일본인에 의하여 들어온 식품이다. 호박은 가난한 이들의 먹거리로서의 큰 공헌을 한 것도 사실이다. 오늘날의 고추는 중요한 조미료로서 김치와 고추장의 재료가 되며 우리나라 요리에서 필수적인 재료이다.

3) 주생활

한옥은 우리나라 고유의 전통적인 가옥이다. 한옥의 주 재료는 나무이다. 그러므로 집을 짓는 데 나무가 많이 쓰이며, 기둥을 비롯한 기본 뼈대들도 나무로 되어 있다. 뼈대와 뼈대를 연결할 때도 쇠로 된 못을 쓰지 않고 홈을 파서 서로 맞물리도록 짜 맞춘다. 벽은 흙을 이용하여 만든다. 벽이 무너지지 않도록 벽 속에 가는 기둥을 넣고 수수깡이나 싸리 가지로 엮어 견고하게 만든다. 벽은 우리나라에서 나는 회와 모래를 섞어서 만들며 흰빛의 부드럽고 고운 흙을 발라서 마감한다. 흙으로 단든 벽은 습기를 빨아들이고 한기를 막아 주는 역할을 해서 장마 때에도 집 안이 습하지 않으며, 겨울에는 따뜻한 기운을 잘 유지해 준다. 한옥의 구조를 살펴보면 먼저 대문을 열고 들어가면 외양간과 하인들이 기거하는 행랑으로 둘러싸인 마당이 있거나 가장이 기거하는 사랑채가 있는 마당이 있다. 여기에서 중문을 통해서 더욱 안쪽으로 들어가면 안주인이 기거하는 안채가 있다. 사랑채는 안채와 담을 두고 막혀 있으며 담을 돌아서 들어가게 되어 있다. 안채에는 안방, 건넌방, 부엌, 곳간 등이 있다. 건넌방은 사랑채가 없는 경우에는 사랑방으로 사용하고 사랑채가 있는 경우 며느리가 사용한다. 한옥의 모든 방은 아궁이에서 불을 때면 화기가 방 밑을 지나 방바닥 전체를 덥게 하는 난방 장치인 온돌이 사용된다. 온돌은 우리나라 고유의 난방법으로 우리 민족의 좌식 생활 습관에 적합하여, 모든 민가에 사용된다. 온돌은 열의 전도를 이용한 것인데, 방바닥 밑에 깔린 넓적한 돌(구들장)에 화기를 도입시켜, 온도가 높아진 돌이 방출하는 열로 난방하는 것으로 전도에 의한 난방 이외에 복사 난방과 대류 난방을 겸하고 있다. 이 밖에도 방과 방 사이의 공간을 이용한 대청이라든가, 기묘한 각도로 늘어진 처마의 아름다움은 최대한 자연을 상하게 하지 않으면서 자연과 조화를 이루고 싶어 한 우리 조상들의 지혜를 엿볼 수 있다.

선사시대의 집은 대개 반지하식의 '움집'이거나 '동굴 생활' 또는 드물지만 마루가 높은 '고상 생활'을 했으리라 짐작된다. 이와 같은 선사시대의 주거지들의 상당수가 발굴·정리되고 있다. 이러한 주거 방식은 농경 초기에까지 효용되었으리라는 의견도 있다.

이 시기의 주거 공간을 복원해 보면, 난방과 취사를 하는 화로가 있고, 출입구에 가까운 곳에 남자가 거처했고, 안쪽에는 여자가 기거한 것으로 나타난다. 그리고 석기 출토 부분은 남자의 작업 거처 공간이고, 토기가 출토되는 부분이 여성의 활동 공간이었으리라 한다.

종류별로 보면 '움집', '귀틀집', '천막식' 등을 들 수 있는데 이들 가옥 형식은 모두 북방 대륙 계통에 속한다. 한편 원두막이나 창고에서 볼 수 있는 '고상식 건물'도 있었던 것 같은데 이것은 남방 계통으로 해석하고 있다.

봉건적 지배 체제가 갖추어지면서 주생활도 신분 계층에 따라서 제재한 것은 의생활에서 지적된 것과 일맥상통한다.

이미 7세기 초에 온돌이 사용되었음을 중국의 옛 문헌 「구당서」와 「당서」를 통해 알 수 있다. 또한 온돌의 원형으로 보이는 유적이 두만강 유역의 반지하식 거주지에서 발굴되고 있는 사실 등으로 고유한 온돌의 역사가 증명되고 있다. 13, 14세기 이후에는 온돌이 민가에서 보편화되면서 오늘에까지 이어지고 있다.

제 5 장

세시 풍속

1. 세시 풍속과 전통 음식

세시 풍속이란 계절에 따라 관습적으로 반복되는 생활 양식을 말한다. 사람들이 모여서 사회를 이루고 오랫동안 살다 보면 하나의 관습이 생기게 되고, 이것이 그 사회에 정착되어 매 계절마다 되풀이하면 세시 풍속이 되는 것이다.[16)]

또한 세시 풍속은 1월에서 12월까지 1년 동안의 시간의 흐름에 맞추어 자연 신앙, 조상 숭배 등의 종교적인 주술 행위와 각종 놀이, 관습 등이 반복되어 왔던 주기 전승(週期傳承)의 다양한 민속 현상을 말한다.

여기에는 음력의 월별, 절기, 명절에 따른 전통적 민간 신앙, 민속놀이, 구비 전승, 의식 행사, 풍속 습관, 의식주 생활 등이 두루 포함되어 있다.[17)]

세시 풍속의 세(歲)는 한 해를 뜻하고 시(時)는 4계절을 뜻한다. 즉, 세시 풍속은 1년 4계절의 행사로서 특별한 의미를 지닌 풍속이다.

세시 풍속의 특징을 이기현은 다음과 같이 정리했다.[18)]

---

16) 정재걸·이혜영, 앞의 연구, p.60.
17) 국립민속 박물관, 「한국의 세시풍속 I·II」, 서울: 태학사, 1997.
18) 이기현, 앞의 연구, p.83.

첫째, 세시 풍속은 기복(祈福)과 기풍(祈豊)의 행위가 동원된다. 기복 행위의 대표적인 것은 복조리를 돌리는 것과 대문 앞에 입춘대길(立春大吉)이라고 써서 붙이는 것, 부럼, 지신밟기 등이 있으며, 기풍 행위로는 머슴날, 축일(소날) 등의 행사가 있다.

둘째, 세시 풍속은 조상 숭배 사상과 관련이 있다. 축원, 보은이나 덕담을 하는 풍속들을 그 예로 들 수 있으며, 유난히 혈연이나 자연 의식을 강조하는 것도 세시 풍속과 관련이 있다고 할 수 있다.

셋째, 세시 풍속은 자연에 대한 상호 관련적 신앙에 토대를 두었다. 자연 사물이나 현상, 인간 행동을 각기 별개의 독립된 것으로 보지 않고 전체 우주의 조화로운 관계 속에서 상호 관련성과 인가율을 지닌 채 존재하고 있다고 믿었던 것이다.

세시 풍속의 배경에는 온대 지방에 속하여 사계절이 뚜렷한 우리나라의 계절적 특성이 크게 작용하고 있어 봄, 여름, 가을, 겨울의 1년을 15일의 1주기를 24절기로 나누어 여기에 따르는 생업의 활동과 변화가 적용되어 왔다.

그러므로 설날, 상원, 단오, 추석과 같은 명절이 되면 오랜 관습에 의해 새 옷으로 단장하고 술과 떡을 장만하여 조상과 제신에게 제사하는 등 여러 가지 행사가 마을 단위로 이루어졌다.

우리나라의 명절은 대체로 계절에 따라 그 행사와 내용이 짜여졌으며 다시 월령에 의해 세분화되었음을 알 수 있다. 월령이란 생산 활동(농경, 수산, 채집 등)과 관련을 갖는 것이다. 계절에 따라서는 농사의 시작인 파종, 제초, 수확, 저장 등의 생산 활동의 변화를 가늠하게 하면서 그 사이사이에 의식과 놀이 등이 삽입되어 생활의 흐름을 부드럽게 해 주고 있다.

그러나 인간의 지식과 기술이 점차 발달하면서 계절에 따른 행사들은 점차 인간의 자율에 의해 주도되었고, 자연력의 의존도가 약화되고 특히 달력이 등장하면서부터 재래의 세시 풍속은 밀려나기 시작하였고, 일본 제국주의의 침입은 전래의 세시 풍속을 금기하기까지 하였다. 그러나 우리가 전통문화를 계승하기 위하여 유아교육 현장에서 자라나는 유아들이 우리의 풍속을 제대로 알고 전승하는 것을 무엇보다 중요하게 생각하기 때문에 각 절기별로 행했던 행사와 놀이 등을 중심으로 살펴보고자 한다.

본 장은 민속학회가 1년 4계절로 나누어 살펴본 내용과 이기현의 연구, 정저걸과 이혜영이 연구한 내용을 중심으로 세시 풍속과 함께 전승되어 온 놀이에 대해 살펴본다.[19)]

먼저 봄철의 세시 풍속은 다음과 같다.

봄철은 춘절이라 하며 음력 1월에서 3월까지를 말하는데, 이때는 1년 동안의 풍요와 안녕을 기원하였다.

1월의 대표적인 세시 풍속은 설날이다. 설날은 한 해의 첫째 날로 예나 지금이나 이 날을 명절로 여겼던 것은 모두 같다. 그러므로 설날에는 각 가정마다 새 옷으로 갈아입고 차례를 지내고, 웃어른들에게 세배를 하였는데 강원 영동 지방에서는 '도배'라 하여 마을의 어른들께 합동 세배를 하였다. 설날의 시절 음식은 떡국이다. 보통 떡국에는 떡을 돈처럼 동그랗고 얄팍하게 썰어 넣는데 이것은 부를 상징하는 것이며, 꿩고기를 넣는 것은 꿩을 길조로 여기기 때문이다.

이 외의 세찬으로 영남 지방에서는 강정을 만들어 대접하고 영동 지방에서는 산자(과줄)를 제상에 놓거나 명절 간식으로 먹고, 곶감이나 수정과를 손님에게 대접하였다. 정초의 놀이로는 다리밟기, 널뛰기, 윷놀이, 연날리기, 승경도 놀이, 쌍륙 등이 있다.

정월대보름 또한 농경 중심의 명절로서 풍년을 기원하는 행사가 주류를 이룬다. 놀이로는 줄다리기, 쥐불놀이, 탈놀이, 고싸움 등이 있고, 시식은 오곡밥, 약밥, 솔떡, 수정과, 강정류가 있다. 특히 정월대보름의 성격은 마을 전체가 풍년(풍어)을 기원하는 집단적, 개방적, 적극적인 마을 공동체의 명절이라는 점에서 설날과는 의미가 다르다.

2월의 대표적인 세시 풍속은 영등맞이가 있고, 3월에는 삼짇날이 있으며 이때 부녀자들은 산과 들로 나가 진달래 꽃전을 지져 먹는 화전놀이를 하고 어린아이들은 풀각시 놀이나 호드기를 불며 봄을 맞는다. 이때의 시식으로는 녹두 수면, 탕평채 등이 있고, 송홧가루로 강정이나 다식을 만들어 먹었다.

여름철은 하계라 하며 음력 4월에서 6월까지로 파종 후에 성장 의례가 중심이 된

19) 민속학회, 「한국 민속학의 이해」, 서울: 문학아카데미, 1998, pp.108-125.
정재걸·이해영, 앞의 연구, pp.61-62.
이기현, 앞의 연구, pp.84-85.

다. 4월은 입하와 소만이 들어 있어 여름의 시작을 알리고, 5월은 여름철 세시 풍속의 중심으로 망종과 하지의 절기인데 단오날이 대표적인 명절이다.

단오날에 여성들은 창포비녀를 머리에 꽂아 두통과 재액을 막고, 그 뿌리로 머리를 감아 모발을 좋게 하는데 깻잎물로도 한다. 남자들은 창포 뿌리를 허리춤에 차고 다니는데 이는 액을 물리치기 위해서라고 한다. 단옷날 여자들은 그네뛰기, 남자들은 씨름을 하며 즐겼다. 단오 시식으로는 쑥떡, 찔레꽃떡, 수리취떡, 망개떡, 밀가루 지짐, 약초떡을 만들어 먹었다.

6월은 소서와 대서가 들어 있으며 한 해의 반으로 더위가 기승을 부리는 때다. 삼복이 들어 지치게 되므로 개장국 또는 닭백숙을 먹고, 특히 시식으로는 콩국수, 호박전, 삼계탕, 유두떡, 연병, 밀수제비 등이 있다.

가을철은 추계라 하며 음력 7월에서 9월까지이며, 수확에 따른 세시 풍속이 많다.

7월은 신앙과 시적 정서가 함께 하는 달로 칠석과 중원이 있다. 음력 7월 7일을 칠석이라고 부르며 하늘의 견우성과 직녀성이 만나는 날이라 하는데 이 날 비가 오면 재회의 눈물이라 하며 농사가 잘될 것으로 믿는다. 7월 15일을 중원, 망혼일, 백중일, 백종일이라 부른다. 중원은 도교 용어로 지관에게 제를 지내는 날, 망혼일은 민가에서 조상의 혼을 위로하기 위해 술과 햇과일을 차려 놓고 제를 지낸 데서 비롯되었고, 절에서는 백 가지 제물을 차려 놓고 부처님께 우란분재를 지냈다. 이때 시식은 밀전병, 밀국수가 있고 어촌에서는 소라나 다슬기를 많이 먹는다.

8월은 백로와 추분이 들어 절기상으로 좋을 뿐 아니라 농사일도 거의 끝나 수확을 앞두고 있다. 음력 8월 15일 추석에는 새 옷을 갈아입고 햅쌀로 송편을 만들어 조상께 차례를 올리고 낮에는 성묘를 간다. 가족들이 모두 모이고 날씨도 좋을 뿐만 아니라 오곡백과가 풍성하므로 "더도 덜도 말고 한가윗날만 같아라."는 속담도 나왔다. 한가윗날의 시식은 송편, 증편, 절편, 시루떡, 햅쌀술, 율단자, 토란국, 송이국 등이 있고 놀이는 윷놀이, 그네뛰기, 씨름, 농악놀이, 강강술래, 소싸움, 닭싸움, 거북놀이, 가마싸움, 달맞이 등으로 다양하다.

9월은 한로와 상강이 들어 찬 이슬과 서리가 내린다. 제비는 돌아가고 기러기가 찾아오고 들에는 국화가 만발하고 단풍이 절정을 이룬다. 음력 9월 9일을 중구절이라고 하고 양수가 겹쳤다 하여 중양절이라고도 한다. 이때 시식은 머루 등의 과실을 따 먹는다.

겨울철은 동절이라 하며 음력 10월부터 12월로 10월에는 입동과 소설, 11월에는 대설과 동지, 12월에는 소한과 대한이 들어 있다. 10월은 상당이라 부른다. 그것은 추수가 끝나고 풍요로움을 누리게 되므로 고대 이후로 제천 의식은 이때 행해졌고 각 가정에는 햇곡식으로 시루떡을 하고 주과포를 준비하여 안택 고사를 지낸다. 10월의 시식은 만둣국, 강정, 신선로, 인절미, 시루떡이 있다. 11월은 동짓달이라 하는데 동지 명절이 들었기 때문이다. 동지는 24절기의 하나로 밤이 가장 길다. 동짓날에는 새알심을 넣은 팥죽을 시절 음식으로 삼아 제사에 쓰며 문에 뿌려 상서롭지 못한 것을 물리친다. 이때 시절 음식은 팥죽, 청어구이, 대구구이, 수정과, 냉면, 밀감 등이 있다.

12월은 섣달이라 하는데, 특히 섣달 그믐날 밤인 제석에는 집 안 구석구석에 불을 밝혀 놓고 잠을 자지 않는데 이를 수세라고 한다. '해지킴이', '수세지킨다'로 하거나 '눈썹 세는 날'이라고도 부르는데 이 날 일찍 잠을 자면 눈썹이 희어진다고 놀린다. 이 달의 시식은 수정과, 호박떡, 호박시루떡, 동치미, 강정, 곶감 등을 먹으며 윷놀이나 널뛰기 등의 놀이가 행해진다.

이상의 내용을 중심으로 살펴볼 때 세시 풍속이란 주어진 자연 환경 속에서 영위하는 생활의 슬기이며, 일 년 열두 달을 24절기로 나누어 우리 민족의 생업의 활동과 변화를 적용한 내용임을 알 수 있다.

2. 우리나라의 24절기

1) 봄의 절기

① 입춘(立春, 양력 2월 4.5일)

입춘은 정월에 첫 번째로 드는 절기로 대한과 우수 사이에 오며 봄의 시작을 의미한다. 대궐(大闕)에서는 설날에 문신(文臣)들이 지어 올린 연상시(延祥詩: 신년축시) 중에서 잘된 것을 선정하여 대궐의 기둥과 난간에다 입춘첩(立春帖)을 써 붙였는데, 일반 민가와 상점에서도 모두 입춘첩을 붙이고 한 해의 복(福)을 기원했다. 입춘 음식은 햇나물 무침을 주로 하여 탕평채, 승검초(당귀의 어린 싹) 산적, 죽순 나물, 죽순찜, 달래 나물, 달래장, 냉이 나물, 산갓 김치 등이다.

햇나물 무침을 먹는 이유는 겨우내 결핍된 신선한 채소를 보충하기 위한 것이다.

② 우수(雨水, 양력 2월 19.20일)

24절기의 두 번째 절기. 입춘과 경칩 사이에 있으며, 양력 3월에 꽃샘추위라 하여 매서운 추위가 잠시 기승을 부리지만, 우수에는 날씨가 많이 풀리고 봄기운이 돋고 초목이 싹튼다. "우수, 경칩에 대동강 물이 풀린다."라는 말이 있다.

③ 경칩(驚蟄, 양력 3월 5.6일)

우수와 춘분 사이에 들어 있으며 날씨가 따뜻해져 초목(草木)의 싹이 돋고 동면(冬眠)하던 동물이 깨어나며, 개구리들은 번식기인 봄을 맞아 물이 괸 곳에 알을 까 놓는데, 그 알을 먹으면 허리 아픈 데 좋을 뿐 아니라 몸을 보한다고 해서 경칩일에 개구리알을 먹는 풍속이 전해 오고 있다. 또한 단풍나무를 베어 나오는 물을 마시면 위병이 낫는다고 해서 약으로 먹기도 한다. 경칩에는 흙일을 하면 탈이 없다고 해서 벽을 바르거나 담을 쌓기도 한다. 또한 경칩날에 보리싹의 성장을 보아 그 해 농사의 풍년과 흉년을 점쳤다.

④ 춘분(春分, 양력 3월 21.22일)

春分은 경칩(驚蟄)과 청명(淸明) 사이에 있으며, 이때에 춘분점(태양이 남쪽에서 북쪽을 향하여 적도를 통과하는 점)에 들어 태양은 적도 위를 똑바로 비추고 낮과 밤의 길이가 같다. 춘분을 즈음하여 농가에서는 농사 준비에 바쁘다.

이때에는 바람이 많이 불어 "2월 바람에 김칫독 깨진다.", "꽃샘에 설늙은이 얼어 죽는다."라는 속담이 있다. 2월 바람은 동짓달 바람처럼 매섭고 차다. 이는 풍신(風神)이 샘이 나서 꽃을 피우지 못하게 바람을 불게 하기 때문이라 한다. 그래서 '꽃샘'이라고 한다.

⑤ 청명(淸明, 양력 4월 5.6일)

淸明은 춘분(春分)과 곡우(穀雨) 사이에 있으며 이 날은 한식의 하루 전날이거나 때로는 한식과 같은 날이 된다.

청명과 한식은 흔히 같은 날이 되기 때문에 뒤섞이는 경우가 많으나, 청명은 농사력의 기준이 되며, 농가에서는 청명을 기하여서 봄일을 시작하므로 이 날에 특별한 의미를 부여하여 논밭둑의 손질을 하는 가래질을 시작하는데, 이것은 특히 논농사의 준비작업이 된다. 다음 절기인 곡우 무렵에는 못자리판도 만들어야 하기 때문에 농사를 많이 짓는 경우에는 일꾼을 구하기가 어려워서 청명, 곡우 무렵이면 서둘러 일꾼을 구하기도 하였다.

⑥ 곡우(穀雨, 양력 4월 20.21일)

穀雨는 청명(淸明)과 입하(立夏) 사이며 본격적인 농경이 시작된다.

곡우 때쯤이면 봄비가 잘 내리고 백곡이 윤택해진다. 그래서 "곡우에 가물면 땅이 석자가 마른다.", 즉 그 해 농사를 망친다는 말이 있다. 곡우 무렵은 나무에 물이 가장 많이 오르는 시기이므로 전라남도나 경상남북도, 강원도 등지에서는 깊은 산이나 명산으로 곡우물을 먹으러 간다. 곡우물은 주로 산다래나 자작나무, 박달나무 등에 상처를 내어 거기서 나오는 물을 말하는데, 그 물을 마시면 몸에 좋다고 하여 약수로 먹는다.

2) 여름의 절기

① 입하(立夏, 양력 5월 6.7일)

立夏는 곡우(穀雨)와 소만(小滿) 사이에 있으며 곡우에 마련한 못자리도 자리를 잡아 농삿일이 분망해지며, 해충도 많아지고 잡초도 많이 자라게 된다. 이 무렵에는 쑥버무리를 절식(節食)으로 마련하기도 한다.

② 소만(小滿, 양력 5월 21.22일)

小滿은 입하(立夏)와 망종(芒種) 사이로, 의미는 만물(萬物)이 점차 생장하여 가득 찬다는 뜻으로 날씨가 여름에 들어서며 모내기가 시작되고 보리 수확(收穫)을 하기 시작한다.

③ 망종(芒種, 양력 6월 6.7일)

芒種은 소만(小滿)과 하지(夏至) 사이에 있으며, 망종이란 벼, 보리 등 수염이 있는 까끄라기 곡식의 종자를 뿌려야 할 적당한 시기라는 뜻이며, 모내기나 보리 베기가 완성되는 시기이다.

④ 하지(夏至, 양력 6월 21.22일)

夏至는 망종(芒種)과 소서(小暑) 사이에 있으며 이 날은 태양이 황도상의 가장 북쪽인 하지점에 이르러 낮의 길이가 1년 중 가장 긴 날이 되며, 하지(夏至) 이후에 더워지기 시작하여 삼복(三伏) 시기에 가장 덥게 된다. 단오를 전후하여 시작된 모심기가 하지 이전이면 모두 끝난다. 강원도 지역에서는 파삭한 햇감자를 캐어 쪄 먹거나 갈아서 감자전을 부쳐 먹는다.

⑤ 소서(小暑, 양력 7월 7.8일)

小暑는 하지(夏至)와 대서(大暑) 사이에 있으며, 더위와 함께 장마전선의 정체로 습도가 높아 장마철이 시작된다. 소서를 중심으로 본격적인 더위가 시작되므로 온갖 과일과 소채가 풍성해지고 밀과 보리도 먹게 된다. 특히 음력 5월 단오를 전후하여 시절식으로 즐기는 밀가루 음식은 이맘때 가장 맛이 나며, 소채류로는 호박, 오이, 가지, 생선류는 민어가 제철이다.

⑥ 대서(大暑, 양력 7월 23.24일)

大暑는 소서(小暑)와 입추(立秋) 사이에 있으며, 이때는 중복(中伏) 시기와 비슷해서 이 무렵에는 몹시 더우며, 소서 때로부터 장마전선이 형성되어 큰 장마가 지기도 한다. 또한, 참외나 수박 등이 풍성하고 햇밀과 보리를 먹게 되고 채소가 풍족하여 녹음이 우거지는 시기로, 여름 과일은 이때가 가장 맛이 난다.

3) 가을의 절기

① 입추(立秋, 양력 8월 8.9일)

立秋는 대서(大暑)와 처서(處暑) 사이로 여름이 지나고 가을에 접어들었다는 뜻으로 어쩌다 늦더위가 있기도 하지만, 칠월칠석을 전후하여 밤에는 서늘한 바람이 불기 시작한다.

② 처서(處暑, 양력 8월 23.24일)

處暑는 입추(立秋)와 백로(白露) 사이에 있으며, 여름이 지나 더위도 가시고 선선한 가을을 맞이하게 된다고 하여 처서라 하며, 여름 동안 장마에 젖은 옷이나 책을 햇볕에 말린다. 처서가 지나면 따가운 햇볕이 누그러져서 풀이 더 자라지 않기 때문에 논두렁이나 산소의 풀 벌초를 한다. 한편, 처서에 비가 오면 "십 리에 천 석 감한다."고 하여 곡식이 흉년이 든다고 한다.

③ 백로(白露, 양력 9월 8.9일)

白露는 처서(處暑)와 추분(秋分) 사이에 있으며, 이 시기에는 밤에 기온이 내려가 대기 중의 수증기가 엉켜서 풀잎에 이슬이 맺혀 가을 기운이 완전히 나타난다. 백로 무렵이면 고된 여름 농사를 다 짓고 추수까지 잠시 일손을 쉬는 때이므로 가까운 친척을 방문하기도 한다. 간혹 남쪽에서 불어오는 태풍이 곡식을 넘어뜨리고 해일의 피해를 가져오기도 한다.

④ 추분(秋分, 양력 9월 23.24일)

秋分은 백로(白露)와 한로(寒露) 사이에 있으며, 추분점[천구상(天球上) 황도(黃道)와 적도(赤道)의 교점 가운데에서 태양이 북쪽으로부터 남쪽으로 향하여 적도를 통과하는 점]에 이르러 낮과 밤의 길이가 같아진다. 또한, 추분 즈음이면 논밭의 곡식을 거두어 들이고, 목화를 따고 고추도 따서 말리는 등 잡다한 가을걷이 일이 있다. 호박고지, 박고지, 깻잎, 호박순, 고구마순, 산채 등을 말려 묵은 나물을 준비하기도 한다. 이무렵의 시절 음식으로는 버섯 요리를 대표적으로 꼽는다.

⑤ 한로(寒露, 양력 10월 8.9일)

寒露는 추분(秋分)과 상강(霜降) 사이에 있으며, 공기가 점점 차가워지고, 찬 이슬이 맺힌다. 기온이 더욱 내려가기 전에 추수를 끝내야 하므로 농촌은 타작이 한창인 시기이다. 한로를 전후하여 국화전을 지지고 국화술을 담그며, 온갖 모임이나 놀이가 성행한다.

⑥ 상강(霜降, 양력 10월 23.24일)

霜降은 한로(寒露)와 입동(立冬) 사이에 있으며, 이때에는 쾌청한 날씨가 계속되며 밤에는 기온이 매우 낮아지므로 수증기가 지표에서 엉겨 서리가 내린다. 9월 들어 시작된 추수는 상강 무렵이면 마무리가 된다.

4) 겨울의 절기

① 입동(立冬, 양력 11월 7.8일)

立冬은 상강(霜降)과 소설(小雪) 사이에 있으며 김장은 입동을 기준해서 하며, 입동 전 혹은 입동 직후에 하여야 제맛이 난다. 10월 10일에서 30일 사이에 그 해의 새 곡식으로 시루떡을 만들어 제사를 지내며 토광, 터줏단지, 씨나락섬에 가져다 놓았다가 먹고, 농사에 애쓴 소에게도 가져다 주며, 이웃과 나누어 먹는다.

② 소설(小雪, 양력 11월 22.23일)

小雪은 입동(立冬)과 대설(大雪) 사이에 있으며, 이때부터 살얼음이 잡히고 땅이 얼기 시작하여 겨울의 첫 증후가 보이며 눈이 내린다.

③ 대설(大雪, 양력 12월 7.8일)

大雪은 소설(小雪)과 동지(冬至) 사이에 있으며, 이 시기에 눈이 많이 내린다는 뜻에서 대설이라는 이름을 붙였는데 한편, 이 날 눈이 많이 오면 다음 해 풍년이 들고 푸근한 겨울이 된다고 한다.

④ 동지(冬至, 양력 12월 22.23일)

冬至는 대설(大雪)과 소한(小寒) 사이에 있으며, 일년 중에서 밤이 가장 길고 낮이 가장 짧은 날이다. 하지로부터 차츰 낮이 짧아지고 밤이 길어지기 시작하여 동짓날에 이르러 극에 도달하고, 다음날부터는 차츰 밤이 짧아지고 낮이 길어지기 시작한다.

《동국세시기》에 의하면, 동짓날을 '아세(亞歲)'라 했고, 민간에서는 흔히 '작은 설'이라 하였다고 한다. 태양의 부활을 뜻하는 큰 의미를 지니고 있어서 설 다음 가는 작은 설의 대접을 받은 것이다. 그래서 "동지를 지나야 한 살 더 먹는다." 또는 "동지팥죽을 먹어야 진짜 나이를 한 살 더 먹는다."는 말을 한다. 동짓달에 동지가 초승에 들면 애동지, 중순에 들면 중동지, 그믐께 들면 노동지라고 한다.

동지팥죽은 이웃에 돌려 가며 서로 나누어 먹기도 한다. 동짓날 팥죽을 쑤게 된 유래는, 중국의《형초세시기(荊楚歲時記)》에 의하면, 공공씨(共工氏)의 망나니 아들이 동짓날에 죽어서 역신(疫神)이 되었다고 한다. 그 아들이 평상시에 팥을 두려워하였기 때문에 사람들이 역신을 쫓기 위하여 동짓날 팥죽을 쑤어 악귀를 쫓았다는 것이다. 매년 동지 무렵이 되면 제주목사는 특산물로서 귤을 상감에게 진상하였다.

⑤ 소한(小寒, 양력 1월 6.7일)

小寒은 동지(冬至)와 대한(大寒) 사이에 있으며, 절기의 명칭으로는 다음의 절기인 '대한(大寒)'이 더 춥다는 의미지만 우리나라는 소한(小寒) 때가 더 추워 "대한이 소한 집에 놀러 갔다가 얼어 죽었다."는 말이 전한다.

⑥ 대한(大寒, 양력 1월 20.21일)

大寒은 소한(小寒)과 입춘(立春) 사이에 있으며, 겨울 추위의 매듭을 짓는다는 의미로 대한(大寒)이지만 실제는 소한(小寒) 때가 더 춥다. "소한의 얼음 대한에 녹는다."는 말이 있다. 대한은 음력 섣달로 매듭을 짓는 절후이다. 원래 겨울철 추위는 입동에서 시작하여 소한으로 갈수록 추워지며 대한에 이르러서 최고에 이른다고 하지만, 이는 중국의 절후에 의한 것이고 우리나라에서는 1년 중 가장 추운 시기가 1월 15일께이다. 그래서 "춥지 않은 소한 없고 포근하지 않은 대한 없다.", "대한이 소한 집에 가서 얼어 죽었다.", "소한의 얼음 대한에 녹는다."라는 속담도 있다.

우리나라 세시 풍속의 행사와 함께 전승되어 온 놀이, 음식 등을 표로 나타내면 다음과 같다.

〈표 2.3〉 세시 풍속과 전통 놀이 및 음식

계절	월	세시 풍속		전통 놀이	음식
		절기	명절		
봄	이월 (二月) 음력 2월 양력 3월	경칩(驚蟄, 양 3월 6일) – 개구리가 겨울잠에서 깨어나는 날 – 모든 벌레나 동물이 동면에서 깨어나 활동하기 시작함	중화절(中和節) 머슴날(이월) (음 2월 1일) – 농사가 시작되기 전 일꾼이 하루 쉬면서 즐기는 날	• 콩 볶기(콩을 볶을 때 '새알 볶아라, 쥐알 볶아라, 콩 볶아라' 하면서 콩을 볶으면 새와 쥐가 없어져서 곡식을 축내는 일이 없다고 함)	• 콩 볶아 먹기 • 노비송편(송편을 크게 빚어 농사할 일꾼에게 먹임), 약주, 생실과, 포, 절편, 유밀과(유과의 종류로 메밀가루와 밀가루를 이용한 약과)
		춘분(3월 21일) – 농사를 시작하는 날 – 태양이 적도 위에 직사하여 밤과 낮의 길이가 같게 됨			
	삼월 (三月) 음력 3월 양력 4월	청명(淸明, 양 4월 5일) – 한식 하루 전날 가래질을 하고 농사를 시작하는 날 – 날씨가 맑고 밝음	삼월 삼짇날(음 3월 3일) – 강남 갔던 제비, 나비, 새가 돌아오는 날 – 음력 3월 초사흗날을 삼짇날이라고 하며 상사(上巳), 중삼(重三) 또는 상제(上膌)라고도 함	• 화전놀이 • 풀각시 • 호드기 불기 • 활쏘기	• 진달래화전, 쑥떡, 약주, 생실과, 포, 절편, 화전, 두견화책, 조기면, 탕평채, 두견화전, 녹두, 수면, 향애단, 송홧가루 다식, 화면(꽃국수)
		곡우(穀雨, 양 4월 20일) – 봄비가 내리고 곡식이 윤택해지는 날	한식(4월 6일) – 동지 후 105일째 되는 날 – 조상의 묘를 찾아 성묘하고 나무를 심는 날	• 쥐불놀이 • 닭싸움 • 풀싸움 • 그네 타기	• 불을 쓰지 않고 찬 음식(찬밥, 약밥, 술, 과일, 포, 식혜, 쑥떡 국수, 탕, 적, 진달래주, 쑥땅)을 먹음 • 곡우절: 조깃국, 증편, 개피떡, 화전, 어채, 어만두, 복어, 도미

계절	월	세시 풍속		전통 놀이	음식
		절기	명절		
봄	사월 (四月) 음력 4월 양력 5월	입하(立夏, 양 5월 5일) – 여름이 다가오는 날 – 해충을 잡고 잡초를 제거함	석가탄신일. 등석(登夕) (음 4월 8일) – 석가모니의 탄생일로 욕불일(浴佛日)이라고도 부름 – 신라 때부터의 유습으로 이 날 절을 찾아가 재(齋)를 올리고 여러 가지 모양의 등을 만들어 관등을 밝혔으며 또한 집집마다 연등하고 손님을 초대하여 느티떡, 미나리강회, 콩조림 등 소찬으로 대접하였다 함 – 연등놀이, 탑돌이를 함	• 연등놀이 • 탑놀이 • 불꽃놀이	• 느티떡, 쑥떡, 국화전, 각색주악, 도미찜, 미나리강회, 녹두찰떡, 콩조림, 화전, 석이단주, 비빔국수, 신선로, 양지머리편육, 쑥버무리, 상추떡, 볶은 콩, 녹두편, 비빔국수(골동면)
		소만(小滿, 양 5월 21일) – 식물이 성장하는 때 – 모내기와 보리 베기를 시작함 – 태양의 황경(黃經)이 60도일 때 여름 기분이 남			
여름	오월 (五月) 음력 5월 양력 6월	망종(芒種, 양 6월 6일) – 벼, 씨앗 뿌리는 날 – 보리는 익어 먹게 되고, 볏모는 자라서 심게 됨	단오(음 5월 5일) – 1년 중 가장 양기가 왕성한 날 – 농경의 풍요를 기원함	• 여자: 그네뛰기 • 남자: 씨름 • 혼인한 여자: 친정 나들이 • 단오선, 그네뛰기, 줄다리기, 창포에 머리 감기	• 제호탕(諸豪湯): 한약재를 가루로 만들어 꿀에 재워 냉수에 타 먹는 한방 청량음료 • 수리취떡, 생실과, 앵두화전, 앵두화채, 알탕, 도미찜, 붕어찜, 준칫국, 쑥떡, 찔레꽃떡, 망개떡, 밀가루지짐, 약초떡, 메밀가루로 빚은 만두, 준치만두, 장 담그기, 도행병(초여름 과일즙을 내어 쌀가루에 버무려 설기를 쪄 먹는 떡) • 앵두편: 살구, 모과를 살짝 쪄서 굵은 체에 걸러 살만 발라 설탕을 넣고 졸이다가 녹말을 넣어 굳힌 것, 생률과 함께 냄
		하지(夏至, 양 6월 21일) – 일년 중 낮이 가장 긴 날 – 태양이 북회귀선에 이른 때 – 낮이 길고 밤이 가장 짧은 날			

계절	월	세시 풍속		전통 놀이	음식
		절기	명절		
여름	유월(六月) 음력 6월 양력 7월	소서(小暑, 양 7월 7일) – 본격적으로 더위가 시작되는 때 – 이때부터 본격적인 더위에 접어듦	유두(음 6월 15일) – 동쪽으로 흐르는 물에 머리 감고 목욕하여 잡귀를 쫓고 여름 더위를 예방함	• 풀베기 시합, 비석치기, 멍석말이, 유두 구슬치기, 약수 찾아 머리 감기, 물맞이	• 밀쌈(구절판), 편수, 임자수탕, 떡수단, 어선, 어채, 구절판, 생실과, 보리수단, 증편, 상화병, 유두국수, 건단, 연병
		대서(大暑, 양 7월 23일) – 몹시 덥고 큰 장마가 지는 때 – 태양의 황경이 120도가 되는 때, 더위가 최고조에 달함	삼복 • 초복(음 6월 10일) • 중복(음 6월 20일) • 말복(음 7월 11일) – 일년 중 가장 무더운 때, 더위를 피해 계곡, 산, 시원한 곳을 찾아 하루를 보냄)	• 모래 찜질	• 임자수탕(깻국), 민어국, 여름 과일, 삼계탕, 닭죽, 닭백숙, 콩국수, 유두떡, 육개장, 잉어구이, 오이소박이, 증편, 구장, 복족, 개장국(보신탕), 제물닭칼국수, 연병, 암치지짐, 호박지짐, 밀수제비, 팥죽
	칠월(七月) 음력 7월 양력 8월	입추(立秋, 양 8월 7일) – 여름이 지나고 가을이 들어섰다는 뜻으로 가을 농사를 준비함 – 태양의 황경이 135도일 때 가을에 접어듦	칠석(음 7월 7일) – 은하수에서 견우와 직녀가 만나는 날 – 칠성당을 찾아 무병 장수를 기원	• 폭포물을 맞으며 피부병, 땀띠 예방	• 냉면, 밀전병, 밀국수, 개피떡, 잉어구이, 오이김치, 주악, 규아상, 영계찜, 어채, 열무김치, 밀설기, 증편, 복숭아화채, 수박화채, 취나물, 고비나물, 오이소박이, 과일화채, 소라, 다슬기
		처서(處暑, 양 8월 26일) – 아침저녁으로 신선해지기 시작함	백중(음 7월 15일) 한자로는 백종(百種), 백중(白衆), 중원(中元) 또는 망혼일이라 하며 채소, 과일, 술, 밥 등을 차려 놓고 죽은 어버이의 혼을 부르는 날. 이때는 과일, 채소가 많이 나서 백 가지 곡식의 씨앗을 갖추어 놓는다고 함.	• 농사일로 고생한 머슴들에게 농악, 노래, 춤으로 즐겁게 보내게 함, 백중놀이	• 채소, 과일, 증편, 술, 밥, 고기, 밀전병, 떡, 과일, 게, 전유화, 오이김치, 깻국탕, 김칫국, 냉면, 어채, 열무김치, 생실과

계절	월	세시 풍속		전통 놀이	음식
		절기	명절		
가을	팔월(八月) 음력 8월 양력 9월	백로(양 9월 8일) – 밤의 기온이 내려가고 풀잎에 이슬이 맺히며 가을 기운이 나타남 추분(양 9월 23일) – 밤과 낮의 길이가 같아지는 때에 가을걷이를 함 – 태양이 추분점에 이르러 주야 길이가 같게 됨	추석(음 8월 15일)(한가위) – 중추절이라고 함 – 그 해 처음 거둬들인 햇곡식과 햇과일로 차례와 성묘를 지냄 – 풍년을 기원하며 소먹이 놀이, 거북 놀이 함	• 줄다리기, 강강수월래, 씨름, 소먹이 놀이, 거북놀이, 윷놀이, 그네뛰기, 농악놀이, 소싸움, 닭싸움, 가마싸움, 달맞이	• 햅쌀밥, 토란탕, 송편, 가리찜(닭찜), 송이산적, 잡채, 김구이, 햇과일, 화양적, 지짐누름적, 율탄, 조란, 밤초, 송이찜, 배수정과, 증편, 절편, 햅쌀술, 율단자, 토란국, 송잇국, 시루떡, 송이산적, 배숙, 느르미적, 대추초
	구월(九月) 음력 9월 양력 10월	한로(양 10월 8일) – 공기가 차차 차가워지고 초목에 찬 이슬이 맺힘 – 찬 이슬이 맺히는 날로 곡식이나 채소를 거두어 들임 상강(양 10월 23일) – 기온이 낮아지고 서리가 내리기 시작하며 벌레들이 겨울잠을 자러 들어감	중량절·중구절(음 9월 9일) – 양수가 겹쳐진 길일로 군신들이 모여 시대회를 열고 술과 음식을 먹고 단풍놀이를 감 – 국화가 만발하고 단풍이 절정에 이름	• 시회(백일장), 단풍놀이	• 감국전, 밤단자, 화채, 생실과, 국화주, 국화전, 도루묵찜, 국화화채, 호박고지 시루떡, 어란, 유자화채, 메뚜기볶음, 청포묵, 모과차, 유자차, 머루, 과실, 유자정과
	시월(十月) 음력 10월 양력 11월	입동(양 11월 7일) – 겨울로 접어듦 – 배추가 얼기 전 김장 담금 소설(양 11월 22일) – 살얼음이 얼기 시작함 – 바람이 심하게 불어 외출을 삼감 – 이때부터 점점 겨울 기분이 남	상달(음 10월 15일) – 1년 중 가장 높은 달이 뜸 – 집 안의 수호신인 성주에게 제사를 지냄	• 달 보기, 가마 타기	• 만둣국, 신선로, 김장, 강정, 인절미, 시루떡, 무오병, 감국전, 무시루떡, 생실과, 유자화채, 열구자탕, 변씨만두, 연포탕, 애탕, 애단자, 밀단고, 강정, 김장담그기

계절	월	세시 풍속		전통 놀이	음식
		절기	명절		
	동짓달 (十一月) 음력 11월 양력 12월	대설(양 12월 7일) – 눈이 많이 오는 날 – 태양의 황경이 255도일 때 눈이 썩 많이 옴 동지(양 12월 22일) – 태양이 가장 남쪽으로 기울어지고 밤이 길고 낮이 가장 짧음	동지(음 11월 11일) – 밤이 가장 긴 날, 단팥죽의 빨간색이 귀신을 쫓아낸다고 믿음 – 팥죽을 문에 뿌려 상서롭지 못한 것을 물리침	• 말타기, 까막놀이, 돈치기, 다리 세기	• 새알심 팥죽, 팥죽, 청어구이, 대구구이, 수정과, 냉면, 밀감, 비빔국수, 동치미, 경단, 식혜, 전약
겨울	섣달 (十二月) 음력 12월 양력 1월	소한(양 1월 6일) – 겨울이 한 고비에 접어들어 몹시 추움 – 작은 추위로 우리나라에서는 소한이 가장 추움 대한(양 1월 20일) – 절기 중 가장 끝에 있음 – 중국에는 대한이 가장 추움 – 태양의 황경이 300도가 되는 때 추위가 최고조에 달함	섣달그믐(음 12월 31일) – 제석, 작은 설날로 집안 구석구석에 불을 밝혀 놓고 잠을 자지 않음(수세) – '해지킴이', '눈썹이 세는 날'이라고 부름 – 잡귀를 막기 위해 처용무를 추고 1년 동안 보살펴 줌에 감사하는 뜻으로 묵은 세배를 드림	• 쥐불놀이	• 무·배추전, 결명자차, 골동반(비빔밥), 만두, 떡국, 완자탕, 전골, 장김치, 잡과병, 주악, 만두전골, 정과, 식혜, 수정과
	정월 (正月) 음력 1월 양력 2월	입춘(양 2월 4일) – 봄으로 접어듦을 알림 – 농업의 시발점, 음력 설 전후	설(음 1월 1일) – 한 해가 시작되는 날로 차례, 성묘, 복조리 매기, 문배, 머리카락 태우기 함	• 야광귀쫓기, 윷놀이, 제기차기, 썰매, 팽이치기, 자치기, 지신밟기, 연날리기, 승경도놀이, 쌍육	• 설 음식: 떡국, 술, 족편, 산자, 과정류, 식혜, 수정과, 떡만둣국, 햇김치, 만두, 조랭이 떡국, 떡산적, 편육, 전유어, 떡찜, 육회, 느름적, 약밥, 인절미, 떡잡채, 단자, 주악, 빈대떡, 강정, 나박김치, 장김치, 절편, 갈비찜, 사태찜, 생선찜, 녹두빈대떡, 각색전, 삼색 나물, 겨자채, 잡채, 신선로, 약과, 다식, 엿강정, 강정

계절	월	세시 풍속		전통 놀이	음식
		절기	명절		
겨울	정월 (正月) 음력 1월 양력 2월				• 입춘 음식: 탕평채, 승검초산적, 죽순, 달래장, 냉이나물, 산갓김치
		우수(양 2월 19일) – 추위가 풀리고 봄기운이 돌고 초목이 싹틈 – 기러기들이 다시 추운 나라로 날아감	정월대보름(음 1월 15일) – 새해 처음으로 달이 가장 큰 때 – 한 해의 풍요와 안녕무병을 기원함	• 줄다리기, 답교놀이, 놋다리밟기, 지신밟기, 달맞기, 널뛰기, 쥐불놀이, 탈놀이, 고싸움, 횃불싸움, 식전, 차전놀이	• 입춘오신반, 음파, 산갓, 당귀싹, 미나리싹 • 대보름 음식: 오곡밥, 김구이, 복쌈, 김쌈, 원소병, 묵은나물, 귀밝이술(데우지 않은 청주), 강정류, 솔떡, 약밥, 부럼(밤, 잣, 호두, 땅콩, 은행)

3. 세시 풍속 프로그램의 유아교육 현장 적용 실제

1) 단오 행사

〈단오 잔치 통신문〉

안녕하십니까? 다가오는 6월 18일(월) 단옷날에는 원에서 단오 행사를 갖게 됩니다. 단오는 음력 5월 5일로 1년 중 가장 양기가 왕성한 날로 농사의 풍요를 기원하는 날입니다. 단오에 대한 자세한 내용과 행사를 안내해 드립니다. 평일이지만 많이 참석해 주셔서 보람된 행사가 될 수 있도록 협조 부탁드립니다.

✲ 단오는 어떤 날인가요?

단오절은 원래 중국에서 전래된 풍속으로 중국 초나라 충신이었던 굴원이 간신들의 모함에 자신의 지조를 보이기 위해 멱리수라는 강에 몸을 던져 자살했는데 그날이 음력 5월 5일이었다고 합니다. 단오는 '수릿날', '중오절', '오월절', '천중절' 등으로 불리었는데 우리말에서 '술의'나 '수리'는 수레를 가리키는 말로서 농사짓던 농민에게는 수레가 무척 중요한 기구였기 때문에 이날 먹는 떡도 수레 모양으로 만들었다고 합니다.

✲ 어떤 풍속과 놀이가 있나요?

- **그네뛰기**: 그네는 흔히 마을 어귀나 동네 마당에 있는 큰 느티나무 혹은 버드나무 등의 가지에 매어 놓고 놀이를 하였습니다.
- **씨름**: 두 사람이 샅바나 띠 또는 바지의 허리춤을 잡고 힘과 기술을 겨루어 상대방을 먼저 땅에 넘어뜨리는 것으로 승부를 결정하는 민속놀이이자 운동 경기입니다. 봄부터 쉴 새 없이 바쁘다가 농한기를 맞으며 고된 몸과 정신적인 긴장을 풀기 위해 씨름을 즐겼답니다.
- **단오선**: 조선 시대에 궁중에서는 단오 부채를 만들어 임금이 중신들에게 나누어 주는 풍속이 있었습니다.
- **익모초와 쑥 뜯기**: 여름철 식욕이 없을 때 익모초 즙은 식욕을 왕성하게 하고 몸을 보호하는 데 효과가 있다고 합니다. 쑥은 뜯어서 떡을 하기도 하고 창포탕에 함께 넣어 삶기도 하였습니다.

✲ 어떤 음식을 먹나요?

- **앵두화채**: 앵두가 제철인 단오 무렵이면 앵두화채를 만들어 먹었다고 합니다.
- **수리취떡**: 수리취나 쑥 잎을 따다가 쪄서 멥쌀 가루 속에 넣어 초록색이 나도록 반죽하여 수레바퀴 모양으로 빚어서 먹었습니다.

출처: 홍정애(2003), 세시 풍속 프로그램의 운영 및 실제, 부산대학교 부설어린이집, p.7에서 재조직

단오를 맞이하여 미예림어린이집에서는 모든 원아와 학부모님, 조부모님 그리고 선생님들이 같이 어우러져 다음과 같은 행사를 하고자 합니다. 참여 여부를 신청서에 표시하셔서 6월 11일(월)까지 보내주시기 바랍니다.

1. 일시 : 2018년 6월 18일(월) 10:30~12:00
2. 장소 : 어린이집 바깥놀이터(잔디밭)
3. 내용 : 창포물에 머리 감기, 쑥 주머니 만들기, 단오선 만들기, 씨름(6~7세만),
   앵두화채와 수리취떡 먹기

단오 잔치 참여 신청서

반명		이름	
참여 여부	참여합니다. (부 ㅁ, 모 ㅁ, 조부모 ㅁ, 기타 ㅁ)		참여하지 않습니다.

◈ 협조를 부탁드립니다 ◈

1. 아이들이 단오 행사에 다 함께 참여할 수 있도록 오전 9시까지는 등원시켜 주시기 바랍니다.
2. 학부모님의 참여를 기다립니다. 직장 관계로 참석하지 못하시는 분을 제외한 모든 학부모님들은 함께 참여하셔서 즐거운 시간을 가졌으면 합니다. 학부모 도우미로 협조를 원하시는 분께서는 사전에 담임 선생님께 알려 주시고 당일 오전 9시까지 1층 사무실로 와 주세요. 조부모님도 환영합니다.
3. 단오선을 만드는 데 나무젓가락이 많이 필요합니다. 가정에 보관해 두신 것이 있으면 담임 선생님께 보내 주십시오.
4. 앵두화채, 수리취떡 만들기를 실습합니다. 직접 요리해 본 경험이 있으신 학부모님을 일일 교사로 초청합니다. 해당하시는 분은 담임 선생님께 연락해 주시면 고맙겠습니다.

감사합니다.

20ㅇㅇ년 5월 ㅇㅇ일
미예림어린이집 원장

미예림어린이집

◀◁ 2018년 단오 행사 계획 ▷▶

- 일시: 2018년 6월 18일(월) 오전 10시 30분~12시
- 장소: 어린이집 바깥놀이터
- 대상: 영아반, 유아반

1. 놀이

활동 내용	방법	장소	준비물	사진
1. 씨름	두 명씩 나와 샅바를 묶고 북소리에 맞추어 씨름을 한다.	모래놀이터 (교실)	샅바, 북	
2. 창포물에 머리 감기	창포 삶은 물에 찬물을 섞어서 대야에 부어 준 후 머리 감는다.	수돗가	찬물 대야, 바가지, 세숫대야 5개, 수건(반별 3장 정도)	
3. 쑥 주머니	돗바늘로 주머니를 만들어 쑥을 담을 수 있도록 한다. 끈을 묶고 나서 해바라기 조화를 붙인다.	산들반 교실 (돗자리 깔기)	꽃망사, 글루건, 실리콘, 전선, 해바라기 조화, 돗바늘 20개 정도, 색끈 100줄	
4. 단오선	한지와 마분지로 만든 부채 모양 본에 면봉으로 먹물과 이중 색 물감을 찍어 예쁘게 꾸며 준다. 그리고 나무젓가락을 단다.	해들반 교실 /정자 (돗자리 깔기)	부채 모양 본 200개, 먹물, 분홍색 물감, 면봉 2통, 나무젓가락 100개	
5. 요리 활동	앵두화채, 수리취떡 요리 순서표에 의해 실습한다.	각 반 교실	앵두, 과일, 쑥, 쌀가루(레시피에 맞게 준비)	

2. 먹을거리

활동 내용	방법	장소	준비물	담당자	사진
앵두화채	앵두 꼭지를 따서 볼에 담는다. 그리고 사과를 아이들이 잘라서 넣고 오미자를 섞어 화채로 먹는다.	1층 요리실	앵두, 사과, 칼 20개, 볼 5개, 컵 20개, 숟가락 20개	요리 실습 도우미 일일교사 학부모	
수리취떡	고물을 살짝 묻혀 수레바퀴 모양 틀을 찍고 콩고물에 묻혀서 먹는다.	1층	수리취 절편, 수레바퀴 모양 틀, 콩고물	요리 실습 도우미	

3. 사전 활동

1) 단오 현수막

2) 창포 구하기

3) 단오에 관한 것

- 단오선 구입, 앵두화채 과일 준비, 쑥 캐서 말리기

4. 해야 할 일

- 가정통신문 발송 및 홍보하기
- 학부모 협조자 모으기
- 보조 선생님, 일일 도우미 학부모님께 담당 파트 알리고 활동 익히도록 하기
- 단오선과 쑥 주머니 활동 준비하기

5. 행사 계획안

세시 풍속 행사 계획안

미예림어린이집

담당	원장

<table>
<tr><td colspan="2">행사명</td><td colspan="2">단오 행사(단오선)</td><td>작성자</td><td>***</td></tr>
<tr><td colspan="2">일시</td><td colspan="2">2018년 6월 18일 월요일</td><td>진행 시간</td><td>10:00 ~ 14:30</td></tr>
<tr><td colspan="2">대상</td><td colspan="2">만 1~5세</td><td>장소</td><td>각 반 교실 및 모래놀이터</td></tr>
<tr><td colspan="2">목표</td><td colspan="4">세시 풍속의 하나인 단오의 의미를 알고 단오에 행해졌던 전통 풍습에 관심을 갖고 경험해 본다.</td></tr>
<tr><td colspan="2" rowspan="2">해당 명절</td><td>명절</td><td>내용</td><td>세시 풍속</td><td>먹거리</td></tr>
<tr><td>단오
(5월 5일)</td><td>- 일년 중 가장 양기가 왕성한 날
- 농경의 풍요를 기원</td><td>단오제, 단오 부채 선물하기, 씨름, 그네, 줄다리기, 창포물에 머리 감기</td><td>수리취 절편, 쑥개떡, 앵두화채, 준치 만두</td></tr>
<tr><td rowspan="3">준비 사항</td><td>손끝 놀이</td><td colspan="4">〈단오선 만들기〉
- 각 반별로 연령에 맞는 부채 만들기를 계획하고 계획안을 작성한다.
- 각 반별로 부채를 꾸밀 다양한 재료를 준비한다.</td></tr>
<tr><td>민속 놀이</td><td colspan="4">〈씨름(엉덩이 씨름)〉
- 어린이집 놀이터 모래판을 씨름할 수 있도록 모래를 고르게 하여 준비한다.
- 연령별 수준에 따라 엉덩이 씨름으로 대체할 수 있다.
〈창포물에 머리 감기(세수하기)〉
- 창포 잎을 인터넷으로 주문하여 행사 전에 미리 삶아 준비한다.
- 솥에 창포 잎을 넣고 물을 부어 창포물이 우러나오도록 삶는다.
- 창포물이 우러나오도록 삶은 후 창포 잎은 건져 내고 창포물을 식힌다.
- 세숫대야를 3~4개 정도 준비한다.</td></tr>
<tr><td>먹거리</td><td colspan="4">〈수리취떡 만들기〉
① 요리 순서도
- 수리취떡 만들기 요리 순서에 맞는 사진 자료를 찾아 순서도를 제작한다.
- 각 반별 개수에 맞게 제작한다.
1) 수리취와 쌀가루에 소금을 약간 넣어 반죽을 한다.
2) 수리취 쌀 반죽을 약간 뜯어 동그랗고 넓적하게 만든다.
3) 만든 수리취떡을 찜통에 넣고 찐다.
4) 수리취떡이 익으면 식힌 후 간식으로 먹는다.</td></tr>
</table>

준비 사항	먹거리	② 재료 준비 – 수리취, 쌀가루 〈앵두화채 만들기〉 ① 요리 순서도 – 앵두화채 만들기 요리 순서에 맞는 사진 자료를 찾아 순서도를 제작한다. – 각 반별 개수에 맞게 제작한다. 1) 앵두와 과일을 깨끗이 씻는다. 2) 과일을 한입 크기로 썬다. 3) 앵두는 통째로 넣는다. 4) 자른 과일을 유리 볼에 담아 오렌지 주스와 얼음을 넣어 섞는다. 5) 앵두화채를 맛있게 먹는다. ② 재료 준비 – 앵두와 여러 과일(바나나, 수박, 키위 등), 오렌지 주스를 주문한다. – 유리 볼과 빵 칼을 인원수에 맞게 준비하여 반별로 나눈다.
진행 사항	손끝 놀이	〈단오선 만들기〉 – 각 반별로 계획한 대로 부채를 만든다. 〈단오선 전시회〉 – 어린이집 입구 벽면에 끈을 연결해 단다. – 아이들이 만든 부채를 각 반별로 끈에 집게로 연결해 전시한다. – 부채에 이름표를 달아 누구의 것인지 알게 한다.
	민속 놀이	〈씨름〉 – 씨름의 규칙과 방법에 대해 설명해 준다(모래 밖으로 나가면 진다, 서로 허리를 잡고 씨름을 하는데 손을 놓으면 진다 등). – 유아들을 두 팀으로 나눈다. – 각 팀에서 한 명씩 나와서 씨름을 한다. – 이긴 유아들끼리 다시 게임을 해서 최종 씨름왕을 뽑는다. 〈창포에 머리 감기(세수하기)〉 – 대야에 삶은 창포물을 담아 준다. – 창포물을 담아 머리를 감거나 세수를 해 본다. – 수건으로 닦아 물기를 제거하고 느낌을 느껴 본다.
	먹거리	〈수리취떡 만들기〉 – 머릿수건과 앞치마를 착용한다. – 요리 순서도를 보며 요리 방법을 알아본다. – 요리 순서에 맞게 수리취떡을 만들고 다 만들어진 떡은 조리실로 보낸다.

<table>
<tr><td rowspan="3">마무리 사항</td><td>손끝 놀이</td><td>- 친구들과 서로 부채를 부쳐 주는 활동을 해 보며 부채의 좋은 점을 찾아본다.</td></tr>
<tr><td>민속 놀이</td><td>〈씨름〉
- 씨름왕으로 뽑힌 유아들에게 우승 목걸이를 걸어 준다.
〈창포에 머리 감기(세수하기)〉
- 머리를 감고 난 후의 느낌을 이야기해 본다.
- 사용했던 대야를 정리하고 수건은 세탁한다.</td></tr>
<tr><td>먹거리</td><td>〈수리취떡 만들기〉
- 만든 것은 주방에서 찌고 오후 간식으로 먹는다.
- 사용한 그릇은 조리실로 보내고 요리 순서도는 지퍼 백에 담아 정리한다.
〈앵두화채 만들기〉
- 앵두화채를 간식으로 먹는다.
- 과일의 껍질은 따로 분리해서 모으고 사용한 그릇은 조리실로 보낸다.
- 요리 순서도는 지퍼 백에 담아 정리한다.</td></tr>
<tr><td colspan="2">유의 사항</td><td>- 각 반에서 그동안 진행했던 활동을 평가하며 즐거웠던 점, 아쉬웠던 점을 이야기하고 다음 계획에 반영이 되도록 한다.
- 부채는 한 달 정도 전시한 후 가정에 가지고 가서 활용할 수 있도록 한다.
- 모든 유아들이 한복을 입고 등원하도록 알린다.
- 갈아입을 여벌 옷은 종이 가방에 따로 담아 준비해 온다.</td></tr>
</table>

6. 평가서

세시 풍속 행사 평가서

미예림어린이집

담당	원장

<table>
<tr><td>행 사 명</td><td colspan="2">세시 풍속 행사 - 단오</td><td>제 출 자</td><td>***</td></tr>
<tr><td>일 시</td><td colspan="4">2018년 6월 18일 월요일</td></tr>
<tr><td>장 소</td><td colspan="4">각 반 교실 및 모래놀이터</td></tr>
<tr><td>대 상</td><td colspan="4">만 1~5세</td></tr>
<tr><td rowspan="2">준 비 물</td><td>교사</td><td colspan="3">수리취떡 만들기 - 수리취 쌀 반죽(2kg), 수리취떡 요리 순서도, 그릇
창포에 머리 감기 - 창포(2kg)를 전날에 삶아 놓기, 세숫대야 3개
부채 만들기 - 각 반 필요한 준비물</td></tr>
<tr><td>유아</td><td colspan="3">앞치마, 머릿수건</td></tr>
</table>

구분		잘된 점	잘 안 된 점	개선 사항
준비 사항	바깥놀이		〈단오선 전시회〉 현관 벽면에 게시할 때 벽면에 고정시킬 못이나 줄 등의 설치가 어려워 시간이 많이 걸렸다.	〈단오선 만들기〉 부채의 손잡이를 구할 시간이 부족했는데 요플레 숟가락이나 아이스크림 막대를 미리 모아 두는 것이 좋을 듯하다. 게시하기로 계획했는데 부채를 코팅한 것은 비가 와도 문제가 없었으나 코팅하지 않은 부채는 비가 올 것이 염려되어 비 맞지 않는 공간이나 코팅이 필요하다.
	손끝놀이	〈단오선 만들기〉 부채 계획은 각 반에서 개인 작품으로 교사가 연령별 수준에 맞추어 계획한 것을 단오 행사 전까지 만들어 단옷날에 게시될 수 있도록 하여 부모님들과 함께 감상할 수 있도록 하였다.	〈창포물에 머리 감기(세수하기)〉 오프라인으로 준비하려고 했는데 없어서 온라인 주문을 하였다.	
	민속놀이	〈씨름〉 엉덩이 씨름 방법을 순서대로 모습을 촬영하여 방법도를 만들어 놓았다. 〈창포물에 머리 감기(세수하기)〉 창포는 미리 주문하여 햇볕에 말렸다가 전날에 삶아 놓았다.		〈수리취떡 만들기〉 〈과일화채 만들기〉 요리 순서도를 만들 때 게시할 것을 생각하여 5장 이상이 넘어가지 않도록 만드는 것이 좋겠다(길었음).
	먹거리	〈수리취떡 만들기〉 〈과일화채 만들기〉 조리사 선생님께 일주일 전 필요한 재료와 양을 말씀드려 주문할 수 있었다(유아들이 개인당 몇 개씩 어느 정도의 양이 필요한지를 생각하여 반죽 및 과일을 알맞게 시켰음).		

평가 내용				
구분		잘된 점	잘 안 된 점	개선 사항
진행 사항	손끝놀이	〈단오선 만들기〉 만든 것을 게시하여 단오 행사가 있었음을 모두 알 수 있었고 행사를 하고 하원 시 바로 가지고 가도록 하여 연계성이 있었다. 전체 부채를 감상하며 연령별 수준을 비교할 수 있었다.		
	민속놀이	〈씨름〉 다양한 방법으로 시도해 보았다. 〈창포물에 머리 감기(세수하기)〉 평소에 잘 접하지 못하는 창포를 보고 창포의 좋은 점을 알고 창포물로 머리 감기, 세수를 해 보는 경험이 좋았다.	〈창포물에 머리 감기(세수하기)〉 창포물을 담은 세숫대야가 짙은 색이어서 창포 색이 재대로 보이지 않아 아쉬웠다.	〈씨름〉 서로 잘 밀리지 않아 승부가 쉽게 나지 않았다. 보다 빨리 승부가 결정되는 게임을 하는 것이 좋을 것 같다.
	먹거리	〈수리취떡 만들기〉 순서도를 보며 수리취떡 만드는 방법을 알았고 방앗간에서 준비한 재료를 받아서 번거로움 없이 예상했던 시간에 만들 수 있었다. 7세가 먼저 함으로써 7세가 만든 모양을 5, 6세 동생들한테 보여 주어 좋았고, 만든 것을 오후 간식으로 먹은 것 또한 연계성이 있어 좋았다. 평소보다 더 맛있게 먹었다.	〈수리취떡 만들기〉 수리취떡 쌀 반죽에 들어가는 재료를 유아들에게 직접 보여 주지 못해서 아쉬웠다.	〈수리취떡 만들기〉 두껍게 만든 것보다 얇게 만드는 것이 좋았다. 반죽 만들기는 유아들이 할 수 있었으나 미리 만들어 볼 수 있었으면 한다.

평가 내용				
구분		잘된 점	잘 안 된 점	개선 사항
마무리 사항	손끝놀이	〈단오선 만들기〉 자신만의 창의적인 방법으로 다른 부채를 만들어 보기로 하였다.		
	민속놀이	〈씨름〉 친구, 가족들과 민속놀이를 해 보기로 하였다. 〈창포물에 머리 감기(세수하기)〉 창포물로 세수하고 느낌이 어떤지를 이야기하고 그림으로 그려 보기로 하였다.		
	먹거리	〈수리취떡 만들기〉 수리취떡 만든 것을 각 반별로 쪄서 자신이 만든 것을 먹을 수 있어서 좋아하였다. 찐 떡을 보고 감상을 해 보기도 하였다.		
총 평가		지금은 단오가 큰 명절은 아니지만 옛날에는 어린이날의 개념으로도 알려졌던 단오를 유아들이 즐겁게 경험 할 수 있도록 즐거운 행사로 계획해 보았다. 수업을 진행하면서 사진도 찍어야 해서 힘이 들었는데 다른 반 교사가 협력하여 도와주고 사진을 찍어 주어서 원활한 수업 진행이 되었으며 각 반별로 융통성 있게 돌아가며 활동하여 겹치지 않고 활동이 순조롭게 진행되었다.		

7. 활동 사진

활동 사진

현수막 만들기

수리취떡

단오선 제작

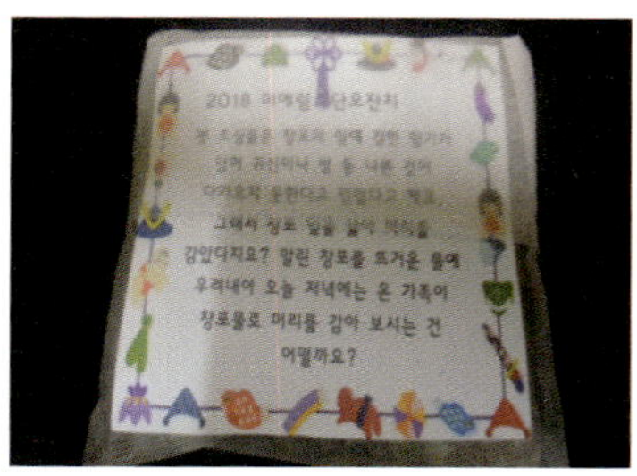

창포 주머니

활동 사진		
	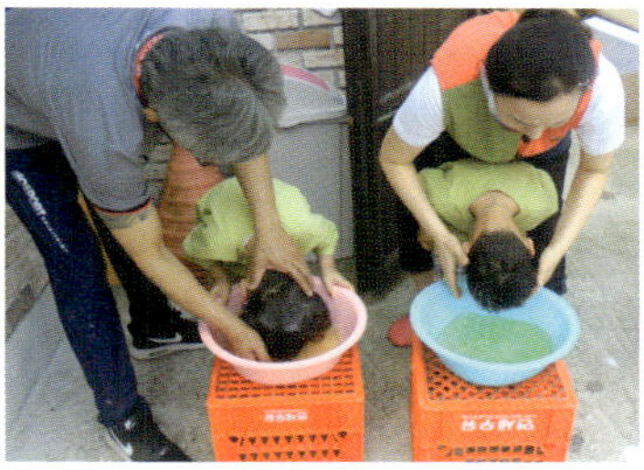	
	창포 머리 감기	

	씨름(닭싸움)	

	쑥 주머니	

8. 단오 책자

단오 책자

2018
세시풍속
단오잔치
❀ 일 시 : 2018년 6월 18일 월요일
❀ 반 명 :
❀ 이 름 :
미예림어린이집

단오
미예림어린이집

2018
세시풍속
단오잔치
❀ 일 시 : 2018년 6월 18일 월요일
❀ 반 명 :
❀ 이 름 :
미예림어린이집

단오 책자

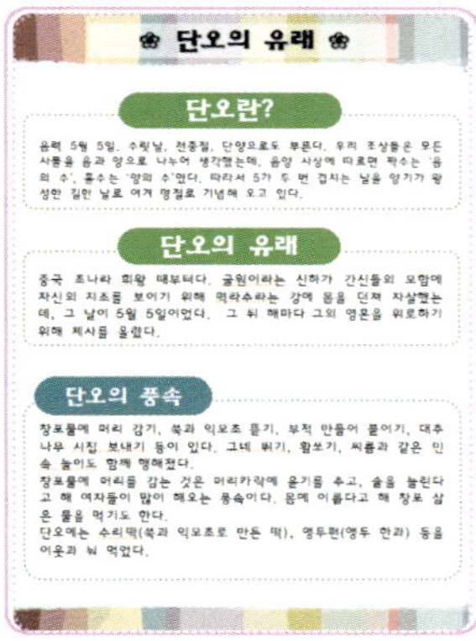
단오의 유래
단오란?
음력 5월 5일. 수릿날, 천중절, 단양으로도 부른다. 우리 조상들은 모든 사물을 음과 양으로 나누어 생각했는데, 음양 사상에 따르면 짝수는 '음의 수', 홀수는 '양의 수'였다. 따라서 5가 두 번 겹치는 날을 양기가 왕성한 길한 날로 여겨 명절로 기념해 오고 있다.
단오의 유래
중국 초나라 회왕 때부터다. 굴원이라는 신하가 간신들의 모함에 자신의 지조를 보이기 위해 멱라수라는 강에 몸을 던져 자살했는데, 그 날이 5월 5일이었다. 그 뒤 해마다 그의 영혼을 위로하기 위해 제사를 올렸다.
단오의 풍속
창포물에 머리 감기, 쑥과 익모초 뜯기, 부적 만들어 붙이기, 대추나무 시집 보내기 등이 있다. 그네 뛰기, 활쏘기, 씨름과 같은 민속 놀이도 함께 행해졌다.
창포물에 머리를 감는 것은 머리카락에 윤기를 주고, 숱을 늘린다고 해 여자들이 많이 해오는 풍속이다. 몸에 이롭다고 해 창포 삶은 물을 먹기도 한다.
단오에는 수리떡(쑥과 익모초로 만든 떡), 앵두편(앵두 한과) 등을 이웃과 나눠 먹었다.

단오선 디자인하기
단오 부채 이야기
단오날에는 부채를 만들어 선물하는 풍습이 있다. 조선왕실에서는 단오진선이라하여 경상도와 전라도 관찰사에게 명해 단오부채를 진상하라고 명하였고, 이렇게 받은 부채를 단오사선이라하여 왕이 재상을 비롯한 신하들에게 나누어 주었다고 한다.
단오 부채에 내가 그리고 싶은 그림을 미리 디자인 해보아요.

창포 물에 머리감기
단오와 창포
가족과 함께
창포물에 머리 감는
사진을 붙여주세요.

앵두화채
앵두화채 만드는 법
1. 앵두를 깨끗이 씻어서 씨를 뺀다.
2. 물 2컵과 설탕 2/3컵을 끓여 식힌다.
3. 수박, 참외 등 여름 과일을 먹기 좋은 크기로 자른다.
4. 화채국물에 과일과 앵두, 얼음을 넣는다.
앵두 세밀화 그리기

수리취떡
▼ 수리취떡 글자를 따라 써 보세요.
수 리 취 떡
수 리 취 떡
수리취떡 만드는 방법
1. 멥쌀과 수리취, 물, 소금, 참기름을 준비한다.
2. 멥쌀을 10시간 이상 불린 후 소금을 넣고 곱게 빻는다.
3. 곱게 빻은 멥쌀가루에 물을 뿌려 뭉친 다음 시루나 찜통에 넣어 찐다.
4. 한 김이 오르면 연한 소금물을 반 컵 정도 뿌려 주걱으로 저은 다음 뜸을 푹 들이고 준비한 수리취를 넣어 섞어준 뒤 절구에 넣고 잘 찧는다.
5. 잘 섞인 떡을 조금씩 떼어서 도마 위에 놓고 수레바퀴 모양의 떡살로 찍어 자른 다음 참기름을 바르면 완성된다.
▲ 수리취 잎
▲ 수리취 어린 꽃

씨름
단오와 씨름
삼국시대 때에는 단오에 꼭 씨름 대회를 열었다고 합니다. 우승을 한 사람은 '장사'라고 부르고, 황소를 상으로 주었다고 합니다. 씨름은 두 사람이 샅바 또는 허리춤을 마주 잡고 발 이외의 몸 부위가 먼저 바닥에 닿는 사람이 지는 경기입니다. 가정에서도 씨름 장사를 뽑아보는 것은 어떨까요?
우리 집 씨름 장사!
우리 집 씨름 장사는 입니다!

2) 동지 행사

〈동지 행사 통신문〉

안녕하십니까? 다음 주는 동지 행사를 원에서 갖게 됩니다. 동지는 음력 11월 11일로 밤이 가장 긴 날입니다. 동지에 대한 자세한 내용과 행사를 안내해 드립니다. 바쁘시더라도 영유아들의 세시 풍속에 대한 이해를 돕고 우리 전통을 소중히 여기는 마음을 가질 수 있도록 모두 참석하셔서 행사를 빛내 주시면 감사하겠습니다.

✲ 동지는 어떤 날인가요?

양력으로 12월 22일이나 23일경의 동지는 가장 검소한 명절로 낮이 가장 짧고 밤이 가장 긴 날이다. 동지를 지나면 낮의 길이가 일 분씩 길어지는데 옛사람들은 동지 때부터 태양이 다시 기운을 회복하는 것이라고 생각했다.

✲ 어떤 풍속과 놀이가 있나요?

- **말타기**: 두 편으로 나누어 한 편은 말이 되고 한 편은 마부가 된다. 말이 된 팀이 엎드리고 마부가 된 팀은 말 위에 올라타서 가위바위보를 하고 이긴 사람은 말의 엉덩이를 치며 "이랴"라고 외치고 지면 내려와야 한다. 모두들 내려오면 역할을 바꾸어 다시 한다.
- **까막놀이**: 술래가 눈을 가리고 박수치며 도망 다니는 친구들을 잡는 놀이이다.
- **보리 밟기**: 동지 때는 '동지한파'라는 강추위가 오는데 이 추위가 닥치기 전 보리 밟기를 한다. 이때는 땅속의 물기가 얼어 부피가 커지면서 지면을 밀어 올리는 서릿발로 인해 보리 뿌리가 떠오르는데 이것을 막고 보리의 웃자람을 방지하기 위해 보리 밟기를 한다.
- **복조리 만들기**: 동짓날 한겨울 기나긴 밤에는 새해를 대비해 복조리와 복주머니를 만들었다. 복조리는 산죽을 쪄와 사등분으로 쪼개어 햇볕에 말리고 물에 담근 뒤 그늘에서 건조시켜 만든다. 쌀에 든 돌이나 이물질을 가려낼 때 사용하는 복조리는 새해부터 정월 대보름까지 복을 사라며 "복 조리 사려"를 외치며 다녔다.

✲ 어떤 음식을 먹나요?

- **팥죽**: 찹쌀가루를 반죽해서 새알심을 빚어서 빨간색 팥죽을 끓여 먹었다, 나이 수대로 먹어야 한다고 하여 수를 세며 먹기도 했다.
- **동치미**: 안방에서 동네 아낙들과 고구마에 동치미 국물을 들이키며 바느질이나 담소를 나눈다.

출처: 홍정애(2003), 앞의 연구, p.22에서 재조직

동지를 맞이하여 로야어린이집에서는 아이들, 학부모님 그리고 선생님들이 같이 어우러져 행사를 하고자 합니다. 구체적인 내용은 다음과 같습니다.

---- 다 음 ----

1. 언제 하나요? : 20○○년 12월 22일 월요일(오전 10시 30분~12시)
2. 어디서 하나요? : 어린이집 강당
3. 무엇을 하나요? : 새알 빚기, 제기 만들어 차기, 말타기, 까막놀이, 다리 세기

◈ 협조를 부탁드립니다 ◈

1. 아이들이 동지 행사에 다함께 참여할 수 있도록 오전 10시까지는 등원시켜 주시기 바랍니다.
2. 학부모님의 참여를 기다립니다. 직장 관계로 참석하지 못하시는 분을 제외한 모든 학부모님들은 함께 참여하셔서 즐거운 시간을 가졌으면 합니다. 학부모 도우미로 협조를 원하시는 분께서는 사전에 담임 선생님께 알려 주시고 당일 오전 9시 30분까지 1층 사무실로 와 주세요. 조부모님도 환영합니다.
3. 제기 만들기를 위해 병뚜껑 2개와 비닐봉지 4개를 12월 15일까지 담임 선생님께 보내 주세요.
4. 동지 팥죽 만들기 실습을 합니다. 새알 팥죽을 요리해 본 경험이 있으신 학부모님을 요리 실습 일일 교사로 초청합니다. 해당하시는 분은 담임 선생님께 연락해 주시면 고맙겠습니다.

감사합니다.

20○○년 12월 12일

○○ 어린이집 원장

◀◁ 20○○년 동지 행사 계획 ▷▶

- 일시: 20○○년 12월 22일(월) 오전 10시 30분~12시
- 장소: 어린이집 강당, 조리실, 바깥놀이터
- 대상: 영아반, 유아반

1. 놀이

활동 내용	방법	장소	준비물	책임자	담당자
1. 다리 세기	마주 보고 앉아서 다리를 교대로 끼워 놓고 노래를 부르면서 한 다리씩 짚어서 마지막에 걸리는 다리를 뺀다.	강당	없음	5세반 교사	일일 도우미 학부모
2. 말타기	큰 아이들이 엎드리고 작은 아이들이 타서 앞에 선 친구와 가위바위보를 한 뒤, 이기면 엉덩이를 친다.	바깥 놀이터	없음	4세반 교사	일일 도우미 학부모
3. 까막놀이	경계선 내에서 술래가 눈을 가리고 도망 다니는 친구들의 박수 소리를 듣고 잡는다.	해님반	눈가리개, 분필	3세반 교사	일일 도우미 학부모
4. 제기 만들기	병뚜껑을 이용하여 제기를 만든다.	강당	병뚜껑, 엽전 제기, 막대기	2세반 교사	일일 도우미 학부모
5. 제기차기	막대에 제기를 달아서 아이들이 차 보도록 한다.	바깥 놀이터		각 반 교사	일일 도우미 학부모

2. 먹을거리

활동 내용	방법	장소	준비물	책임자	담당자
팥죽 (새알 빚기)	새알을 각 교실에서 빚어서 주방에서 팥죽을 만들어 준다.	각 반 교실과 조리실	찹쌀가루	1세반 교사	일일 학부모 도우미
식혜	하루 전에 식혜를 앉혀 두었다가 아침에 끓인다.	조리실	엿기름, 찐밥	조리사 영양사 선생님	일일 학부모 도우미

3. 사전 활동

1) 산책 가서 막대기(두 손가락 두께 정도) 주워 오기

2) 비닐, 병뚜껑 모으기

3) 다리 세기 노래 미리 불러 보기

4. 해야 할 일

1) 사전에 해야 할 일

- 물품 주문
- 가정통신문 발송
- 학부모 협조 구하기
- 놀이터 청소
- 활동 책임 선생님은 활동 담당자에게 활동에 대한 사항 지시

2) 당일 할 일

- 1층 놀이실 책상 펴기
- 팻말·안내문 붙이기

5. 행사 계획안

세시 풍속 행사 계획안

○○ 어린이집

담당	원장

<table>
<tr><td>행 사 명</td><td colspan="2">동지</td><td>작 성 자</td><td>***</td></tr>
<tr><td>일 시</td><td colspan="2">20**년 12월 *일 *요일</td><td>진행 시간</td><td>10:00 ~ 12:00</td></tr>
<tr><td>대 상</td><td colspan="2">만 3~5세</td><td>장 소</td><td>교실</td></tr>
<tr><td>목 표</td><td colspan="4">세시 풍속의 하나인 동지의 의미와 유래에 관심을 가지고 동지에 하는 일들과 민속놀이를 경험하며 전통문화를 즐기고 이해한다.</td></tr>
<tr><td rowspan="2">해당 명절</td><td>명절</td><td>내용</td><td>세시 풍속</td><td>먹거리</td></tr>
<tr><td>동지
(11월
11일)</td><td>- 밤이 가장 긴 날
- 단팥죽이 귀신을 쫒아낸다고 믿음</td><td>말타기, 까막놀이, 돈치기, 다리 세기</td><td>동치미, 수정과, 비빔국수, 팥죽</td></tr>
</table>

<table>
<tr><td rowspan="4">준비 사항</td><td>바깥 놀이</td><td>해당 사항 없음</td></tr>
<tr><td>손끝 놀이</td><td>〈새해 달력 만들기〉
- 각 반별로 연령에 맞는 달력 만들기를 계획하고 계획안을 작성한다.
- 각 반별로 달력을 꾸밀 다양한 재료를 준비한다.
〈버선 꾸미기〉
- 부직포를 버선 모양으로 2장씩 맞대고 오린 후 가장자리에 펀치로 구멍을 뚫는다.
- 털실, 여러 종류의 꾸미기 재료(스팽글, 뽕뽕이 등)를 준비한다.</td></tr>
<tr><td>민속 놀이</td><td>〈팥 주머니 놀이〉
- 팥 주머니와 바구니를 준비한다.
〈다리 세기〉
- 음악 CD를 준비한다.</td></tr>
<tr><td>먹거리</td><td>〈팥죽 만들기〉
① 요리 순서도
- 팥죽 만들기 요리 순서에 맞는 사진 자료를 찾아 순서도를 제작한다.
- 각 반별 개수에 맞게 제작한다.

1) 붉은 팥을 깨끗이 씻어 푹 삶는다.
2) 삶은 팥을 절구에 넣어 으갠 후 체에 걸러 쌀과 함께 끓인다.
3) 찹쌀가루에 소금을 약간 넣어 반죽한 후 작은 새알심을 만든다.
4) 쌀이 풀어지면 새알심을 넣고 다시 한 번 끓인다.
5) 다 익은 동지팥죽을 맛을 본다.

② 재료 준비
- 재료(팥, 소금, 찹쌀가루, 큰 냄비)를 준비한다.
- 전날 팥을 미리 삶아 팥물을 내어 놓는다.</td></tr>
<tr><td rowspan="3">진행 사항</td><td>바깥 놀이</td><td>해당 사항 없음</td></tr>
<tr><td>손끝 놀이</td><td>〈새해 달력 만들기〉
- 그림과 숫자가 쓰인 1월 달력을 제시하고 유아들과 달력에 대해 알아본다.
- 선만 그려진 달력 모양 종이로 달력을 만들어 본다.
- 달력 그림 부분은 유아들이 자유롭게 그림을 그려 보도록 하고 숫자는 달력을 보면서 적어 보도록 한다.
〈버선 꾸미기〉
- 버선 모형의 부직포를 뽕뽕이, 스팽글, 털실 등을 이용해서 자유롭게 꾸민다.
- 테두리의 구멍에 털실을 끼워 바느질을 해 버선을 만든다.</td></tr>
<tr><td>민속 놀이</td><td>〈팥주머니 놀이〉
- 각 반을 두 팀으로 나누어 진행한다.
- 팥주머니를 머리에 올린 후, 정해진 바구니까지 걸어가 바구니에 떨어뜨린다.
- 각자의 팀을 응원하며 게임을 진행해 본다.</td></tr>
</table>

진행 사항	민속놀이	※ 팥주머니의 경우 유아의 수만큼 준비하면 좋지만, 불가피할 경우 게임 도중에 흐름이 끊기지 않도록 교사가 적당히 팥주머니를 시작점으로 옮겨 준다. 〈다리 세기〉 – 2명 이상의 유아가 서로 마주 보고 앉아 다리를 지그재그로 낀다. – 가위바위보를 하여 이긴 친구가 리더가 되어 자기 다리부터 노래 구음을 한다. – 노래 구음에 맞추어 순서대로 다리를 짚어 노래가 끝날 때 짚어진 다리 친구는 이긴 친구로 짚어진 다리를 접는다. – 접은 다리 다음부터 다시 노래 구음을 하여 한 명의 한쪽 다리가 남을 때까지 지속적으로 한다. – 맨 마지막에 남은 다리의 친구는 술래가 되어 친구들이 말하는 벌칙을 하게 된다.
	먹거리	〈팥죽 만들기〉 – 교사와 유아는 손을 깨끗이 씻고 앞치마를 입은 후 요리하기 위해 준비된 곳으로 간다. – 요리 순서도를 보면서 팥죽에 들어가는 재료와 만드는 법을 살펴본다. – 찹쌀가루를 반죽해 새알을 만들고 팥죽을 직접 끓여 본다.
마무리 사항	바깥놀이	해당 사항 없음
	손끝놀이	〈새해 달력 만들기〉 – 완성된 달력은 유아들에게 소개하고 자기 방에 걸 수 있도록 한다. 〈버선 꾸미기〉 – 다 만든 버선들은 천장이나 벽에 전시한다.
	민속놀이	– 모든 유아들이 민속놀이를 한 후 누가 규칙을 잘 지켰는지, 재미있었던 점, 좋았던 점, 속상했던 점, 놀이 방법 등에 대해서 함께 평가한다.
	먹거리	〈팥죽 만들기〉 – 팥죽은 동치미와 함께 오후 간식으로 먹는다. – 사용한 그릇을 정리하고 요리 순서도는 지퍼 백에 담아 정리한다.
유의 사항		– 만들기 및 게임 활동은 유아의 발달 수준에 맞추어 각 반에서 융통성 있게 진행한다. – 사전 이야기 나누기를 하여 동지의 의미를 알 수 있도록 한다. ※ 팥주머니의 경우 동지에 팥을 사용하는 유래와 연관되어 설명하도록 한다. – 앞치마와 머릿수건은 개인별로 준비하도록 한다. – 요리 시간에 만든 새알의 일부는 바로 먹어 보고, 나머지는 조리실에서 팥죽으로 만들어 오후 간식 시간에 먹도록 한다. – 모든 유아들이 한복을 입고 등원하도록 알리고 갈아입을 여벌 옷은 종이가방에 따로 담아 준비해 온다. – 불을 사용할 때는 특히 주의한다. – 사진 촬영 후 홈페이지에 올린다. – 활동을 마친 후, 자신이 맡은 일의 뒷정리까지 제대로 한다.

6. 평가서

세시 풍속 행사 평가서

○○ 어린이집

담당	원장

<table>
<tr><td>행 사 명</td><td colspan="2">동지</td><td>제 출 자</td><td>***</td></tr>
<tr><td>일 시</td><td colspan="4">20**년 12월 *일 ~*일</td></tr>
<tr><td>장 소</td><td colspan="4">교실</td></tr>
<tr><td>대 상</td><td colspan="4">만 3~5세</td></tr>
<tr><td rowspan="2">준 비 물</td><td>교사</td><td colspan="3">팥주머니 놀이 – 팥주머니(4가지 색깔), 바구니
버선 꾸미기 – 버선 모양 종이, 마끈
팥죽 만들기 – 요리 순서도, 요리 재료, 앞치마, 머릿수건</td></tr>
<tr><td>유아</td><td colspan="3">앞치마, 머릿수건</td></tr>
</table>

<table>
<tr><th colspan="5">평가 내용</th></tr>
<tr><th colspan="2">구분</th><th>잘된 점</th><th>잘 안 된 점</th><th>개선 사항</th></tr>
<tr><td rowspan="4">준비 사항</td><td>바깥 놀이</td><td>해당 사항 없음</td><td>해당 사항 없음</td><td>해당 사항 없음</td></tr>
<tr><td>손끝 놀이</td><td><버선 만들기>
버선의 사이즈가 적당하고, 실을 끼우는 구멍이 일정하게 뚫어져 버선의 생김새가 적절했다.</td><td><버선 만들기>
버선구멍에 마끈을 넣다가 찢어지는 경우가 있었다.</td><td><버선 만들기>
털실이 없어서 마끈으로 대처를 하였다. 사전 재료 준비를 철저히 했으며 버선 종이의 똑같은 위치에 구멍을 뚫는 것이 힘들었다. 적절한 도구가 있으면 좋을 것 같다.</td></tr>
<tr><td>민속 놀이</td><td><팥주머니 놀이>
팥주머니 놀이에 필요한 팥주머니를 4가지 색깔을 4개씩 준비하고 바구니를 준비해 두었다.</td><td>해당 사항 없음</td><td>해당 사항 없음</td></tr>
<tr><td>먹거리</td><td><팥죽 만들기>
찹쌀가루 2kg의 양이 적절했다.
2kg의 팥으로 만든 팥물의 양도 적절했다.</td><td><팥죽 만들기>
반죽을 전날 해서 냉장고에 보관해 두었더니 아침에 차가워서 반죽하기가 힘들었다.</td><td><팥죽 만들기>
반죽이 차가워 녹는 데 오래 걸렸는데 앞으로 아침에 반죽을 해 두어야겠다.</td></tr>
</table>

평가 내용				
구분		잘된 점	잘 안 된 점	개선 사항
준비 사항	먹거리	재료의 주문 시점이 적절했고, 가스레인지와 냄비 등의 물건들을 사전에 잘 준비하였다.		
진행 사항	바깥 놀이	해당 사항 없음	해당 사항 없음	해당 사항 없음
	손끝 놀이	〈버선 만들기〉 헌 버선을 버리고 새 버선을 만들면서 새해 소망에 대해 이야기해 보았다. 유아들이 한층 더 재미있게 행사를 받아들여 집중하는 것이 좋았다.	〈버선 만들기〉 일부 종이버선이 모자란 반이 있었다. 마끈이 매끄럽지 못해 테이프를 붙여 엮기도 하였다.	〈버선 만들기〉 종이버선이 모자라지 않도록 다음에는 확실하게 재료를 배분해야 할 것 같다. 마끈이 매끄럽지 못해 테이프를 붙여 엮기도 하였는데 다음에는 확실히 털실을 준비해야 할 것 같다.
	민속 놀이	〈팥주머니 놀이〉 놀이 방법을 소개하고, 두 팀으로 나눠 릴레이 형식으로 머리로 팥주머니 옮기기 게임을 하였다. 유아들끼리 서로 응원하며 협동심도 길러 보는 즐거운 활동이었다.	〈팥주머니 놀이〉 놀이를 반복하며 익숙해지자 일부 반칙을 하는 유아들이 있었다.	〈팥주머니 놀이〉 반칙하는 유아들을 위해 다음에는 활동 전에 반칙을 하지 않도록 좀 더 확실하게 이야기하면 좋을 것 같다.
	먹거리	〈팥죽 만들기〉 순서도에 따라 팥죽 만드는 방법과 재료를 직접 소개해 보는 활동을 하고 유아들이 새알을 만들어 미리 준비해 둔 팥물을 끓여 새알을 넣어 팥죽이 끓여지는 모습을 봄으로써 과학 활동까지 연계하여서 좋았다.	〈팥죽 만들기〉 반죽이 굳어서 새알을 만드는 데 처음엔 힘들었다. 새알을 잘 만드는 유아들은 자신들이 만드는 재료의 양이 적어 아쉬워하였다.	〈팥죽 만들기〉 나이별로 차등해서 반죽의 양을 제공하는 것도 괜찮을 것 같다.

구분		평가 내용		
		잘된 점	잘 안 된 점	개선 사항
마무리 사항	바깥 놀이	해당 사항 없음	해당 사항 없음	해당 사항 없음
	손끝 놀이	〈버선 만들기〉 교실에 새해 분위기를 낼 수 있었다. 새해가 되면 떼어 가기로 하고 유아들이 자신의 소망이 걸려 있는 것을 보고 뿌듯해하였다.	해당 사항 없음	해당 사항 없음
	민속 놀이	〈팥주머니 놀이〉 팥주머니와 바구니 활동을 마치고 교실에서 해 보고 싶어 하는 아이들이 많았다.	해당 사항 없음	해당 사항 없음
	먹거리	〈팥죽 만들기〉 교실에서 자신이 참여하여 끓인 팥죽을 먹어 봄으로써 성취감을 느끼고 자신이 만들었기에 좀 더 잘 먹는 시간이 되었다.	〈팥죽 만들기〉 뜨거운 팥죽이 맛있어서 먹다가 데일 뻔한 아이들이 있어 좀 더 식혀서 줄 수 있도록 해야겠다.	〈팥죽 만들기〉 만드는 방법을 스스로 다시 적어 보는 시간도 가져 유아들이 자신들의 활동에 좀 더 자부심을 느끼게 하는 것도 좋을 것 같다.
총 평가		작년에 동지 평가 내용을 참고하여 새로운 계획안을 세우고 역할 분담 맡은 교사들이 다른 행사가 많았음에도 각자 역할을 잘 수행해 주어 동지 행사 진행이 원활하게 이루어졌다. 팥죽 만들기 및 버선 만들기 등의 수업을 진행하면서 사진 찍는 것이 어려웠으나, 수업 중간중간 아이들이 잘 참여해 주어 활동 과정을 사진에 잘 담을 수 있었다. 유아들이 직접 교실에서 팥죽을 끓여 보고 새알심을 손으로 직접 만들어 보며 완성한 음식을 먹어 보더니 팥죽은 제일 맛있는 죽이라고 유아들이 평가하였다. 팥주머니 게임은 유아들이 적극적으로 참여하고 즐겁게 놀이하였으며, 버선을 만들어 소망을 이야기하고 적어 보는 시간을 통해 아이들의 생각과 현재의 소망을 교사도 함께 공유해 보는 시간이 되었으며 유아들에게도 보람차고 유익한 시간이었다.		

7. 활동 사진

활동 사진		

	동그랗게 새알심을 만들었어요	내가 만든 새알심 개수를 세어 보았지요

	우리가 만든 팥죽이라 더 맛이 있어요	버선 모양에 마끈을 연결하여 완성해 보았지요

	우리가 만든 버선에 소원을 적어 걸어 두었어요	새해 달력을 만들었지요

	동지에 대한 이야기를 들어 보았어요	요리 재료에 대해 설명을 듣고 있어요

전래 동화 속 인성 덕목 프로젝트의 실제

제 6 장

[전래 동화 '금을 버린 형과 아우' 프로젝트]

- 대상 연령 : 만 4, 5 세
- 참여 교사 : 노혜선, 이금비, 이단비, 우승미
- 참여 기관 : 고은유치원, 다솔숲어린이집

1. 프로젝트 1단계

1) 주제 선정 이유

한 유아가 언어 영역에서 '금을 버린 형과 아우' 전래 동화책을 읽고 있다가 교사에게 "선생님, 형과 아우는 왜 금을 버렸어요? 금은 소중한 것이잖아요!"라고 말하자 다른 유아들도 '금을 버린 형과 아우' 전래 동화의 형제에 대해 관심을 보였다.

교사가 "형이나 동생은 왜 금을 더 갖고 싶어 했나요?"라고 물어보자 한 유아가 "욕심이 많아졌어요."라고 대답한다. 교사는 유아들에게 '금을 버린 형과 아우' 전래 동화를 통해 형제들이 금을 통해 욕심도 갖게 되고 형제의 소중한 우애를 깨닫게 되는 '투금탄'의 유래를 들려주었다. 또 '금을 버린 형과 아우' 전래 동화 속의 실제 인물인 '이억년과 이조년 형제' 이야기를 들려주자 유아들이 형제에 대해 관심을 갖고 궁금해 하였다.

'금을 버린 형과 아우' 전래 동화 프로젝트를 통해 형제의 우애와 금과 관련된 다양한 활동을 하며 유아들과 동화 속의 주인공처럼 다양한 금 이야기를 해 보고, 자신의 욕심보다는 다른 사람에 대한 이해와 나눔을 실천할 수 있는 '사랑'이라는 인성 덕목에 대해 알아보고자 한다.

유아기에 긍정적인 영향을 줄 수 있는 '금을 버린 형과 아우' 전래 동화를 통해 '사랑'이라는 인성 덕목을 누리과정과 통합하여 전개해 보고, 유아들의 이해와 사고를 심화시켜 동화 주인공의 삶을 통해 유아들이 바른 인성을 가질 수 있도록 돕고자 한다. 또한 가정 연계 활동을 통해 형제간의 우애를 가정생활에서도 실천할 수 있게 하고 지역 사회 자원을 활용하여 교육적 효과를 높이고자 한다. '사랑'이라는 인성 덕목을 프로젝트 접근법으로 수행하면서 유아들이 가족 사랑, 이웃 사랑, 나라 사랑으로 사랑하는 마음이 더 크게 확대되길 기대한다.

2) 이전 경험 나누기

이전 경험 나누기

권윤하 : 형과 아우가 사이가 좋았어요.
김준수 : 금메달을 올림픽 때 따는 것을 본 적이 있어요.
민지우 : 형은 나무꾼, 아우는 농사꾼이었어요.
방소연 : 형과 아우는 콩도 나누어 가졌어요.
정하율 : 아우가 먼저 강물에 금을 던졌어요.
조은찬 : 저도 첫 번째 생일 때 받은 금반지가 있어요.
박서진 : 엄마는 반지를 잃어버리고 속상해 하셨어요.
이건희 : 형과 아우는 금을 주워 서로 나누어 가졌어요.
이창재 : 형은 금이 생기자 멋진 집을 갖고 싶어 했어요.
안라예 : 형과 아우는 가난했어요.
김도원 : 엄마 목걸이를 목에 걸어 보았어요.
박주하 : 아우가 걸어가다 돌부리에 걸려 넘어져 다쳤어요.
심재빈 : 형은 아우가 다치자 아우를 치료해 주었어요.
범호연 : 금반지 모양이 달랐어요.
이민규 : 형과 아우는 금이 없어져도 서로 싸우지 않고 사이좋게 지냈어요.
최서준 : 형과 아우가 나오는 동화를 읽었어요.
설연우 : 가양대교에 가본 적이 있었는데 형과 아우는 못 봤어요.
이지후 : 금으로 이를 만드는 것을 보았어요.
김도하 : 금을 버린 형과 아우 동화책을 본 적이 있어요.
김하영 : 언니가 나한테 사랑한다고 말한 적이 있어요.
박시은 : 동화책을 읽고 나도 동생을 사랑해야겠다고 생각했어요.
이서준 : 형처럼 엄마, 아빠가 내 다리를 치료해 주었어요.
송연서 : 배를 타고 가다가 비둘기에게 먹이를 준 적이 있어요.
임서윤 : 큰 배를 타고 갈 때 속이 안 좋았어요.
신현서 : 어렸을 때 받은 금반지를 본 적이 있어요.
김준수 : 축구를 하고 금색 트로피를 받은 적이 있어요.
권윤하 : 금색으로 그림을 그린 적이 있어요.
이창재 : 금으로 만든 물건을 박물관에서 본 적이 있어요.
조은찬 : 임금님은 커다란 금 목걸이를 하고 있었어요.
김도윤 : 금은방에 가면 금반지를 샀는데 황금색이었어요.
이서진 : 찌그러진 금을 본 적이 있어요.
이태곤 : 금은방에 여러 가지 금으로 만든 물건이 많았어요.
이준우 : 금색으로 칠했더니 반짝반짝 했어요.
공형운 : 가족은 서로 사랑해야 한다고 할머니가 말씀하셨어요.

3) 브레인스토밍

브레인스토밍									
사랑	돕기	나누기	베품	형	아우	할머니	강	강가 마을	강물
수풀	금덩이	바구니	나무	배	집	목걸이	반지	귀걸이	트로피
상패	집	왕관	박물관	시인	치사랑	나룻배	뗏목	이억년	링컨
경녕군	세종 대왕	의좋은 형제	할미꽃 이야기	언제까지 나 너를 사랑해	옷 파는 장화 가게	헬렌 켈러	마더 테레사	나이팅 게일	내리 사랑
사랑의 기부	사랑의 옷 물려 주기	사랑의 동전 모으기	이조년 (투금 탄)	금을 버린 형과 아우	구세군	이순	사랑의 김장	사랑의 밥상	두남 받다
사랑 옵다	굄	다원	오드리 헵번	마틴 루터 킹	넬슨 만델라	간디	페스탈 로치	내 사랑 도토리	할아버지 사랑해
우애	다은	공감	형제애	착하다	형제	순창 설씨	단양 우씨	나무꾼	공기 부양선
유람선	산적	화물선	여객선	어선	상징물	장식품	옷	농사꾼	마스크 (가면)
봇짐	지게	호미	장작	황금 두 덩이	투금탄	가양 대교	형제 투금	공암 나루터	판단력
공정성	사공	부자가 된 삼 형제	금덩이 보다 큰 아버지 사랑	이성만 (형제 공원)	금 구슬 을 버린 형제	뒤러 형제	내 동생 이니까	사랑의 바자회	사랑의 헌혈

4) 유목화

장소	물건의 이름	금과 관련된 것	배의 종류	사람	인성
강	금덩이	목걸이	나룻배	형	사랑
강가 마을	바구니	반지	뗏목	아우	돕기
강물	나무	귀걸이	공기 부양선	할머니	나누기
수풀	배	트로피	유람선	사공	베품
투금탄	집	상패	산적	형제	우애
가양대교	봇짐	집	화물선	농사꾼	공정성
형제투금	지게	왕관	여객선	나무꾼	판단력
공암나루터	호미	박물관	어선		공감
	장작	상징물			형제대
	나룻배	장식품			착하다
	황금 두 덩이	옷			
		마스크(가면)			

사랑을 실천한 위인		사랑의 순우리말	사랑의 실천 방법	사랑을 주제로 한 동화	
내국인	외국인			전래	창작
이억년	헬렌 켈러	다솜	사랑의 옷 물려주기	금을 버린형과	언제까지나
이조년	마더 테레사	다은	사랑의 동전 모으기	아우	너를 사랑해
(투금탄)	나이팅게일	치사랑	사랑의 기부	의좋은 형제	옷 파는
경녕군	링컨	내리사랑	사랑의 바자회	할미꽃 이야기	장화가게
세종대왕	오드리 헵번	두남받다	구세군	금 구슬을 버	내 사랑 도토리
이성만	마틴 루터 킹	사랑옵다	사랑의 헌혈	린 형제	할아버지
(형제공원)	넬슨 만델라	굄	사랑의 김장	금덩이보다	사랑해요
이순	간디	다원	사랑의 밥상	큰 아버지 사랑	내 동생이니까
순창 설씨	페스탈로치	다은		부자가 된	
단양 우씨	뒤러 형제			삼 형제	

5) 주제망(Web)

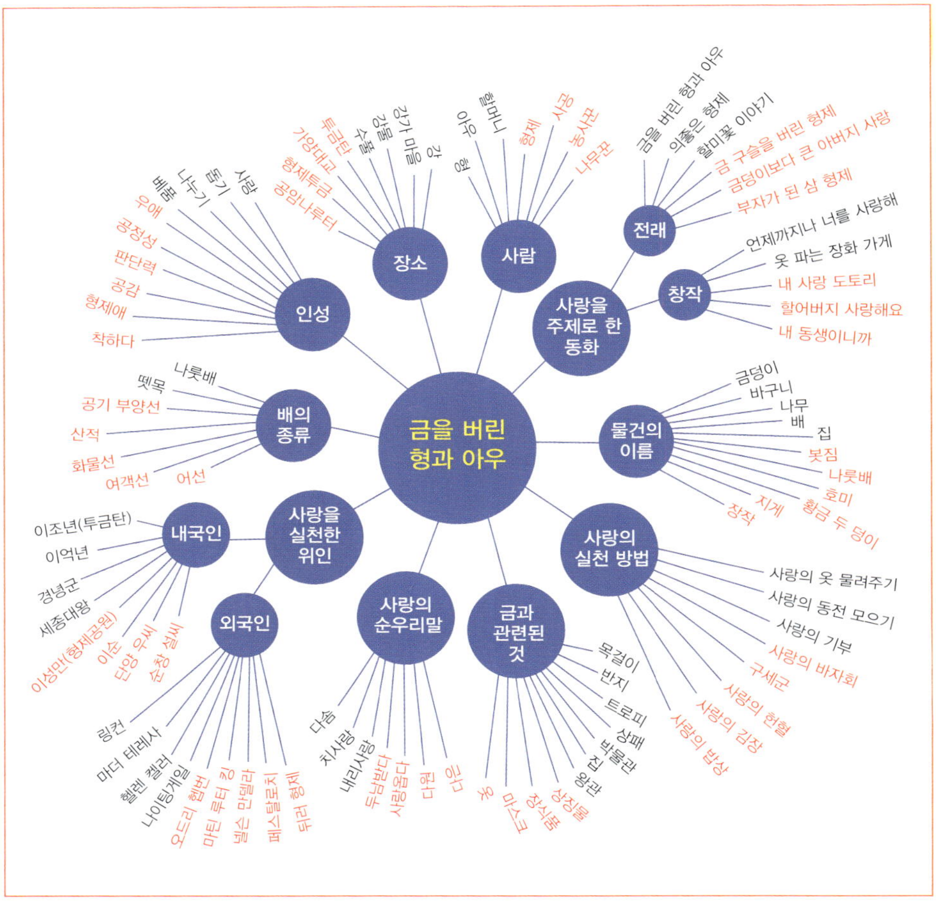
금을 버린 형과 아우
장소
강가 마을
강
강물
수풀
투금탄
가양대교
형제투금
공암나루터
사람
형
아우
할머니
형제
사공
농사꾼
나무꾼
인성
사랑
돕기
나누기
배려
우애
공정성
판단력
공감
형제애
착하다
사랑을 주제로 한 동화
전래
금을 버린 형과 아우
의좋은 형제
할미꽃 이야기
금 구슬을 버린 형제
금덩이보다 큰 아버지 사랑
부자가 된 삼 형제
창작
언제까지나 너를 사랑해
옷 파는 장화 가게
내 사랑 도토리
할어버지 사랑해요
내 동생이니까
배의 종류
나룻배
뗏목
공기 부양선
산적
화물선
여객선
어선
물건의 이름
금덩이
바구니
나무
배
집
봇짐
나룻배
호미
황금 두 덩이
지게
장작
사랑을 실천한 위인
내국인
이조년(투금탄)
이억년
경녕군
세종대왕
이성만(형제공원)
이순
단양 우씨
순창 설씨
외국인
링컨
마더 테레사
헬렌 켈러
나이팅게일
오드리 헵번
마틴 루터 킹
넬슨 만델라
페스탈로치
뒤러 형제
사랑의 순우리말
다솜
치사랑
내리사랑
두남받다
사랑옵다
얼람
괴다
금과 관련된 것
목걸이
반지
트로피
상패
박물관
집
왕관
장식품
마스크
옷
사랑의 실천 방법
사랑의 옷 물려주기
사랑의 동전 모으기
사랑의 기부
사랑의 바자회
구세군
사랑의 헌혈
사랑의 김장
사랑의 밥상

6) 질문 목록표

전문가	박주하	지역의 유적지마다 출토되는 물건이 다른가요?
	범호연	왕과 왕비가 사용했던 장식물은 무거웠나요?
	설연우	문화재에는 어떤 것이 있나요?
	심재빈	금 장식품이 망가지면 어떻게 고칠 수 있나요?
	신예솔	금으로 만든 장식품 중에서 가장 많이 출토된 것은 무엇인가요?
현장 학습	이민규	금 장식품은 왜 반짝거리지 않나요?
	이준우	유적지에는 왜 공원이 많나요?
	이지후	금박물관에서 일하는 사람들은 어떤 사람들이 있나요?
가정 학습	최서준	집에는 금과 관련된 물건이 어떤 것이 있나요?
	김도하	가족과 사랑의 동전 모으기를 해서 어디에 기부할 수 있나요?
	김하영	가족과 함께 탈 수 있는 배는 어떤 것이 있나요?
책	박서진	동화 속의 형과 아우는 무슨 일을 하며 살았나요?
	이건희	형제투금의 설화는 누구를 이야기하는 건가요?
	이창재	사랑과 관련된 위인은 어떤 사람이 있나요?
	김도원	형제와 관련된 동화책에는 어떤 것들이 있나요?
인터넷	권윤하	사랑과 관련된 전래 동화는 무엇인가요?
	김준수	금이 나오는 동화 제목이 어떤 것이 있나요?
	민지우	형과 아우가 금을 버린 강물의 이름은 무엇인가요?
	방소연	금박물관에는 어떤 것이 있나요?
	정하율	배를 타면 왜 멀미를 할까요?
	조은찬	금은 어떻게 만들어지나요?

7) 자원 목록표

1차적 자원	실물	• 이조년 시조 '다정가' 서예 자료 • 금과 관련된 그림 자료 • 나룻배와 관련된 자료
	사람	• 문화 해설가 • 금을 파는 직원 • 금박물관 직원 • 박물관 유물 해설사 • 기부 단체 직원
	현장 견학 장소	• 탑산(구암근린공원) • 국립중앙박물관 • 두꺼비 본 파리 동화박물관 • 가양대교(형제투금 조형물) • 방화대교(투금탄) • 역사박물관

2차적 자원	책/동화 자료	정보를 주는 책	• 너 공주 부여에 있니(우리나라 문화탐험 그림책)(이규희/밝은미래) • 배는 어디에서 자나요(오영민/지성사) • 작은 배의 구멍(여우별/고래) • 위험천만 배 만들어 타기(애너 피엔버그/문학동네)
		동화책	• 금을 버린 형과 아우(꾸러기/키움북스, 홍윤희/아람) • 의좋은 형제(김용택/비룡소) • 할미꽃 이야기(김천정/씽크하우스) • 금 구슬을 버린 형제(박영희/한국삐아제) • 금덩이보다 큰 아버지 사랑(김원석/아가월드) • 부자가 된 삼 형제(이현주/비룡소) • 내 동생이니까(김주영/별똥별) • 할아버지 사랑해요(EBS/모아줌) • 내사랑 도토리(고성욱/소담주니어) • 옷 파는 장화 가게(홍건국/황우) • 언제까지나 너를 사랑해(김하루/북뱅크) • 두 형제의 사랑(이정하/태동)
		동시	• 사랑이불(조이) • 사랑이 필요해요(정경숙) • 투금탄(고시/황진) • 사랑 나누기(허정심) • 이화에 월백하고(다정가/이조년)
	사진 및 그림 자료/팸플릿	사진 및 그림 자료	• 투금탄(형제투금) 조형물 사진 • 고대와 우리나라의 금 장신물 그림 자료 • 이억년과 이조년 사진 • 우리나라와 세계 여러 나라의 금 상징물 그림 자료 • 금을 캐는 광산 그림 자료 • 금이 나오는 지역 사진 • 금과 관련된 직업 사진 • 금 제작 과정 그림 자료 • 다양한 배 모양 그림 자료 • 이억년과 이조년의 초상화 • 금 장식품과 생활용품 자료
		팸플릿	• 국립중앙박물관 팸플릿 • 동화박물관 팸플릿 • 세계장신구박물관 팸플릿 • 사랑의 기부 단체 팸플릿 • 하남역사박물관 팸플릿 • 공암나루공원 팸플릿
	동영상/녹음 테이프/인터넷	동영상	• 금박물관(https://blog.naver.com/bt5064/221234711246) • 우리나라 최초 구석기 유물 발견지 공주 석장리 박물관(youtube) • 신라 천년의 역사와 문화 유물 안압지(youtube/ktv 문화영화) • 투금탄 설화(youtube/한강몽땅여름축제) • 동요-우애(바른가치미덕학교 www.angelosedu.com)
		녹음 테이프	• 동시-사랑이불, 사랑 나누기, 사랑이 필요해요, 다정가(시조) • 동요-우애
		인터넷	• 국립중앙박물관(www.museum.go.kr) • 국립공주박물관(gongju.museum.go.kr) • 국립경주박물관(gyeongju.museum.go.kr) • 한국콘텐츠진흥원(www.kocca.kr) • 중앙국립도서관(www.nl.go.kr) • 하남역사박물관(www.hanammuseum.com)

2. 프로젝트 2단계

1) 교육 계획안

만 5세 5월 월간 교육 계획안(누리과정 통합교육)

활동 기간	2018년 5월 1일~5월 31일		
생활 주제	소중한 가족	소주제	금을 버린 형과 아우(사랑)
목 표	1. 전래 동화를 적용한 유아 인성 교육에 관심을 갖고 인성 덕목을 실천한다. 2. 전래 동화 속 주인공에 대해 알아보고 사랑을 실천한 위인들의 삶에 대해 알아본다. 3. 전래 동화 속 인물의 형제간 사랑에 대해 알아보고 형제 사랑을 실천한다.		

신체운동·건강

■ 신체 인식 하기
- 감각 능력 기르고 활용하기: 감각을 이용하여 금 탐색하기, 감각으로 금 장신구 탐색하기
- 신체를 인식하고 움직이기: 동화 표지 보고 신체로 표현하기, 형과 아우처럼 우애 좋은 모습 해 보기

■ 신체 조절과 기본 운동하기
- 신체 조절하기: 전래 동화책 주고 받기, 황금 방망이 들어 올리기, 주인공처럼 봇짐 싸기, 금 장신구 바느질하기, 금 구슬 꿰기, '투금탄' 적목으로 구성하기
- 기본 운동하기: 금으로 만든 그림 사진 들고 앉았다 일어서기, 친구와 손으로 하트 만들며 균형 잡기, 금 왕관 쓰고 걷기, 금 트로피 들고 뛰기

■ 신체 활동에 참여 하기
- 자발적으로 신체 활동에 참여하기: 사랑 이어달리기, 친구와 함께 이인삼각 경주하기, 친구에게 보물 찾아 주기, 게임 활동 메트릭스
- 바깥에서 신체 활동하기: 친구와 함께 배를 타고 '투금탄'에서 금 던져보기, 봇짐 메고 친구에게 사랑의 음식 전달하기, 비석치기 플로 차트, 금 왕관을 쓰고 앵두 먹기
- 기구를 이용하여 신체 활동하기: 나무에 봇짐 꽂고 반환점 돌아오기, 친구와 배 안에 금 모으기

■ 건강하게 생활하기
- 몸과 주변을 깨끗이 하기: 바깥놀이 후 주변 깨끗이 하기, 식사 전·후 손을 깨끗이 닦기
- 바른 식생활 실천하기: 적당량 음식 골고루 먹기
- 건강한 일상생활하기: 하루 일과 즐겁게 참여하기
- 질병 예방하기: 날씨와 상황에 알맞게 옷 입기

■ 안전하게 생활하기
- 안전하게 놀이하기: 안전하게 놀이하기
- 교통 안전 규칙 지키기: 안전벨트 착용하기
- 비상 시 적절히 대처하기: 몸에 상처가 났을 때 대처하는 방법을 알고 행동하기, 재난 안전 교육(소방 대피 훈련)

의사소통

■ 듣기
- 낱말과 문장 듣고 이해하기: '금을 버린 형과 아우' 브레인스토밍 듣기, 형과 아우의 사랑에 대한 이야기 듣기(이억년과 이조년), 황진의 '투금탄' 고시 듣기
- 이야기 듣고 이해하기: '금을 버린 형과 아우' 인성 덕목 듣기, '투금탄'의 유래에 대해 듣기, '형제투금' 고사성어 듣기, 금이 나오는 지역 듣기, 금 장신구 변화 과정 플로 차트, 나룻배 단면도, 금 제작 순서 듣기, 전래 동화 주제망(Web) 듣기
- 동화, 동시, 동요 듣고 이해하기
  동화: 금을 버린 형과 아우, 의좋은 형제, 옷 파는 장화 가게, 부자가 된 삼 형제
  동시: 사랑이불, 사랑 나누기, 사랑이 필요해요, 다정가(시조)
- 바른 태도로 듣기: 다른 사람의 이야기 경청하기

■ 말하기
- 낱말과 문장으로 말하기: '아우'로 이행시 지어 보기, 금으로 만든 물건 말하기, '금을 버린 형과 아우' 관련 단어 귓속말 전하기, '투금탄'에 대해 궁금한 점 물어 보기, '사랑의 금'으로 끝말잇기, '금을 버린 형과 아우' 인성 말하기, 추가 질문 목록 말하기
- 느낌, 생각, 경험 말하기: 동화의 첫 장면을 보며 생각을 말하기, 따뜻한 사랑을 나눌 수 있는 방법 말하기, 만약 나에게 금이 생긴다면?, '사랑의 저금통 사용할 곳'에 대해 토의하기
- 상황에 맞게 바른 태도로 말하기: 상황에 맞게 바르게 말하기

■ 읽기
- 읽기에 흥미 가지기: 인성 덕목 '사랑'에 관련된 순우리말 카드 읽기, 금으로 만든 물건 카드 읽기, 전래 동화 메트릭스 읽기
- 책 읽기에 관심 가지기
  동화: 금덩이보다 큰 아버지 사랑, 할미꽃 이야기, 내사랑 도토리, 내 동생이니까, 할아버지 사랑해요, 터널, 금 구슬을 버린 형제, 언제까지나 너를 사랑해

■ 쓰기
- 쓰기에 관심 가지기: '금을 버린 형과 아우'와 관련된 단어 가지 만들기(Web), 형과 아우에게 편지 쓰기, '형과 아우'와 관련된 글자 피라미드 쓰기, '사랑' 인성과 인물 협동해서 조사하기, 이조년의 '다정가' 써 보기(이전 경험), 전래 동화 이전 경험 쓰기, '사랑' 덕목을 실천한 위인 벤 다이어그램
- 쓰기 도구 사용하기: 금색 펜으로 동화 제목 쓰기, 붓글씨로 인성 덕목 쓰기, 손가락에 물을 묻혀 금색 종이 위에 '형제애' 쓰기, 자연물을 이용하여 '투금탄' 쓰기

금을 버린
형과 아우

예술경험

■ 아름다움 찾아보기
- 음악적 요소 탐색하기: 금 꽹과리 소리와 세기 탐색하기
- 움직임과 춤 요소 탐색하기: '뱃놀이' 부채춤 움직임 탐색하기
- 미술적 요소 탐색하기: 여러 가지 배의 색·모양·구조 탐색하기, 금 장신구의 모양 탐색하기

■ 예술적 표현하기
- 음악으로 표현하기: 새로 배운 노래 개사해 보기
  새 노래: 우애, 우리 가족 사랑해, 사랑의 마음, 참 좋은 말
- 움직임과 춤으로 표현하기
  움직임: 엘가 '사랑의 인사' 곡을 들으며 리본 막대를 이용하여 창의적으로 표현하기
  율동: 참 좋은 말, 친구야 사랑해(손 유희 활동)
- 미술 활동으로 표현하기: 사랑의 복주머니 만들기, 여러 가지 종이로 하트 만들기, 우유갑으로 배 만들기, 나만의 금팔찌 만들기, 극놀이 물건 만들기, 이전 경험그리기, '금을 버린 형과 아우' 협동화 그리기, '금을 버린 형과 아우' 극놀이 소품 만들기
- 극놀이로 표현하기: 뱃놀이, 금은방 놀이
- 통합적으로 표현하기: '금을 버린 형과 아우' 전래 동화 상황극 놀이하기, 사랑 나눔 캠페인

■ 예술 감상하기
- 다양한 예술 감상하기
  명화 감상: 프레드릭 모건 '나눔', 에드워드 스톳 '나룻배', 이무성 '투금탄'
  음악 감상: 엘가 'Salut D'amour In E Maijor Op.12'
- 전통 예술 감상하기: 공암나루터, 방화대교 '형제투금' 조형물, 이억년과 이조년 초상화, 김홍도 '자리짜기' 감상하기

사회관계

■ 나를 알고 존중하기
- 나를 알고 소중히 여기기: 전래 동화책을 읽는 나를 긍정적으로 생각하기
- 나의 일 스스로 하기: 전래 동화책을 읽고 난 후 제자리에 스스로 정리하기

■ 나와 다른 사람의 감정을 알고 조절하기
- 나와 다른 사람의 감정 알고 표현하기: '금을 버린 형과 아우'의 마음 공감하기
- 나의 감정 조절하기: '금을 버린 형과 아우' 활동을 하면서 나의 감정 긍정적으로 조절하기

■ 가족을 소중히 여기기
- 가족과 화목하게 지내기: 가족과 방화대교 '형제투금' 방문해 보기, 가족과 '사랑의 동전 모으기'를 하며 화목하게 지내기
- 가족과 협력하기: 가족이 좋아하는 '사랑' 인성 덕목 위인 찾아보기, 가족이 좋아하는 금 장신구 가계도 만들기

■ 다른 사람과 더불어 생활하기
- 친구와 사이좋게 지내기: 친구와 '금을 버린 형과 아우' 전래 동화책을 읽으며 사이좋게 지내기, 인성 동화 메트릭스 보기
- 공동체에서 화목하게 지내기: 친구와 '사랑'과 관련된 활동하며 화목하게 지내기
- 사회적 가치를 알고 지키기: 다른 사람에게 '사랑'으로 행동하기, 박물관에서 견학 시 규칙 지키기

■ 사회에 관심 갖기
- 지역 사회에 관심 갖고 이해하기: '이억년과 이조년'에 관련된 곳 알아보기, 금을 사용하는 곳 알아보기, 금과 관련된 직업 알아보기, 이조년의 타임 라인으로 알아보기
- 우리나라에 관심 갖고 이해하기: 우리나라에 금이 나오는 지역 알아보기(Map), 금과 관련된 상징물 알아보기, 우리나라의 비슷한 위인 알아보기(Map)
- 세계 여러 문화에 관심 가지기: 세계 여러 나라의 금으로 만든 상징물과 문화에 관심 갖기

금을 버린 형과 아우

자연탐구

■ 탐구하는 태도 기르기
- 호기심을 유지하고 확장하기: 진짜 금과 가짜 금에 호기심 갖기, 옛날 장신구와 현대의 장신구에 호기심 갖기
- 탐구 과정 즐기기: 금 장신구, 장식 물건 탐색하기, 금의 함량과 색깔 관찰하기
- 탐구 기술 활용하기: 순금과 도금한 제품 비교하기, 다양한 금의 종류 비교하기

■ 수학적 탐구하기
- 수와 연산의 기초 개념 알아보기: 장신구의 수 세기, 금 장신구 1:1 대응하기, 배 탑승 순서 순서표 만들기, 유람선의 운항 시간표 알아보기, 전래 동화 이분법
- 공간과 도형의 기초 개념 알아보기: 배(공기 부양선)의 부분과 전체 알아보기, '공암나루터' 위치 알아보기
- 기초적인 측정하기: 금 장신구 무게 재 보기, 금 장신구 크기 측정하고 비교하기
- 규칙성 이해하기: 금메달로 패턴 만들기, 금 장신구 크기별로 서열화하기, 사랑 마크 패턴 만들기
- 기초 자료 수집과 결과 나타내기: 금, 은, 동 벤 다이어그램, 내가 좋아하는 금 장신구 그래프 만들기, 우리나라 시대별 금 장신구 타임 라인 알아보기, 우리 반 친구들이 좋아하는 금 장신구 파이 차트, 나무와 농사의 자료 수집(Data collection), 금이 나오는 전래 동화 파이 차트

■ 과학적 탐구하기
- 물체와 물질 알아보기: 금을 만드는 데 사용되는 재료 알아보기
- 생명체와 자연환경 알아보기: '이억년과 이조년' 생애 순서 차트, 금을 캐는 광산 알아보기
- 자연 현상 알아보기: 배 타기 좋은 날씨 알아보기
- 간단한 도구와 기계 활용하기: 금 물건 저울에 달아보기, 확대경으로 금 장신구 모양 찾아보기, 카메라로 금 장신구 찍어 프린트하기, 금 장신구 부착해 보기

행사 및 안전 교육

■ 도덕성 실험
- 사회(사랑)

■ 관찰 평가
- 프로젝트 평정 척도

■ 요리 실습
- 사랑의 쑥 개떡 만들기

■ 친사회적 행동
- 친구에게 나의 물건 나누어 주기
- 동생에게 친절하게 대하기
- 내가 하고 싶은 놀이 친구에게 양보하기

■ 안전 교육
- 생활 안전
- 재난 대피 교육(안전 교육 어떻게 해야 할까요?)

■ 행사
- 사랑의 동전 모으기 행사, 사랑의 바자회

■ 지역 사회 연계
- 견학: 탑산 구암근린공원, 동화박물관, 역사박물관, 방화대교 '투금탄'

■ 자연 친화적 생태 활동(일상생활 관련 활동)
- 다양한 색깔의 나무 관찰하며 산책하기

2) 가정통신문

<table>
<tr><td colspan="2">프로젝트 주제</td><td>금을 버린 형과 아우(사랑)</td></tr>
<tr><td colspan="2">학습 예상 시기</td><td>2018년 5월 1일~5월 31일(4주간)</td></tr>
<tr><td colspan="2">주제 선정 이유</td><td>한 유아가 언어 영역에서 '금을 버린 형과 아우' 전래 동화책을 읽고 있다가 교사에게 "선생님, 형과 아우는 왜 금을 버렸어요? 금은 소중한 것이잖아요!"라고 말하자 다른 유아들도 '금을 버린 형과 아우' 전래 동화의 형제에 대해 관심을 보였다. 교사가 "형이나 동생은 왜 금을 더 갖고 싶어 했나요?"라고 물어보자 한 유아가 "욕심이 많아졌어요."라고 대답한다. 교사는 유아들에게 '금을 버린 형과 아우' 전래 동화를 통해 형제들이 금을 통해 욕심도 갖게 되고 형제의 소중한 우애를 깨닫게 되는'투금탄'의 유래를 들려주었다. 또 '금을 버린 형과 아우' 전래 동화 속의 실제 인물인 '이억년과 이조년' 형제 이야기를 들려주자 유아들이 형제에 대해 관심을 갖고 궁금해 하였다.
'금을 버린 형과 아우' 전래 동화 프로젝트를 통해 형제의 우애와 금과 관련된 다양한 활동을 하며 유아들과 동화 속의 주인공처럼 금 이야기를 통해 자신의 욕심보다는 다른 사람에 대한 이해와 나눔을 실천할 수 있는 '사랑'이라는 인성 덕목에 대해 알아보고자 한다.
유아기에 긍정적인 영향을 줄 수 있는 '금을 버린 형과 아우' 전래 동화의 '사랑'이라는 인성 덕목을 누리과정을 통합하여 전개해 보고 유아들의 이해와 사고를 심화시켜 동화 주인공의 삶을 통해 유아들이 바른 인성을 가질 수 있도록 돕고자 한다. 또한 가정 연계 활동을 통해 형제간의 우애를 가정생활에서도 실천할 수 있게 하고 지역 사회 자원을 활용하여 교육적 효과를 높이고자 한다. '사랑'이라는 인성 덕목을 프로젝트 접근법으로 수행하면서 유아들이 가족 사랑, 이웃 사랑, 나라 사랑으로 사랑하는 마음이 더 크게 확대되길 기대한다.</td></tr>
<tr><td colspan="2">'금을 버린 형과 아우'에 대한 주요 개념</td><td>1. '금을 버린 형과 아우'의 유래에 대해 알아본다.
2. '금을 버린 형과 아우'의 우애에 대해 알아본다.
3. '금을 버린 형과 아우'처럼 형제애를 실천한 위인에 대해 알아본다.
4. '금을 버린 형과 아우' 동화에 나온 주인공들의 행동을 본받는다.
5. '금을 버린 형과 아우'가 사용했던 배 사용법에 대해 알아본다.
6. 시대별 장신구에 대해 살펴보고 종류별로 구분해 본다.
7. 금으로 만든 장신구, 장식품의 종류를 알아본다.</td></tr>
<tr><td colspan="2">예상되는 학습 내용 및 활동</td><td>• '학습 내용 및 자원 목록표'를 참고하세요.
• 보내 드리는 계획안은 교사 임의적인 수업 계획안으로, 프로젝트 주제의 진행 과정 중 아이들의 호기심과 관심에 따라 수업 진행이 변경될 수 있습니다. 진행 상황은 매주 안내해 드립니다.
• 원활한 프로젝트 주제 전개를 위해 가정에서의 많은 관심과 참여를 부탁드립니다.</td></tr>
<tr><td rowspan="3">가정에서 도와주세요</td><td>유아들과 함께 하실 일</td><td>• '사랑'과 관련된 동화를 함께 읽어 주시기 바랍니다.
• 가정에서 유아들과 '사랑'에 관심을 갖고 이야기해 주시기 바랍니다.
• 아이들이 '금', '배'에 대해 궁금해 하거나 질문하는 것을 책이나 인터넷, 현장 체험을 통해 주제에 관심을 가질 수 있도록 도와주세요.
• 가정에서 보관하고 계신 여러 나라의 금 물건에 대해 아이들과 함께 탐색해 주세요.
• 부모님이 사용하고 계신 금 장신구에 대해 이야기해 주세요.</td></tr>
<tr><td>자원 협조</td><td>• 금 관련 사진, 잡지, 그림, DVD 등의 자료가 있으면 보내 주세요.
• 금과 관련된 실물 자료가 있으시면 보내 주세요.
• 금과 관련된 동화책을 보내 주세요.
• 자원을 보내실 때는 이름을 꼭 적어 주시기 바랍니다. 보내 주신 자원은 교육 활동 자료로 소중히 사용한 후 다시 보내 드리겠습니다.</td></tr>
<tr><td>전문가/자원봉사자</td><td>• 박물관에서 일하시는 부모님을 전문가로 초대합니다.
(국립중앙박물관, 금박물관, 동화박물관 등)</td></tr>
<tr><td colspan="2">특별 행사/공지 사항</td><td>• 사랑 나눔 캠페인
• 탑산 구암근린공원, 방화대교 형제투금, 국립중앙박물관, 역사박물관 견학
• '금을 버린 형과 아우 프로젝트' 전시회</td></tr>
</table>

3) 영역별 통합 활동

1) 신체운동·건강

✠ 신체 인식하기

◈ 감각 능력 기르고 활용하기

-활동명: 감각을 이용하여 금 탐색하기

감각을 이용하여 금을 탐색하였어요.

-활동명: 감각으로 금 장신구 탐색하기

금 장신구를 만져 보며 탐색하였어요.

◈ 신체를 인식하고 움직이기

–활동명: 동화 표지를 보고 신체로 표현하기

동화 '금을 버린 형과 아우' 표지를 보고 신체로 표현해 보았어요.

–활동명: 형과 아우처럼 우애 좋은 모습 해 보기

우애 좋은 형과 아우를 몸으로 표현해 보았어요.

✜ 신체 조절과 기본 운동하기

◈ 신체 조절하기

–활동명: 전래 동화책 주고 받기

전래 동화책 '금을 버린 형과 아우', '의좋은 형제'를 주고 받았어요.

-활동명: 주인공처럼 봇짐 싸기

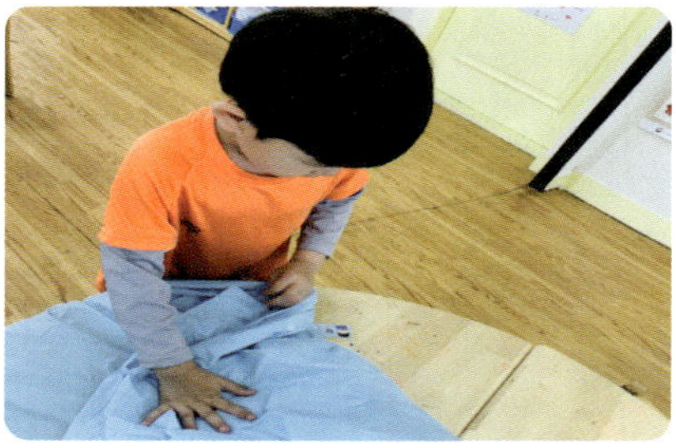

전래 동화책 '금을 버린 형과 아우'의 형처럼 봇짐을 싸 보았어요.

-활동명: 금 장신구 바느질하기

금 장신구 바느질을 해 보았어요.

-활동명: 금 구슬 꿰기

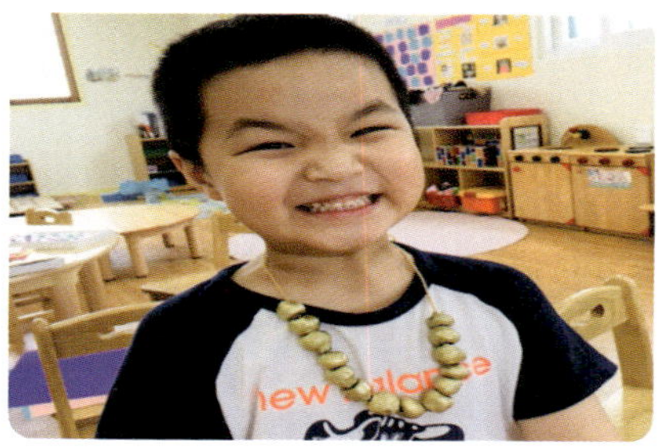

금 구슬 꿰기를 해 보았어요.

–활동명: 황금 방망이 들어 올리기

황금 방망이를 들어 올려 보았어요.

–활동명: 투금탄 적목으로 구성하기

투금탄을 적목으로 구성해 보았어요.

◈ 기본 운동하기

–활동명: 금으로 만든 그림 사진 들고 앉았다 일어서기

금으로 만든 그림 사진을 들고 앉았다 일어서기를 해 보았어요.

-활동명: 친구와 손으로 하트 만들며 균형 잡기

양손으로 하트를 만들며 한 발을 들고 균형을 잡고 서 있기를 해 보았어요.

-활동명: 금 왕관 쓰고 바르게 걷기

금 왕관을 쓰고 바르게 걷기를 해 보았어요.

-활동명: 금 트로피 들고 뛰기

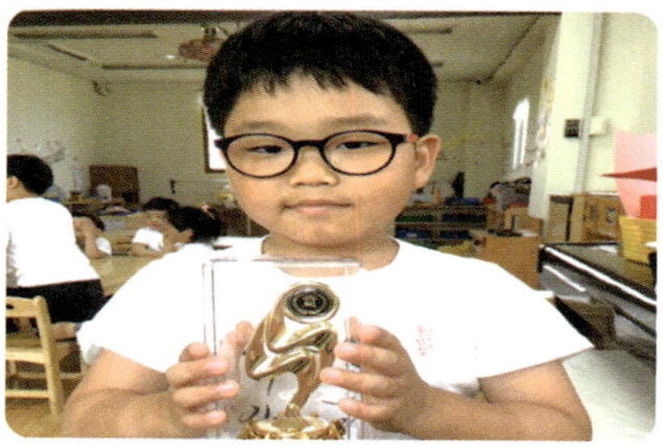

금 트로피를 들고 뛰어 보았어요.

✽ 신체 활동에 참여하기

◈ 자발적으로 신체 활동에 참여하기

–활동명: 사랑 이어달리기

친구와 사이좋게 '하트 종이'를 들고 이어달리기를 해 보았어요.

–활동명: 친구와 함께 이인삼각 경주하기

친구와 함께 이인삼각 경주를 해 보았어요.

–활동명: 친구에게 보물 찾아 주기

친구에게 보물을 찾아 주었어요.

–활동명: 게임 활동 메트릭스(Matrix)

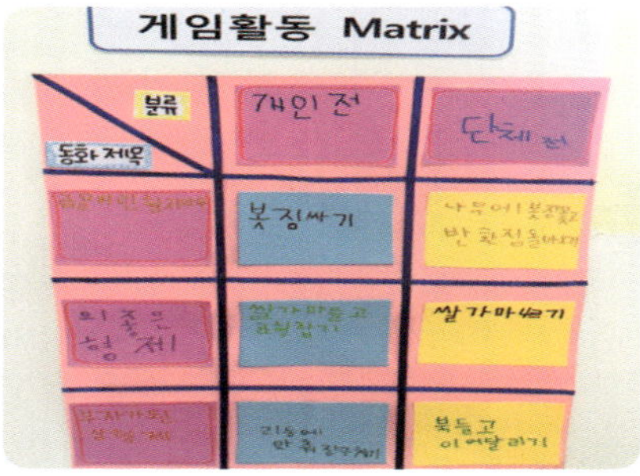

게임활동 Matrix

	개인전	팀별	단체전
금을 버린 형과 아우	봇짐 싸기	봇짐 던지기	나무에 봇짐 꽂고 반환점 돌아오기
의좋은 형제	쌀 가마니 균형잡기	쌀 가마니 전달하기	쌀 가마니 나르기
부자가 된 삼형제	리듬에 맞춰 장구치기	뛰어가서 장구 치고 돌아오기	북 들고 이어달리기

게임 활동 메트릭스를 해 보았어요.

◈ 바깥에서 신체 활동하기

–활동명: 친구와 함께 배타고 투금탄에서 금 던져보기

친구와 배를 타고 금을 던져 보았어요.

–활동명: 봇짐 메고 친구에게 사랑의 음식 전달하기

봇짐을 메고 친구에게 '감자', '음료수' 등을 전달하였어요.

−활동명: 비석치기 플로 차트(Flow chart)

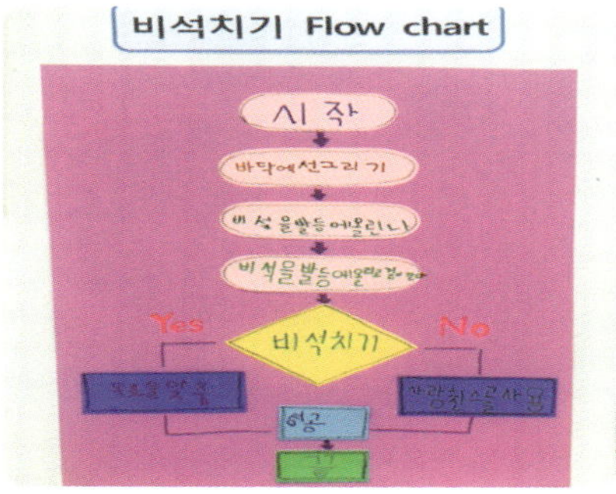

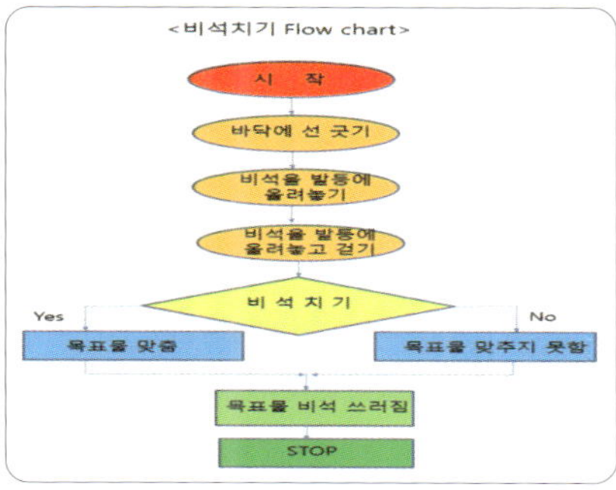

비석치기 플로 차트를 해 보았어요.

−활동명: 금 왕관 쓰고 앵두 먹기 게임

금 왕관을 쓰고 앵두 먹기 게임을 해 보았어요.

◈ 기구를 이용하여 신체 활동하기

−활동명: 나무에 봇짐 꽂고 반환점 돌아오기

나무에 봇짐을 꽂고 반환점 돌아오기를 해 보았어요.

-활동명: 친구와 배 안에 금 모으기

친구와 함께 배 안에 금 모으기를 해 보았어요.

✠ 건강하게 생활하기

◈ 몸과 주변을 깨끗이 하기

-활동명: 바깥 놀이 후 주변 깨끗이 하기

바깥 놀이 후 주변을 깨끗이 정리하였어요.

-활동명: 식사 전·후 손을 깨끗이 닦기

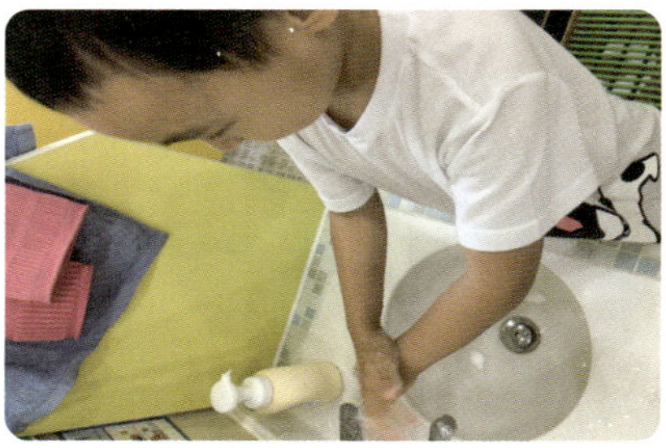
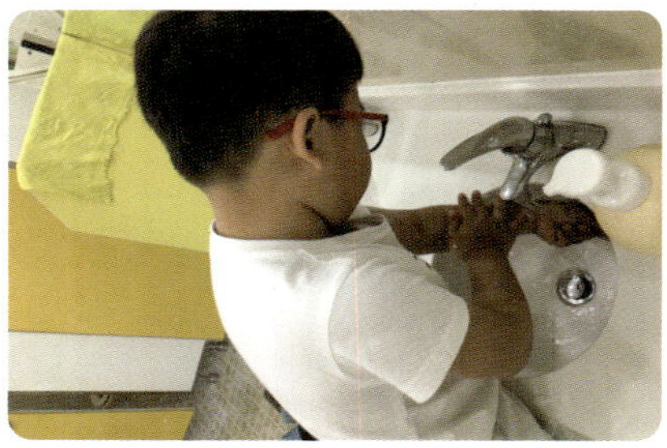

식사를 하기 전과 후에 깨끗하게 손을 씻었어요.

◈ 바른 식생활 하기

–활동명: 적당량의 음식 골고루 먹기

먹을 만큼의 음식을 담아 골고루 먹었어요.

◈ 건강한 일상생활하기

–활동명: 하루 일과 즐겁게 참여하기

하루 일과 중 자유선택 시간에 즐거운 마음으로 참여하였어요.

◈ 질병 예방하기

–활동명: 날씨와 상황에 알맞게 옷 입기

여름 날씨와 비 오는 날에 맞게 옷을 입었어요.

✤ 안전하게 생활하기

◈ 안전하게 놀이하기

–활동명: 안전하게 놀이하기

안전한 장소에서 놀이를 하였어요.

◈ 교통 안전 규칙 지키기

–활동명: 안전벨트 착용하기

현장 학습 시 통학 버스에 승차한 후 안전벨트를 착용하였어요.

◈ 비상 시 적절히 대처하기

-활동명: 몸에 상처가 났을 때 대처하는 방법 알고 행동하기

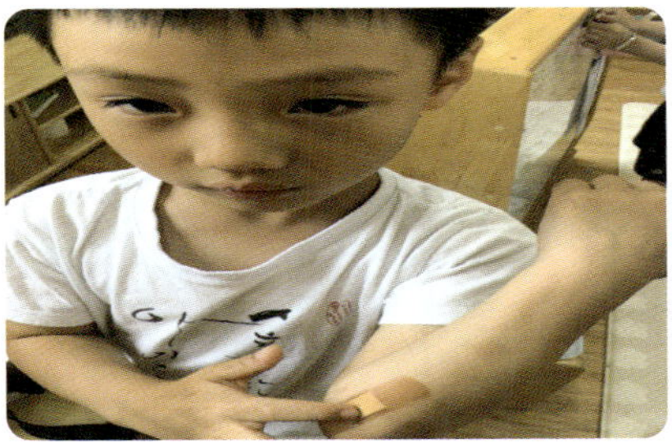
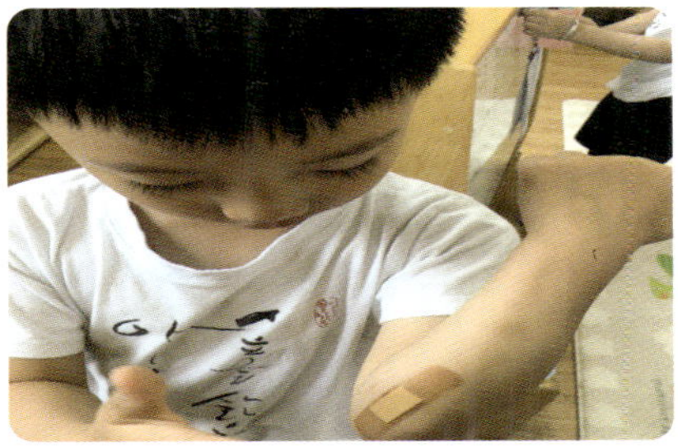

몸에 상처가 났을 때 교사에게 도움을 요청하여 응급 처치를 하였어요.

-활동명: 재난 안전 교육과 소방 대피 훈련

화재가 났을 때 대피하는 방법을 알아보고, 소방 대피 훈련을 안전하게 하였어요.

2) 의사소통

✠ 듣기

◈ 낱말과 문장 듣고 이해하기

–활동명: 형과 아우의 사랑에 대한 이야기 듣기

'형제애'에 관한 이야기를 들어 보았어요.

–활동명: '금을 버린 형과 아우' 브레인스토밍 듣기

'금을 버린 형과 아우'에 대한 브레인스토밍을 들어 보았어요.

–활동명: 황진의 고시 '투금탄' 듣기

황진의 고시 '투금탄'을 들어 보았어요.

◈ 이야기 듣고 이해하기

–활동명: 금 장신구 변화 과정 플로 차트(Flow chart)

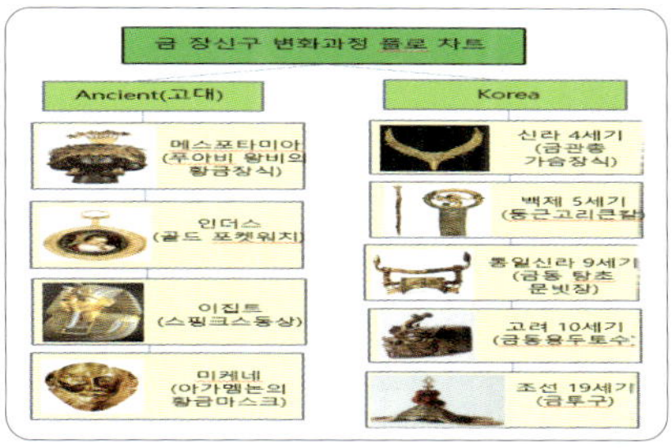

금 장신구의 변화 과정 플로 차트를 만들어 보았어요.

–활동명: 나룻배 단면도

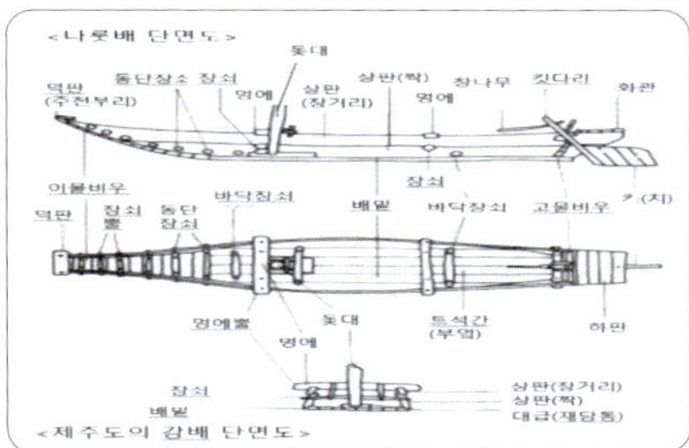

나룻배 단면도를 보고 구조를 만들어 보았어요.

–활동명: '금을 버린 형과 아우'의 인성 덕목에 대해 듣기

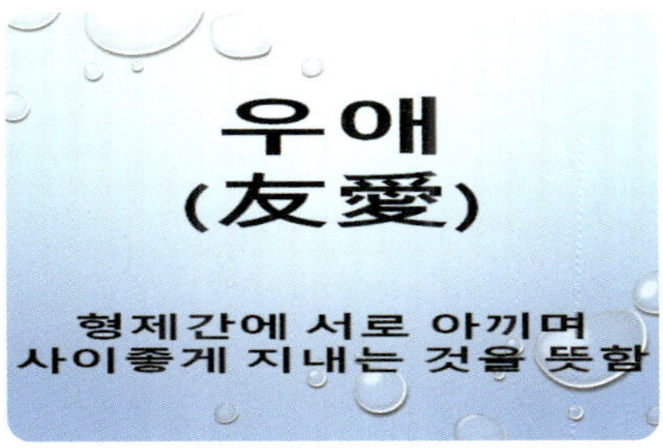

'금을 버린 형과 아우' 인성 덕목에 대해 듣고 알아보았어요.

–활동명: '투금탄'의 유래에 대해 듣기

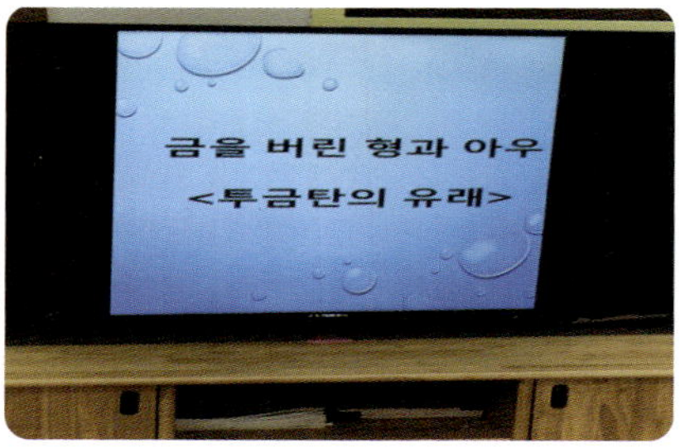

투금탄의 유래에 대해 듣고 알아보았어요.

–활동명: '형제투금' 고사성어 듣기

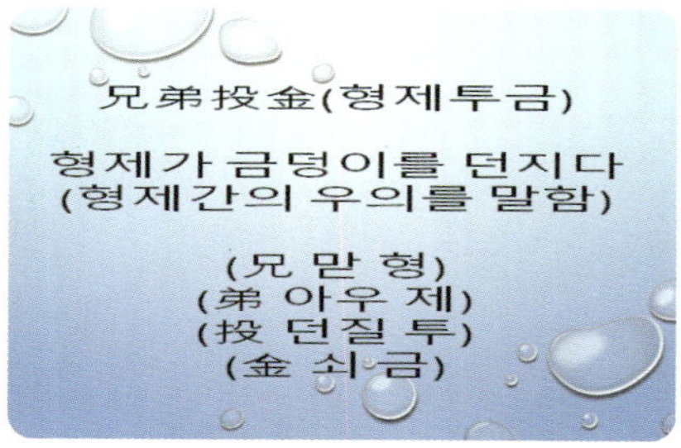

'형제투금' 고사성어를 듣고 알아보았어요.

–활동명: 금이 나오는 지역 듣기

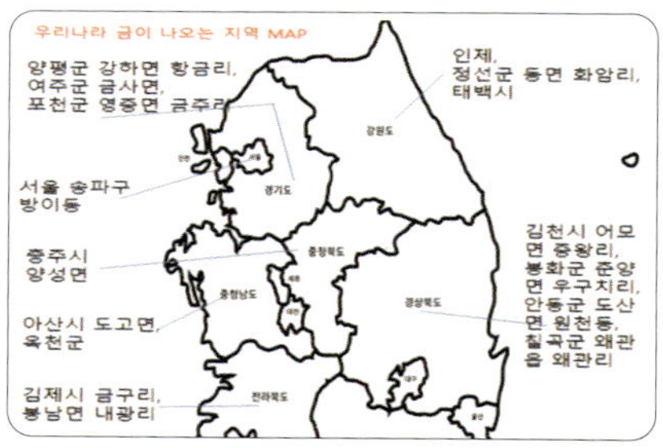

금이 나오는 지역에 대해 듣고 위치를 알아보았어요.

-활동명: 금 제작 순서 듣기

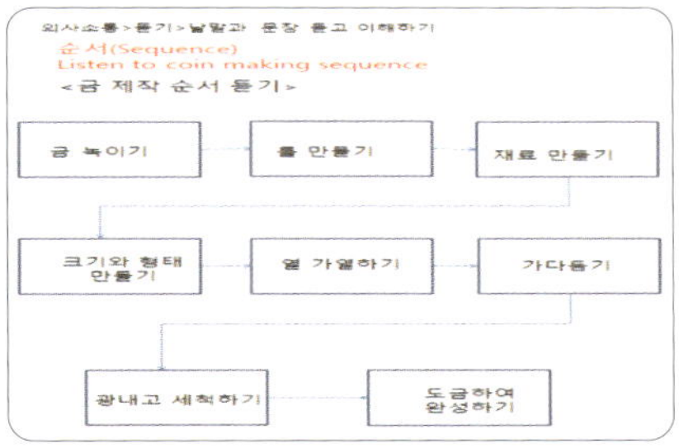

금을 만드는 순서를 들어 보았어요.

-활동명: 전래 동화 주제망(Web) 듣기

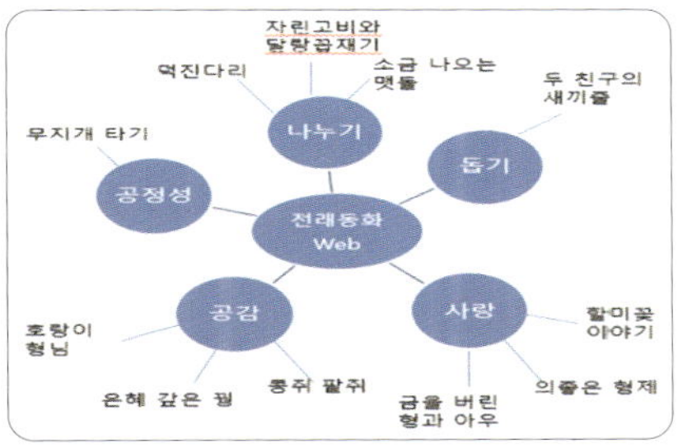

전래 동화 주제망을 듣고 알아보았어요.

◈ 동화, 동시, 동요 듣고 이해하기

-활동명: 전래 동화 '금을 버린 형과 아우', 동시 '사랑 나누기'

동화 '금을 버린 형과 아우', 동시 '사랑 나누기'를 이해하며 들어 보았어요.

◈ 바른 태도로 듣기

-활동명: 다른 사람의 이야기 경청하기

다른 사람의 이야기를 경청해 보았어요.

✤ 말하기

◈ 낱말과 문장으로 말하기

-활동명: 금으로 만든 물건 말하기

카드를 보고 금으로 만든 물건을 말해 보았어요.

-활동명: '아우'로 이행시 지어보기

동화 '의좋은 형제'를 읽고 '아우'로 이행시를 지어 말해 보았어요.

–활동명: '금을 버린 형과 아우' 관련 단어 귓속말 전하기

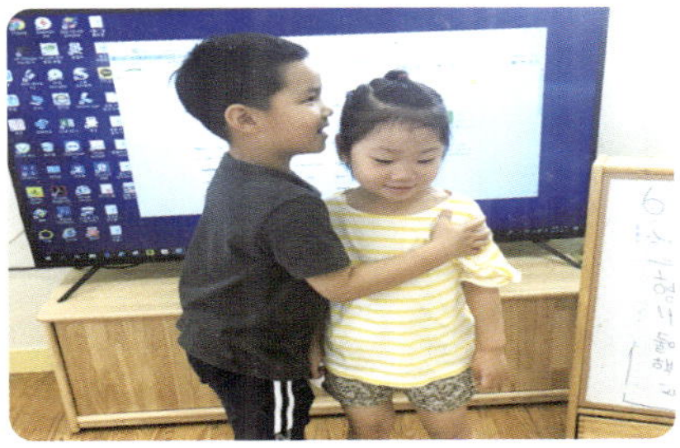

동화 '금을 버린 형과 아우'를 읽고, 관련된 단어를 귓속말로 전해 보았어요.

–활동명: 추가 질문 목록 말하기

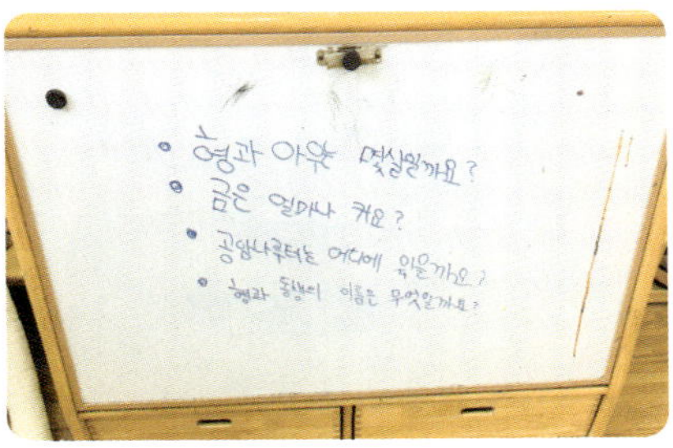
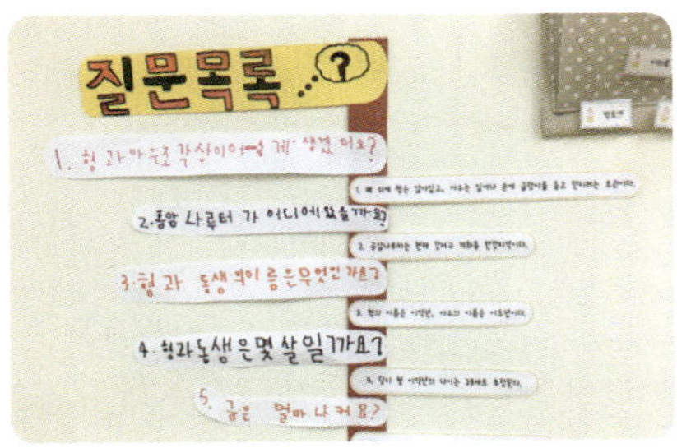

'투금탄'에 대해 궁금한 점을 물어 보고, 추가 질문 목록을 작성하여 말해 보았어요.

–활동명: '사랑의 금'으로 끝말잇기

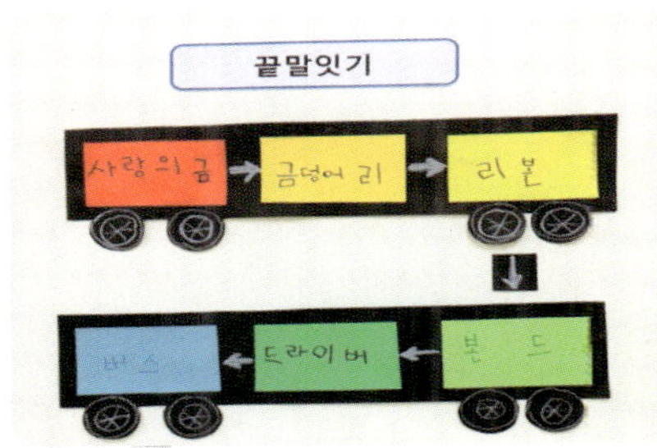

'사랑의 금'으로 끝말잇기를 해 보았어요.
(사랑의 금→금덩어리→리본→본드→드라이버→버스→스위치→치즈빵→빵 가게)

-활동명: '금을 버린 형과 아우'의 인성 말하기

'금을 버린 형과 아우'의 인성에 대해 말해 보았어요.

-활동명: '투금탄'에 대해 궁금한 점 물어보기

'투금탄'에 대해 궁금한 점을 말해 보았어요.

◈ 느낌, 생각, 경험 말하기

-활동명: 동화의 첫 장면을 보며 생각 말하기

동화의 첫 장면을 보며 자신의 생각을 말해 보았어요.

–활동명: 따뜻한 사랑을 나눌 수 있는 방법 말하기

사랑을 나눌 수 있는 방법에 대해 말해 보았어요.

–활동명: 만약 나에게 금이 생긴다면?

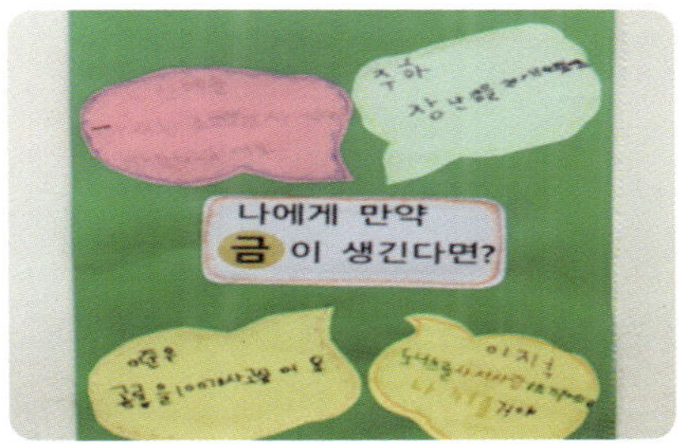

'만약 나에게 금이 생긴다면?'에 대해 말해 보았어요.

–활동명: '사랑의 저금통 사용할 곳'에 대해 토의하기

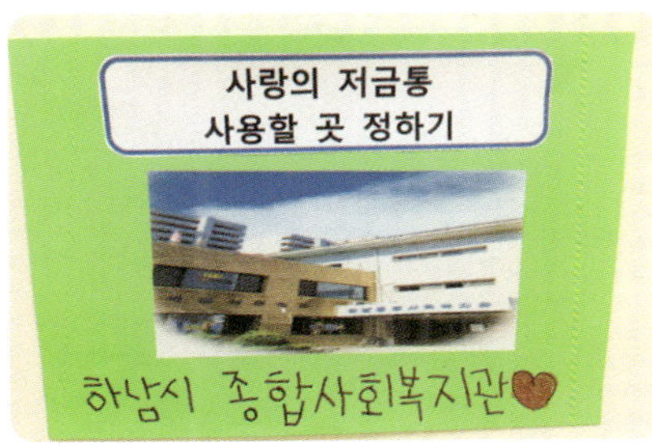

사랑의 저금통을 어디에 사용하고 싶은지 친구들과 함께 토의해 보았어요.

◈ 상황에 맞게 바른 태도로 말하기

-활동명: 상황에 맞게 바르게 말하기

상황에 맞게 바른 태도로 말해 보았어요.

✽ 읽기

◈ 읽기에 흥미 가지기

-활동명: 인성 덕목 '사랑'에 관련된 순우리말 카드 읽기

인성 덕목 '사랑'에 관련된 순우리말 카드를 읽어 보았어요.

-활동명: 금으로 만든 물건 카드 읽기

금으로 만든 물건 카드를 읽어 보았어요.

–활동명: 전래 동화 메트릭스(Matrix) 읽기

전래동화 Matrix

	동화인물	장소	상징적인 물건
금을 버린 형과 아우	형, 아우	투금탄, 공암나루터	금
의좋은 형제	형, 아우	산골마을	쌀가마니
부자가 된 삼형제	삼형제, 아버지	어느 마을	은 1냥 (지팡이, 북, 절구)

전래 동화 메트릭스를 완성하여 읽어 보았어요.

◈ 책 읽기에 관심 가지기

–활동명: 동화 '금을 버린 형과 아우', '의좋은 형제' 읽기

동화 '금을 버린 형과 아우', '의좋은 형제'를 읽어 보았어요.

✠ 쓰기

◈ 쓰기에 관심 가지기

–활동명: '금을 버린 형과 아우'와 관련된 단어 가지 만들기(Web)

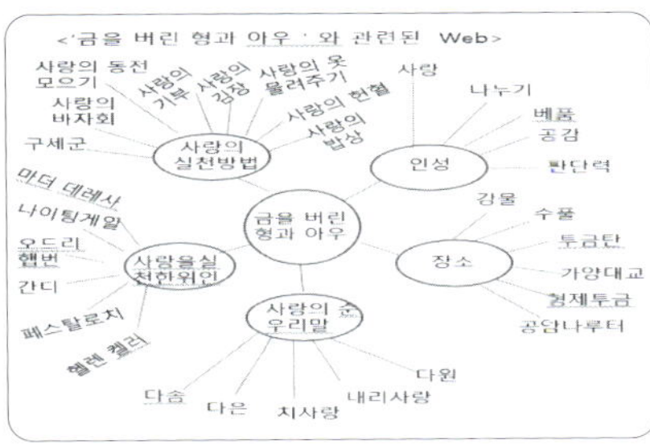

'금을 버린 형과 아우'를 읽고 관련된 단어 가지를 만들어 보았어요.

-활동명: 형과 아우에게 편지 쓰기

동화 '금을 버린 형과 아우'를 읽고, 형과 아우에게 편지를 써 보았어요.

-활동명: '형과 아우'와 관련된 글자 피라미드 만들기

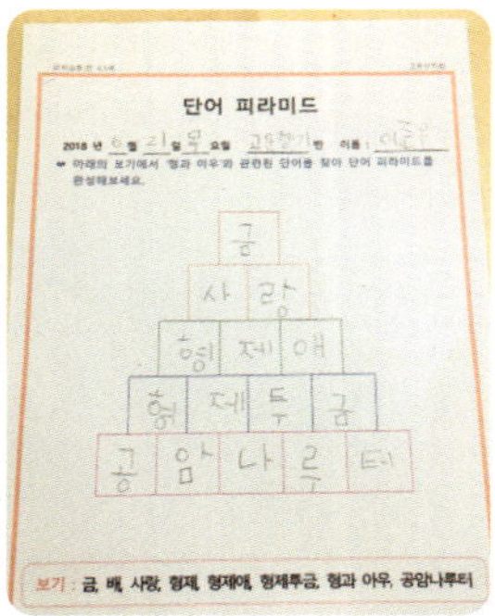

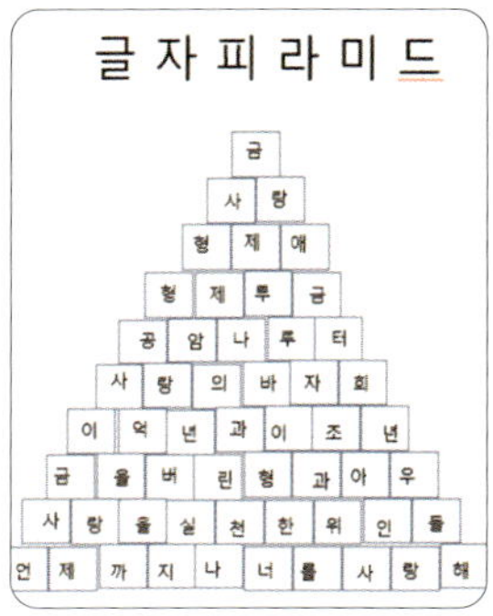

'형과 아우'와 관련된 글자 피라미드를 써 보았어요.

-활동명: 이조년의 '다정가' 써 보기(이전 경험)

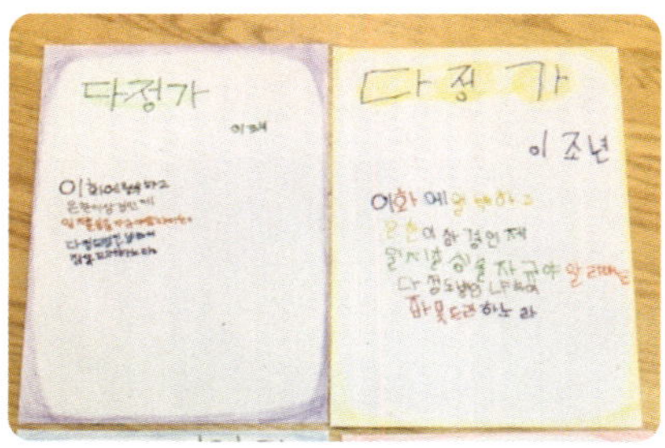

이조년의 '다정가'를 써 보았어요.

–활동명: ‘전래 동화’ 쓰기(이전 경험)

‘전래 동화’ 이전 경험을 이야기하고, 그림과 글로 써 보았어요.

–활동명: 사랑 위인 벤 다이어그램

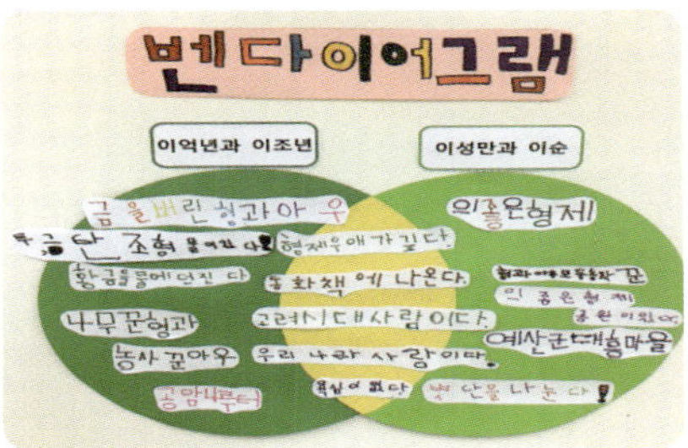

사랑 위인 벤 다이어그램을 써 보았어요.

◈ 쓰기 도구 사용하기

–활동명: 손가락에 물을 묻혀 금색 종이 위에 ‘형제애’ 쓰기

금색 종이 위에 검은 글자로 ‘형제애’를 적고, 손가락에 물을 묻혀 따라 써 보았어요.

–활동명: 붓글씨로 인성 덕목 쓰기

붓글씨로 인성 덕목을 써 보았어요.

–활동명: 금색 펜으로 동화 제목 쓰기

금색 펜으로 동화 제목을 써 보았어요.

–활동명: 자연물을 이용하여 '투금탄' 쓰기

풀, 꽃, 나뭇가지를 이용하여 '투금탄'을 써 보았어요.

3) 사회관계

✽ 나를 알고 존중하기

◈ 나를 알고 소중히 여기기

–활동명: 동화책을 읽는 나를 긍정적으로 생각하기

동화를 읽고 자신의 생각과 느낌을 이야기해 보았어요.

◈ 나의 일 스스로 하기

–활동명: 동화책을 읽고 난 후 제자리에 스스로 정리하기

동화를 읽고 스스로 책을 정리해 보았어요.

✽ 나와 다른 사람의 감정을 알고 조절하기

◈ 나와 다른 사람의 감정 알고 표현하기

–활동명: '금을 버린 형과 아우'의 마음 공감하기

형과 아우의 사랑을 표현해 보았어요.

◈ 나의 감정 조절하기

–활동명: '금을 버린 형과 아우' 표현 활동을 하며 나의 감정 조절하기

동화를 회상하면서 나의 감정에 대해 이야기를 나누고 표현해 보았어요.

✥ 가족을 소중히 여기기

◈ 가족과 화목하게 지내기

–활동명: 가족과 방화대교 '형제투금' 방문해 보기

가족과 함께 방화대교 '형제투금'을 방문해 보았어요.

–활동명: 가족과 '사랑의 동전 모으기'를 하며 화목하게 지내기

가족과 함께 동전을 모으면서 나눔에 대해 이야기해 보았어요.

◈ 가족과 협력하기

–활동명: 가족이 좋아하는 '사랑' 인성 덕목 위인 찾아보기

'사랑'과 관련된 이야기를 듣고 가족이 좋아하는 인성 덕목 위인을 찾아보았어요.

–활동명: 가족이 좋아하는 금 장신구 가계도 만들기(Tree diagram)

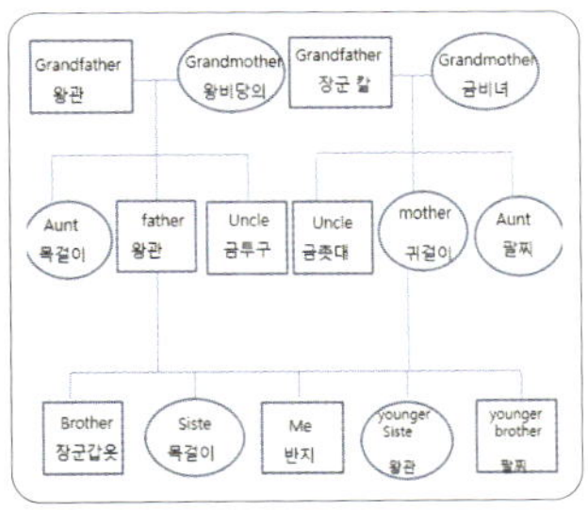

우리 가족이 좋아하는 금 장신구에 대해 알아보았어요.

✤ 다른 사람과 더불어 생활하기

◈ 친구와 사이좋게 지내기

–활동명: 친구와 동화책을 읽으며 사이좋게 지내기

친구와 사이좋게 동화책을 읽어 보았어요.

–활동명: 인성 동화 메트릭스(Matrix)

Matrix

	창작동화	전래동화	위인동화
사랑	꼬부랑 할머니가	금을 버린 형과 아우	유관순
협력	내가 도와줄게	팥죽할머니와 호랑이	심훈
책임	내가 책임질게	두 친구의 새끼줄	김시민
공감	여왕님, 그만 울어요	호랑이 형님	장기려

다양한 인성 동화에 대해 알아보고 자신이 읽은 책에 대해 이야기를 해 보았어요.

◈ 공동체에서 화목하게 지내기

–활동명: 친구와 '사랑'과 관련된 활동하며 화목하게 지내기

신체로 '사랑'을 표현해 보고 풍선 놀이를 하며 '사랑'을 나누어 보았어요.

◈ 사회적 가치를 알고 지키기

–활동명: 다른 사람에게 '사랑'으로 행동하기

다른 사람들과 '사랑'을 표현해 보았어요.

−활동명: 박물관에서 견학 시 규칙 지키기

박물관에서 지켜야 할 규칙에 대해 이야기를 나누었어요.

✤ 사회에 관심 갖기

◈ 지역 사회에 관심 갖고 이해하기

−활동명: '이억년과 이조년' 관련된 곳 알아보기

이억년, 이조년과 관련된 '투금탄'에 대해 알아보았어요.

−활동명: 금을 사용하는 곳 알아보기

우리 주변에서 금이 어떻게 사용되는지에 대해 알아보았어요.

-활동명: 금과 관련된 직업 알아보기

금과 관련된 직업에 대해 알아보았어요.

-활동명: 이조년 타임 라인(Time line)으로 알아보기

이조년의 생애에 대해 알아보았어요.

◈ 우리나라에 관심 갖고 이해하기

-활동명: 우리나라의 금이 나오는 지역 알아보기(Map)

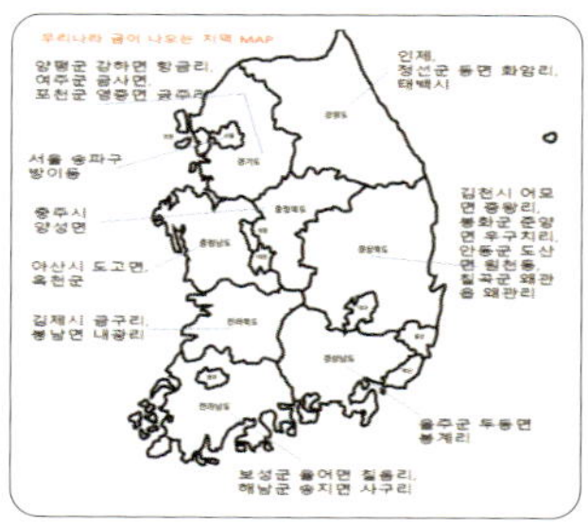

우리나라의 금이 나오는 지역에 대해 알아보았어요.

-활동명: 금과 관련된 상징물 알아보기

다양한 나라에서 금이 어떻게 사용되는지에 대해 알아보았어요.

-활동명: 우리나라 비슷한 위인 알아보기(Map)

사랑하는 마음을 가지고 나라를 지킨 위인들에 대해 알아보았어요.

◈ 세계 여러 문화에 관심 가지기

-활동명: 세계 여러 나라의 금으로 만든 상징물과 문화에 관심 갖기

세계 여러 나라의 '금' 문화에 대해 알아보았어요.

(4) 예술경험

✠ 아름다움 찾아보기

◈ 음악적 요소 탐색하기

−활동명: 금 꽹과리 소리, 세기 탐색하기

꽹과리를 연주하면서 소리와 세기에 대해 탐색해 보았어요.

◈ 움직임과 춤 요소 탐색하기

−활동명: ‘뱃놀이’ 부채춤 움직임 탐색하기

부채춤 영상을 관람하면서 부채춤에 대해 알아보았어요.

◈ 미술적 요소 탐색하기

−활동명: 여러 가지 배의 색, 모양, 구조 탐색하기

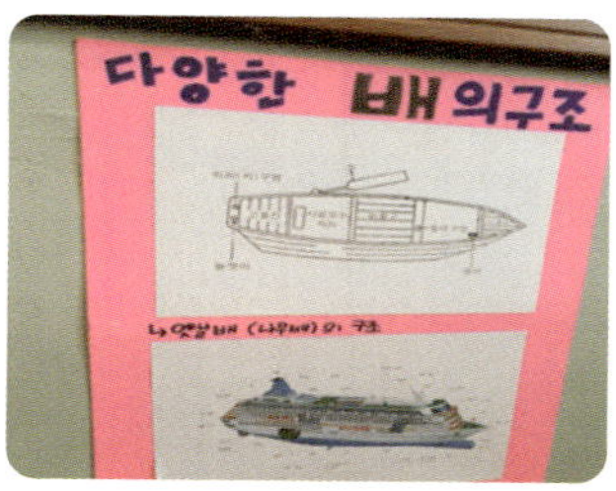

옛날 배와 현재의 배의 차이에 대해 알아보고 탐색해 보았어요.

-활동명: 금 장신구의 모양 탐색하기

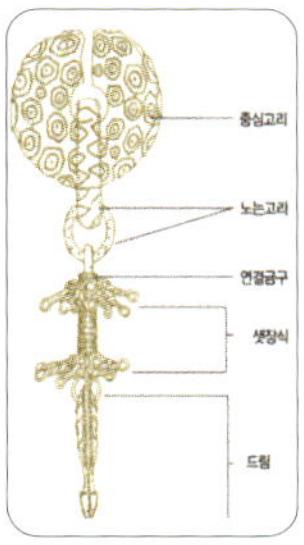

금 장신구의 명칭을 살펴보고 모양을 탐색해 보았어요.

✠ 예술적 표현하기

◈ 음악으로 표현하기

-활동명: 새로 배운 노래 개사해 보기

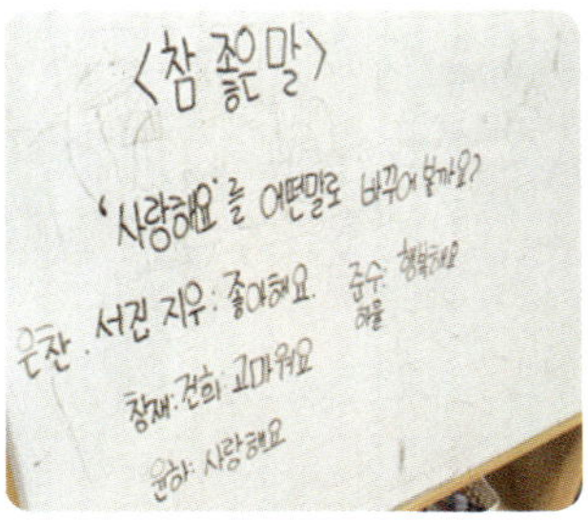

새로 배운 노래를 '사랑'과 관련지어 개사해 보았어요.

◈ 움직임과 춤으로 표현하기

-활동명: 엘가의 '사랑의 인사'를 들으며 리본 막대를 이용해 창의적 표현하기

'사랑의 인사'를 들으면서 리듬 막대를 이용해 창의적으로 표현해 보았어요.

−활동명: 동요 '참 좋은 말'에 맞춰 율동하기

동요를 부르면서 율동을 해 보았어요.

−활동명: 손 유희 '친구야 사랑해'

손 유희를 이용하여 친구에게 사랑을 표현해 보았어요.

◈ 미술 활동으로 표현하기

−활동명: 사랑의 복주머니 만들기

사랑이 담긴 복주머니를 만들어 친구에게 선물해 보았어요.

–활동명: 여러 가지 종이로 하트 만들기

다양한 종이를 사용하여 하트를 만들어 보았어요.

–활동명: 우유갑으로 배 만들기

우유갑으로 배를 만들어서 직접 물에 띄어 보았어요.

–활동명: 나만의 금팔찌 만들기

금색 꾸미기 재료를 이용하여 나만의 금팔찌를 만들어 보았어요.

-활동명: 극놀이 물건 만들기

친구들과 극놀이 물건을 만들어 보았어요.

-활동명: 이전 경험 그리기

금덩이를 만든 경험을 그림으로 표현해 보았어요.

-활동명: '금을 버린 형과 아우' 협동화 그리기

동화를 읽은 후 친구와 협동하여 배를 그리고, 만들어 보았어요.

–활동명: '금을 버린 형과 아우' 극놀이 소품 만들기

내가 생각하는 금덩이를 직접 만들어 보았어요.

◈ 극놀이로 표현하기

–활동명: 뱃놀이

친구와 함께 꾸민 배를 타면서 뱃놀이를 해 보았어요.

–활동명: 금은방 놀이

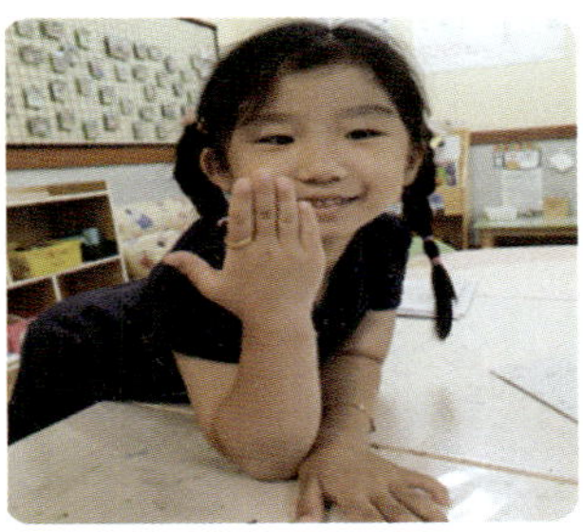

다양한 금 장신구를 활용하여 금을 사고 팔아 보았어요.

◈ 통합적으로 표현하기

–활동명: '금을 버린 형과 아우' 상황극 놀이하기

전통 의상인 한복을 입고 동화를 재연해 보았어요.

–활동명: 사랑 나눔 캠페인

'사랑의 빵' 저금통에 동전을 모아 기부를 해 보았어요.

✽ 예술 감상하기

◈ 다양한 예술 감상하기

–활동명: 프레드릭 모건 '나눔' 감상하기

명화 '나눔'을 보고 나눔에 대해 이야기를 나누었어요.

-활동명: 에드워드 스톳 '나룻배' 감상하기

'나룻배' 명화 감상을 하며 작가와 명화에 대해 알아보았어요.

-활동명: 이무성 '투금탄' 감상하기

'투금탄'의 유래를 생각하며 그림을 감상해 보았어요.

-활동명: 엘가 'Salut D'amour In E Maijor Op.12' 감상하기

음악을 들으면서 다양하게 표현해 보았어요.

◈ 전통 예술 감상하기

–활동명: 방화대교 '형제투금' 조형물 감상하기

방화대교의 '형제투금' 조형물을 감상했어요.

–활동명: 이조년 초상화 감상하기

이조년의 초상화를 감상하며 알아보았어요.

–활동명: 김홍도 '자리짜기' 감상하기

김홍도의 '자리짜기' 전통 그림을 감상했어요.

(5) 자연탐구

✤ 탐구하는 태도 기르기

◈ 호기심 유지하고 확장하기

−활동명: 진짜 금과 가짜 금에 관심 갖기

진짜 금과 가짜 금을 만져 보면서 무엇이 다른지 알아보았어요.

−활동명: 옛날 장신구와 현재의 장신구에 호기심 갖기

옛날 장신구와 현재의 장신구를 비교하면서 탐색해 보았어요.

◈ 탐구 과정 즐기기

−활동명: 금 장신구 탐색하기

다양한 금 장신구를 탐색해 보았어요.

-활동명: 금 장신구, 장식 물건 탐색하기

금이 있는 물건에는 무엇이 있는지 탐색해 보았어요.

-활동명: 금의 함량과 색깔 관찰하기

금의 함량과 색깔을 관찰하며 알아보았어요.

◈ 탐구 기술 활용하기

-활동명: 순금과 도금한 제품 비교하기

순금과 도금한 제품을 비교해 보고 차이를 알아보았어요.

-활동명: 다양한 금의 종류 비교하기

금의 종류에는 어떤 것이 있는지 알아보고, 금의 함량과 색깔의 차이를 비교해 보았어요.

✽ 수학적 탐구하기

◈ 수와 연산의 기초 개념 알아보기

-활동명: 장신구 수 세기

장신구의 수를 세면서 숫자의 개념에 대해 알아 보았어요.

-활동명: 금 장신구 1:1 대응하기

금 장신구의 사진과 이름을 알맞게 대응해 보았어요.

-활동명: 배 탑승 순서 만들기

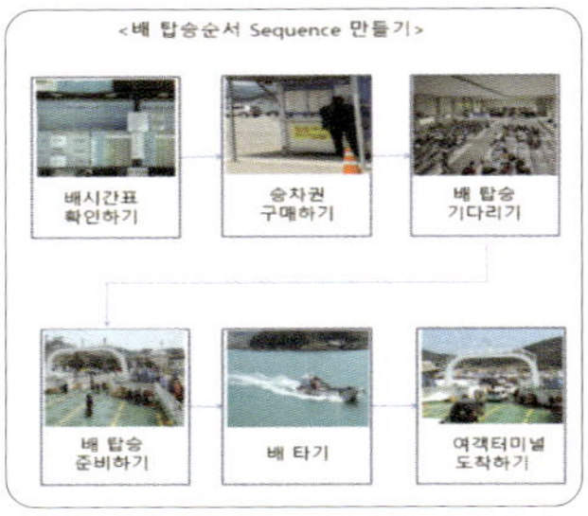

배를 탑승하는 순서에 대해 이야기를 나눈 후 탑승 순서표를 만들어 보았어요.

-활동명: 유람선의 운항 시간표 알아보기

서울 유람선의 운항 시간표를 알아보고 운항선의 종류에 대해 알아보았어요.

-활동명: 전래 동화 이분법

'선과 악'을 주제로 전래 동화에 나오는 착한 인물과 나쁜 인물에 대해 알아보았어요.

◈ 공간과 도형의 기초 개념 알아보기

–활동명: 배(공기 부양선)의 부분과 전체 알아보기

배의 전체와 부분에 대해 알아보고 배의 도형에 대해 알아보았어요.

–활동명: '공암나루터' 위치 알아보기

'공암나루터'의 위치를 알아보았어요.

◈ 기초적인 측정하기

–활동명: 금 장신구 무게 재 보기

다양한 금 장신구의 무게를 재 보았어요.

–활동명: 금 장신구 크기 측정하고 비교하기

금 장신구의 무게와 크기를 비교해 보았어요.

◈ 규칙성 이해하기

–활동명: 금메달로 패턴 만들기

올림픽 금메달로 패턴을 만들어 보았어요.

–활동명: 금 장신구 크기별로 서열화하기

금 장신구를 탐색한 후 크기 대로 서열화해 보았어요.

-활동명: 사랑 패턴 마크 만들기

일정한 규칙을 이용하여 '사랑 패턴'을 만들어 보았어요.

◈ 기초적인 자료 수집과 결과 나타내기

-활동명: 금, 은, 동 벤 다이어그램

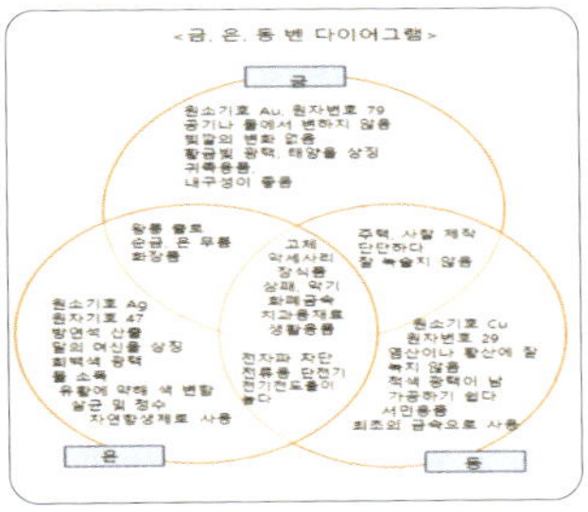

금, 은, 동의 공통점과 차이점에 대해 알아보았어요.

-활동명: 내가 좋아하는 장신구 그래프 만들기

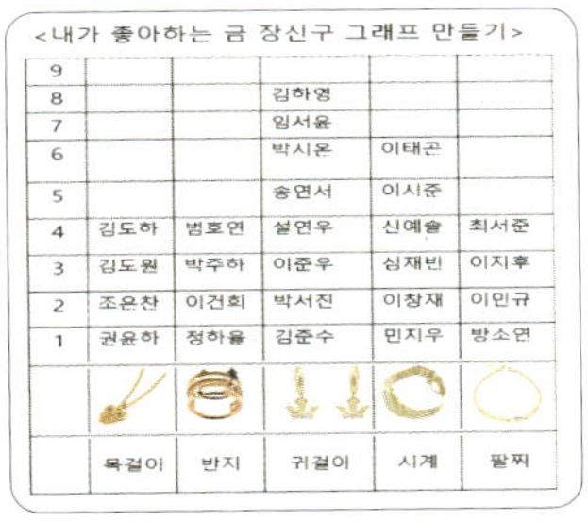
<내가 좋아하는 금 장신구 그래프 만들기>

	목걸이	반지	귀걸이	시계	팔찌
9					
8			김하영		
7			임서윤		
6			박시온	이태곤	
5			송연서	이시준	
4	김도하	범호연	설연우	신예솔	최서준
3	김도원	박주하	이준우	심재빈	이지후
2	조은찬	이건희	박서진	이창재	이민규
1	권윤하	정하율	김준수	민지우	방소연

친구들과 함께 자신이 가장 좋아하는 금 장신구를 알아보았어요.

-활동명: 우리나라 시대별 장신구 알아보기(Time line)

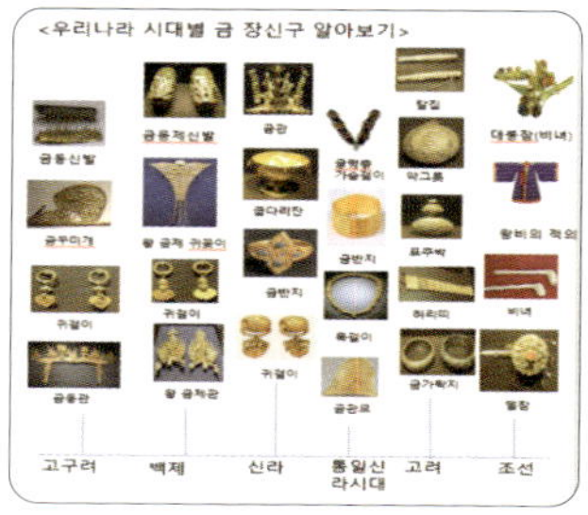

우리나라의 시대별 다양한 장신구를 현재 장신구와 비교하면서 알아보았어요.

-활동명: 우리 반 친구들이 좋아하는 금 장신구 알아보기(Pie chart)

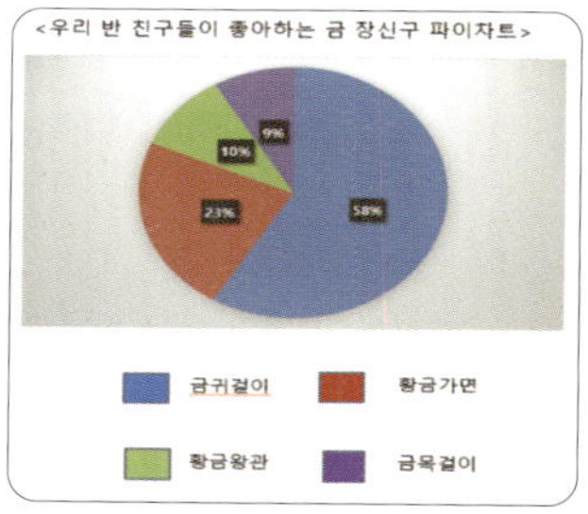

우리 반 친구들이 좋아하는 금 장신구의 비율을 알아보았어요.

-활동명: 나무와 농사의 자료 수집(Data collection)

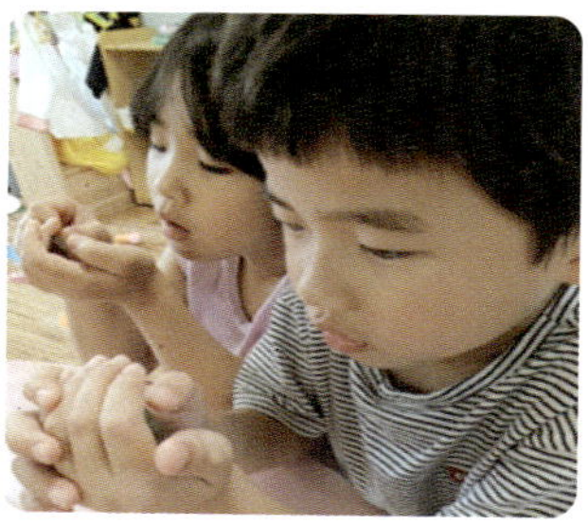

	나무	농사
Count 수세기	나무의 나이테	농기구
Classification 분류	나무의 종자	농사의 모종
Comparison 비교	나무의 무게	땅의 크기
Sequence 순서	나무의 열매	농사 짓는 순서

'금을 버린 형과 아우'처럼 나무꾼과 농사꾼이 사용하는 자료에 대해 알아보았어요.

-활동명: 금이 나오는 전래 동화 알아보기(Pie chart)

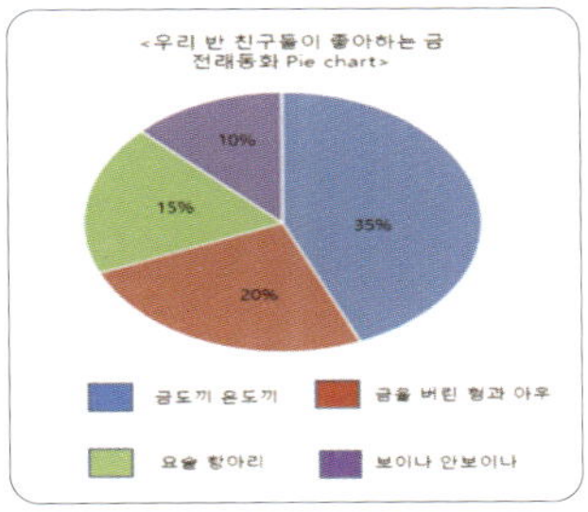

금이 나오는 전래 동화 중 흥미 있는 동화가 무엇인지 알아보았어요.

✤ 과학적 탐구하기

◈ 물체와 물질 알아보기

-활동명: 금을 만드는 데 사용되는 재료 알아보기

금을 만드는 데 필요한 재료와 만들어지는 과정에 대해 알아보았어요.

◈ 생명체와 자연환경 알아보기

-활동명: '이억년과 이조년' 생애 순서 차트

이억년과 이조년의 생애에 대해 알아보았어요.

-활동명: 금을 캐는 광산 알아보기

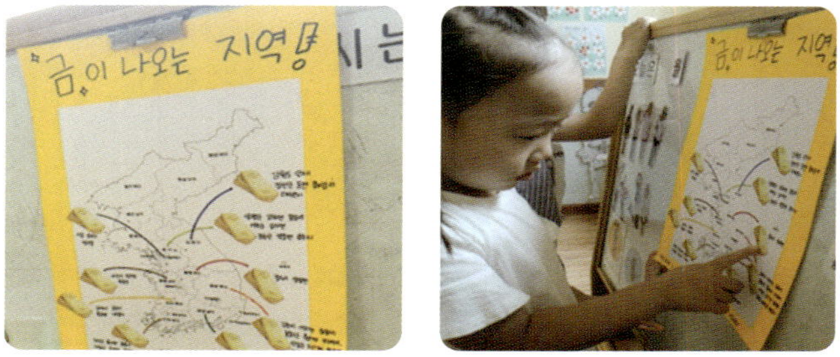

우리나라의 금이 나오는 광산에 대해 알아보았어요.

◈ 자연환경 알아보기

-활동명: 배 타기 좋은 날씨 알아보기

배를 타기 좋은 날씨에 대해 알아보고 선택해 보았어요.

◈ 간단한 도구와 기계 활용하기

-활동명: 금 물건 저울에 달아보기

금을 저울에 달아보면서 무게를 비교해 보았어요.

–활동명: 확대경으로 금 장신구 모양 찾아보기

돋보기를 이용하여 금 장신구를 자세히 관찰해 보았어요.

–활동명: 카메라로 금 장신구 찍어 프린트하기

카메라를 이용하여 금 장신구를 찍어 프린트해 보았어요.

–활동명: 금 장신구 부착해 보기

금 장신구를 부착해 보았어요.

(6) 행사 및 안전 교육

✤ 요리 실습

–활동명: 사랑의 쑥 개떡 만들기

사랑의 쑥 개떡을 만들어 함께 먹었어요.

✤ 친사회적 행동

–활동명: 친구에게 나의 물건 나누어 주기

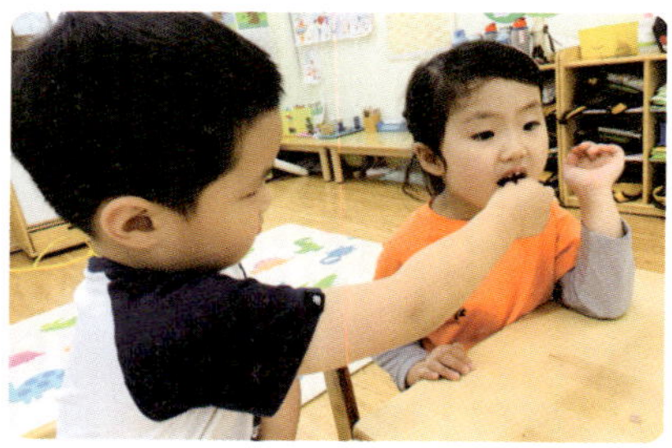

친구에게 직접 딴 앵두를 나누어 주며 사이좋게 지냈어요.

–활동명: 동생에게 친절하게 대하기, 내가 하고 싶은 놀이 친구에게 양보하기

동생에게 친절하게 대하고, 내가 하고 싶은 놀이를 친구에게 양보하며
친사회적인 행동을 해 보았어요.

✽ 안전 교육

–활동명: 재난 대피 교육

소방 대피 훈련을 통하여 화재 시 대피하는 방법에 대해 알아보았어요.

✽ 행사

–활동명: 사랑의 동전 모으기 행사

사랑의 동전을 모아 어려운 이웃을 도우는 행사를 했어요.

–활동명: 사랑의 바자회

바자회를 통하여 자신이 원하는 물건을 살 수 있었어요.

✠ 지역 사회 연계

–활동명: 방화대교 '투금탄' 견학

친구들과 함께 투금탄을 방문하여 '형과 아우'처럼 따라 해 보았어요.

–활동명: 하남역사박물관

친구들과 함께 하남역사박물관 견학을 했어요.

▶ 자연 친화적 생태 활동

–활동명: 다양한 색깔의 나무 관찰하며 산책하기

다양한 색깔의 나무를 관찰하며 산책을 했어요.

4) 질문 목록 해결하기

구분	이름	질문 및 답변
전문가	박주하	지역의 유적지마다 출토되는 물건이 다른가요? →삼국 시대의 유물에서 보면 통치하던 나라와 지역에 따라 특성이 있어요.
	범호연	왕과 왕비가 사용했던 장식물은 무거웠나요? →왕과 왕비의 유물을 살펴 보면 무게가 10kg이 넘는 것이 많았어요. 신분에 따라 달랐어요.
	설연우	문화재에는 어떤 것이 있나요? →유적지, 고분, 산성, 향교, 탑 등이 있어요.
	심재빈	금 장식품이 망가지면 어떻게 고칠 수 있나요? →금을 녹여 다시 모양틀을 이용하여 반지, 목걸이, 귀걸이 등을 만들어요.
	신예솔	금으로 만든 장식품 중에서 가장 많이 출토된 것은 무엇인가요? →왕과 귀족들이 사용하던 장신구가 많이 출토되었어요.
현장학습	이민규	금 장식품은 왜 반짝거리지 않나요? →오래 된 금은 부드러운 천에 소다와 물을 적당히 혼합하여 세척할 수 있어요.
	이준우	유적지에는 왜 공원이 많나요? →유적지를 관광지로 부각시키고 지역 경제 활성화를 위해 사람들이 많이 이용할 수 있도록 공원화해요.
	이지후	금박물관에서 일하는 사람들은 어떤 사람들이 있나요? →박물관장, 금 전문가, 기획자, 해설가, 관리자 등이 있어요.
가정학습	최서준	집에는 금과 관련된 물건이 어떤 것이 있나요? →돌 반지, 귀걸이, 목걸이, 팔찌, 상패, 시계 등이 있어요.
	김도하	가족과 사랑의 동전 모으기를 해서 어디에 기부할 수 있나요? →유니세프, 아름다운재단, 굿네이버스 등이 있어요.
	김하영	가족과 함께 탈 수 있는 배는 어떤 것이 있나요? →유람선, 크루즈, 낚싯배, 여객선 등이 있어요.
책	박서진	동화 속의 형과 아우는 무슨 일을 하며 살았나요? →형은 나무꾼, 동생은 농사꾼이었어요.
	이건희	형제투금의 설화는 누구를 이야기하는 건가요? →고려 시대 문신 이억년과 이조년의 이야기에요.
	이창재	사랑과 관련된 위인은 어떤 사람이 있나요? →헬렌 켈러, 마더 테레사, 나이팅게일, 오드리 헵번, 마틴 루터 킹, 넬슨 만델라, 페스탈로치 등이 있어요.
	김도원	형제와 관련된 동화책에는 어떤 것들이 있나요? →금을 버린 형과 아우, 금덩이보다 큰 아버지 사랑, 금도끼 은도끼 등이 있어요.

인터넷	권윤하	사랑과 관련된 전래 동화는 무엇이 있나요? →은혜 갚은 까치, 견우와 직녀, 할미꽃 이야기 등이 있어요.
	김준수	금이 나오는 동화는 어떤 것이 있나요? →금도끼 은도끼, 도깨비 방망이, 금 나와라 뚝딱, 행복한 왕자 등이 있어요.
	민지우	형과 아우가 금을 버린 강물의 이름은 무엇인가요? →공암진(지금의 서울 양천)
	방소연	금박물관에는 어떤 것이 있나요? →장신구, 생활용품, 귀족 물건, 서민 물건, 서적물, 금화, 화폐 등이 있어요.
	정하율	배를 타면 왜 멀미를 할까요? →불규칙한 가속과 감속의 반복으로 내이의 반고리관에 이상이 생기는 경우에요.
	조은찬	금은 어떻게 만들어지나요? →양성자 79개를 찰흙 뭉치듯이 뭉치고 중성자 118개 정도를 넣어 전자를 주위에 뿌려 주면 금이 만들어져요.

3. 프로젝트 3단계

1) 초청장

전시회에 초대할 사람들에게 보낼 초대장을 만들었어요.

2) 프로젝트 전시회 전시 일정표

영역	내용		담당자	비고
대상자 선정	초청 대상자	다른 반 친구들, 원장님, 부모님, 조리사님, 기사님, 외부 강사님들, 지역 사회 인사 등	교사, 유아	
	초청장 형태	카드 만들기	교사, 유아	
	보내는 방법	유아들을 통해 가정으로 보내기, 키즈노트 이용한 공지, 전화 연락	교사, 유아	
교실 꾸미기	1단계	주제 선정 이유, 이전 경험 나누기, 브레인스토밍, 유목화, 주제망, 질문 목록표, 자원 목록표	교사, 유아	
	2단계	▶ 신체 운동·건강 • 신체 인식하기 –감각 능력 기르고 활용하기: 감각을 이용하여 금 탐색하기, 감각으로 금 장신구 탐색하기 –신체 인식하고 움직이기: 동화 표지보고 신체로 표현하기, 형과 아우처럼 우애 좋은 모습 해 보기 • 신체 조절과 기본 운동하기 –신체 조절하기: 전래 동화책 주고 받기, 황금 방망이 들어 올리기, 주인공처럼 봇짐 싸기, 금 장신구 바느질하기, 금 구슬 꿰기, '투금탄' 적목으로 구성하기 –기본 운동하기 이동 운동: 금으로 만든 그림 사진 들고 앉았다 일어서기, 친구와 손으로 하트 만들며 균형 잡기 비이동 운동: 금 왕관 쓰고 걷기, 금 트로피 들고 뛰기 • 신체 활동에 참여하기 –자발적으로 신체 활동에 참여하기: 사랑 이어달리기, 친구와 함께 이인삼각 경주하기, 친구에게 보물 찾아 주기, 게임 활동 메트릭스 –바깥에서 신체 활동하기: 친구와 함께 배 타고 '투금탄'에서 금 던져 보기, 봇짐 메고 친구에게 사랑의 음식 전달하기, 비석치기 플로 차트, 금 왕관 쓰고 앵두 먹기 –기구를 이용한 신체 활동: 나무에 봇짐 꽂고 반환점 돌아오기, 친구와 배 안에 금 모으기 • 건강하게 생활하기 –몸과 주변을 깨끗이 하기: 바깥 놀이 후 주변 깨끗이 하기, 식사 전·후 손을 깨끗이 닦기 –바른 식생활하기: 적당량의 음식 골고루 먹기 –건강한 일상 생활하기: 하루 일과 즐겁게 참여하기 –질병 예방하기: 날씨와 상황에 알맞게 옷 입기 • 안전하게 생활하기 –안전하게 놀이하기: 안전하게 놀이하기 –교통 안전 규칙 지키기: 안전벨트 착용하기 –비상 시 적절히 대처하기: 몸에 상처가 났을 때 대처하는 방법 알고 행동하기, 재난 안전 교육(소방 대피 훈련)	교사	유아들 작품 벽면 전시

<table>
<tr><th>영역</th><th colspan="2">내용</th><th>담당자</th><th>비고</th></tr>
<tr><td>교실 꾸미기</td><td>2단계</td><td>▶ 의사소통
• 듣기
–낱말과 문장 듣고 이해하기: '금을 버린 형과 아우' 브레인스토밍 듣기, 형과 아우의 사랑에 대한 이야기 듣기(이억년과 이조년), 황진의 '투금탄' 고시 듣기
–이야기 듣고 이해하기: '금을 버린 형과 아우' 동화의 인성 덕목에 대해 듣기, '투금탄'의 유래에 대해 듣기, '형제투금' 고사성어 듣기, 금이 나오는 지역 듣기, 금 장신구 변화 과정 플로 차트, 나룻배 단면도, 금 제작 순서 듣기, 전래 동화 주제망(Web) 듣기
–동화, 동시, 동요 듣고 이해하기
동화: 금을 버린 형과 아우, 의좋은 형제, 옷 파는 장화 가게, 부자가 된 삼 형제
동시: 사랑이불, 사랑 나누기, 사랑이 필요해요, 다정가(시조)
–바른 태도로 이야기 듣기: 다른 사람 이야기 경청하기
• 말하기
–낱말과 문장으로 말하기: '아우'로 이행시 지어 보기, 금으로 만든 물건 말하기, '금을 버린 형과 아우' 관련 단어 귓속말 전하기, '투금탄'에 대해 궁금한 점 물어 보기, '사랑의 금'으로 끝말잇기, '금을 버린 형과 아우' 인성 말하기, 추가 질문 목록 말하기
–느낌, 생각, 경험 말하기: 동화의 첫 장면을 보며 생각을 말하기, 따뜻한 사랑을 나눌 수 있는 방법 말하기, 만약 나에게 금이 생긴다면?, '사랑의 저금통 사용할 곳'에 대해 토의하기
–상황에 맞게 바른 태도로 말하기: 상황에 맞게 바르게 말하기
• 읽기
–읽기에 흥미 가지기: 인성 덕목 '사랑'에 관련된 순우리말 카드 읽기, 금으로 만든 물건 카드 읽기, 전래 동화 메트릭스 읽기
–책 읽기에 관심 가지기
동화: 금덩이보다 큰 아버지 사랑, 할미꽃 이야기, 내사랑 도토리, 내 동생이니까, 할아버지 사랑해요, 터널, 금 구슬을 버린 형제, 언제까지나 너를 사랑해
• 쓰기
–쓰기에 관심 가지기: '금을 버린 형과 아우'와 관련된 단어 가지 만들기(Web), 형과 아우에게 편지 쓰기, '형과 아우'와 관련된 글자 피라미드 쓰기, '사랑' 인성과 인물 협동해서 조사하기, 이조년의 '다정가' 써 보기(이전 경험), 전래 동화 이전 경험 쓰기, 사랑 덕목을 실천한 위인 벤 다이어그램
–쓰기 도구 사용하기: 금색 펜으로 동화 제목 쓰기, 붓글씨로 인성 덕목 쓰기, 손가락에 물을 묻혀 금색 종이 위에 '형제애' 쓰기, 자연물로 '투금탄' 쓰기</td><td>교사</td><td>유아들 작품 벽면 전시</td></tr>
</table>

영역	내용		담당자	비고
교실 꾸미기	2단계	▶ 사회 관계 • 나를 알고 존중하기 –나를 알고 소중히 여기기: 전래 동화책 읽는 나를 긍정적으로 생각하기 –나의 일 스스로 하기: 전래 동화책 읽고 난 후 제자리에 스스로 정리하기 • 나와 다른 사람의 감정 알고 조절하기 –나와 다른 사람의 감정 알고 표현하기: '금을 버린 형과 아우'의 마음 공감하기 –나의 감정 조절하기: '금을 버린 형과 아우' 활동을 하면서 나의 감정 긍정적으로 조절하기 • 가족을 소중히 여기기 –가족과 화목하게 지내기: 가족과 방화대교 '형제투금' 방문해 보기, 가족과 '사랑의 동전 모으기' 계획하며 화목하게 지내기 –가족과 협력하기: 가족이 좋아하는 '사랑' 인성 덕목 위인 찾아보기, 가족이 좋아하는 금 장신구 가게도 만들기 • 다른 사람과 더불어 생활하기 –친구와 사이좋게 지내기: 친구와 '금을 버린 형과 아우' 전래 동화책을 읽으며 사이좋게 지내기, 인성 동화 메트릭스 –공동체에서 화목하게 지내기: 친구와 '사랑'과 관련된 활동하며 화목하게 지내기 –사회적 가치를 알고 지키기: 다른 사람에게 '사랑'으로 행동하기, 박물관에서 견학 시 규칙 지키기 • 사회에 관심 갖기 –지역 사회에 관심 갖고 이해하기: '이억년과 이조년' 관련된 곳 알아보기, 금을 사용하는 곳 알아보기, 금과 관련된 직업 알아보기, 이조년 타임 라인으로 알아보기 –우리나라 관심 갖고 이해하기: 우리나라 금이 나오는 지역 알아보기(Map), 금과 관련된 상징물 알아보기, 우리나라의 비슷한 위인 알아보기(Map) –세계 여러 문화에 관심 가지기: 세계 여러 나라의 금과 관련된 문화에 관심 갖기	교사	유아들 작품 벽면 전시
		▶ 예술 경험 • 아름다움 찾아보기 –음악적 요소 탐색하기: 금 꽹과리 소리와 세기 탐색하기 –움직임과 춤 요소 탐색하기: '뱃놀이' 부채춤 움직임 탐색하기 –미술적 요소 탐색하기: 여러 가지 배의 색, 모양, 구조 탐색하기, 금 장신구의 모양 탐색하기 • 예술적 표현하기 –음악으로 표현하기 새로 배운 노래 개사하기 : 우애, 우리 가족 사랑해, 사랑의 마음, 참 좋은 말	교사	유아들 작품 벽면 전시

영역	내용		담당자	비고
교실 꾸미기	2단계	–움직임과 춤으로 표현하기: 엘가 '사랑의 인사' 곡을 들으며 리본 막대를 이용하여 창의적으로 표현하기, '참 좋은 말'에 맞춰 율동하기, '친구야 사랑해' 손 유희 활동 –미술 활동으로 표현하기: 사랑의 복주머니 만들기, 여러 가지 종이로 하트 만들기, 우유갑으로 배 만들기, 나만의 금팔찌 만들기, 극놀이 물건 만들기, 이전 경험 그리기, '금을 버린 형과 아우' 협동화 그리기, '금을 버린 형과 아우' 극놀이 소품 만들기 –극놀이 표현하기: 뱃놀이, 금은방 놀이 –통합적으로 표현하기: '금을 버린 형과 아우' 전래 동화 상황극 놀이하기, 사랑 나눔 캠페인 • 예술 감상하기 –다양한 예술 감상하기 명화 감상: 프레드릭 모건 '나눔', 에드워드 스톹 '나룻배', 이무성 '투금탄' 음악 감상: 엘가 'Salut D'amour In E Maijor Op.12' –전통 예술 감상하기: 공암나루터, 방화대교 '형제투금' 조형물, 이억년과 이조년 초상화, 김홍도 '자리짜기' 감상하기	교사	유아들 작품 벽면 전시
		▶ 자연 탐구 • 탐구하는 태도 기르기 –호기심을 유지하고 확장하기: 진짜 금과 가짜 금에 호기심 갖기, 옛날 장신구와 현대의 장신구에 호기심 갖기 –탐구 과정 즐기기: 금 장신구 탐색하기, 금장식 물건 탐색하기 –탐구 기술 활용하기: 다양한 금의 종류 비교하기 • 수학적 탐구하기 –수와 연산의 기초 개념 알아보기: 장신구의 수 세기, 금 장신구 1:1 대응하기, 배 탑승 순서 만들기, 유람선의 운항 시간표 알아보기, 전래 동화 이분법 –공간과 도형의 기초 개념 알아보기: 배(공기 부양선)의 부분과 전체 알아보기, '공암나루터' 위치 알아보기 –기초적인 측정하기: 금 장신구 무게 재 보기, 금 장신구 크기 비교하기 –규칙성 이해하기: 금메달로 패턴 만들기, 금 장신구 크기별로 서열화하기, 사랑 패턴 만들기 –기초적인 자료 수집과 결과 나타내기: 금, 은, 동 벤 다이어그램, 내가 좋아하는 금 장신구 그래프 만들기, 우리나라 시대별 금 장신구 알아보기, 우리 반 친구들이 좋아하는 금 장신구 파이 차트, 나무와 농사의 자료 수집(data collection), 금이 나오는 전래 동화 파이 차트 만들기	교사	유아들 작품 벽면 전시

<table>
<tr><th>영역</th><th colspan="2">내용</th><th>담당자</th><th>비고</th></tr>
<tr><td rowspan="3">교실 꾸미기</td><td rowspan="2">2단계</td><td>• 과학적 탐구하기
–물체와 물질 알아보기: 금을 만드는 데 사용되는 재료 알아보기
–생명체와 자연환경 알아보기: '이억년과 이조년' 생애 순서 차트, 금을 캐는 광산 알아보기
–자연 현상 알아보기: 배 타기 좋은 날씨 알아보기
–간단한 도구와 기계 활동하기: 금 물건 저울에 달아보기, 확대경으로 금 장신구 모양 찾아보기, 카메라로 금 장신구 찍어 프린트하기</td><td>교사</td><td>유아들 작품 벽면 전시</td></tr>
<tr><td>▶ 행사 및 안전 교육
• 요리 실습: 사랑의 쑥 개떡 만들기
• 지역 사회 연계 활동: 탑산 구암근린공원, 방화대교 형제투금 방문
• 안전 교육: 재난 대피 교육(안전 교육 어떻게 해야 할까요?)
• 견학: 동화박물관, 국립중앙박물관, 역사박물관
• 자연 친화적 생태 활동: 다양한 색깔의 나무 관찰하며 산책하기</td><td>교사</td><td>유아들 작품 벽면 전시</td></tr>
<tr><td>3단계</td><td>각 영역별 꾸미기</td><td>교사</td><td></td></tr>
<tr><td rowspan="6">전시회 역할 정하기</td><td colspan="2">• 현관 입구에서 안내하기, 안내장 배부</td><td>김도원
박주하</td><td rowspan="6">전시회 역할 분담표,

행사 도우미 명찰</td></tr>
<tr><td colspan="2">• 신체운동·건강 설명 도우미</td><td>범호연
설연우</td></tr>
<tr><td colspan="2">• 의사소통 설명 도우미</td><td>심재빈
신예솔</td></tr>
<tr><td colspan="2">• 사회관계 설명 도우미</td><td>권윤하
민지우</td></tr>
<tr><td colspan="2">• 예술경험 설명 도우미</td><td>방소연
이건희</td></tr>
<tr><td colspan="2">• 자연탐구 설명 도우미</td><td>조은찬
박서진</td></tr>
</table>

제 3 부

전통교육과 유아 사회생활

제 1 장

유아 사회교육의 정의와 내용

1. 유아 사회교육의 정의

인간은 끊임없이 타인과 관계를 맺으며 생활해 나간다. 이것을 우리는 사회생활이라고 한다. 한 인간으로서 사회생활을 잘해 나가기 위해서는 우리가 해야 할 일이 무엇이며, 하지 말아야 할 일이 무엇인지를 알아야 하고, 다른 사람과 잘 지낼 수 있는 협동하는 마음으로 더불어 사는 삶을 살아야 한다. 뿐만 아니라 이 사회의 한 구성원으로서 나 자신에 대한 개인 생활과 다른 사람들과의 집단 생활을 할 때에 어떻게 역할을 수행해 나가야 하는가에 대하여 올바로 지각해야 한다. 이러한 사회생활의 기초는 언어, 인지, 정서, 신체, 건강 생활과 더불어 유아기에 형성되지 않으면 안 된다.

유아 사회교육의 정의를 살펴보면 장선철[1)]은 '유아 사회교육은 유아의 사회화 과정을 도와주기 위해 필요한 보다 적극적인 사회 행동의 기술과 유아기의 문제 해결에 필요한 사회 과학 분야의 지식 및 유아 주변의 사회적 문제와 제반 사회과학 개념 등을 유아에게 적용, 경험시켜 주는 교육 프로그램'이라고 했으며, 차경수 외 2인[2)]은 '유

1) 장선철, 「유아 사회 교육」, 서울: 동문사, 2000.
2) 차경수·정문성·구정화, 「유아 사회 교육」, 서울: 학문사, 1998.

아 사회교육은 취학 전 단계에 있는 유아들이 가정, 학교, 사회에서 훌륭한 사회생활을 할 수 있도록 사회생활에 관한 개념, 기능, 태도와 가치관 등을 형성하도록 교육하는 것'이라고 했다.

유아교육사전[3]에서는 '사회교육(社會敎育, social studies)은 유아가 생활 방식을 변화시키고 진보시키는 데 필요한 기술을 형성하고, 지식과 태도, 그리고 가치를 발달시키도록 도와주는 동시에 문화와 생활 방법을 유아에게 전달하는 유아교육의 한 영역'이라고 한다.

사회교육의 목적 진술은 인지적 목표와 정의적 목표의 두 카테고리, 지식·기술 그리고 태도의 세 카테고리 또는 그 이상의 카테고리로 구성된다.

유아 사회교육의 구체적인 목적은 "① 자아와 가족에 대한 이해 증진, ② 사람과 사회에 대한 지식과 이해의 발달, ③ 사회에서의 기능을 원활히 할 수 있는 기술의 발달, ④ 가치관과 태도의 형성 및 풍습과 전통에 대한 이해로 진술될 수 있다."라고 한다(한국유아교육학회, 1996).

2. 유아 사회교육의 내용

유아 사회교육의 내용을 장선철은 자기와 가족에 대한 이해, 인간과 사회에 대한 지식과 이해의 발달, 가치관 형성 및 풍습과 전통에 대한 이해, 사회적 기술로 나누어 다음과 같이 정리했다.

〈표 3.1〉 유아 사회교육의 내용

유아 사회교육의 내용	구체적인 내용	
자기와 가족에 대한 이해	• 자기에 대한 이해 • 개인의 가치 및 존엄성 • 죽음	• 바람직한 감정 표현 방법 • 가정과 가계의 이해

3) 한국유아교육학회 편, 유아교육사전, 한국사전연구사, 1996, p.252.

유아 사회교육의 내용	구체적인 내용
인간과 사회에 대한 지식과 이해의 발달	• 인간의 평등성과 기본 권리 • 인간의 기본적 욕구 • 지역사회에 대한 이해 • 여러 종류의 직업 • 책임감에 대한 이해 • 공공 생활에서의 규칙 • 생산과 소비 활동에 관련된 지식 • 역사적 주요 사건과 원인
가치관 형성 및 풍습과 전통에 대한 이해	• 가치관 형성 • 전통과 풍습에 대한 이해(미술, 음악, 연극, 옷, 음식 소재 활용)
사회적 기술	• 양보하며 교대할 줄 알기 • 협상하는 방법 등의 협의 기술 • 좌절당했을 때의 대처 기술(coping skill) • 새로운 사회적 상황에 적합한 언어적 기술 • 모든 사람의 권리가 보호되고 모든 사람의 욕구가 존중되어야 한다는 공정성의 기술

출처: 장선철, 「유아 사회 교육」, 동문사, 2000, pp.24-29 참조.

박상희와 주영애는 유아 사회생활 교육의 내용을 기본 생활 습관, 개인 생활, 가정 생활, 집단 생활, 사회 현상과 환경으로 나누어 다음과 같이 살펴보았다.

〈표 3.2〉 유아 사회생활 교육의 내용

유아 사회교육의 내용	구체적인 내용
기본 생활 규범	1. 예절 바른 생활: 식사, 의복, 인사, 언어, 전통 사회의 수신 예절 교육의 적용 2. 질서 생활: 장유유서의 질서 지키기, 정리·정돈하기 3. 절약 생활
개인 생활	1. 심신의 수련: 몸가짐, 마음가짐 2. 감정과 욕구 조절, 절제 3. 자율적인 태도
가정생활	1. 효의 실천: 공경의 효, 봉양의 효, 시봉의 효, 순종의 효, 보신의 효, 입신행도의 효, 양지의 효, 전통 사회 효 교육의 적용 2. 형제, 친척 간의 화목
집단 생활	1. 벗과의 신의 2. 접빈객 3. 상부 상조: 구휼, 두레
사회 현상과 환경	1. 자연 친화 2. 우리 민족 문화의 가치 이해: 전통 아동 놀이, 세시 풍속, 가정 의례 3. 더불어 사는 삶: 의생활 문화, 식생활 문화, 주생활 문화

출처: 박상희·주영애, 앞의 책, pp.46-172 참조.

그러나 본 장에서는 유아 사회교육의 내용을 전통 사회의 교육 내용에 맞추어 기본 생활 습관, 개인 생활, 가정생활, 집단 생활, 자연환경으로 나누어 살펴본다.

구체적인 내용을 표로 제시하면 <표 3.3>과 같다.

〈표 3.3〉 전통 사회교육에 맞춘 유아 사회교육의 내용

유아 사회교육의 내용	구체적인 내용
기본 생활 습관	기본 생활 습관 형성 1. 용의 2. 복장 3. 식사 4. 언어 5. 인사 6. 행동
개인 생활	1. 몸가짐 2. 마음가짐
가정생활	1. 부모 자녀 관계 2. 남녀 관계 3. 형제 관계 4. 친족 관계
집단 생활	1. 장유 관계 2. 사제 관계 3. 교우 관계 4. 처세
자연환경	1. 환경 보전

출처: 장선철, 「유아 사회 교육」, 서울: 동문사, 2000, pp.24-29 참조.

제 2 장

3~5세 누리과정의 사회관계 영역

누리과정 사회관계 영역의 내용범주는 나를 알고 존중하기, 나와 다른 사람의 감정 알고 조절하기, 가족을 소중히 여기기, 다른 사람과 더불어 생활하기, 사회에 관심 갖기로 구성되어 있으며, 구체적인 목표와 내용은 다음과 같다.

1. 목표

자신을 존중하고 다른 사람과 더불어 생활하는 능력과 태도를 기른다.

① 자신을 소중히 여기며 자율성을 기른다.
② 자신과 타인의 감정을 알고, 자신의 감정을 적절하게 표현하고 조절한다.
③ 가족과 화목하게 지내며 서로 협력한다.
④ 친구, 공동체 구성원들과 서로 돕고, 예의·규칙 등 사회적 가치를 알고 지킨다.
⑤ 우리 동네, 우리나라, 다른 나라에 관심을 가진다.

2. 내용

5세 누리과정 사회관계 영역의 내용은 다음과 같다.

1) 내용체계

내용범주	내용
나를 알고 존중하기	나를 알고, 소중히 여기기
	나의 일 스스로 하기
나와 다른 사람의 감정 알고 조절하기	나와 다른 사람의 감정 알고 표현하기
	나의 감정 조절하기
가족을 소중히 여기기	가족과 화목하게 지내기
	가족과 협력하기
다른 사람과 더불어 생활하기	친구와 사이좋게 지내기
	공동체에서 화목하게 지내기
	사회적 가치를 알고 지키기
사회에 관심 갖기	지역사회에 관심 갖고 이해하기
	우리나라에 관심 갖고 이해하기
	세계와 여러 문화에 관심 가지기

2) 세부 내용

내용범주	내용	세부 내용
나를 알고 존중하기	나를 알고 소중히 여기기	나에 대해 알아본다.
		나와 다른 사람의 신체적, 사회적, 문화적 차이를 존중한다.
		나에 대해 긍정적으로 생각하고 나를 소중하게 여긴다.
	나의 일 스스로 하기	내가 할 수 있는 일을 스스로 한다.
		하고 싶은 일을 계획하고 해 본다.

내용범주	내용	세부 내용
나와 다른 사람의 감정 알고 조절하기	나와 다른 사람의 감정 알고 표현하기	자신의 감정을 알고 표현한다.
		다른 사람의 감정을 알고 공감한다.
	나의 감정 조절하기	자신의 감정을 상황에 맞게 조절한다.
가족을 소중히 여기기	가족과 화목하게 지내기	가족의 의미와 소중함을 안다.
		가족과 화목하게 지낸다.
	가족과 협력하기	다양한 가족구조에 대해 알아본다.
		가족은 서로 도와야 함을 알고 실천한다.
다른 사람과 더불어 생활하기	친구와 사이좋게 지내기	친구와 협동하며 놀이한다.
		친구와의 갈등을 긍정적인 방법으로 해결한다.
	공동체에서 화목하게 지내기	다른 사람과 도움을 주고받고, 서로 협력한다.
		교사 및 주변 사람과 화목하게 지낸다.
	사회적 가치를 알고 지키기	정직하게 말하고 행동한다.
		다른 사람을 배려하여 행동한다.
		친구와 어른께 예의 바르게 행동한다.
		다른 사람과 한 약속이나 공공규칙을 지킨다.
		자연과 자원을 아끼는 습관을 기른다.
사회에 관심 갖기	지역사회에 관심 갖고 이해하기	우리 동네에 대해 알아본다.
		다양한 직업에 관심을 갖는다.
		일상생활에서 돈의 쓰임에 대해 안다.
	우리나라에 관심 갖고 이해하기	우리나라를 상징하는 것을 알고 예절을 지킨다.
		우리나라의 전통, 역사, 문화에 관심을 갖는다.
		우리나라에 대해 자부심을 갖는다.
	세계와 여러 문화에 관심 가지기	세계 여러 나라에 대해 관심을 갖고, 서로 협력해야 함을 안다.
		다양한 인종과 문화를 알아보고 존중한다.

제 3 장 전통교육과 기본 생활 습관

1. 기본 생활 습관

기본 생활 습관(基本生活習慣, fundamental habits)은 한 개인이 생명을 유지하거나 사회에 적응하기 위해서 유아기부터 꼭 지켜야 할 생활 습관을 말한다.

유아기는 이러한 생활 습관이 갖추어지는 중요한 시기이며, 이 시기에 형성된 습관은 좀처럼 이후에도 변하지 않는다. 올바른 습관은 풍부하고 유익한 경험과 성인에 대한 모방을 통해 형성되며, 무엇보다도 타율적이 아닌 자율적으로 몸에 익혀 나가는 것이 중요하다.

한 개인의 기본 생활 습관의 형성이 중요한 의미를 갖는 것은 인간다운 삶이 여기에서 비롯되기 때문이다. 그러므로 기본 생활 습관은 결코 한 개인의 버릇이나 개별적인 것으로 가볍게 여길 수 없다. 가정이나 사회에서 함께 나누어야 하는 문화가 기본 생활 속에 있으며, 우리 모두가 실천해야 하고 계승 또는 변화시켜야 하는 가치와 규범이 그것과 관련되어 있기 때문이다. 따라서 기본 생활 습관의 지도는 교육의 중요한 내용으로 이루어져야 한다.

인간의 일상생활에 있어서의 가장 기본적인 습관으로서 식사, 수면, 배설, 착의(의복의 착탈), 청결(손 씻기, 이 닦기) 등이 있다. 이것은 유아가 그 사회나 문화가 갖고 있는 행동 양식을 몸에 익혀 가는 사회화의 첫걸음으로서 이와 같은 습관을 갖게 하는 것이 매우 중요하다.[4)]

유아의 일상생활 습관 교육을 위한 기초 항목으로 용의·복장·학문·식사·행동거지·일과를 중요시하였다. 생활 습관 형성을 위해 가족은 물론 유모 또는 스승을 통하여 모델을 제시함으로써 실천, 시범 교육을 하였다. 이러한 교육은 신체 단련과 언어 능력의 습득이 이루어지면 곧바로 옷 입기, 대답법 등 간단하고 쉬운 습관부터 행동으로 어른이 시범을 보이고 유아가 따라 할 수 있는 모방 교육을 통해 지속적으로 훈련하였다.[5)]

따라서 본 장에서는 유아기에 꼭 지켜야 할 생활 습관을 용의, 복장, 식사, 언어, 인사, 행동거지 등으로 나누어서, 전통 사회에서 아동 훈육서(「내훈」, 「소학」, 「동몽수지」, 「사소절」, 「격몽요결」 등)를 통하여 유아들에게 기본 생활 습관 형성의 지도를 해온 내용을 중심으로 살펴보고자 한다.

먼저 용의에 대하여 살펴보면 다음과 같다.

1) 용의

전통 사회는 사람이 사람다운 것은 예의가 있기 때문이라고 하였고 그 가운데서도 가장 먼저 갖추어야 할 것이 용의라고 하였다. 그러므로 제반 용의가 바르고, 가지런하고 순할 때에 예의가 갖추어진다고 보았고, 이 예의가 갖추어진 뒤에야 비로소 오륜의 도리로 바르게 확립될 수 있다고 보았다. 전통 사회의 이상적 인간상인 군자의 행동은 여유 있고 침착하여, 존경해야 할 사람을 보면 방종하지 않고 공손히 행동하는 것을 의미하였는데, 구체적으로 군자의 용모인 구용(九容)을 다음과 같이 말하고 있다.

> 군자의 용모는 한적하고 아취가 있는데, 존경해야 할 사람을 보면 곧 공손히 한다. 발의 동작은 무거운 듯이 하며, 손의 동작은 공손하게 하며, 눈의 동작은 단정하게 하

4) 유아교육사전, 앞의 사전, p.95.
5) 김진경, 앞의 논문, p.10.

며, 입의 동작은 신중하게 하며, 소리를 내는 동작은 고요하게 하며, 머리의 동작은 곧게 하며, 호흡하는 동작은 고르게 하며, 서 있는 동작은 덕이 있는 기상으로 하며, 얼굴빛은 장중하게 한다.[6)]

전통 사회에서는 사람다운 예를 갖추는 근본으로 구용을 들었고 구용의 행동을 갖추도록 유아 행동 지도에서 이를 강조하여 행실의 구체적 실천을 통해 습관이 몸에 밸 수 있게 훈련하였다. 그리고 구용에 어긋난 모습은 바람직하지 못한 유아 행동이라 하였는데, 그 이유에 대해서는 「사소절」에 자세히 기술되어 있다. 즉, 바른 몸가짐이 유아의 바른 마음가짐을 갖게 하는 데 중요한 요인임을 밝히고 있다.

음식을 먹거나 말을 하지 않으면서 입을 항상 딱 벌리고 있는 것은 바른 몸가짐이 아니다. 눈동자를 굴리고 안정하지 못하는 사람은 그 마음이 오래 헝클어져 있는 징조이다. 손으로 허공에다 글씨를 쓰는 것은 안정되지 못한 짓이다. 붓에 침이나 물을 묻혀 벼루 면이나 벼루 뚜껑에 어지럽게 써서 산만하고 질서가 없으면 마음도 이에 따라 산만해지고 잘못된 것이니 가히 두려워할 것이다.

수양이 모자라는 사람은 걸음걸이를 거칠게 하고 말을 군색하게 하며, 헛기침을 하고 건성 웃으며, 머리를 기웃거리고 손을 내두르고 하는데, 이는 좋은 기상이 아니다. 일어나고 앉고 서고 할 때는 꼭 단정하고 장엄하게 하기를 힘써야지 기대거나 매달려서는 안 된다. 이는 마음이 어두워지고 일에 게을러질까 염려함이다. 나가고 들어오고, 걷고 잔걸음을 할 때는 꼭 침착하고 정중하게 하기를 힘써야지 거칠고 경솔하여 덕성스러운 행실을 해쳐서는 안 된다.[7)]

「사소절」의 내용에서 알 수 있듯이 구용에 어긋난 몸가짐은 마음이 안정되지 못하며, 헝클어지고, 어두워지며, 게을러져 수양을 하지 못하게 하기 때문에 행동이 경솔하게 되고, 수선스럽고 거칠어져 천박하게 보일 수 있다고 하였다. 그러므로 유아기

6) 주희, (이기석 역해), 「소학」, 서울: 홍신문화사, 1997, p. 138.
7) 이덕무, (김종권 역해), 「사소절」, 서울: 명문당, 1985, pp. 27-28.

부터 용의를 바르게 유지하는 습관의 형성을 통해 마음을 안정시키고, 밝고 명랑한 마음가짐을 갖게 해서 행동도 침착하고, 단정하게 할 수 있도록 지도하였다. 그리하여 매사 조심스럽고 우아하게 행동할 수 있는 기본 습관을 익히도록 하였다. 그래서 어려서부터 구용을 잘 지키도록 훈련했고 훈련이 잘 되면 반드시 훌륭한 선비가 된다고 믿고 있었다. 이러한 이유로 전통 사회의 교재에서는 오늘날과 같이 '심신(心身)'으로 쓰고 있는데, 이는 몸가짐이 마음에 매우 중요한 영향을 미치고 있다는 사실을 강조할 뿐만 아니라 몸과 마음을 하나로 생각한다는 표현으로도 해석할 수 있다.

구용의 근거와 강조점은 「논어」에 다음과 같이 설명하고 있다.

과거의 성현, 특히 공자의 모습과 행동 특성을 지칭하였으며, 학문이나 수양이 성인 됨을 목표로 두었기 때문에 동몽기에서부터 성인의 신체적인 모습을 유지하도록 훈련하고 그러한 적정 수준의 신체적 긴장을 통하여 잡념을 막고 심사를 바로 잡음으로써 성인의 심적 상태까지도 본받을 수 있도록 하였던 것이다.

2) 복장

전통 사회에서도 의생활 원칙이 있었고, 이러한 원칙은 유아의 복장에도 적용되었다. 예를 들면 의복의 재료로 가죽과 비단을 피했으며, 신의 코를 꾸미지 않았다. 또 부모가 생존해 계시면 흰 선을 두르지 않았다.[8] 가죽옷과 비단옷을 피한 것은 유아에게는 지나치게 따뜻하게 입히거나 사치스럽게 입히는 것을 금지하기 위함이었고, 신의 코를 꾸미지 않는 것은 유아의 신체 단련에 방해되기 때문인 것으로 해석된다. 이처럼 전통 사회에서 선인들은 자녀에게 옷을 입힐 때도 절약·건강·실용 등의 정신에 입각하여 함부로 행동하지 않도록 지도하면서 겸손과 예의를 갖추어 입도록 하였다. 「사소절」에서는 옷을 입는 방법에 대해서 다음과 같이 구체적으로 언급하고 있다.

> 피곤하여도 웃통을 벗지 말고, 더워도 아랫도리를 걷지 말라. 웃옷의 동정을 접어 올리지 말고 바지의 끈을 늘어뜨리지 말고, 앉을 때는 반드시 옷깃을 정제하고 설 때

8) 주희, (이기석 역해), 앞의 책, pp.151-153.

는 반드시 버선을 바로잡을 것이다. 손을 바지 속에 집어넣지 말고…[9]

훈육서에 나타난 의생활에 대한 가르침은 주로 의복을 입는 바른 자세와 의복 예절을 가르쳐 주는 내용으로 오늘날 적용하고 있는 옷차림에 관련된 지도 내용과 유사하다. 단지 시대 변화에 따라서 일상복으로 한복이 아닌 서양식 의복을 착용하고 있다는 점이 다를 뿐이며, 옷을 바르게 입는 것과 때, 장소, 경우에 맞추어 입어야 한다는 기본 의식에는 차이가 없다. 의복에 대하여 「내훈」, 「소학」, 「사소절」, 「격몽요결」, 「고암가훈」 등에서 기술한 내용을 박상희와 주영애는 다음과 같이 서술했다.[10]

더러운 것을 빨아 옷과 꾸밈이 깨끗하며 … (「내훈」 언행장 中)

곡례에 이르기를 … 관을 벗지 말며, 피곤해도 웃옷 소매를 걷어 어깨를 드러내지 말며, 더워도 하의를 걷어올리지 말라 … (「소학」 내편 경신 中)

… 어린이의 성품은 깨끗하고 새로운 것을 좋아하는 버릇이 있어서 자기가 스스로 그러한 것을 시험해 보려고 하는데, 이는 사치하는 버릇에 들어가기 쉬우니, 부모(父母)는 이를 억제하여 검소하게 바로잡아서 거칠고 소박한 의복을 입게 할 것이다. 또한 헝클어진 머리와 때묻은 얼굴에 옷과 띠를 잘 정비하지 않는 아이가 있는데, 이는 검소한 것이 아니라 용렬하고 비루한 데 가까워 족히 칭찬할 것이 못 되니, 부모는 이를 억제하여 깨끗하게 바로잡아서 그로 하여금 잘 씻고 정비하여 누추하게 되지 않게 할 것이다. (「사소절」 동규 동지 中)

의복은 머리부터 발 끝까지 잘 갖추어 단정하게 입도록 했고 어릴 때부터 사치는 금하도록 했음을 알 수 있다. 즉, 옷을 입는 방법에 대하여 구체적으로 가르친 것이다. 또한 때와 장소에 맞게 옷을 입는 것을 중요하게 여겼는데 그러한 훈계의 글이 「소학」에는 다음과 같이 표현되어 있다.

9) 이덕무, (김종권 역해), 앞의 책, p. 278.
10) 박상희·주영애, 앞의 책, pp. 51-52.

곡례에 이르기를 "남의 아들 된 자는 부모가 생존해 있으면 갓과 옷을 흰 것으로 선을 두르지 않는다. 아버지를 여읜 아들로서 아버지의 뒤를 이을 자는 갓과 옷을 채색으로 선을 두르지 않는다." (「소학」 내편 경신 中)

때에 맞추어 옷을 입는 것은 단지 타인에게 보이기 위한 것이 아니라 효심, 사모, 타인에 대한 사랑과 존중의 의미가 깊게 담겨져 나타난 것이다. 그리고 의생활에서는 사치함을 막고, 검소하고 청결한 옷차림을 하도록 교육시켰다.

의복은 화려하고 사치스러운 것을 위주로 해서는 안 된다. 추위를 막을 만하면 되고 … (「격몽요결」 지신장 中)

사람의 의복은 마음에 따라서 다르다. 그 마음이 사치스러우면 그 옷도 반드시 사치스럽고 마음이 검소하면 옷도 반드시 순박하기 마련이다. 그렇기 때문에 그 옷이 사치스러운가 순박한가를 보면 그 마음이 사치스러운가 검소한가를 알게 된다. 여기서 사치스러운 자는 재앙을 불러오고 검소한 자는 복을 불러온다. (「고암가훈」 의복 中)

또한 「사소절」에는 검소한 의복을 입어야 하는 이유를 다음과 같이 설명하고 있다.

어린이의 성품은 깨끗하고 새로운 것을 좋아하는 버릇이 있어서 자기가 스스로 그러한 것을 시험해 보려고 하는데, 이는 사치하는 버릇에 들어가기 쉬우니 부모는 이를 억제하여 검소하게 바로잡아서 소박한 의복을 입게 할 것이다.

전통 사회에서 의복은 계급 사회의 상징성을 나타내어 신분에 맞게 입어야 했다. 이는 오늘날 자신의 경제적 사정과 생활 수준 및 용도에 따라 알맞은 옷을 입게 하는 것과 유사한 맥락에서 해석될 수 있다. 그러나 오늘날의 복장은 강제성을 띠지 않고 개인의 자유의사에 의한 자발적인 선택이지만, 전통 사회에서는 옷의 질과 내용이 제도적으로 규정되어 신분에 따라서 옷을 입었다. 그러나 동일한 신분 내에서는 의복이 법도에 맞게 정제되었으면 그만이었고, 낡은 도포를 입었더라도 여우나 오소리의 털

가죽으로 만든 훌륭한 옷을 입은 사람 앞에서 부끄러워하지 않도록 교육하였다.[11] 즉, 공자의 말씀처럼 검소함으로써 호사로움을 능히 겨룰 수 있어야 완전한 군자가 될 수 있음을 강조하였던 것이다.

3) 식사

전통 사회에서 식사 예법은 매우 중요하게 여겼고 음식 예절을 통해 유아의 행동 절제를 교육하였다. 「내훈」에는 다음과 같이 기술하고 있다.

> 함께 먹을 때에 혼자 배부르게 먹지 말며, 같이 밥 먹을 때 손을 비비적거리지 말며, 밥을 뭉치지 말며, 밥을 마구 먹지 말며, 후룩거리며 급히 들이키지 말며, 쩝쩝거려 소리 나게 먹지 말며, 뼈를 오도독오도독 씹지 말며, 입에 넣었던 고기를 도로 그릇에 놓지 말며, 기장밥을 먹되 젓가락으로 먹지 말며, 국을 사발(국대접)에서 다시 간 맞추지 말며, 이 쑤시지 말며, 젓국 마시지 말아야 하니, 손님이 사발에서 다시 간 맞추면 주인은 잘 끓이지 못함을 미안하다 말하고, 손님이 젓국을 마시면 주인은 가난한 탓으로 반찬이 없음을 미안하다 사과하며, 젖은 고기는 이로 베고, 마른 고기는 이로 베지 말며, 구이를 한꺼번에 다 먹지 말아야 한다.

위와 같이 식사 시에는 단정하고 정숙한 모습을 갖게 할 뿐 아니라 손님으로 대접을 받을 경우에도 비록 음식이 마음에 들지 않더라도 예의를 갖추어서 식사하게 하여 주인이 무안하지 않게 하였다. 또한 주인으로서 손님을 대접할 때에도 겸손해야 함을 가르쳤다.

또한 「동몽수지」에서는 식탐하지 않도록 다음과 같이 금기 교육을 하였다.

> 공동으로 먹을 때는 배불리 먹지 말며, 음식에 손을 넣어 적시지 말며, 밥을 뭉치지 말며, 밥숟갈을 크게 뜨지 말며 … 음식은 있으면 먹고 없으면 생각하지 말아야 한다. 다만 죽이든 밥이든 굶주림만 채우면 되고, 굶지는 말아야 한다.

11) 주희, (이기석 역해), 앞의 책, p. 202.

「사소절」의 동규편에는 식사 예절을 다음과 같이 기술하고 있다.

유아들은 튀기를 좋아하고 짠 음식을 좋아한다. 그러므로 열이 많고 조갈이 심하여 절제 없이 물을 마신다. 밤참을 많이 먹지 말고 먹은 즉시 눕지 말라. 음식을 먹을 때에 부스러기를 혀로 핥아서는 안 되고, 국물을 손가락으로 찍어 먹어서는 안 된다. 그리고 밥을 먹을 때에는 크게 웃지 말고, 세수하지 않고 조반을 먹는 것은 악착이라 하였다.

웃어른 앞에서 음식을 먹을 때에는 반드시 가볍게 먹고 천천히 삼켜서 먹는 소리를 내지 말아야 한다. 어른이 식사하는 것을 보고 침을 흘리면서 바라보아서는 안 되고, 비록 주지 않더라도 원망하지 말아야 한다. 어른이 무엇을 주시면 젊은이나 미천한 자는 감히 사양하지 말아야 한다.

「소학」에는 음식의 절제와 편식하지 않도록 하는 내용이 다음과 같이 기술되어 있다.

… 네가 마음을 다스리고 몸을 닦아 훌륭한 사람이 되고자 하는 데 있어서 사람으로서 품기 쉬운 가장 큰 욕심으로 음식과 남녀의 관계에 대한 욕심이 있다. 이를 스스로 억제하지 못하면 다시는 돌이킬 수 없는 폐인이 되는 것이다. … 범익겸의 좌우계에 이르기를 "… 음식을 먹을 때에는 가려서 입에 맞는 것만을 골라 먹는 일이 있어서는 안 되며, 또 입에 맞지 않는 음식이라고 하여 남겨 버리는 일이 있어서도 안 된다. …"

또한 「소학」에는 음식을 먹을 때에도 격식이 있다고 하여 다음과 같이 기록하고 있다.

무나 배나 밤을 먹을 때는 자주 씹어 사각사각 소리를 내지 말고, 국수나 국이나 죽을 먹을 때는 갑자기 들이마셔 후루룩후루룩 소리를 내지 말고, 물을 마실 때는 목구멍 속에서 꿀꺽꿀꺽 소리 나게 하지 말라. … 음식을 먹을 때는 말을 하지 말며 …

「사소절」의 동규편에도 다음과 같은 예절을 지켜야 한다는 기록이 있다.

> 어른을 모시고 식사를 할 때에 먹자마자 수저를 내던지거나 급히 먼저 일어나지 말라. … 어른이 식사를 하는 것을 보고 침을 흘리면서 바라봐서는 안 되고, 비록 주지 않더라도 원망하지 말아야 한다. 맹자는 '먹고 마시는 것만 존중하는 사람은 남들이 천하게 여긴다'라고 하였다. … 음식을 먹거나 말을 하지 않으면서 입을 항상 딱 벌리고 있는 것은 바른 몸가짐이 아니다. …

전통 사회의 식사 예절은 위와 같이 행동의 절제뿐만 아니라 음식의 절제, 편식, 격식 차리기, 웃어른에 대한 태도 등이 유아기 때부터 형성될 수 있도록 가르쳐 왔음을 볼 수 있다.

전통 사회의 시기별 식사 예절에 관한 내용을 한국정신문화연구원은 〈표 3.6〉과 같이 정리했다.

〈표 3.6〉 **유아의 시기별 식사 예절**

유아기(3~5세)	아동 전기(3~7세)
• 음식을 흘리지 말 것 • 음식을 헤집어 먹지 말 것 • 국과 밥을 일정한 비율로 동시에 먹을 것 • 숟가락은 너무 멀리, 또는 너무 가까이 집지 말 것 • 먹기 전에 자기 몫을 덜어 놓지 말 것 • 밥숟가락은 커야 부자가 되며 • 음식이 체하지 않도록 간장을 먼저 찍어 먹고 밥을 먹을 것 • 음식을 입에 물고 있지 말 것 • 음식을 먹는 식사 시간에 일어서지 말 것	• 어른이 먼저 수저를 들기 전에 먹지 말 것 • 음식을 손가락으로 집어먹지 말 것 • 자기 몫을 남기지 말 것 • 어른보다 먼저 수저를 들지 말 것 • 어른보다 먼저 반찬을 먹지 말 것 • 국과 밥을 균형 있게 먹을 것 • 맛있는 반찬만을 먹지 말 것 • 흘리거나 남기며 먹지 말 것 • 식사 중에 물을 먹지 말 것 • 냉수라도 반드시 어른에게 먼저 드릴 것 • 이웃에서 온 음식을 어른께 먼저 보이고 난 다음에 어른이 나누어 주실 때를 기다려 먹을 것 • 콩 한쪽이라도 형제끼리 의좋게 나누어 먹을 것 • 식사 도중에 뒷간 출입을 금하며 • 식사 도중에 말을 해서는 안 되며 • 남의 음식을 탐내지 말며 • 남의 집에 가서 음식을 함부로 먹지 말며 • 식사 시간 전에 간장을 미리 찍어 먹고 식사를 시작할 것

출처: 한국정신문화연구원, 「한국의 교육 고전 연구」, 1983, pp.87-88, pp.100-101 참고.
박상희·주영애, 앞의 책, p.50에서 재인용.

4) 언어

인간은 언어를 통하여 자신의 생각이나 마음을 표현하기 때문에 인간이 존재하는 곳에서는 항상 언어가 있어 왔다. 인간의 삶 속에서 언어가 차지하는 비중은 매우 크기 때문에 예부터 언어 교육을 중요시 여겨 왔다.

「격몽요결」에는 언어 사용에 대해 다음과 같이 훈육하고 있다.

> 말 많고 생각 많은 것이 마음 씀에 가장 해로운 것이니 일이 없거든 마땅히 정좌하여 마음을 간직하고, 남을 접대하거든 마땅히 말을 가려 간단하고 무게 있게 하며, 말할 때가 된 연후에 말을 하면 간단하지 않을 수 없으니 말이 간단한 자는 도에 가까우니라. … 마음을 안정하는 것은 말이 적은 데서부터 비롯하느니라.

우리 속담에도 다음과 같은 말이 있다.

> "가는 말이 고와야 오는 말이 곱다."
> "발 없는 말이 천리 간다."
> "말 한 마디에 천 냥 빚을 갚는다."
> "낮말은 새가 듣고 밤말은 쥐가 듣는다."

우리 선조들은 자녀들에게 거칠고, 상스럽거나 도리에 어긋나는 말, 남을 함부로 험담하는 말을 삼가고 웃어른께는 존댓말을 쓰도록 훈육하였다.

「명심보감」에도 "입은 사람을 상하게 하는 도끼이며 말은 혀를 베는 칼이다. 입을 막고 혀를 깊이 감추면 몸은 어느 곳에 있으나 편안할 것이다."라고 한다.[12)]

「동몽수지」에서도 웃어른 앞에서 말할 때는 낮은 소리로 아뢰되 자세히 그리고 천천히 할 것, 어른의 마음을 거스르지 않도록 조심하면서 정확히 말할 수 있는 좋은 습관을 어릴 때부터 갖도록 훈육하고 있다.

---

12) 이기석 역해, 「명심보감」, 서울: 홍신문화사, 2000, p.274.

무릇 남의 자제된 자는 반드시 목소리를 나직이 하고 숨을 가라앉혀서 말을 상세하고 느리게 할 것이요, 큰 소리로 떠들거나 허튼소리로 시시덕거려서는 안 된다. 부형이나 웃어른이 가르치고 타이르는 말씀이 있으면 다만 머리를 숙여서 받아들일 뿐, 함부로 의논해서는 안 된다. 웃어른의 단속이나 책망에 혹 잘못이 있더라도 그 자리에서 해명해서는 안 된다. 참고 잠잠히 있다가 한참 시간이 경과된 뒤에 천천히 입을 열어서 조목조목 자세히 아뢰기를 "그 일은 아마도 이러이러한 것 같은데, 조금 전에는 우연히 잊었습니다." 하거나 또 혹 말하기를 "우연히 생각이 미치지 못했던 것 같습니다." 해야 한다. 그와 같이 한다면 어른의 마음을 손상하거나 거슬리지 않고 사리가 스스로 분명해질 것이다. 벗에 대해서도 마땅히 이와 같이 해야 한다.[13)]

또한 바른 언어의 사용에 관해서는 「소학」과 「격몽요결」에 다음과 같이 기록하고 있다.

범익겸의 좌우계에 이르기를 "… 음란하고 부정한 말은 하지 말고, 잘난 체 뽐내며 남을 업신여기는 말을 하여서는 아니 되며 …" (「소학」 외편 가언 中)

말을 많이 하고 생각을 많이 하는 것은 가장 마음에 해로운 일이다. 고로 일이 없을 때에는 조용히 앉아 자기의 올바른 마음을 간직하도록 하고, 사람을 대할 때에는 자기가 하는 말을 가려서 간단하게 말을 하며, 또 자기가 말할 때가 된 뒤에라야 말을 한다. (「격몽요결」 지신장 中)

어른이 말을 마치지 않았으면 다른 일의 말을 꺼내어 어른의 말을 혼동시키지 말아야 한다. 강론할 때는 용모를 바르게 하며, 듣기를 반드시 공손하게 하고 남의 말을 빌려 내 말로 만들지 말고, 남의 말에 분별없이 부화뇌동(附和雷同)하지 말라. … (「소학」 내편 명륜 中)

13) 이기석 역해, 「동몽수지」, 서울: 홍신문화사, 2001, pp. 193-194.

또 언어의 효과에 대해서는 「소학」의 내편 경신에 잘 나타나 있으며, 말을 참되게, 그리고 신중히 하면 뜻을 이룰 수 있음을 강조하였다.

> 말이 충신(忠信)하고 행실이 후덕하고 공경스러우면 비록 오랑캐의 나라라도 뜻이 행해질 수 있거니와, 말이 충신(忠信)하지 못하고 행실이 후덕하고 공경스럽지 못하면 비록 자기가 사는 주(州)와 마을이라도 뜻이 행해질 수 있겠는가?

5) 인사

전통 사회에서는 유아들이 바른 자세로 인사할 것과 웃어른께 어떻게 인사하야 하는지를 구체적으로 훈육해야 함을 「사소절」, 「동몽수지」, 「격몽요결」에서 다음과 같이 가르치고 있다.

> 손님을 보면 반드시 절을 하고 … 어른이 나가고 들어올 때는 반드시 일어서고… 손님이나 노인이 왔을 때에 어린이는 마루에서 내려가 정숙하게 맞이하고 … (「사소절」 동규편 中)

> 서로 읍할 때는 반드시 허리를 굽혀야 한다. … 외출하거나 돌아왔을 때는 반드시 웃어른 앞에 나아가 읍해야 한다. 비록 잠깐 나가더라도 또한 마찬가지다. … 길에서 어른을 만나면 반드시 바른 자세로 서서 공수하고, 종종걸음으로 그 앞에 가서 읍해야 한다. … 어른을 곁에서 모실 때는 반드시 바른 자세로 서서 손길을 마주 잡아야 한다. (「동몽수지」 中)

> 아무 할 일이 없더라도 마땅히 단정히 손을 맞잡을 것이요, 손을 놀리거나 물건을 어루만져서는 안 된다. (「격몽요결」 中)

「격몽요결」의 접인장에서는 웃어른의 연령에 따른 인사법을 다음과 같이 기록하고 있다.

대저 배읍(拜揖)하는 예(禮)는 꼭 정해서 말할 수는 없지만 대개 아버지의 친구에게는 절을 하고 마을에서 15세 이상의 연장자(年長者), 벼슬이 당상(堂上)에 오르고 연장(年長) 10세 이상 되는 사람들에게 절한다. 시골에 사는 사람이라도 나이가 20년 이상 많은 자에게는 마땅히 절을 한다. 그러나 그 중간의 높고 낮은 곡절들은 때에 따라서 적절히 할 것이고 역시 꼭 이런 예에 구애받을 일은 아니다. 다만, 자기를 낮추고 남을 높이는 겸손한 마음만 가지면 족하다.

6) 행동거지

행동거지에 대한 훈련은 타인의 사생활을 존중하도록 하였고 이러한 가르침은 유아기 때부터 습관이 형성될 수 있도록 하였다.

비밀스런 곳을 엿보지 않으며 … 귀를 기울여 남의 말을 엿듣지 말며 … 아무 데나 두리번두리번 살피지 말며 … 대청에 올라설 적에는 소리를 높여야 하고(어험 등의 소리로 하는 노크)

… 실내에 들어갈 때는 시선을 아래로 해야 한다. 손님의 부채를 만지작거려 희롱하지 말고, 붓으로 남의 부채나 초립이나 옷 띠 같은 것을 어지럽게 더럽히지 말라.[14)]

바른 몸가짐과 행동의 구체적 예를 들어 유아들의 행동거지를 설명하였다. 이러한 행동은 오늘날의 예의범절에서도 요구되는 행동 규범이다. 뿐만 아니라 타인을 존중하고 남의 소지품에 대해서도 조심하는 습관을 어릴 때부터 일상생활을 통해 반복 훈련하였던 것이다.

이러한 행동이나 행실에 대한 교육의 시작 시기는 「소학」의 입교편에 의하면 8세경부터 시작하여야 한다고 하였다. 전통 사회에는 작업도 역시 유교적 덕성을 기르는 과정의 수양 방법으로 간주하여 일정한 법도에 따르게 하였다. 이를테면 「사소절」에

14) 이덕무, (김종권 역해), 앞의 책, p.279.

서는 책을 묶어 매는 데도 예를 갖추었는데 일을 정하고, 상세하고, 바르고, 가지런히 하게 하도록 훈련하였다. 「동몽수지」에서 책·붓·벼루 등의 모든 기구가 엄숙히 정제되어 제자리에 있도록 정리 정돈 하도록 훈련하였으며, 청소를 할 때도 먼저 도구를 갖추어 물 뿌린 뒤에 쓰는 등의 순서를 따라 하도록 가르쳤고, 티끌이나 먼지가 어른에게 가지 않도록 조심하면서 청소하도록 가르쳤다. 동시에 작업은 동몽(童蒙)의 육체와 정신을 건강하게 만든다고 하여 근면을 강조하였다.[15)]

「사소절」에는 행동거지에 대한 가르침을 다음과 같이 서술하고 있다.

> 어른이 집에 없는 것을 틈타서 친구들을 모아 콩 볶듯 시끄럽게 놀며 하지 않는 짓이 없다가, 문득 어른의 큰 기침소리가 들리면 창문 구멍으로 엿보며 가만가만 걷고 조용히 이야기하며 굳이 책 읽는 체하는 … 심히 징계할 것이요, 그대로 용서하여서는 안 된다. 단정한 사람이나 바른 선비를 대하면 의를 잘 닦고서 말도 삼가 장래 무슨 일을 할 만해 보이나, 그 행실을 자세히 보면 사특한 데로 기울어져 교만하고 방자하여, 한 가지도 볼 만한 것이 없으니 … 조금이라도 용서해 주어서는 안 된다. 어린이가 좀 자라서 성질이 급한 사람은 잠깐 동안만 배가 고파도 굳이 먹을 것을 찾고, 심한 병에도 약을 잘 안 먹고 물리치는데, 이러한 것도 역시 사리에 어긋나는 행동의 시초가 되는 것이다. 무릇 의복·음식·거처를 심부름하는 사람이 만약 뜻에 맞지 않게 하였다고 해서 노여움과 원망을 방자하게 하면, 그는 자라서는 크게는 흉악하고 도리에 어긋나는 짓을 하게 되고, 작게는 가혹하고 각박하게 되는 것이다. 그러므로 어릴 때에 이러한 일들에 있어서 어질고 착한 버릇을 길러 놓은 후에야 군자로 만들 수 있다.[16)]

위와 같이 유아기에 흔히 볼 수 있는 행실들을 구체적으로 기술하면서 훈육하였음을 볼 수 있다.

15) 김진경, 앞의 논문, p.19.
16) 이덕무, (김종권 역해), 앞의 책, p.282.

제 4 장 전통교육과 개인 생활

1. 개인 생활

본 장에서는 전통 사회에서의 유아기의 개인 생활을 몸가짐과 마음가짐으로 나누고, 몸가짐은 구용(九容)을 중심으로 마음가짐은 구사(九思)를 중심으로 살펴보고자 한다.

1) 몸가짐

전통 교재의 아동 훈육서에는 유아들의 몸가짐에 대하여 일상생활 속에서 자연스럽게 배울 수 있도록 일깨워 주고 있다.

「격몽요결」의 지신장에는 몸가짐에 있어서 구용(九容)을 중시하고 있는데 내용은 다음과 같다.

> 발의 용모는 무겁게 가져야 함과 손의 용모는 공손하게 가져야 함과 눈의 용모는 단정하게 가져야 함과 입의 용모는 신중하게 가져야 함과 소리의 용모는 조용하게 가져야 함과 머리의 용모는 똑바르게 가져야 함과 숨 쉬는 용모는 정숙하게 가져야 함

과 서 있는 용모는 의젓하게 가져야 함과 얼굴빛의 용모는 장엄하게 가져야 함이다.

구용(九容)

- **족용중(足容重)**: 발을 옮겨 걸을 때는 신중하게 한다. 그러나 어른 앞을 지날 때와 어른의 명령으로 일할 때는 민첩하게 한다.
- **수용공(手容恭)**: 손의 모습은 공손하게 한다. 일이 없을 때는 두 손을 모아 공손하게 공수한다.
- **목용단(目容端)**: 눈은 단정하고 곱게 뜬다. 치뜨거나 곁눈질을 하지 않는다.
- **구용지(口容止)**: 입은 조용히 다물어야 한다. 말하지 않을 때는 입을 헤벌리지 않는다.
- **성용정(聲容靜)**: 말소리는 나직하고 고요하게 해야 하며 시끄럽거나 수선스럽게 하지 않는다.
- **두용직(頭容直)**: 머리를 곧고 바르게 하며 의젓한 자세를 지킨다.
- **기용숙(氣容肅)**: 호흡을 조용히 고르게 하고 안색을 평온히 해서 기상을 엄숙하게 갖는다.
- **입용덕(立容德)**: 서 있는 모습은 그윽하고 덕성이 있어야 한다. 기대거나 삐뚤어진 자세는 천박하게 보인다.
- **색용장(色容莊)**: 얼굴 표정은 항상 명랑하고 씩씩하게 갖는다.

「격몽요결」에는 몸가짐을 바르게 해서 겉과 속이 한결같도록 하라는 가르침을 다음과 같이 기술하고 있다.

> 마땅히 자기 몸과 마음을 바르게 해서 속과 겉이 한결같아 어두운 곳에 처해서도 밝은 곳에 있는 것 같고, 혼자 있어도 여러 사람이 있는 것같이 한다.

「사소절」에는 몸가짐을 바르게 해야 하는 이유를 다음과 같이 기술하고 있다.

훈육서에 나타난 유아들의 몸가짐에 관한 내용은 행동을 제약하는 측면과 더불어 훌륭한 품성을 학습하는 마음가짐 측면에서 살펴볼 수 있다. 몸가짐을 바르게 해야 하는 까닭은 다음과 같다.

수양이 모자라는 사람은 걸음걸이를 거칠게 하고 말을 군색하게 하며 헛기침을 하고 건성으로 웃으며 머리를 기웃거리고 손을 내두르고 하는데 이는 좋은 기상이 아니다. (「사소절」 동규 동지 中)

어린이에게 반드시 돈후·신중·공경·근심하는 몸가짐을 가르친 연후에야 자라서 능히 스승과 벗을 공경스럽게 대할 줄 알게 되고, 비록 재주와 기예가 능할지라도 감히 남에게 교만하게 굴지 않게 된다. (「사소절」 동규 경장 中)

또한 「사소절」에는 바른 몸가짐을 어려서부터 익히라는 훈육을 다음과 같이 기술하고 있다.

… 어려서 바르게 앉는 행동을 익히지 않으면 자라서는 뼈대가 굳어져 똑바르게 앉는 것을 견디지 못하고, 두 다리를 쭉 뻗고 앉거나 한편으로 기우뚱하게 앉게 되어 행동이 거칠고 어지러워지고, 마음도 또한 간사한 데로 기울어져 아홉 가지 몸가짐이 다 허물어질 것이니 가히 슬퍼할 따름이다. … (「사소절」 中)

2) 마음가짐

전통 사회에서 유아들의 마음가짐에 대해 심신을 바르게 하는 내용을 아동 훈육서를 통해 발견할 수 있다.

「격몽요결」과 「사소절」에는 다음과 같은 가르침이 있다.

마땅히 신심을 바르게 해서 표리가 하나같이 하여 아무리 깊숙한 곳에 있어서도 드러난 곳에 있는 것같이 하고, 혼자 있더라도 여럿이 있는 것같이 해서, 내 마음이 명백하여 조금도 은폐하거나 의혹하는 것이 없어서 남들이 나를 볼 수 있도록 할 것이다. (「격몽요결」 지신장 中)

어른이 말씀하실 때에는 반드시 두 손을 합쳐 쥐고 조용히 들어서 잊어버리지 않으며, 의문이 있으면 반드시 공손히 물어서 그 조리를 알아야 하지 엄한 것에 구애되어 알지도 못하는 것을 그대로 두면서 다만 "네, 네" 하거나 "압니다" 하고 억지로 대답할 것이 아니다. (「사소절」 동규편 교습 中)

「격몽요결」에서는 구사(九思)란 마음을 닦고 지혜를 기르는 데만 필요한 것이 아니라, 우리의 일상생활에서 항상 지켜야 할 내용임을 강조하고 있다.

항상 구사(九思)를 마음에 두고 잠깐 동안이라도 마음가짐을 함부로 하지 말아야 한다. 또 이것을 앉는 자리의 구석에 써 붙이고서 때때로 눈여겨 볼 것이다.

구사(九思)의 가르침은 자기 자신의 수련뿐만 아니라 타인과 원만한 인간관계를 유지하기 위해서도 필요한 마음가짐이다.

「격몽요결」의 접인장에는 사양하는 마음을 갖도록 가르치고 있다.

항상 자기를 낮추고 남을 높이는 의사를 마음에 가지는 것이 옳다.

「고암가훈」의 접인에서도 겸손한 마음가짐으로 욕을 면하라는 가르침이 있다.

사람을 상대하는 데 그의 헐뜯음과 욕을 면하려면 그 방법이 어려울 것이 없다. 오직 스스로 겸손하고 말이 적으면 자연히 허물이 적을 것이다.

또한 「격몽요결」의 접인장에는 자신의 욕심만을 내세우지 않도록 해야 함을 가르치고 있다.

항상 온순하고, 공손하고, 아랫사람을 도탑게 사랑하고, 남에게 은혜를 베풀며, 이롭게 하고 남을 침입하거나 해롭게 하는 일은 털끝만큼도 마음에 두지 말 것이다. … 신기한 물건이 있으면 이것을 먼저 줄 것이 아니라 남에게 양보하는 것을 가르쳐 주고 남과 싸우는 일이 있으면 편을 들어 응원하는 것이 아니라 양보하도록 가르친다.

구사(九思)의 구체적인 내용은 다음과 같다.

구사(九思)

- **시사명(視思明)**: 눈으로 볼 때는 밝고 바르고 옳게 보아야겠다고 생각한다.
- **청사총(聽思聰)**: 귀로 들을 때에는 그 소리의 참뜻을 밝게 들어야겠다고 생각한다.
- **색사온(色思溫)**: 표정은 온화하게 가져야겠다고 생각한다.
- **모사공(貌思恭)**: 몸가짐이나 옷차림은 공손해야겠다고 생각한다.
- **언사충(言思忠)**: 말할 때는 진실되게 해야 한다.
- **사사경(事思敬)**: 어른을 모실 때는 공경스럽게 할 것을 생각한다.
- **의사문(疑思問)**: 의심나는 것이 있으면 물어서 깨달아야 한다.
- **분사난(忿思難)**: 분하고 화나는 일이 있더라도 참고 이겨내야 한다고 생각한다.
- **견득사의(見得思義)**: 자기에게 이로운 것이라면, 그것이 정당한 것인가를 생각한다.

전통교육과 가정생활

제5장

1. 가정생활

전통 사회에서도 가정생활의 중요성을 강조하고 부모와 자녀의 관계, 남녀의 관계, 형제간의 관계, 친족과의 관계를 가르치고 있다.[17]

1) 부모 자녀 관계

자식을 낳아 기르고 가르쳐서 훌륭한 인물로 만들려고 한다면 부모는 자식이 순종하고 효도하도록 기르는 것이 부모와 자식 간의 일반적인 인간관계이다. 이러한 친자 간의 관계는 효성과 자정(子情)의 상호 관계로 나타낼 수 있다. 전통 사회의 부자 관계는 단지 정서적인 애착 관계로 유지된 것이 아니고 유가의 자연관, 윤리관, 가족 제도 등에 의해 형성된 특별한 관계이었다. 즉, 자정은 종족 보존의 본능으로 자정이 없는 사람은 거의 없지만, 효심은 인간 도덕의 원칙이므로 장려하지 않으면 없어지기 때문에 자정에 대해서는 등한시하고 효도는 강조하였다는 것이다. 비유하면 자

17) 김진경, 앞의 논문, pp. 24-26.

정은 아래로 흐르는 물과 같고 효도는 상승하는 불과 같다고 하였다. 물은 자연히 높은 곳에서 낮은 곳으로 흐르기 마련이지만 불은 인간이 살려야만 존재하고, 계속해서 보살피지 않으면 꺼져 버리므로, 불에 해당하는 효심을 강조하는 뜻에서 자녀가 노친을 봉재(封齋)하고 있는 모양으로 효(孝) 자를 만들어 생활화하도록 하였던 것이다.

인륜을 중시하는 전통 사회의 아동교육에서는 오륜의 근본이 효에서 출발하는 것으로 보았기 때문에 부모에게 효도할 수 있는 아동은 어른을 공경하고, 커서 부부간에 화목하고, 친구 간에 신의가 있고, 임금에게 충성할 수 있다고 보았던 것이다. 그러므로 어릴 때부터 효의 조건에 맞추어 바른 방법으로 효행을 습관들이도록 교육하였다. 하루 일과의 시작은 효에서 비롯되는 교육을 하였다. 예컨대 부모님께 시중드는 것 중에 세수 시중에 대해서 연소자와 연장자가 함께 부모의 세수 시중을 드는 등의 부모에 대한 품행과 태도에 대해서는 출입에서부터 응답수령에 이르기까지 그 구체적인 행동 지침을 가르쳤던 것이다.

2) 남녀 관계

전통 사회의 남녀관은 음과 양 또는 건과 곤으로 이원론적 배경을 가지며, 하늘과 땅이 합하여 천지가 되듯이 남과 여의 만남도 소천지, 즉 소우주로 보고 그 중요성을 어릴 때부터 가르쳤다. 그리하여 동몽 교재에서는 기본적인 유아교육에 이러한 내용이 포함되어 있다. 성 유형화에 적응시키기 위하여 남아와 여아는 언어와 신체 조정이 가능한 세 살 때부터 대답하는 법과 옷 입는 법에서부터 달리 교육하였다. 즉, 음양의 성격에 따른 남녀의 차이를 습득시키기 위하여 여아는 유순하게 남아는 힘차게 대답하는 소리를 내고, 여아는 실띠를 매고 남아는 가죽띠를 매도록 함으로써 성별을 상징하였다. 또한 인간의 성장에서 일곱 살이 되면 남녀의 차이가 나타난다고 보고 이때부터 의식적으로 남녀의 교육을 구별하였다. 그러나 처음에는 남녀의 구별을 엄격하게 실시하지 않았고, 열 살이 되면서 이를 본격적으로 실시하였다. 즉, 성 정체감이 비교적 확립된 유아기 말이나 유아기 초에 접어들면서 의식적으로 성별 교육을 시작해서 습관이 되도록 하고, 이것이 확실히 굳어진 유아 후기부터는 남녀 구별의 생활을 요구하였다. 15세경에 관례를 치르거나 결혼을 하였기 때문에 생애에서 유예기라 할 수 있는 청년기는 거의 없고, 유아에서 곧바로 성인으로 진입하였던 전통 사회에서의 유아 후기는 성인 수업을 하는 시기였다. 이때에 성 역할을 본격적으로 훈련하였다. 유아 후기는 신체적으로 태아기 초기 단계 이후에 가장 큰 성적 분화가 이루어지는 시기로서 생식 기관이 성숙되어 이성에 대한 관심도 큰 시기이며 정신적으로도 문화적 요인에 민감한 시기이므로 자아 정체감을 형성하는 적기로 보고 교육하였던 것이다. 내외법의 일상 습관을 생활하도록 가르쳤고, 또 자아 정체감의 형성을 위해 삶의 가치나 태도 및 내용을 규정하여 습관화하였던 것이다.

3) 형제 관계

전통 사회에서는 자정보다 효성이 강조되었던 것과 같이 형제 관계에서도 형의 아우에 대한 사랑보다는 아우의 형에 대한 공경이 강조되었다. 「논어」에는 '입 측 효하고 출 측 제하라'는 표현이 있다. 이는 효(孝)는 가정에서 행하는 덕(德)이고 제(濟)는 사회에서 행하는 덕이라는 것을 의미하지만, 이것은 또 가정적인 형에 대한 제를 사회적인 것에 대한 제로 그 덕을 확장한다는 의미를 나타내었다. 따라서 가정 윤리의 발전이 사회도덕으로 발전하는 데에 그 기초가 되었는데 이 기초의 원리에 내재한 것이 형제 관계이었다고 볼 수 있다. 가정에서 형을 존경하는 데서 타인 존경의 마음이 싹트는 것으로 보았다.

「소학」에는 형제 관계를 다음과 같이 가르치고 있다.

> 품안에 안기는 2~3세 되는 어린아이도 그 어버이를 사랑할 줄 모르는 아이가 없고, 자라게 되면 그 형을 공경할 줄 모르는 아이가 없는 것이다.

「격몽요결」에도 형제간에 화목하지 않는 것이 곧 불효라고 가르치고 있다.

> 형제는 같은 부모에게서 몸뚱이를 물려받은 터이니 둘은 모두 한 몸뚱이와 같은 것이다. 그러니 마땅히 저와 나라는 간격이 있게 보아서는 안 된다. 음식이나 의복이 있

> 고 없는 것을 마땅히 모두 함께 해야 할 것이다. 그러니 가령 형은 주리고 아우만 배가 부르거나, 아우는 춥고 형만이 따뜻하게 있다고 한다면 이것은 마치 한 몸뚱이 안에 있는 사지 중에서 어느 한편은 병들고 다른 한쪽은 튼튼한 것과 마찬가지니 … 형제끼리 서로 사랑하지 않는 것은 모두 자기들의 부모를 사랑하지 않기 때문이다.

4) 친족 관계

농경 생활을 영위하던 전통 사회에서는 토지에 근거하여 대대로 태어난 많은 사람들이 함께 살면서 상부상조하는 친족 집단을 구성하였다. 조상을 함께하는 친족 집단은 세대의 반복과 시간의 연장에 따라 그 규모가 작게는 한 집에서부터 집안과 문중으로 확대되어 갔고, 촌수가 가까울수록 친밀도는 더욱 높았다. 당시에는 오늘날과 달리 개인은 전적으로 자신이 태어난 문벌에 의해 사회적 지위가 결정되고, 유사시에도 이에 의하여 보호를 받게 되었으므로 자녀의 힘이 미치는 범위 내에서 친족의 발전에 참여하였는데, 친족 간에 우애가 있는 집안에서는 이러한 행위가 일상생활에 자연스럽게 표출되어 유아들이 쉽게 배울 수 있었다.

「격몽요결」에는 친척 간의 돈목을 다음과 같이 강조하였다.

> 형제의 자식은 내 자식이나 마찬가지이다. 그러므로 그를 사랑하는 것이나 그를 가르치는 것이 마땅히 자기 자식과 똑같이 할 것이고, 조금도 경중과 후박이 있어서는 안 된다.

전통교육과 집단 생활

제 6 장

1. 집단 생활

전통 사회의 집단 생활에서는 장유 관계, 스승과 제자 관계, 교우 관계, 처세를 중요하게 여겼다. 이에 대해 살펴보면 다음과 같다.[18]

1) 장유 관계

오륜에 의하면 장유의 관계는 서(序)로 표시한다. 서(序)란 자연 질서를 바탕으로 한 인륜의 질서를 말한 것으로 이를 구체적으로 규정한 것이 예인데, 장유 간의 예는 장혜유순(長惠幼順)이다. 따라서 어른은 유아에게 사랑을 베풀고 유아는 어른을 공경하여 따르도록 함으로써 어른과 유아가 서로 화합하도록 하는 것이 오륜이 요구하는 바였다. 그러나 부자, 형제 관계에서 효제가 중시된 것과 마찬가지로 장유 관계에서도 경장이 주된 교육 내용이었다. 그래서 어른과 유아가 길을 갈 때에는 유아가 반드시 뒤에서 가고, 모임에서는 어른이 먼저 자리에 앉고 나서 유아가 앉으며, 식사할 때에는 어른이 수저를 먼저 든 뒤에 유아가 수저를 드는 등의 일마다 겸손한 태도

18) 김진경, 앞의 논문, p. 27-28.

로 어른을 앞지르지 않도록 가르쳤다. 이렇듯 어릴 때부터 어른에 대한 공경심을 철저하게 교육시킴으로써 사회생활의 질서를 확립하려 하였던 것이다.

2) 스승과 제자 관계

인격의 도야와 덕성의 함양을 교육의 목적으로 삼고 있는 전통 사회의 유아교육에서는 스승을 존경하는 마음이 교육의 기본이 되었다. 모든 교육은 스승에 대한 존경심을 기초로 하였고, 그 기초 위에서 교육이 성립된다고 생각하였던 것이다.

이처럼 마음과 마음이 경건하게 연결되는 사제의 도는 전통 교육에서뿐만 아니라 현대의 교육에서도 중요한 덕목이다. 전통 사회의 사제 관계는 군사부일체라 하여 스승을 임금이나 부모와 동일하게 받들도록 하였다.

3) 교유 관계

전통 사회에서 유아들이 또래나 친구 선택을 중요시하는 교육 내용을 「격몽요결」의 접인장에서는 다음과 같이 강조하였다.

> 벗을 택할 때는 반드시 학문을 좋아하고 착한 것을 좋아하며 바르고 엄숙하며 정직하고 성실한 사람을 취하고, 사람과 더불어 함께 거처하되 순진한 마음으로 바른 충고를 받아들여서 나의 결함을 다스릴 것이니 게을러서 놀기를 좋아하고 연약하고 아첨하여 정직하지 못한 사람은 사귀지 말아야 한다.

또한 「동몽선습」에는 어떤 친구를 택해야 하는지를 가르치고 있다.

> 벗은 같은 무리의 사람이다. 유익한 벗이 세 종류가 있고, 해로운 벗이 세 종류가 있는데, 벗이 곧고 성실하고 견문이 많은 것은 이롭고, 편벽되고 유약하고 아첨하는 것은 해롭다. 벗이란 그 덕을 벗하는 것이다. … 벗을 취함은 반드시 단정한 사람으로 하여야 하며, 벗을 가림은 반드시 나보다 나은 자로 하여야 한다. (「동몽선습」 붕우유신 中)

「공자가어」에도 "학문하는 사람과 같이 가는 것은 안개 속을 지나가도 촉촉함이 있을 뿐, 옷이 젖지 않아 상쾌함을 느낄 수 있음"에 비유하여 곁에 있는 벗이 어느 정도 중요한 것인지를 간접적으로 제시하였다. 「소학」의 내편 입교에서는 "벗들 사이에는 신의가 있어야 하는 것이다."라고 하였으며, 이는 「고암가훈」의 정심에서도 강조하고 있다.[19)]

> 소리가 같으면 서로 응하고 기운이 같으면 서로 구하게 되는 것이니 만일 내가 학문에 뜻을 두면 내가 또다시 학문하는 선비를 구할 것이요, 학문하는 선비도 나를 구할 것이다. 명색이 학문한다 하고서 문정에 잡객이 많아 시끄러이 나날을 보내는 자는 반드시 그 즐거워하는 바가 학문에 있지 않은 까닭이다. (「격몽요결」 접인장)

> 대체로 벗이란 그 사람의 덕행을 벗으로 삼는 것이다. (「고암가훈」 접인 中)

즉, 벗을 사귐에 있어서 신의를 지키며 정직하고 바른 태도의 벗과 사귐을 즐거워해야 하는 것 등을 뜻하는 바라 하겠다.

> … 믿음이 있는 … 벗은 이롭고 … 벗을 택함은 반드시 나보다 나은 자로 하여야 한다. 선을 권면하되 믿음으로써 하며, 허물이 있으면 간절하게 타일러서 선의 길로 인도하다가 할 수 없어야 그만두는 것이다. (「동몽선습」 붕우유신 中)

4) 처세(접인법)

처세 교육은 인간이 사회생활에 대처해 나가는 방법을 가르치는 것으로 이것은 곧 대인 관계를 비롯해서 출세의 문제와도 직결된다. 처세 교육의 내용으로 접인법과 과거에 대한 준비 태세, 처세에 대한 일반적인 기준에 대해 살펴보면 다음과 같다.

접인법에서 「소학」의 내용을 보면 교유에 있어 그 중간에 부귀나 권세 등의 외부적 조건이 개입되어서는 안 되며, 오로지 덕으로 사귀어야 함을 강조하고 있다. 이것은 친구뿐만 아니라 모든 사람과의 관계에 있어 가장 기본적인 태도라 할 수 있다. 마을 사람들과의 처세 방법에 대해서도 "마을의 착한 사람과는 모름지기 친근하게 정을 나

19) 박상희·주영애, 앞의 책, p.96.

누고 마음의 착하지 못한 사람이라도 나쁜 말과 추한 행동을 나타내지 말 것이요, 다만 범연히 대접하여 서로 왕래하지 않을 것이다."[20] 하여 착한 사람과 착하지 않은 사람에 따라 대인 교류의 방법을 제시하여 도덕적 인간관계에 대한 도리를 밝히고 있다. 처세에 있어서 일반적인 규칙은 구사·사물·삼귀에서 강조되는 의(義)에 의거하였다. 즉, 인간관계의 동기가 순수한 데서 출발할 것을 강조했다.

또한 「계녀서」에도 손님 접대를 다음과 같이 강조하고 있다.

> 부귀한 손이 오면 조심하여 잘 대접하고 빈천한 손이 오면 대수롭지 않게 대접하니 이는 덕스럽지 못한 행실이라. … 노소는 분간하여 대접하되 연장자에 대한 예우는 갖추되 재물이 있고 없이 대접의 기준이 되어서는 아니 된다.

또한 「고암가훈」과 「사소절」에서도 다음과 같이 가르치고 있다.

> … 손님과 수작하고 대접하는 절차를 가르친다. (「고암가훈」 역학 中)

> … 손님을 공경하는 예절을 갖추어야 한다. (「고암가훈」 접인 中)

> 손님이나 노인이 오거든 아이는 당(堂)에서 내려가 엄숙하게 맞아서 부축하여 모시고 당에 오르면 그 지팡이는 벽에 기대 놓았다가 그분이 가려고 일어서거든 먼저 신발을 챙기고 지팡이를 받들고 맞을 때처럼 부축하여 모시고 당에서 내려가라. (「사소절」 동규 경장 中)

> 손님을 뵈면 반드시 절을 하고 … (「사소절」 동규경장)

> 손님의 노새나 나귀를 몰래 타고 달리지 말고, 말총을 뽑지 말고, 미친 개를 놀리지 말라. (「사소절」 동규사물)

> 손님의 부채를 만지작거려 희롱하지 말고, 붓으로 남의 부채와 초립이나 옷띠 같은 것을 어지럽게 더럽히지 말라 하여 손님의 물건을 만지거나 마음을 불편하게 하지 않도록 가르친다. (「사소절」 동규동지)

---

20) 이이, (이기석 역해), 「격몽요결」, 서울: 명문당, 1995, p.76.

제 7 장

전통교육과 환경 보전

1. 환경 보전

최근 들어 인구 증가와 휴가 문화, 산업화 등으로 인한 환경 파괴에 많은 관심을 가지고 환경 보전을 위한 여러 활동들을 전개해 나가고 있다. 옛 사람들은 환경 자체를 사람과 연결시켜 동등하게 생각하였다. 환경에 대한 동몽 교육의 교육 내용의 예를 「사소절」에서 살펴보면 나무껍질을 산 채 벗기지 말고, 새털을 산 채 뽑지 말고, 장벽을 더럽히지 말고, 기둥이나 문지방에 글자를 새기지 않도록 주의하였다. 그리고 푸른 나무에서 우는 매미를 덮치지 말고 집 위에 올라가서 새 새끼를 들추지 말고, 이웃집 실과나 꽃가지를 꺾지 말고, 또한 벌레, 새, 풀, 나무 등의 일체 생물을 죽이거나 상하게 하지 말아야 한다. 이는 자신의 양심을 무너뜨릴 뿐 아니라 떨어져 발을 접질리고 쏘이고 찔리고 하여 그 해로움이 한두 가지가 아니다. 새순이나 봄 소나무의 진을 씹거나 빨아먹어서는 안 된다고 지도하였다.[21] 「사소절」의 동규에서 자연을 사랑하고 보호해야 하는 가르침을 다음과 같이 기술하고 있다.

> 생나무 껍질을 벗기지 말며, 산새의 털을 뽑지 말라. … 나무에 올라 매미를 잡지 말고, 집에 올라 새 새끼를 더듬지 말라. … 이웃집 과실이나 꽃가지를 꺾지 말며 충(蟲), 초(草), 목(木)의 일절 생명을 몹씨 하지 말라.

21) 이덕무, (김종권 역해), 앞의 책, p.317.

제 4 부

전통 놀이

전통 놀이란 무엇인가

제 1 장

1. 전통 놀이의 개념 및 특징

전통 놀이에 대한 개념을 살펴보면 먼저 최상수는 전통 놀이란 "옛날부터 민간에 의해 전승되어 오는 여러 가지 놀이로서 향토색을 지니며 전통적으로 해마다 행해져 오는 놀이이다."[1]라고 했으며, 이은화[2]는 전통 놀이란 "고대로부터 일반적으로 행해지면서 민간에 의하여 전승되어 오는 여러 가지 놀이로서 전통성, 역사성, 고유성, 지속성을 지니는 놀이를 말한다."고 했다.

우리 민족은 수천 년의 삶을 이어오는 과정에서 놀이 문화를 창조하고 그 전통을 지켜 왔으며 삶에 대한 한겨레의 전통적인 가치를 공유할 수 있다는 점에서 전통 놀이는 문화적으로나 교육적으로 커다란 의의를 지닌다고 하였다.[3]

그렇기 때문에 전통 놀이는 역사성과 전통성을 떠나서는 이해될 수 없다. 전통 놀이의 유래나 생성 동기를 보면 단지 재미와 즐거움을 찾기 위해 놀이를 하는 것이 아니라 공동체 사회의 신앙과 가치관, 효율적이고 새로운 생산을 위한 준비와 기원이

1) 최상수, 「한국 민속놀이의 연구」, 서울: 성문각, 1985.
2) 이은화, "전통 놀이의 유아 교육 현장 적용을 위한 연구", 연세대학교 대학원 박사학위논문, 1989.
3) 류경화, 「유아를 위한 전통 놀이 교육」, 서울: 창지사, 1999.

담겨 있다고 한다.

이은화는 전통 놀이의 특성을 놀이자의 연령과 성별에 따라 선택할 수 있고, 놀이자의 수에 따라 놀이 방법과 절차를 조절하며, 놀이의 목적 및 내용에 따라 선택할 수 있고, 계절에 따라서도 자유로이 선택하여 놀 수 있다고 하였다.

또한 전통 놀이를 통해 국민 화합의 분위기를 이끄는 전국성과 지방성의 특색을 나타내는 정신을 배우게 되기도 하며, 놀이에 필요한 도구를 마련하는 과정에서 갖가지 기능을 연마하고 함께 일하는 협동심과 애향심을 느끼게 하며 인간 공동체의 결속을 가능하게 하기도 한다고 하였다.

유안진[4]은 유아기(자발적 학습 단계 시기 5~7세)의 전통 놀이의 특징을 다음과 같이 설명하였다.

첫째, 송아지놀이에서 강아지놀이로 성인 의존적이던 유아의 놀이가 또래 지양적인 또래 놀이로 발전하면서 변하는 것이다.

둘째, 언어 및 유머와 리듬 감각의 발달을 촉진시킨 놀이로 동요, 수수께끼, 동화, 민담 등은 언어 유창성, 듣기 이해력, 언어 연상력 등의 발달을 촉진시킨다. 뿐만 아니라 미완성의 전래 동요는 창의적 첨가 기회를 제공하여 언어 독창성을 자극할 수 있으며, 의성음 훈련을 통해 청각 감각의 발달에도 효과적이다.

셋째, 발달 과업 및 버릇 교정의 효과를 가진 놀이가 있다. 퇴행이나 기타의 이유로 미완성된 발달 과업과 좋지 못한 버릇을 교정하는 내용의 동화와 놀이가 있었다.

넷째, 단순 규칙에서 복잡한 놀이 규칙으로 기존의 규칙을 변경 또는 소멸시키고 새로운 규칙을 창조하여 사용하거나 보다 복잡하게 복합시켜 사용함으로써, 한 가지의 놀이가 신체 발달과 지적 발달에서 동시에 효과적인 가치를 나타낼 수 있게 되었다.

다섯째, 도구 없는 놀이에서 도구 있는 놀이로, 신체만을 사용한 놀이에서 단순한 돌, 열매 등을 사용한 놀이 도구가 보다 정교한 놀이 도구를 사용하는 놀이로 발전되었다.

여섯째, 놀이 장소와 계절 및 시간에 적응한 놀이이다.

4) 유안진, 「한국 전통 사회의 유아 교육」, 서울: 서울대학교출판부, 1997.

일곱째, 전통 생활 문화의 교육 방법으로서의 놀이로 가족 호칭과 가족 역할, 권선징악의 관련 덕목, 성차에 적응시킨 놀이가 이루어졌다.

여덟째, 연합놀이에서 협동놀이로 맡겨진 책임을 지킬 수 있는 역할이 주어지며 소속감, 안정감, 책임감, 협동과 경쟁의 조화, 모험 등을 조장시킬 수 있었다.

아홉째, 전인 발달에 공헌한 놀이로 지적, 사회적, 도덕적, 정서적, 신체적 발달의 모든 측면에 자발적 학습 방법이 되었다.

열째, 공제적 문화(共祭的 文化)로서 놀이로 또래끼리 자연적으로 발생된 골목유치원에서 서로 배운 또래 문화였다.

전통 아동 놀이의 특징을 이은화는 다음과 같이 설명하였다.[5)]

① 영아기 놀이와 아동기 놀이에 비해 유아기 아동의 놀이가 적고, 아동기 놀이는 다양한 연령대의 사람들이 함께 참여하여 즐겼던 놀이가 많다.
- 3~5세: 세강달강, 자장가, 약손, 까치야 까치야, 이거래저거래, 목말타기 등
- 7~13세: 격구, 과녁 맞히기, 투호놀이, 팔씨름, 활쏘기, 씨름, 연날리기, 장치기 등

② 아동의 놀이는 성별에 따라 놀이가 분리되며 남아 놀이가 여아 놀이에 비해 많다.
- 남아들의 놀이: 가마싸움, 격구, 고누, 과녁 맞히기, 군사놀이, 남승도놀이, 닭싸움, 대말타기, 돈치기, 돌차기, 땟공치기, 못치기, 비석치기, 승경도늘이, 씨름, 연날리기, 원놀이, 장치기, 잰부닥불놀이, 제기차기, 쥐불놀이, 진뺏기 놀이, 쫄기접시, 팔랑개비놀이, 팔씨름, 팽이치기, 활쏘기 등
- 여아들의 놀이: 고사리 꺾자 놀이, 공기놀이, 그네뛰기, 기와밟기, 꼬리잡기, 남생아 놀아라, 널뛰기, 대문놀이, 덕석놀이, 봉사놀이, 소꿉놀이, 줄넘기, 청어엮자 놀이, 풀각시놀이, 풀싸움놀이 등
- 남녀 공통 놀이: 칠교놀이, 윷놀이, 산가지놀이 등

5) 이은화, "한국의 전통 아동 놀이", 어린이와 환경, 안전 국제학술대회, 2000.
박상희·주영애, 앞의 책, pp.111-112, 재인용.

③ 대부분의 전통 아동 놀이는 규칙 있는 게임으로 집단놀이이다.

④ 실외놀이가 많다.

⑤ 아동의 발달을 증진시켜 준다.

⑥ 계절과 절기, 시간에 적응한 놀이가 많다.

- 겨울: 눈싸움, 자치기
- 봄: 풀싸움
- 여름: 풀각시놀이

⑦ 지역별 놀이의 명칭과 방법이 다양하다.

- 고누: 고니, 꼬니(경기도), 꼬누(전라남도)
- 공기놀이: 짜게 받기(경상북도), 살구(경상남도), 닷짝걸이(전라남도), 조아질(평북)

⑧ 놀잇감은 자연물이 많으며, 제작한 것도 자연물을 이용한 경우가 많다.

- 집 근처의 논, 밭, 시냇물, 산과 들, 나무토막, 나뭇가지, 풀, 돌멩이, 짚

⑨ 흥을 돋우는 노래를 수반하는 놀이들이 많다.

⑩ 여러 문화권에서 볼 수 있는 놀이들이 있다.

- 숨바꼭질, 연날리기, 자장가, 풀각시놀이(인형놀이): 세계적으로 분포되어 나타남
- 봉사놀이: 브라질의 '야간 동물원'
- 비석치기: 러시아의 '코르드키'
- 격구: 서양의 '하키'
- 칠교놀이: 미국의 '탱그램'과 유사

또한 교육부는 전통 놀이의 배경을 다음과 같이 설명하였다.[6)]

첫째, 놀이를 통해 공동체 의식을 기르고자 하였다. 이웃과 전통적인 놀이를 함께 즐김으로써 일상생활의 단조로움을 벗어나 정서적으로 위안을 받으며 마을 공동체의

6) 교육부, 「전통 놀이 교육활동 지도자료」, 교육부, 1993.

한 구성원으로서 공감대를 형성할 수 있다고 본 것이다.

둘째, 전통 사회의 놀이 문화는 다분히 신앙적인 성격을 띠고 있다. 전통 사회에서는 놀이가 일정의 제사 의식으로 행해졌다. 그러던 것이 세월을 거쳐 거듭되는 과정에서 원래의 의도는 점차 줄어들고 오락성이 강조되는 놀이로 정착, 발전된 것이다.

셋째, 전통적으로 놀이는 신분 구조의 유지와 정착의 수단으로 이용되었다. 전통 놀이는 일반 서민들이 즐겼던 놀이, 양반이 즐겼던 놀이, 궁중놀이처럼 반상 또는 문무 등의 신분에 따라 구별되어 있다.

넷째, 어떤 놀이는 군사적인 목적으로 이용되었다. 예를 들면 돌을 던지고 쳐서 맞히는 놀이인 비석치기는 투석전을 재현한 것이며, 이 밖에도 연날리기 등으로 전략으로 이용된 놀이가 있다.

2. 전통 놀이의 교육적 가치

유아교육의 측면에서 전통 놀이의 의의를 교육부는 다음과 같이 설명하였다.[7)]

첫째, 즐거움을 준다. 유아는 모든 놀이에서 그러했듯이 전통적인 놀이에서 목적물을 맞히고, 뛰고, 달리고, 쫓고, 숨고, 뒹굴고, 밀고, 당기고, 알아맞히고, 여럿이 함께 움직이면서 정서를 거침없이 표출한다.

둘째, 건강하게 자라게 한다. 유아들은 온몸을 움직여 놀면서 신체적으로 성장해 간다.

셋째, 공동체 의식을 기른다. 또래들과 어울려 놀이 규칙을 만들기 위해 자신의 생각과 행동을 조절하고 규칙을 따르는 과정에서 상호 의존성과 존중의 가치를 자연스럽게 깨닫게 될 것이다.

넷째, 언어 발달을 촉진한다. 전통 놀이의 문화는 언어에 의해 한국인의 정서를 심어 주는 가장 기초적인 문화 행동이 된다.

---

7) 교육부, 앞의 자료.

다섯째, 사고 발달을 촉진하여 인지적인 자율성을 기른다. 놀이를 통해 유아들은 보다 많은 정보에 접하게 되고 물리적, 논리 수학적 지식을 터득하게 된다. 자신의 생각과 행동의 조절을 요하는 전통 놀이를 즐기는 과정에서 유아들의 인지적 자율성은 저절로 신장될 것이다.

여섯째, 상상력을 기른다. 놀이를 통해 현실 세계에서는 실현될 수 없는 비현실적인 욕구를 극화함으로써 긴장을 해소할 뿐 아니라 나름대로 상상의 세계를 펼칠 수 있다.

일곱째, 창의적인 표현 능력을 기른다. 전통 놀이는 주어진 자극을 창의적으로 해석하고 다양한 형태로 표현할 수 있는 기회를 준다.

여덟째, 사회적 규칙을 몸소 터득한다. 유아들은 규칙이 배어 있는 전통 놀이를 통해 역할 이행, 경쟁, 양보, 공정성과 같은 사회적 기능과 태도를 자연스럽게 경험할 수 있다.

아홉째, 우리의 전통 노랫가락을 익힌다. 전래 동요의 대부분은 놀이 노래이다. 어릴 적부터 우리의 전통 노랫가락이 깃든 동요를 부르며 전통 놀이를 즐겼던 경험을 한 사람들은 한겨레 고유의 민족 정서를 쉽게 공유할 수 있을 것이다.

제 2 장

전통 놀이의 종류

이은화가 분석한 전통 놀이의 종류는 총 78종류로 다음과 같다.[8)]

1. **가마싸움**: 자매쌈, 가마놀이. 매년 추석에 서당의 학동들이 가마를 만들어 하는 편싸움 놀이로 접장(서당의 상급생)의 지휘 아래 상대편 서당의 가마에 접근하여 먼저 가마를 빼앗거나 부수면 이긴다. 이긴 편의 서당은 그 해의 과거에 많이 합격한다고 하여 부모님들이 기뻐했다고 한다.
2. **가면놀이**: 가장놀이. 밤에 무서운 산짐승 가면이나 귀신 가면을 만들어 쓰고 어두운 골목에서 갑자기 나타나거나 문 밖에서 불러내어 나오면 불쑥 나타나 친구를 놀라게 하는 놀이이다.
3. **격구**: 말을 달리며 1m 길이의 숟가락 모양의 공채로 나무토막을 깎아 붉은 옻칠을 한 공을 채어 상대방 문전에 넣는 놀이로서 음력 5월 단오에 주로 행해졌다. 격구는 말 달리기가 기본이므로 군사 훈련과 밀접한 관계가 있어 일종의 무예로 인정받았으며 특히 고려 중엽 이후 조선 초기까지 대단히 성행하였다.
4. **고네고네**: 성인이 '고네고네'란 단순 어휘를 반복하면서 영아를 자신의 왼쪽 손바닥 위에 올려놓고 오른손으로는 영아의 겨드랑이를 받쳐 주어서 서게 한 다음 겨드랑이를 받쳐 주었던 손을 잠시 뗌으로써 영아가 혼자 서 있게 하다가 쓰러지려고 하면 다

8) 이은화, 앞의 연구.
박상희·주영애, 앞의 책, pp.113-119에서 재인용.

시 겨드랑이를 받쳐 주거나 안아 주는 놀이로서, 서기 전에 다리의 힘과 균형감을 길러 주기 위한 놀이이다.

5. **고누**: 고니, 꼬니, 꼰, 꼰짜. 땅바닥이나 종이 혹은 사방 30cm 정도의 널빤지에 말판을 그리고 돌멩이나 나무토막 등으로 말을 삼아 벌이는 놀이이다. 두 편으로 나뉘어 말을 나누어서 상대편이 말판에 놓은 말을 잡아 가두거나 많이 따먹거나 하여 승부를 결정짓는 놀이이다.
6. **고리잡기**: 토끼풀, 질경이풀 등으로 고리를 만들어 모래나 흙을 덮어 숨기면 상대편이 모래나 흙더미를 파내어 고리를 찾아내는 놀이이다.
7. **고사리 꺾기**: 서로 손을 마주 잡고 둥글게 또는 일렬로 앉아 있으면 술래가 손 아래로 빠져나가는 놀이이다.
8. **고을 모둠**: 고을 이름을 아는 대로 적어 가장 많이 아는 사람이 이기는 놀이로서 정해진 약속에 따라 일정한 범위 내의 글자를 넣어야 한다.
9. **곤지곤지**: 오른손의 검지로 왼손의 손바닥을 찌르는 동작을 연속적으로 하는 것으로서 성인의 도움 없이도 혼자 앉을 수 있는 영아와 하는 놀이로 눈과 손의 협응 능력을 길러 준다. 영아가 놀이에 익숙해지면 혼자서도 '곤지곤지'란 단어를 읊조리며 놀이를 즐겨 한다.
10. **공기놀이**: 짜게받기, 살구, 닷짝걸이, 조아질. 작은 돌멩이를 가지고 손으로 던지고 받으며 하는 놀이로서 놀이 방식에 따라 종류와 방법이 다양하다. 일반적으로 다섯 개의 돌로 놀이하는 '나이 먹기'와 많은 돌을 가지고 하는 '많은 공기'로 나뉜다.
11. **과녁 맞히기**: 작은 돌이나 기타 작은 물건으로 바위, 바위 구멍 등과 같은 특정 목표물이나 목표 지점을 과녁으로 삼아 명중시키는 놀이로, 이때 과녁의 맞는 부분에 따라 다른 점수를 얻게 된다.
12. **군사놀이**: 의병놀이. 두 편으로 나누어 상대방의 진지를 빼앗는 전쟁놀이로서 일종의 전쟁에 대비한 훈련술이나 전략을 배운다.
13. **그네뛰기**: 추천(鞦韆). 큰 나무에 매달린 그네의 줄을 두 손으로 잡고 발판에 올라서서 발을 구르며 몸을 앞뒤로 탄력적으로 움직여 그네가 높이 올라가게 하는 놀이이다. 한 사람이 뛰는 '외그네 뛰기'와 두 사람이 마주 보고 뛰는 '쌍그네' 또는 '맞그네 뛰기'가 있다.
14. **그림자놀이**: 밤에 등잔불이나 촛불을 이용하여 벽에 그림자를 투영시켜 형태를 만드는 놀이이다. 손의 모양의 따라 동물, 사람이나 사물 등 여러 가지 형태의 그림자를 만들어 수수께끼, 극놀이, 또는 상대편이 만든 그림자 동물보다 더 힘이 센 동물을 그림자로 만드는 게임을 하기도 한다.
15. **기와밟기**: 지와밟기. 8월 한가윗날 밤이나 정월 대보름에 행해지는 부녀자와 여아들이 함께 즐겼던 놀이이다. 설소리꾼이 노래를 부르면 되받아 부르며 원무 형태로

돌다가 맞잡은 손을 놓고 허리를 굽혀 앞사람의 왼쪽 허리에 오른뺨을 대면서 두 팔로 허리를 껴안는다. 이때 끝에서 두 번째와 세 번째 사람이 좌우로 서서 도와주며 맨 끝 사람이 구부린 사람들의 등을 밟고 걸어가는 놀이이다.

16. **까치야 까치야**: 유아의 눈에 이물질이 들어갔을 때 일종의 심리요법으로 놀이를 하는 것처럼 노래를 불러 주어 마음을 안정시킨 다음 눈꺼풀을 뒤집고 입김을 거세게 불어 이물질이 눈 밖으로 빠져나가도록 한다.

17. **꼬리잡기**: 꼬리따기, 수박따기, 닭살이, 쥔쥐새끼놀이, 기러기놀이. 양편에서 각각 앞사람의 허리를 잡고 대열을 만든 다음, 양편의 앞사람이 상대편의 끝에 있는 사람을 잡는 놀이이다. 또는 한 사람의 술래가 대열의 끝에 있는 사람을 잡거나, 대열의 앞사람이 끝에 있는 사람을 잡기도 한다.

18. **꼬부랑할머니**: 유아의 배변 습관 및 훈련을 수월하게 하도록 돕기 위해 성인이 불러주던 노래이다. 배변을 하는 동안 유아는 성인과 함께 노래를 부르거나 등장인물을 달리하여 가사를 바꾸어 부르기도 한다.

19. **남생아 놀아라**: 손을 마주 잡고 둥근 원을 그리며 돌다가 두세 사람이 남생이가 되어 원 안으로 들어가 우스운 춤을 추면서 돌아다니며 노는 놀이이다.

20. **남승도놀이**: 서울을 떠나 팔도강산 명승고적, 특산물, 인물 등을 두루 유람한 다음 다시 서울로 돌아오는 판을 사용하여 노는 놀이이다. 다양한 특성(시인, 한량, 스님, 농부, 어부, 미인)을 지닌 사람들 중 하나를 선택하여 숫자팽이의 수에 닞추어 여러 가지 규칙을 따르며 도착점까지 빨리 돌아오는 사람이 이긴다.

21. **널뛰기**: 판무(舞). 가로 2m, 세로 30cm, 폭 5cm 크기의 널판의 가운데 밑을 가마니로 괴고 널판의 양 끝에 각각 한 사람씩 올라서 평형이 이루어지게 한 뒤 한 사람이 먼저 뛰어올랐다가 내려오면 동시에 다른 사람이 뛰어오르는 놀이이다.

22. **눈싸움**: 겨울에 눈이 많이 와서 쌓이면 아동들이 두 편으로 나뉘어 눈을 뭉쳐 서로에게 던지며 노는 놀이이다.

23. **단지팔기**: 독장수놀이. 성인이 유아를 자신의 허리 뒤에 가로로 놓고 양팔로 잡은 다음 사람들에게 가서 단지를 사 달라고 익살스럽게 흥정을 붙이며 노는 놀이이다.

24. **달따기**: 음력 8월 대보름에 떠오른 보름달을 딴다는 구실로 긴 막대를 가지고 동네를 돌아다니며 대추, 감, 밤을 따 먹으며 즐기는 놀이이다.

25. **달맞이**: 정월 대보름에 보름달이 솟는 것을 제일 먼저 보면 좋다 하여 동산에 올라가 달맞이를 하며 소원을 비는 놀이이다. 또는 한 해의 첫 만월(彎月)을 보고 일 년 동안의 농사일의 풍흉(豊凶)을 점치는 풍속을 말한다.

26. **달집사르기**: 짚이나 솔잎을 모아 작은 오두막을 만들거나 막대기 3개를 삼각뿔 모양으로 세우고 정점에 달 모양을 만들어 매단다. 달이 뜨는 것을 처음 본 사람이 불을 당겨 달집을 태우고 달을 향하여 절을 하면 나머지 사람들은 불이 다 탈 때까지 소리

를 지르고 춤을 추는 놀이이다.

27. **닭싸움**: 깨금발 싸움. 한쪽 발을 올려 무릎을 굽힌 다음 두 손으로 굽힌 다리의 발목을 잡은 다음 한쪽 다리로 몸의 중심을 잡고 앙감질로 뛰면서 굽힌 무릎이나 몸을 사용하여 상대편을 밀어 넘어뜨리는 놀이이다.
28. **대말타기 1**: 죽마(竹馬)놀이. 말머리를 만들어 붙인 참대, 옥수숫대, 수숫대를 다리 사이에 끼우고 말을 타는 시늉을 하고 노는 놀이로서 한 명 또는 여러 명의 아동들이 함께 타기도 한다.
29. **대말타기 2**: 죽마(竹馬)놀이. 아동의 키보다 더 긴 참대나 나무 막대기 2개를 한 손에 1개씩 잡고 나무 밑동에 괸 발판에 올라서서 몸의 중심을 잡으며 걸어 다니는 놀이로서 빨리 걷기, 빨리 달리기, 말에서 내리지 않기 등으로 말타기 시합을 한다.
30. **대문놀이**: 한 편이 동그랗게 손을 잡고 그 가운데 다른 편이 꼬리잡기할 때처럼 앞 사람의 허리를 잡고 서서 노래를 부르다가, 원을 만드는 편이 한 문을 열면 빨리 그 곳을 지나가는 놀이이다.
31. **덕석몰이**: 덕석모리. 처녀들이나 여아들이 손과 손을 마주 잡고 덕석(멍석)을 말았다 풀었다 하는 놀이이다. 충북이나 경북 지방에서는 독립된 하나의 놀이이나 전남 지방에서는 강강술래의 부속 놀이로 되어 있다.
32. **도리도리**: 머리를 좌우로 흔드는 동작을 연속적으로 하는 것으로서 주로 누워서 생활하는 영아에게 목 운동을 시켜 주는 놀이이다. 초기에는 '도리도리'란 단순 어휘를 반복하면서 머리를 좌우로 흔드는 것을 보여 주면 영아가 따라 하나 차츰 익숙해지면 '도리도리'란 말만 들어도 영아가 머리를 흔든다.
33. **돈치기**: 땅바닥에 구멍을 파낸 다음 그 속에 동전을 던져 구멍에서 튕겨 나온 동전들을 따먹는 놀이이다.
34. **돌아잡기**: 땅바닥에 달팽이 모양의 소용돌이 그림을 그려 놓고 시작 신호가 나면 한 편은 소용돌이의 안에서 다른 한편은 소용돌이의 밖에서 각각 출발하여 마주치는 부분에서 가위바위보를 하여 이긴 편은 계속 상대의 진지를 향해 달리고 진 편은 자기 진지로 되돌아갔다가 다시 출발하는데 먼저 상대의 진지에 들어가는 편이 이기는 놀이이다.
35. **돌차기**: 사방치기, 팔방치기, 망차기, 말차기. 여러 개의 칸으로 구성된 놀이판을 땅바닥에 그려 놓고 하는 놀이이다. 출발점에서 돌을 던진 다음 이를 발로 차면서 순서대로 칸을 다지나 출발점으로 되돌아온다. 칸의 종류에 따라 한 발 뛰기나 두 발 뛰기를 할 수 있으나 돌을 찰 때는 한 발 뛰기로 해야 한다.
36. **두꺼비집 짓기**: 모래더미에 한 손을 묻고 노래를 부르며 다른 손바닥으로 그 위를 토닥인 다음 모래에 묻은 손을 빼서 집을 만드는 놀이이다.
37. **따로따로**: 영아를 혼자서 설 수 있도록 준비시켜 주는 놀이로서 처음에는 방 모서리

에, 영아가 익숙해진 다음에는 기댈 곳이 없는 곳에 잠깐 세워 둔다.

38. **땅재먹기:** 땅따먹기, 땅뺏기라고도 한다. 원이나 네모 모양의 금을 그어 자기 집을 정하여 놓고 자기 집의 경계에 말을 놓고 손가락으로 말을 튕겨 땅을 넓히는 놀이이다.

39. **땟공치기:** 자치기와 유사하나 자치기보다 간단한 놀이이다. 지면에 길이 20cm, 깊이 5cm로 타원형의 구멍을 파고, 양편으로 나누어 공격자가 구멍 위에 작은 막대기를 가로로 넣고 긴 막대기를 구멍 속에 넣어 작은 막대기를 힘껏 떠 날리면 수비측에서는 이를 받는 놀이이다.

40. **목말타기:** 주로 어린 유아나 영아들의 놀이로 성인이 목 뒤에 유아를 올려 즐겁게 해주는 놀이이다.

41. **못치기:** 논이나 무른 땅바닥에서 쇠못이나 나무 또는 대를 가지고 그 끝을 뾰족하게 깎아 만든 못을 서로 쳐서 승부를 겨루는 놀이이다.

42. **봉사놀이:** 판수놀이, 까막잡기. 수건으로 눈을 가린 술래가 다른 아동들의 손뼉 소리를 듣고 아이를 잡는 놀이이다.

43. **불무불무:** 부라부라, 부와부와. 영아를 세워서 겨드랑이 쪽을 두 손으로 받쳐들어 좌우, 앞뒤로 흔들어 주는 놀이이다.

44. **비석치기:** 비사치기, 비새치기, 비사색기, 비켜치기, 자새치기, 마네치기, 망깨까기, 말차기, 강치기. 두 편으로 나누어 약 10m 거리에서 양쪽에 선을 긋고 두 편이 이 줄 밖으로 갈라선다. 양쪽 선의 중간 지점에 손바닥만 한 얇은 돌을 세워 두고 양편에서 한 명씩 나서서 다양한 방법으로 돌을 던져, 세운 돌을 먼저 쓰러뜨리는 편이 이기게 된다.

45. **산가지놀이:** 산가지는 계산하는 데 사용되는 것으로 참대, 수숫대나 싸리를 짧게 깎아 만든 가는 대이다. 놀이 방법은 다양하여 산가지 떼어내기, 산가지 따기, 형태 바꾸기, 산가지 한 개로 많은 산가지 들기 등이 있다.

46. **세상달강:** 사랑노래, 달공달공, 세상달공, 성인이 젖을 막 뗀 유아와 손을 잡고 마주 앉아서 노래를 부르며 앞뒤로 흔들어 주는 놀이이다.

47. **소꿉놀이:** 여아들이 주로 하던 놀이로서 깨진 그릇 조각이나 자연물을 이용하여, 각종 인물의 역할과 살림살이를 흉내 내는 놀이이다.

48. **술래잡기:** 한 아동이 술래가 되어 다른 아동들을 쫓아 붙잡고, 붙잡힌 아동이 다시 술래가 되어 다른 아동을 잡으러 다니는 놀이이다.

49. **숨바꼭질:** 한 명이 술래가 되어 일정 시간 눈을 가린 동안 다른 아이들이 몸을 숨기면 술래가 숨은 아이들을 찾아내는 놀이이다.

50. **승경도 놀이:** 주로 양반집 아동들이 관직명을 익히기 위해 했던 놀이이다. 종경도, 승정도, 또는 종정도라고도 한다. 길이 1.5m, 두 편으로 갈라 앉아 순서에 따라 말을 굴려 빨리 높은 자리에 올라가는 사람이 이긴다.

51. **썰매타기**: 대표적인 겨울 놀이의 하나로 경사진 눈길과 얼음판에서 이루어지는 놀이이다.
52. **씨름**: 두 사람이 모래밭에서 상대의 허리춤을 잡고 여러 가지 기술과 힘을 이용해 상대방을 쓰러뜨리는 놀이이다.
53. **약손**: 유아가 배가 아프다고 칭얼댈 때 유아의 배를 손으로 쓸어 주면서 성인이 불러 주던 노래 놀이이다.
54. **연날리기**: 혼자놀이로서도 행해졌으나 게임으로서 연이 올라간 높이, 상대방의 연을 끊기 등이 승부의 기준이 되기도 한 놀이이다.
55. **원놀이**: 판관, 이방 등을 뽑고 억울한 사연을 가진 사람을 정하여 재판을 하는 놀이이다.
56. **윷놀이**: 두 명 이상의 놀이자가 4개의 앞뒤가 다른 윷짝을 던져 모, 윷, 걸, 개, 도를 정하고 던져진 윷짝에 따라 말을 움직이며 노는 놀이이다.
57. **이거래 저거래**: 다리 세기, 하네나 두네나. 놀이자가 서로 다리를 엇갈리게 놓고 다리를 손으로 짚어 가며 노래를 부르다가 노래가 끝날 때 짚어진 다리를 빼내면서 노는 놀이이다.
58. **자장가**: 유아를 재우기 위해 등에 업거나 팔에 안고 일어서서 이리저리 거닐며 유아의 등을 가볍게 흔들어 박자를 맞추면서 성인이 불러 주는 노래 놀이이다.
59. **자치기**: 척취놀이, 척타놀이. 20~30cm가량의 나무 막대기와 5~10cm가량의 작은 자를 가지고 치고 받으면서 그 거리를 재어 승부를 내는 놀이이다.
60. **장치기**: 서양의 필드하키와 비슷한 것으로, 여러 사람이 같은 수로 편을 나누어 나무토막 등을 긴 막대기로 쳐서 상대편의 문 안에 넣는 놀이이다.
61. **잰부닥불넘기**: 음력 정월 14일 밤이나 15일 새벽에 마당 한가운데 솔가지나 아주까릿대, 굵은 왕대를 쌓아 모닥불을 피우고 나이만큼 뛰어넘는 놀이이다.
62. **잼잼**: 영아가 두 손의 모든 손가락을 오그렸다 폈다 하는 동작을 연속적으로 반복하며 노는 놀이이다. 놀이 협조자가 시범 동작을 보이면, 이 동작을 영아가 모방하여 즐기게 된다.
63. **제기차기**: 엽전이나 구멍 뚫린 쇠붙이에 창호지를 감아 만든 제기를 발로 차고 노는 놀이이다.
64. **줄넘기**: 새끼줄을 잡고 뛰는 놀이로, 키의 1.5배쯤 되는 줄을 가지고 노는 짧은 줄넘기와 5m쯤의 줄을 양쪽에서 서로 잡아 돌리면서 한 사람 또는 서너 사람이 가운데에 뛰어들어가 노래에 맞추어 뛰다가 돌아 나오는 긴 줄넘기가 있다.
65. **줄다리기**: 짚 또는 칡과 짚을 섞어 엮은 새끼줄로 큰 줄을 꼬고 줄의 양머리에 수많은 작은 줄을 매달아 두 편으로 나누어 줄을 서로 잡아당기는 놀이이다.
66. **쥐불놀이**: 음력 정월 14일날 밤에 마을의 아동들이 집 안에 있는 몽당이 빗자루나

나무를 묶어 만든 다발에 불을 붙여 들고 논밭둑에 불을 지르고 노는 놀이이다.

67. **진 뺏기 놀이**: 아동들이 두 패로 편을 갈라서 일정한 장소에 진을 치고 서로 상대편을 잡아 오거나 또는 상대편의 진을 점령하는 방법으로 노는 놀이이다.

68. **짝짜꿍**: 영아들이 두 손을 활짝 펴서 두 손의 손바닥을 마주치는 동작을 연속적으로 반복하는 놀이이다. 놀이의 도구 없이 놀이 협조자의 시범 행동이 학습되어 짝짜꿍이라는 언어적 지시만으로도 영아가 혼자서 즐길 수 있는 놀이이다.

69. **쫄기접시**: 마을 근처에 있는 저수지, 연못, 냇가에서 사금파리나 깨어진 기왓장, 납작한 돌을 가지고 수면에 던져 그 뛰는 수에 따라 승부를 겨루는 놀이이다.

70. **청어 엮자(풀자) 놀이**: 한가윗날 밤이나 정월 대보름 밤에 강강술래 놀이와 더불어 행해졌던 놀이이다. 원무 형태로 손과 손을 맞잡고 설소리꾼이 '청어 엮자'라는 노래를 부르면 여타의 놀이꾼들이 이 노래를 되받으면서 청어를 엮고 풀 듯 맞잡은 손을 꿰고 풀며 노는 놀이이다.

71. **칠교놀이**: 정방형의 나무판을 직각삼각형 큰 것 2개, 중간 삼각형 1개, 작은 삼각형 2개, 정사각형과 평행사변형 각각 1개가 되도록 총 7개 조각으로 잘라 여러 형태를 만들면서 혼자 또는 여럿이 함께 노는 놀이이다.

72. **투호놀이**: 일정한 거리에 놓인 병 속에 화살을 던져 넣는 놀이로, 두 편이 청·홍색의 화살을 가지고 어느 편이 더 많은 화살을 병 속에 던져 넣느냐에 따라 승부를 가리는 놀이이다.

73. **팔랑개비놀이**: 바람개비 놀이. 댓조각이나 얇은 나뭇조각을 깎아 만들거나 두꺼운 종이를 접어 날개를 손잡이 자루에 꽂아 만든 팔랑개비를 손에 쥐고 바람에 따라 돌아가게 뛰면서 노는 놀이이다.

74. **팔씨름**: 남자들의 놀이로 팔꿈치를 바닥에 대고 서로 상대의 손을 잡은 뒤, 시작과 함께 상대의 팔을 넘어뜨려 팔의 힘을 겨루는 놀이이다.

75. **팽이치기**: 넓은 뜰이나 한길에서 또는 방 안이나 얼음판 위에서 팽이를 돌리고 노는 놀이이다. 팽이를 돌리고 노는 방법에는 팽이채로 팽이의 몸통을 때려 지속적으로 돌게 하는 방법과 방바닥이나 마루에서 팽이의 심봉을 손가락으로 잡아 돌려 자전하게 하는 놀이 방법이다.

76. **풀각시놀이**: 여름철에 여아들이 지랑풀이나 각시풀, 무릇, 진풀을 가지고 각시인형을 만들고 노는 놀이이다. 풀각시가 만들어지면 혼례식 흉내를 내면서 상상놀이를 한다.

77. **풀싸움놀이**: 봄철에 여아들이 많이 하는 놀이로, 풀을 뜯어 줄기를 엇걸고 잡아 당겨서 끊어지는 쪽의 놀이자가 지게 되는 놀이이다.

78. **활쏘기**: 활과 화살을 가지고 약속된 과녁을 쏘아 맞히는 단독놀이로, 서민 가정의 아동들이 즐긴 놀이가 아니라 양가집 자제들이 즐긴 놀이이다.

제3장

각 지방별 전통 놀이의 실제

여기서는 각 지방별로 전래되어 오는 놀이를 1~2가지 정도만 소개한다. 각각 놀이의 유래와 전해져 내려오는 이야기, 놀이 방법, 규칙 등을 함께 제시함으로써 유아교육 현장에서 유아들에게 어떻게 활용할 수 있는지 도움을 받을 수 있을 것이다. 놀이 활동을 단순히 소개하는 것으로 그치지 않고 실제 활동을 중심으로 하여 게임으로 연결할 수 있는 방안도 함께 소개한다.

각 지방별로 전해져 내려오는 놀이가 많이 있지만 여기서는 유아교육 현장에서 유아들의 놀이 활동으로 함께 전개해 볼 수 있는 내용을 중심으로 엮었다.

또한 본 장은 제주관광대학 유아교육과 학생들과 전통교육 시간에 함께 실제 활동을 해 가면서 정리한 내용이므로 이 과목을 배우는 학생들에게는 유아교육 현장에 적용할 수 있는 방안을 모색할 수 있는 좋은 계기가 될 것으로 본다. (예를 들면 놀이의 유래 등은 이야기 나누기 시간에 좋은 정보를 제공할 수 있고 놀이 방법 등은 실제 놀이를 실행해 보는 데 도움이 되며 게임 방법, 규칙 등은 게임 활동으로 연결하여 실제 활동으로 해 볼 수 있다.)

1. 경기도 지방의 전통 놀이(여우야 여우야)

1) 놀이의 유래

옛날에는 '토끼놀이', '뱀놀이'라고도 불리던 이 놀이는 오래전부터 해 오던 놀이로 경기도 지역 외에도 우리나라 어느 곳에서나 쉽게 볼 수 있는 놀이이다. 이 놀이는 서민들의 삶을 여우에 비유하여 서민들이 그만큼 살기 힘들다는 것을 유아들의 놀이를 통해서 알린 내용이다. 일본에도 이와 비슷한 놀이가 있어, 그 놀이가 17세기 이후에 우리나라로 넘어온 것이라고 주장하기도 하지만, 아무런 도구 없이 어느 곳에서나 쉽게 만들 수 있는 형태의 놀이이기 때문에 명확하게 일본에서 전해진 놀이라고는 할 수 없다.

2) 놀이 노래

[여우야 여우야]

한 고개 넘어가니 여우가 없네
두 고개 넘어가니 여우가 없네
세 고개 넘어가니 여우가 없네
네 고개 넘어가니 여우가 없네
다섯 고개 넘어가니 여우가 없네
여섯 고개 넘어가니 여우가 없네

여우야 여우야 뭐하니 잠잔다 잠꾸러기
여우야 여우야 뭐하니 세수한다 멋쟁이
여우야 여우야 뭐하니 밥 먹는다 무슨 반찬
개구리 반찬 죽었니 살았니 살았다(죽었다)

3) 놀이 활동안

놀이명 여우야 여우야(경기도 지방의 전통 놀이)

대상 연령 4~5세

참여 인원 학급 전체

놀이 목표

- 사회성 발달을 돕는다.
- 공간 개념과 음률 개념을 기른다.
- 운동 기능 발달과 언어 발달을 돕는다.

놀이 자료 여우 가면 또는 눈가리개, 여우 머리띠

놀이 방법

① 술래(여우)를 한 명 정한다. (가위바위보 또는 제비뽑기, 지명 등)

② 출발선과 작은 동그라미를 그린다.

③ 여우가 된 술래는 작은 동그라미 안에 뒤돌아 앉는다.

④ 유아들은 노래를 부르면서 술래(여우)에게 다가간다.

"한 고개 넘어서 아이구 다리야" (여우가 없네)

"두 고개 넘어서 아이구 다리야" (여우가 없네)

"세 고개 넘어서 아이구 다리야" (여우가 없네)로 바꿔서 할 수 있다.

⑤ 여우(술래)와 유아가 서로 묻고 대답한다.

전체: "여우야, 여우야 뭐 하니?"

술래: "잠잔다." – 전체: "잠꾸러기."

전체: "여우야, 여우야 뭐 하니?"

술래: "세수한다." – 전체: "멋쟁이."

전체: "여우야, 여우야 뭐 하니?"

술래: "밥 먹는다." – 전체: "무슨 반찬?"

술래: "개구리 반찬." – 전체: "죽었니 살았니?"

⑥ 노래 끝말에 여우의 결정에 따라 나머지 사람들은 움직인다.

- "살았다."라고 할 경우: 재빨리 출발선으로 뛰어간다. 출발선까지 오지 못하

고 술래에게 잡히면 그 사람이 술래가 된다.

- "죽었다."라고 할 경우: 움직이지 않고 멈춰 있어야 한다.
- 술래가 "죽었다."고 대답할 경우 전체가 다시 "죽었니? 살았니?" 하고 묻는데, 이때에도 술래가 죽었다고 하면 다시 몇 번이고 묻는다.

⑦ 술래가 한 사람도 못 잡게 되면 다시 술래가 된다.

⑧ 술래에게 잡힌 사람이 있으면 그 사람이 술래가 된다.

⑨ 술래가 다시 여우가 되어 놀이를 시작한다.

참고 자료

- www.naver.com
- www.yahoo.co.kr
- www.ddchild.com

4) 게임으로 확장 활동

게임 방법은 앞의 놀이 방법과 동일하게 진행한다.

게임하기 전에 게임 규칙을 정한다.

게임 규칙

① 술래(여우)가 '죽었다', '살았다'라는 말이 끝나기 전에 자리에서 움직이면 놀이를 처음부터 다시 시작한다.

② 술래(여우)가 '살았다'라고 할 경우에는 재빨리 출발선으로 뛰어가서 여우에게 잡히지 않아야 한다.

③ 술래(여우)가 '죽었다'라고 할 경우에는 움직이지 않고 멈춰 있어야 한다. 만약 움직이면 움직이는 유아가 술래가 된다.

④ 술래(여우)에게 잡힌 유아가 있으면 그 유아가 술래가 된다.

⑤ 술래(여우)에게 잡힌 유아가 없을 경우, 술래는 다시 술래를 해야 한다.

⑥ 술래(여우)에게 잡힌 유아가 많을 경우에는 그 유아들끼리 가위바위보를 해서 술래를 한 사람만 정한다.

⑦ 술래(여우)가 앉아 있는 자리(동그라미)의 선을 밟으면 그 유아는 게임을 할 수 없다.

2. 평안도 지방의 전통 놀이(까막잡기)

평안도는 평안남도와 북도를 합쳐 부르는 지명으로 관서(關西) 지방이라고도 한다. 우리나라에서 가장 먼저 개발된 곳으로 고조선·위만(衛滿) 조선을 거쳐 삼국시대에는 고구려 영토였다. 통일신라 때에 대동강 이북은 발해, 대동강 이남은 통일신라 영토가 되었다. 고려가 성립된 뒤 995년(성종 14) 전국 행정 구역 개편 때에 관서도(關西道)라 하였고, 정종 때 북계(北界), 1102년(숙종 7) 서북면(西北面)으로 바뀌었다. 조선시대에 들어와 1413년(태종 13) 평안도로 바뀌어 평안동도·평안서도로 나누어 부르기도 하였다. 1440년(세종 22) 여연(閭延)·상무로(上無路)·우예(虞芮)의 땅을 나누어 무창군(茂昌郡)으로 하고, 1443년 우예군을 증설하여 이 도에 편입시켰다. 1455년(세조 1) 무창·우예군을 폐하고, 1788년(정조 12) 무창진을 다시 설치하였으며, 1869년(고종 6) 후주(厚州)·무창을 합하여 평안도에 소속시켰다. 1895년 8도제를 23부제로 변경함에 따라 평양(平壤)·의주(義州)·강계(江界)의 3부(三府)가 되고, 1896년 13도제로 개편함에 따라 청천강(淸川江)을 경계로 평안남도와 평안북도로 나누었다.

1) 놀이의 유래

간단한 눈가리개 또는 수건만 있으면 방 안이든 밖이든 장소가 넓든 좁든 쉽게 할 수 있고, 놀이의 시작과 끝이 간단하기에 옛날부터 널리 행해지던 놀이이다. 이와 같이 놀이하는 방법은 아주 간단하지만, 그 속에 담긴 의미의 얽힌 이야기는 많다.

무지한 양반을 풍자한 놀이라는 것이 일반적 해석이며, 옛날에는 눈이 안 보이는 사람을 '까막눈'이라고 불렀는데 눈을 가리고 하니까 놀이 이름도 '까막잡기'가 된 것이라는 이야기와 눈을 싸매고 캄캄한 속에서 사람을 찾는 놀이라는 데에서부터 붙여진 이름이라는 이야기도 있다. 이 놀이는 숨바꼭질과 같이 어두운 밤에 순찰을 하면서 사람을 감시하고 찾는 순사(옛날의 순찰병)에서부터 유래되었다고도 한다.

까막잡기는 지방에 따라 '봉사놀이', '소경놀이' 또는 '판수놀이'라고도 불렀다. 옛날에는 아주 많이 했기에 놀이를 하면서 불렀던 노래가 아직도 전해져 온다. 또한 놀이가 오래되었기에 여러 가지 변형된 방법이 많은 놀이기도 하다. 인원은 10명 이내가 적당하고 인원이 너무 적으면 재미가 줄어든다.

2) 놀이 노래

봉사 봉사 떼 봉사
어디 가노 떼 봉사
아 잡으러 간-다
아 잡아서 뭣 할래
콧구멍에 약할한다 ~
(생략)

/동/요/ 까막잡기

작가 박팔양
작곡 윤극영

1. 눈감기고 팔 벌려
이리저리 찾는다
라라라라 라라라
이리저리 찾는다

2. 손뼉치고 놀리며
요리조리 피한다
라라라라 라라라
요리조리 피한다

3. 웃지 마라 잡힌다
아무 소리 말아라
라라라라 라라라
아무 소리 말아라

4. 애기장님 이장님
날 잡으면 용하지
라라라라 라라라
날 잡으면 용하지

5. 옳다 됐다 잡혔다
뒤퉁바리 잡혔다
라라라라 라라라
뒤퉁바리 잡혔다

- http://www.nol2i.com/file/best50/nol-18.hwp
- http://www.nol2i.com/file/1g/1G-7/2.hwp

3) 놀이 활동안

- **놀이명** 까막잡기(평안도 지방의 전통 놀이)
- **대상 연령** 4~5세
- **참여 인원** 10명
- **놀이 목표** 대근육 발달
  - 공간 개념을 발달시킨다.

- 소리를 변별하고 방향 감각을 기른다.
- 주의 집중력·판단력을 기른다.

놀이 자료 눈가리개

놀이 방법

① 술래잡기할 장소를 정하고 시작할 출발선을 긋는다.

② 술래를 1명 정한다. (지명, 가위바위보, 제비뽑기 등)

③ 술래로 정해진 유아는 눈가리개로 눈을 가린다.

④ 유아들은 술래를 향해 "나 잡아 봐라~ 나 잡아 봐라~" 하면서 손뼉을 치며 술래의 주변을 돌아다닌다. (이때 유아들은 자기의 위치를 알리기 위해 반드시 손뼉을 쳐야 한다.)

⑤ 술래에게 잡히거나 술래 손에 부딪친 유아는 새로운 술래가 되어 놀이를 반복한다.

놀이 규칙

① 술래가 아닌 유아는 반드시 손뼉을 쳐야 한다. 만약 손뼉을 치지 않으면 그 유아가 술래가 된다.

② 손뼉 대신 소리를 질러서 자신의 위치를 나타낼 수도 있다.

③ 술래를 유아들이 살짝 건드릴 수도 있다. 이때 술래를 건드리다 잡혀도 술래가 돼야 한다.

놀이 형태

* 그림 출처: 유치원 전통문화 지도자료, 경상북도 교육청, 97-④ 장학자료 ㊕, 1988, p.185.

참고 자료

- http://100.naver.com/100.php?where=100&id=750590
- http://www.nol2i.com/file/best50/nol-18.hwp
- http://210.218.23.12/han2182asp/bbs/data/%B9%CE%BC%D3%B3%EE%CO%CC_1.hwp

4) 게임으로 확장 활동

게임 방법은 앞의 놀이 방법과 동일하게 진행한다. 놀이 규칙은 다음과 같이 정할 수 있다.

게임 규칙

① 놀이 규칙에 있는 것을 그대로 적용할 수 있다.
② 술래가 잡은 유아의 얼굴이나 매무새를 더듬어서 그 유아의 이름을 맞히면 잡힌 유아가 술래가 될 수 있다.
③ 술래가 유아를 잡기는 했으나 잡힌 유아의 이름을 못 맞힐 경우에는 다시 술래가 되어 게임을 한다.
④ 술래가 너무 오랫동안 눈을 감고 술래를 하면 힘들 수 있으므로 3번째 게임이 진행될 때까지 유아를 잡지 못하면 술래에서 벗어나게 해 준다.

5) 놀이의 변형

[고양이와 쥐 까막잡기 게임 방법]

① 유아를 두 그룹으로 나눈다. 한 그룹은 고양이팀 한 그룹은 쥐팀이 된다.
② 양 팀에서 한 명이 나와서 가위바위보를 한다.
③ 진 팀의 유아들은 술래가 되어 눈을 가린다(고양이팀).
④ 이긴 팀(쥐팀) 유아들은 손뼉을 치면서 "나 잡아 봐라." 하면서 이리저리 도망다니고 고양이팀은 손뼉 소리를 따라 쥐를 잡으러 다닌다.

⑤ 고양이팀이 쥐를 잡으면 쥐팀이 술래가 되어 게임을 계속한다.

⑥ 여러 번 게임을 해서 잡힌 유아가 많은 팀이 지게 된다.

3.1. 전라도 지방의 전통 놀이 ①(화전놀이)

1) 놀이의 유래

대부분의 전통 놀이가 세시명절과 관련되어 있는 것처럼 화전놀이 역시 삼월 삼짇날과 관련된다. 이 날은 중구(重九, 음력 9월 9일)에 강남 갔던 제비가 다시 옛집으로 찾아온다는 호시절인 춘삼월에 드는 명절이다.

산에는 봄을 알리는 진달래꽃이 만발하고 나비들과 벌떼들이 나타나기 시작한다. 이때가 되면 집안 식구끼리 혹은 가까운 사람끼리 모여 하루를 즐겼다. 이 날 남자들은 장연 풍경을 주제로 하여 시를 짓거나 노래를 읊기도 하였으며, 여자들은 들에 나가 음식 준비를 하면서 머리를 감기도 하였다.

이 날 머리를 감으면 머리카락이 소담해지고 기름기가 돈다고 하였다. 이때 음식은 진달래꽃을 뜯어다 쌀가루에 반죽하고 참기름을 발라 지져 먹는 것인데, 이를 화전(花煎)이라고 하였다. 즉, 화전놀이란 꽃 지짐을 지져 먹는 들놀이를 일컫는 말이다.

이 화전놀이는 전국적인 분포를 보이는 놀이이지만, 주로 남부 지방에서 성행되었던 것으로 볼 수 있다. 이는 아마도 남북이 긴 우리나라의 지형적 특성에 기인하는 것으로, 음력 3월이면 중·남부 지방에 봄이 훨씬 더 완연하기 때문이다.

화전놀이는 보통 꽃놀이로 불리기도 하는데, 봄철에 친지들 혹은 친구들끼리 경치 좋은 산이나 물가에 가서 봄의 홍취를 즐기며 춤과 노래로 하루를 즐기는 놀이를 가리키는 까닭이다.

특히 여성들은 그동안 규중(閨中)에 갇혀 집안일에 골몰하던 것에서 잠시 벗어나 인근의 경치 좋은 곳을 찾아 풍물을 감상하며 쌓인 회포를 풀었다. 특히 양반가의 여성들은 남자들의 시회(詩會) 놀이를 본떠 서로 학식이나 필재(筆才), 시재(詩才)를 자랑하며 풍류를 즐겼다. 즉, 한 사람이 먼저 가사를 짓고 다음 사람을 지정하여 주면 화답하는 형식으로 화전답가(花煎答歌)를 짓는다.

화전놀이의 주체를 보면 처음에는 가족이나 친척 집단들 차원에서 이루어지던 나들이에서 점차 친구들이나 뜻이 맞는 사람들 간의 놀이로 확대되었다. 특히 조선시대로 들어오면서 부녀자들의 바깥출입이 엄격히 통제되고 유교적 금제(禁制)가 심해지는 상황에서, 화전놀이는 여성들에게 일 년 중 몇 번 되지 않는 공식적으로 허용된 나들이로 인정받으면서 여성들의 놀이로서 크게 부각되었다.

2) 화전놀이의 과정

조선시대 양반 부녀자들에게 가장 기품 있고 풍류적인 놀이는 역시 화전놀이였다. 양가댁 규중 부녀자들이 청명절을 전후하여 들놀이를 하면서 노래한 것으로 조선 여인의 풍류 노래라 할 수 있는 것이 바로 화전가(花煎歌)이다.

대개는 화전놀이에서 돌아와 그날의 흥취와 감회를 오래도록 남겨 두기 위해서 짓는 것이 보통이다. 이 화전가에 읊어지는 내용으로는 경승지의 풍물과 가문법도, 여성들의 고달픈 삶에 대한 탄식 등이 주를 차지한다.

때로는 화전놀이의 전체 과정이 나타나 있기도 한데, 화전가에 나타난 놀이의 과정은 다음과 같다.

① 놀이에 대한 공론(公論) → ② 택일 → ③ 통문 → ④ (시)부모님 승낙 → ⑤ 준비(음식) → ⑥ 몸치장 → ⑦ 나들이 → ⑧ 화전 굽기 → ⑨ 유흥 → ⑩ 귀가

① 놀이 공론

화전가에 나타난 내용을 보면 화전놀이를 계획하는 과정부터 매우 복잡하고 어렵다. 그 속에는 시집살이에 묶인 여성들의 자유롭지 못한 상황과 그러한 삶의 조건에 대한 여성들의 안타까움이 잘 반영되어 있다. 그리고 화전놀이가 여성들에게 얼마나 큰 위로와 삶의 활력을 주었던 놀이였던가를 알 수 있다.

……………………………………………… / 가소롭다 가소롭다 여자 일신 가소롭다
규중에 깊이 묻힌 여자 유행 같을소냐 / 우리 동류 서로 만나 한번 놀기 어렵거던

무심하신 남자들아 우리 말좀 들어 보소 / 팔자 좋은 남자들이 부럽고도 애닯으다
……………………………………………
규중 안 여자라도 이리 놀 줄 알건마는 / 남자놀음 열 가지에 한 가지도 못하오니
가소로운 여자 신세 어리고도 어린 마음 / 그 아니 애닯은가 애닯고도 애닯도다
규중이 깊다 한들 몇 길이나 깊었던고 / 십 출입 오리 출입 마음대로 어이하리
친구고 사군자와 봉제사 접빈객에 / 규중의 여자 일신 조심되기 그지없고
명주길삼 삼베길삼 길삼방적 골몰하다 / 이런 걱정 저런 걱정 어느 여가 놀잔 말고
…………………………………………… / 애닯은 규중 심처 화전 가서 풀어 보자
백백홍홍 가진 교태 만화방창 시절이라 / 놀아 보세 놀아 보세 화전하며 놀아 보세
남촌북촌 상하촌에 면면이도 모여 보세 / 장장 춘일 긴긴 해에 하는 말이 화전공론
여자 동류 서로 만나 만단 개유 하는 말이 / 백년 광음 헛뿐 인생 아니 놀고 무엇 하리

② 택일

놀이 공론이 이루어지면 날을 잡게 되는데, 보통 춘삼월로 청명(淸明)을 전후한 시기가 많이 선정된다. 그 이유를 화전가 속에서 찾아보면 다음과 같다.

삼월 청명 못 놀고서 그 어느 때 놀잔 말고 / 오월 유월 단오절은 녹양추천 좋건마는
삼복 염천 화창한 날 너무 더워 못 놀래라 / 팔월 구월 중추절은 황국단풍 좋건마는
낙목 추천 가련하여 차마차마 못 놀래라 / 시월 동지 섯달에는 설중매화 좋건마는
엄동설한 삭풍 속에 너무 추워 못 놀래라 / 아마도 좋은 때는 춘삼월이 으뜸이라
청명 한식 좋은 절계 이 날로 정해 보세

③ 통문

택일을 하면 화전통문을 지어서 온 동네 혹은 인근 동네 가가호호에 화전놀이를 가자고 통기하게 된다. 이러한 통기를 받은 규중 부녀자들의 설렘과 흥분은 대단하다.

④ 시부모님 승낙

통기를 받은 다음에는 설레는 마음을 다스리고 시부모님의 허락을 받아야 하는 어려운 관문이 남아 있다. 이러한 상황에 대한 묘사는 다음과 같다.

층층시하 몸이 되어 부모 허락 받으려고 / 부모 침실 들어가서 두 무릎을 꿇고 앉아
백배 사례 비는 말이 모월 모일 아무 날에 / 화전 가자 통문 오니 명령을 나리시와
부디 허락하옵소서 부모님 하는 말씀 / 효녀로다 너의 말이 백사순종 모든 행실
허락 않고 어찌 하리

⑤ 음식 준비

허락이 떨어진 후 화전놀이 날이 올 때까지 설렘과 기다림 속에서 여러 가지 놀이 준비를 하게 된다. 집집마다 쌀을 거둬 떡을 하고 묵고 쑤고, 화전을 부칠 때 쓸 밀가루나 파, 기름 등을 준비해 둔다.

⑥ 몸치장

마침내 화전놀이 날이 왔다. 일 년에 한 번 주어지는 나들잇길에 단장을 하지 않을 수 없다. 얼굴을 다듬고 화장을 하며 입고 갈 옷과 장식을 고르는 모습이 화전가 속에 잘 나타나 있어 여성들의 들뜬 심정을 알 수 있다. 이러한 모습은 오늘날의 봄나들이 때에 보이는 여성들의 모습과 조금도 다름이 없다.

⑦ 나들이

막상 들로 나가 친구들과 이웃을 만나게 되어 들뜬 마음으로 놀이 장소를 물색하기 위해 가까운 곳의 푸른 산 아래 시냇가에 자리를 잡게 된다. 이때에는 음식뿐만 아니라 북과 같은 악기도 가져가서 풍물을 치면서 흥겨움 속에서 걸어간다.

⑧ 화전 굽기

광주리를 가지고 편을 갈라 꽃잎을 따오면 둥글거나 네모진 모양으로 밀가루에 파를 섞어 굽다가 그 위에 진달래(두견화)를 보기 좋게 무늬처럼 새겨 넣는다. 먹다가 남은 떡과 전은 집에 있는 부모와 어린 동생들, 혹은 남몰래 남편을 위해서 싸가기도 한다.

⑨ 유흥

먹는 일이 끝나면 꽃구경을 하기도 하고 꽃을 따서 머리에 꽂거나 입에 물어 보기도 한다. 그리고 산유화, 화초가 같은 노래를 부르기도 하며 덩실덩실 춤을 추기도 한다. 글을 하는 사람들은 지필묵을 가져가서 가사를 짓고 서로 평을 하며 시회(詩會)를 열기도 한다.

⑩ 귀가

해가 서산에 넘어가고 달이 솟을 무렵까지 하루 종일 놀다가 드디어 산천과 친구들에게 이별을 고하고 다음 해를 다시 기약하면서 아쉬움을 달래며 귀가하게 된다.

*자료 출처: http://koreandb.kdaq.empas.com

3) 놀이 활동안

∷ **놀이명** 화전놀이(전라도 지방의 전통 놀이)

∷ **대상 연령** 4～5세

∷ **참여 인원** 학급 전체 유아

∷ **놀이 목표**

- 사회성 발달을 돕는다.
- 화전놀이의 과정과 방법에 대해 알게 한다.
- 대근육, 소근육, 감각 발달을 돕는다.

∷ **놀이 자료** 찹쌀가루, 진달래꽃잎, 식용유, 프라이팬, 물, 접시, 국자, 설탕, 버너

∷ **놀이 방법**

① 화전놀이의 유래, 놀이 과정에 대해 유아들에게 설명한다.

② 화전의 재료를 설명하고 여러 가지 방법으로 무늬를 낼 수 있는 방법을 알게 한다.

③ 조별로 나누어서 놀이를 해 보도록 한다. (역할놀이에서 요리 실습으로 이어질 수 있도록 창의적인 놀이가 될 수 있도록 격려한다.)

④ 유아들 1명당 화전 2～3개씩 부쳐 볼 수 있게 한다. (이때 꽃 모양, 꽃잎 모양은 창의적으로 표현할 수 있게 한다.)

⑤ 화전놀이를 해 본 느낌을 차례대로 표현해 보게 하고 가장 예쁘게 잘 부친 화전을 찾아본다.

⑥ 교사는 전체적인 놀이의 평가를 하고 유아들과 함께 시식한다.

∷ **요리 방법**

화전을 굽는 방법에는 크게 두 가지가 있다. 먼저 찹쌀에 소금을 넣고 곱게 빻아 익반죽하여 밤알만큼씩 떼어 동글납작하게 빚어 번철에 놓고 지지면서 꽃잎을 붙여 완전히 익힌 뒤에 꿀에 담그거나 설탕을 뿌리는 방법이 있다. 둘째, 고운 찹쌀가루를 되게 반죽하여 5㎜ 두께로 밀어 꽃을 얹고 꼭꼭 눌러서 지름 5㎝ 되는 화전통으로 찍어 내어 푹 잠길 정도의 기름에서 지져 내는 방법이 있다.

참고 자료

- www.gurim.org
- 표인주, “호남문화연구”, 전남대학교 호남문화연구소, 1999.

4) 게임으로 확장 활동

[게임 전 활동]

① 교사는 화전놀이의 유래, 과정에 대해 설명한다.

② 화전의 재료를 설명해 주고 유아들과 함께 화전을 지진다.

③ 유아를 두 팀으로 나누고 게임 방법과 규칙을 설명한다.

게임 방법

① 교사가 출발 신호를 하면 출발선에서 반환점까지 달린다.

② 반환점의 탁자 위에 있는 화전을 뒷짐을 지고 한 개만 입에 물고 출발 지점까지 들어온다.

③ 다음 번 유아와 손을 터치하고 다음 번 유아가 출발한다.

④ 두 팀 중 먼저 들어오는 팀이 이긴다.

게임 규칙

① 반환점에서 화전을 물 때에는 입만을 사용한다. 만약 손을 이용하면 처음부터 다시 한다.

② 들어오는 도중에 입에 있는 화전이 떨어지면 반환점에 다시 가서 화전을 입에 물고 온다.

③ 입에 물고 온 화전은 도착점에 들어온 다음에 먹는다.

④ 화전은 한 명에 한 개씩만 물고 와야 한다.

3.2. 전라도 지방의 전통 놀이 ②(들쥐새끼놀이, 꼬리따기)

1) 놀이의 유래

원래 꼬리따기는 추석 때에 수확의 기쁨을 나누기 위해 했던 놀이이다. 씨를 뿌리고 열매를 맺고 따서 음식을 만들고 먹을 때까지를 담고 있다. 농산물을 스스로 움직일 수 없기 때문에 도망다니지 않고 허리를 잡고 한 줄로 늘어앉아 있거나, 여기저기 앉아 있는다. 술래는 돌아다니며 농산물을 따 간다. 놀이의 전 과정이 문답으로 진행되어 연극적인 요소가 많이 포함된 종합 예술적 성격을 가진 놀이였다. 꼬리따기는 지방에 따라 동애따기, 동아따기, 외따기, 호박따기, 수박따기 등이 있다.

여성들이 꼬리따기 놀이를 하면서 노래를 부른다. 술래가 한 사람 정해지면, 다른 사람들은 모두 대장을 앞세우고 뒤로 허리를 잡고 죽 늘어선다. 술래는 대장과 마주 보고 서서 먼저 앞소리를 부른다. "저 달 봤나?" 하고 하늘의 보름달을 가리킨다. 그러면 대장과 허리를 잡고 선 사람들이 뒷소리를 받으면서 "나도 봤다!" 하고 대답한다. 이렇게 술래는 놀이꾼들의 관심을 엉뚱하게 쏠리도록 노래를 불러 가다가 갑자기 꼬리 쪽으로 달려가서 꼬리를 떼어 내려고 한다. 그러면 대장은 술래가 움직이는 쪽을 쫓아가며 막고, 놀이꾼들은 술래가 달려오는 반대쪽으로 달아난다. 그러다가 술래에게 꼬리가 떼이면 떼인 사람이 술래가 된다. 이를 송아지 따기 또는 외따기라고도 한다.

꼬리따기 놀이는 노랫말에서 드러난 것처럼 달이 떴을 때 하는 놀이이다. 정월 대보름 전후로 여성들이 마을 빈터에 모여서 이 노래를 부르며 꼬리따기를 했다. 요즘 유아들도 이 놀이를 하지만 노래도 부르지 않고 주로 낮에 한다. 그러나 옛날 어른들은 평소에 이런 놀이를 즐기지 못했다. 명절이 아닌 경우에는 여러 사람들이 모여서 노래를 함께 부르고 놀이를 하는 일은 아주 드물었다. 정월 대보름과 같은 명절의 달 밝은 밤에 놋다리밟기도 하고 꼬리따기도 했다.

[강강술래]

강강술래는 앞 소리와 받는 소리가 춤의 반주인 소리 춤으로서 전라남도의 해안 지역에 퍼져 있는 우리나라의 대표적인 여성들의 춤이다. 강강술래는 주로 한가위 밤에 했지만 지방에 따라서는 정월 대보름 밤을 비롯하여 봄, 여름, 가을 어느 때든지 달 밝은 밤에 수시로 하였다.

강강술래의 역사적 유래에 대해서는 여러 가지 이론이 많으나, 대개 두 가지로 나눌 수 있다. 그 하나는 임진왜란과의 연관설이고, 다른 하나는 고대의 제사 의식에서 비롯된 놀이라는 것이다.

앞 말의 경우는 이순신 장군이 침공해 오는 왜적에게 우리 군사가 많다는 것을 꾸미기 위해서 부녀자들을 동원하여 남장시키고 손과 손을 마주 잡고 둥그렇게 원을 만들며 춤추게 했더니 이를 본 왜군들이 질겁을 하여 달아났다는 전설과 관련시켜 그 유래를 밝히려는 시도들이다. 뒷말은 부여의 영고, 고구려의 동맹, 예의 무천 등에서 행해지는 제사 의식에서 비롯되었거나, 만월제의(滿月祭儀)에서 나온 놀이라는 것과, 마한 때부터 내려오는 달맞이와 수확 의례의 농경적인 집단춤이 아닌가 추측하고 있는 것이다.

강강술래의 어원에 대해서는 한자 기원설로 '强羌水越來', 즉 강한 오랑캐가 물을 건너온다는 뜻으로 풀이하여 백성들로 하여금 왜적을 경계하라는 뜻의 적개심을 높이려는 구호였다고 한다. 그러나 이는 한자풀이에 있어서 잘못된 것으로 억지라는 견해가 많다. 따라서 강강술래는 우리말 기원설로 강은 원(圓)을 뜻하고, 술래는 수레(輪)를 의미하고, 국한문 혼합 기원설로 '강강'의 후음이라든가, 술래는 순유(巡遊), 순라(巡羅)에서 나왔다고 전해지고 있다. 같은 맥락에서 강강술래는 전라도 남해안 지방의 사투리 '강강'은 둥근 원을 만들고 돈다는 뜻이며, '술래'는 도적을 잡는다는 뜻으로 풀이하고 있다. 또 '술래'가 '수월래'로 들리기 때문이라고 한다. 또한 '강강술래'로 발음되든, '강강수월래'로 소리 나든, 그것에 그 어떤 특별한 의미가 있는 것이 아니라, 우리나라 민요의 특징이라고 할 수 있는 무의미한 음의 반복이나 후렴을 관습적으로 쓰고 있는 여음 기원설로 보는 것이 좋을 것 같다는 주장도 있다.

위에서 본 바와 같이 그 기원과 어원에 대하여 뚜렷이 밝혀 볼 수는 없고 다만 추측될 따름이다. 다만 강강술래가 먼 옛날부터 집단의 대동적인 축제에서 시작된 것으로, 분포 지역이 해안 지방인 점에서 주로 남자들은 오랫동안 고기를 잡으러 나가고, 여성들이 마을에 남아 있으면서 달 밝은 밤이면 풍농과 만선을 기원하는 공동굿(제의) 형식으로 발달되어 왔다고 할 수 있겠다.

이러한 강강술래의 구성은 손에 손을 잡아 연결된 상태에서 원을 나타내는 원무가 중심이 되고, 사이사이에 남생아 놀아라, 고사리 꺾기, 청어 엮기(풀기), 덕석 몰기(풀기), 지와 밟기, 꼬리 따기, 쥔쥐새끼 놀이, 문 열어라, 개고리 타령 등의 부수적인 춤들이 번갈아 가면서 놀아지는데, 새로운 춤으로 넘어갈 때마다 원무의 형태를 이루고 있다. 이러한 원무는 시작과 끝, 주와 종, 선과 후, 앞과 뒤의 구별이 없이 둥글게 하나가 되는 것으로, 구성원 모두가 동등한 조건에 놓여져 있으며, 강강술래를 통하여 쉽게 공동체의 성원이 될 수 있는 중요한 틀을 제공하고 있다고 할 수 있다. 강강술래는 여기에 그 지역 사람들의 생활의 정서와 실제를 노랫말로 담아 내고 메기는(앞)소리와 받는 소리로 그 내용을 공감하며 집단춤을 빚어 냄으로써, 우리가 만들어 가려는 더불어 함께 사는 동아리(세상)를 이루어 내고 있다.

2) 놀이 노래

문쥐새끼[9] 찔룩짤룩	/	가사리 벗이여 (되풀이)
외때기[10] 따세	/	휘- 휘- 휘-
잡었네 잡었네	/	문쥐새끼를 잡었네
콩 하나 폳[11] 하나 띵했더니[12]	/	오곡백곡이 절시구
콩콩 전라도	/	문쥐새끼를 잡었네
콩 하나 폳 하나 띵했더니	/	오곡백곡이 절시구
강강술래	/	강강술래

3) 놀이 활동안

- **놀이명** 들쥐새끼놀이(전라도 지방의 전통 놀이)
- **대상 연령** 5세
- **참여 인원** 학급 전체 유아
- **놀이 목표**
  - 대근육 발달, 운동 기능 발달을 돕는다.
  - 강강술래의 다양한 놀이 형태에 대해 알게 한다.
  - 신체의 유연성, 민첩성을 기른다.
- **놀이 자료** 술래 목걸이(아줌마 그림), 꼬리대장 목걸이(쥐 그림), 놀이 가사 녹음테이프, 녹음기
- **놀이 방법**

① 교사는 강강술래 놀이의 유래와 꼬리따기, 들쥐새끼 놀이 등에 대해 설명한다.

② 강강술래놀이와 들쥐새끼 노래를 함께 배운다.

9) 문쥐새끼: 퀸쥐새끼. 퀸쥐는 '들쥐'의 진도 사투리이다.

10) 외때기: 참외

11) 폳: 팥

12) 띵했더니: '딱 잡았더니'라는 풀이와 '땡겼더니' 곧 '당겼더니'라는 풀이도 있다.

③ 놀이 방법에 대해 설명한다.

- 앞에 대장 유아가 서고 나머지 유아는 대장의 허리를 잡고 늘어선다(꼬리대장 목걸이 단다).
- 한 유아는 술래가 되어 대장의 꼬리에 있는 유아를 잡는다(술래 목걸이 단다).

④ 놀이 규칙을 설명한다.

⑤ 실제로 유아와 함께 놀이를 해 본다.

놀이 규칙

① 놀이 도중에 꼬리가 떨어지면 놓친 유아가 술래가 된다. 그리고 술래가 그 자리에 들어간다.

② 술래가 꼬리를 떼면 맨 앞의 유아가 술래가 되고 술래를 했던 유아는 맨 앞의 유아 뒤에 선다.

③ 들쥐새끼 노래를 4번 부르는 동안 꼬리를 잡아야 한다.

놀이 확장 수박 꼬리따기

① 술래를 한 명 정한다. 술래는 수박 따는 사람이 된다.

② 대장을 한 명 뽑는다(술래는 제외하고). 이 대장이 할멈이 된다.

③ 유아들은 수박이 되어 길게 앞사람의 허리를 잡고 늘어선다.

④ 술래가 수박을 따겠다고 하면 할멈은 될 수 있는 대로 수박을 못 따게 핑계를 댄다.

⑤ 수박을 따도 된다는 할멈의 허락으로 수박 따기를 시작한다.

⑥ 수박은 맨 마지막 것만 딸 수 있다.

⑦ 할멈(대장)을 제외한 수박은 모두 따면 할멈이 수박을 찾으러 간다.

⑧ 할멈이 수박을 다 찾으면 놀이가 끝난다.

4. 충청도 지방의 전통 놀이(거북놀이)

1) 놀이의 유래

거북놀이는 음력 8월 15일 한가윗날에 행해지는 민속놀이의 하나이며, 주로 경기도·충청도·강원도 등지에 분포되어 있다. 경기도 광주(廣州)와 충청남도 예산(禮山) 지방에서는 음력 정월 대보름에도 행하여지는데 지방에 따라 풍물 굿의 순서나 사설에 있어 약간의 차이가 있다. 이 놀이는 마을 청년들이 수숫대 또는 왕골·덩굴·대나무·볏짚 따위로 거북 모양을 만들어, 그 속으로 앞에 한 사람, 뒤에 한 사람이 들어가 마치 거북이 돌아다니듯이 집집마다 찾아다니며 한바탕씩 노는 것으로 마을 사람들 모두가 함께 즐기며 각 가정의 복을 빌어 주는 놀이이다. 이 놀이에서는 먼저 길놀이라 하여 거북 앞에서 거북몰이가 거북의 목에 줄을 매어 거북을 몰고 그 뒤를 꽹과리·북·소고·징·장구 등의 풍물을 치는 농악대가 뒤따르며 동네를 한 바퀴 돈다. 길놀이가 끝난 뒤에는 동네에서 비교적 부유한 집을 찾아가 수문장 굿을 친 뒤, 주인의 안내로 그 집으로 들어가 마당에서 우물굿(용왕굿)·마당굿을 하고 타악기 장단에 맞추어 한바탕 거북춤을 추며 논다. 이렇게 한바탕 놀다가 거북이 땅바닥에 엎드려 움직이지 않으면 집주인은 떡·과일·술·밥 따위로 푸짐한 음식상을 내놓는다. 음식을 먹은 뒤에 거북이 집주인에게 절을 하고 부엌과 대청에 가서 각각 조왕굿과 성주굿을 한 뒤 다른 집으로 간다. 거북은 장수(長壽)와 무병(無病)의 동물이므로 이 놀이는 거북과 같이 무병장수함을 기원하고 마을의 잡귀· 잡신을 쫓는다는 뜻에서 유래되었으리라 추측된다.

거북놀이는 신라 문무왕 때부터 해 왔다고 하나 확실한 유래는 밝혀지지 않는다. 이 놀이는 팔월 한가윗날 하는 놀이로 천안 일대와 안성 등지에서 1930년대까지 성행하였다.

예로부터 거북은 용왕의 아들이라 여겨졌다. 또한 십장생의 하나로 무병장수를 상징했다. 따라서 일 년에 한 번씩 거북을 위하면 마을의 안녕을 지킬 수 있다는 그런 믿음을 바탕으로 치르던 것이 거북놀이이다. 거북의 영험으로 가뭄과 홍수를 막고, 마음에 깃든 잡귀 잡신을 물리치며 집집마다 무병장수와 부귀를 이루자는 것이다. 거북놀이 행렬은 가가호호와 마을 전체를 돌았는데, 흥겨운 풍물과 굿판을 벌인다. 거북놀이의 행렬이 지나가면서 각 가정과 마을을 축원하다 보면 자연히 온 마을이 화합하게 되고 흥겨운 잔치 마당이 되었다.

2) 놀이 노래

〈노래: 충남 천안 지방〉

거북아 거북아 놀아라
만석 거북아 놀아라
천석 거북아 놀아라
이 집에 사는 사람
무병장수하사이다.
이 마을에 사는 사람
무병장수하사이다.

3) 놀이 활동안

- **놀이명** 거북놀이(충청도 지방의 전통 놀이)
- **대상 연령** 5세
- **참여 인원** 학급 전체 유아
- **놀이 목표**
  - 거북놀이의 유래와 과정에 대해 알게 한다.
  - 놀이를 통해 협동하는 마음과 다른 사람에게 좋은 말(덕담)을 해 줄 수 있는 마음을 갖게 한다.
  - 눈과 손, 발의 협응력을 기른다.
  - 대근육 발달과 신체의 유연성을 기른다.
- **놀이 자료** 쟁반, 떡·과일 등 여러 가지 간식, 거북 옷(두 사람이 덮어 쓸 수 있는 것)

놀이 방법

① 교사는 거북놀이의 유래와 놀이의 전개 과정에 대해 설명한다.

② 거북놀이의 노래를 함께 배운다.

③ 놀이 방법에 대해 설명한다.

- 유아 2명을 뽑아서(지명, 가위바위보, 유아들이 선출) 2인 1조로 거북을 만들고 거북 옷을 덮어서 한 명은 앞에 한 명은 뒤에 선다.
- 유아나 교사 앞에 가서 춤을 추고 한바탕 논다.
- 한참 놀다 "바다에서 거북이가 왔는데 목이 말라요." 하면서 그 친구나 교사의 장점을 2~3가지 칭찬하며 덕담을 늘어놓는다.
- 이때 거북 앞에 있는 교사나 유아는 거북에게 먹을 것을 내놓는다.
- 거북은 이 음식을 먹고 다른 집으로 가서 동일한 방법으로 논다.
- 유아들 앞에서 순서대로 놀이가 끝나면 놀이를 끝낸다.

④ 놀이 규칙을 설명한다.

⑤ 실제로 유아와 함께 놀이를 해 본다.

놀이 규칙

① 거북이는 유아들끼리 순번을 정해서 할 수 있다. (유아들의 결정에 따라 한다.)

② 거북이가 "바다에서 거북이가 왔는데 목이 말라요! 먹을 것 좀 주세요!" 하면 각 팀에서 거북에게 음식을 내놓는다.

③ 개인별, 팀별로 그룹을 만들어서 놀이를 할 수 있다.

④ 한 유아가 3회 이상 놀이를 할 수 없다(유아들과 의논해서 횟수를 정한 것을 규칙으로 만든다).

놀이 확장

- 게임으로 연결할 때는 앞의 놀이 방법대로 규칙을 정해서 하되 두 팀으로 나누어서 한다.
- 반환점 앞에서 한바탕 놀게 하고 차려 놓은 음식을 3가지씩만 먹고 들어오게 한다.

참고 자료

- http://museum.donga.ac.kr

- http://ddcc.or.kr
- http://www.sesistory.pe.kr

5. 경상도 지방의 전통 놀이(격구놀이)

1) 놀이의 유래

장치기는 다른 용어로 격구라고 일컬어지는 것으로 삼국시대부터 조선시대에 걸쳐 행해진 전통 민속놀이이지만 오늘날에 와서는 거의 자취를 감추었다. 격구가 장치기로서 일반 민중에게 널리 전해지기 이전에는 군사들의 훈련과 조정 대신들의 여가 선용을 위한 사교용 놀이로서 행해졌으며 또 질병이나 건강관리로도 활용되었음이 기록에 나타나 있다.

격구는 중국 및 고구려, 고려, 신라의 옛 문헌에 타구(打毬), 격구(擊毬), 포구(抛毬), 장구(杖毬), 봉구(棒毬) 등의 여러 이름으로 나타나 있으며, 타구 또는 격구라는 표현을 많이 써 왔다.

격구의 기원으로는 당태종 시대에 격구희 또는 타구라는 것이 시작되었는데 그 발원은 파사(波斯)로 중국 서장 및 인도 제국으로 전파되었다. 우리나라에는 당태종 시대에 전래된 것으로 추정이 되며 격구에 관한 기록으로는 고려사를 찾을 수 있다.

"고려 태조 원년 9월 갑오에 상주의 적사 아자익이 사자를 보내어 귀순하려 하매 왕이 명하여 그를 맞이하는 의식을 구정(毬庭)에서 하게 하였다."라는 기록으로 보아 고려조 원년에 왕건이 고려국을 창건하면서 궁전에서 격구를 실시할 수 있는 구정이 있었던 것으로 고려 이전에도 격구가 시행되었음을 알 수 있다. 신라의 기록에서는 김유신과 김춘추가 축국을 하였다는 기록이 나타나는데 이를 격구와 유사한 것으로 추측할 수 있다.

한편 조선시대 세종실록에는 "병조에 계하되 고제를 삼가 살피니 당의 격환을 곧 황제가 만든 축국의 유제이다. 그런 이유는 다 놀이로써 습무(習武)하는 까닭이다. 고려 번성시에 격구의 놀이는 사실 여기에서 비롯되는 것이다. 격구를 잘하면 가히 기사를 잘하고 창도 잘한다. 이제부터 무과에서 격구로써 시험을 보아 인재를 뽑으라 하였다."는 기록이 있다. 국방적인 필요와 무인 출신인 태조와 태종에 의해 행해진 격구놀이는 세종 때에 이르러서는 격구가 무과 전시의 과목으로 채택되기에 이른다.

성종 때의 격구는 그 유희적 측면은 배제되고 군사 훈련이 더욱 강조되었다. 그러나 조선의 극단적 문치주의는 무를 경시하게 됨에 따라 격구는 조선 중기 이후에 귀족 사회에서 점차 쇠퇴의 길을 걷게 된다. 한편 일반 민중에게는 놀이로서 격구가 아닌 장치기로 보급되어 전국적으로 퍼져 나가게 된다. 민중 놀이로서의 장치기는 제1회 전 조선 얼레공대회(1931년 2월 5일자 동아일보의 기사 내용)라는 이름으로 전국대회로 개최된 기록 등은 이후에도 계속 명맥을 이어 최근까지도 일부 지역에서 행해지는 것으로 각 민속 조사 결과에 나타나고 있다.

장치기는 초기에는 군사적 목적으로 행해지던 것이 점차 단순한 대중 놀이로서 변화된 전통 놀이이다. 이러한 사실을 통해 우리 놀이의 연원을 다각적으로 살펴볼 수 있는 특징적인 놀이로서 장치기의 의미를 살펴볼 수 있다.

즉, 놀이의 출발점이 바로 군사적 목적으로 단순한 놀이가 아닌 훈련의 한 방법이었고 또 귀족 사회에서는 유희의 목적으로 행해지고 보급되었다. 그러나 이후 사상적·학문적 기조의 변화가 놀이의 기능에도 영향을 미쳤고 놀이는 단순한 오락성만이 남게 되어 오늘에 이르렀다.

2) 장치기(격구)의 방법

장치기 놀이는 나무 채로 공을 치는 놀이로 요즘의 하키와 비슷한 놀이이다. 놀이를 위해서는 채와 공을 준비하여야 한다. 놀이채는 1m 정도의 단단한 나무를 골라 끝이 구부러지게 하여 공을 치기 편리하게 만든다. 공은 소나무의 옹이가 있는 부분이나 고양나무, 박달나무와 같이 굳은 나무를 둥글게 깎아서 만들면 된다.

장소는 넓은 풀밭이나 운동장을 이용할 수 있고 길이 40~50m, 너비 30~40m 정도의 장소에 가운데에는 공이 들어갈 만한 구덩이를 하나 파 놓는다. 놀이는 두 편으로 갈라 하되 한 편을 10명 정도로 하는 것이 좋다. 네모로 사방에 구역을 만들고 가운데에 중앙선을 정한다. 축구장 같은 골문은 없고 다만 축구처럼 중앙선 가운데에서 시작하여 공채로 공을 쳐서 상대방의 골라인을 많이 넘기는 편이 이기는 것이다. 이 놀이를 시작하는 방식은 세 가지가 있다.

첫째, 아래짱은 중앙선 가운데에 파 놓은 구멍에 공을 놓고 양편이 동시에 시작하는 것을 말한다.

둘째, 웃짱은 공을 제3자가 위로 똑바로 던진 다음 떨어지는 공을 서로 쳐서 시작한다.

마지막으로 소래기(소래기치기)는 이긴 편이 공을 위로 던지면 양편이 한 바퀴 돌면서 떨어지는 공을 쳐서 시작하는 방법이다.

놀이 방식에 따라 격문을 만들기도 하지만 그 기본 방식은 같다고 할 수 있다. 이 놀이에도 반칙과 벌칙이 주어지는데 그 내용은 공이 몸의 일부에 닿는 것, 상대편의 공채를 몸으로 막는 행위, 상대편의 몸을 공채로 치거나 치려고 하는 행위, 상대편의 경기 활동을 몸으로 막는 것, 공을 격장의 선 밖으로 쳐내는 것, 공을 횡선 밖으로 쳐내는 것 등이다. 그리고 벌칙으로는 물레공, 즉 몸을 한 바퀴 돌려서 공을 치는 것, 공을 굴려 주는 굴러공, 구멍 공치기 등이 있다.

*자료 출처: http://koreandb.kdaq.empas.com

※ 장치기는 오늘날의 '필드하키'와 비슷한 놀이로 '장'이란 막대기를 뜻한다. 귀족들 사이의 놀이로 '격구'라는 이름으로 불려 오다 일반 민중에게도 보급되어 성행하게 되었다고 한다.

*그림 출처: 유치원 전통문화 지도자료, 경상북도 교육청, 97-④ 장학자료 ㊎, 1988, pp.219-220.

3) 놀이 활동안

- **놀이명** 장치기·격구놀이(경상도 지방의 전통 놀이)
- **대상 연령** 4~5세
- **참여 인원** 10~20명
- **놀이 목표**
  - 대근육 활동, 운동 기능의 발달을 돕는다.
  - 눈과 손, 발의 신체 협응 능력을 기른다.
  - 행동의 민첩성, 순발력, 유연성을 기른다.
  - 서로 협력하는 마음을 기른다.
- **놀이 자료** 짝지(공채), 짝공(공)
- **놀이 방법**

① 교사는 유아에게 격구놀이의 유래와 놀이 방법에 대해 설명한다.

② 직사각형으로 선을 긋고 중앙선을 정한다. 중앙선 가운데 오목하게 구멍을 판다.

③ 두 팀으로 편을 나누고(10명) 중앙선 가운데 판 구멍에 공을 놓고 두 편이 서로 쳐서 시작하거나 심판이 공을 위로 똑바로 던져서 떨어지는 공을 서로 쳐서 시작할 수 있다.

④ 공채로 공을 쳐서 상대편의 끝선을 많이 넘기는 편이 이기게 된다. (골문을 따로 만들 수도 있다.)

- **놀이 규칙**

① 공이 몸에 닿거나, 상대편의 공채를 몸으로 막거나, 상대편의 몸을 공채로 치거나 치려는 행위 등의 반칙을 했을 때에는 상대편에서 '물레공'을 한다.

- 물레공: 상대편이 반칙했을 때에 공을 그 위치에 놓고 제자리에서 한 바퀴 돌며 공을 친다.

② 공을 경기장 밖으로 내보냈을 때는 (나간 곳에서) 공을 굴려 주는 '굴러공'을 치게 하거나 '구멍공'을 치게 한다.

- 굴러공(끝선 밖으로 공이 나갔을 때): 나간 곳에서 한 사람이 자기 패에 공을

굴려 주면서 놀이를 계속 진행한다.

- 구멍공(경기 시작): 각 팀의 두 사람이 나와서 중앙선에 오목하게 만든 구멍에 공을 넣고 심판의 신호와 함께 두 팀이 공을 갖고 다투는 것이다.

놀이 확장

① 준비물에서 공은 정구공으로 대치하고 공채는 큰 나무 주걱이나 막대기로 대치한다.

② 심판은 교사가 한다.

③ 유치원이나 어린이집에 운동장이 있을 경우는 구멍을 파고 위의 놀이 방법대로 하며, 물리적인 시설이 준비되지 않았을 경우에는 실내놀이로 변형해서 하되 중앙에 구멍을 파는 대신 동그라미를 그려 놓고 그 자리에서 시작할 수 있다.

④ 위의 놀이 방법과 규칙을 준수해서 놀이한다.

놀이 변형

① 반환점을 만들어 놓고 팀별로 출발선에서 도착선까지 공을 나무 주걱으로 굴리면서 들어오는 게임으로 변형할 수 있다.

② 반환점에서 깡통을 놓고 치고 간 공으로 깡통을 쓰러뜨리고 돌아오는 게임을 할 수 있다.

③ 반환점에 깡통을 일정한 간격으로 3개 정도 놓고 공으로 굴려서 깡통을 통과하고 돌아오는 게임으로 변형할 수 있다.

6. 함경도 지방의 전통 놀이(북청사자놀이)

1) 놀이의 유래

북청사자놀음은 함경남도 북청 지방에서 정월 대보름에 행해지던 사자놀이, 곧 탈놀음으로 북청군 전 지역에서 행해졌다. 그중에도 북청읍(北青邑)의 사자계(獅子契), 가회면(佳會面)의 학계(學契), 구양천면(舊楊川面)의 영락계(英樂契)의 사자춤이 유명하였으며, 특히 구토성리(舊土城里) 사자놀음은 관원놀음과 함께 행하여

지므로 더욱 유명하였다. 1930년경부터 본격적으로 경연을 시켜 우승팀을 선정하였는데 이때 작은 사자놀이 팀은 사라지게 되었다고 한다.

이 놀음은 삼국시대의 기악(伎樂)·무악(舞樂) 이래 민속놀이로 정착된 가면놀이로, 주로 대륙계·북방계인 사자(獅子)춤이 민속화된 대표적인 예로 볼 수 있다.

이 사자놀음은 음력 정월 14일 밤부터 15일 새벽까지 놀고 서당과 도청(都廳, 마을 공회당)에 모여 술과 음식을 갖춰 놓고 논 뒤에 16일부터는 초청받은 집을 돌며 놀았다. 퉁소, 장고, 소고, 북, 꽹과리 등 악기의 반주에 따라 사자와 사령, 양반, 꺽쇠, 무동(舞童), 꼽새춤과 기타 잡배(雜輩)들이 일단이 되어 집집마다 돌아다니며 사자춤을 추고 부엌의 조왕과 집 안의 조령(祖靈)에게 절을 한다. 이와 같은 사자놀음의 주 목적은 연초에 잡귀를 쫓고 마을의 평안을 비는 데 있었으며 집집마다 거둔 전곡(錢穀)은 마을의 공공사업과 사자놀음 비용 등에 써 왔다.

1950년 한국전쟁 후에 월남한 연희자들에 의하여 현재는 서울을 중심으로 전승되고 있다. 문화재로 지정될 당시에는 애원성·마당놀이·사자춤 순서로 놀았으나 요즈음은 길놀이·마당놀이·애원성·사자춤·칼춤·무동춤·꼽새춤·사자춤·재담·넋두리춤으로 노는 경우가 많으나 순서는 바뀔 수도 있다. 대개 애원성이 먼저이고 사자춤이 뒤이며 중간에 잡다한 춤들이 끼이는 것은 변함이 없다.

현재 북청사자놀음은 중요 무형문화재 제15호로 지정되어 있다.

2) 놀이의 내용

먼저 퉁소와 북에 의한 반주와 애원성에 맞춰 애원성춤을 추고 이어 꺽쇠가 양반을 끌고 나오고 악사가 뒤따른다. 양반이 사당과 무동·꼽새 등을 불러들여 논 다음 사자를 불러들인다. 사자춤에서는 상좌중이 함께 춤을 춘다. 사자가 여러 가지 춤추는 재주를 부리다가 쓰러진다. 양반은 대사를 불러 '반야심경(般若心經)'을 외우게 하나 움직이지 않고 의원이 침을 놓자 일어난다. 꺽쇠가 사자에게 토끼를 먹이니 사자는 기운이 나서 굿거리 장단에 맞춰 춤을 춘다. 양반이 기뻐서 사자 한 마리를 더 불러 춤을 추게 하고 사당춤과 상좌의 승무가 한데 어울리고 사자는 퇴장하자 마을 사람들이 '신고산타령' 등을 부르면서 군무(群舞)를 추고 끝낸다. 또 다른 사자놀음의 내용으로서 마당으로 들어가 난무를 하면 사자가 뜰로 뛰어들어 안방문을 열고 큰 입을 벌리고 무엇을 잡아먹는 시늉을 하고, 다음에는 부엌에 들어가서 같은 행동을 한 뒤에 다시 내정 한복판에 나와서 활발하고 기교적인 춤을 추고는 가장 먼저 물러난다. 이때 주인의 청에 따라 부엌의 조왕신에게 절을 한다. 또 아이를 사자에 태워 주거나 사자 털을 몰래 베어 두면 무병장수한다고 하는 속설도 있다. 춤의 종류에는 사자춤, 애원성춤, 사당춤, 거시춤, 승무춤, 꼽추춤, 무동춤, 넋두리춤, 칼춤 등이 있고 북청사자놀이에 쓰이는 가면은 사자, 양반, 꺽쇠, 곱추, 사령 등이 있다.

3) 놀이의 순서

북청사자놀이의 연희는 줄여 두 마당으로 구성된다.

제1 : 애원성 마당

반주 음악에 맞추어 노래를 부르는 동안 고깔 쓰고 쾌자를 입은 여인이 장단에 맞추어 경복궁춤, 애원성춤, 성주풀이춤 등을 춘다.

제2 : 사자놀이 마당

첫째 거리, 마당놀이: 하인 꺽쇠가 양반의 허리띠를 잡아끌면서 등장하고 양반의 명령에 따라 무당춤, 곱사춤, 사당춤을 춘다.

둘째 거리, 사자춤놀이: 두 마리의 사자가 등장하여 신명나게 춤을 추며 돌아다니다가 그중 한 마리가 토끼를 먹고 쓰러지면 양반은 중을 불러 염불로 소생케 하려 한다. 그러나 아무 효험이 없자 중국인 의사를 불러 침을 놓게 하나 역시 효험이 없자 감로수를 먹여 소생케 한다. 그리고 구경꾼들도 뛰어들어 한바탕 군무의 장이 펼쳐지게 된다.

4) 놀이 노래

[신고산타령]

1. 신고산이 우루루 함흥차 떠나는 소리에
   잠 못 드는 큰애기는 반봇짐만 싼다네
2. 산수갑산 머루다래는 얼크러 설크러졌는데
   나는 언제 임을 만나 얼크러 설크러질거나
3. 가을바람 소슬하니 낙엽이 우수수 지고요
   풀벌레는 울고 울어 이내 심사를 달래네
   (남은 간장을 다 썩이네)
4. 공산야월 두견이는 피나게 슬피 울고
   강심에 어린 달빛 쓸쓸히 비쳐 있네
5. 백두산 명물은 들쭉 열매인데
   압록강 굽이굽이 이천리를 흐르네
6. 구부러진 노송나무 바람에 건들거리고
   허공 중천 뜬 달은 사해를 비춰 주노나
7. 휘늘어진 낙락장송 휘어 덥석 잡고요
   애달픈 이내 진정 하소연이나 할거나
8. 오동나무 꺾어서 열녀탑이나 짓지요
   심화병들은 임을 장단에 풀어나 줄거나
9. 상갯굴 큰애기 정든 임 오기만 기다리고
   삼천만 우리 동포 통일되기만 기다린다
10. 물 푸는 소리는 월앙충청 나는데
    날 오라는 손짓은 섬섬옥수로다
11. 후치령 말께다 국사당 짓고
    임 생겨지라고 노구메 드리네
12. 용왕담 맑은 물에 진금을 씻고 나니
    무겁던 머리가 한결 쇄락해지누나
13. 백두산 천지에 선녀가 목욕을 했는데
    굽이치는 두만강의 뗏목에 몸을 실었네

14. 불원천리 허우단심 그대 찾아왔건만
보고도 본체 만체 돈담무심

15. 가지 마라 잡은 손 야멸차게 떼치고
갑사댕기 팔라당 후지령 고개를 넘누나

16. 지저귀는 산새들아 너는 무삼 회포 있어
밤이 가고 날이 새도 저태도록 우느냐

17. 허공 중천 든 기러기 활개바람에 돌고
어랑천 깊은 물은 저절로 핑핑 도누나

18. 울적한 심회를 풀 길이 없어 나왔더니
처량한 산새들은 비비베베 우느냐

19. 간다 온단 말도 없이 훌쩍 떠난 그 사랑
야멸진 그 사랑 죽도록 보고 싶구나

5) 놀이 활동안

- **놀이명** 북청사자놀이(함경도 지방의 전통 놀이)
- **대상 연령** 4~5세
- **참여 인원** 학급 전체 유아
- **놀이 목표**
  - 대근육 발달, 신체 운동 기능 발달을 돕는다.
  - 협동심을 기른다.
  - 리듬감 및 박자 개념, 음감을 기른다.
  - 창의적인 표현력을 기른다.
- **놀이 자료** 사자탈, 북, 사자도 덮을 수 있는 넓은 천, 녹음테이프(신고산타령), 녹음기, 각 역할에 맞는 탈, 옷
- **놀이 방법**

이 놀이는 유아교육 현장에서 할 수 있는 극화놀이로 표현해 본다.

① 놀이에 나오는 사람들을 소개하고 각각의 역할에 대해 설명해 준다.

② 유아들과 함께 역할을 정한다(꺽쇠, 양반, 악사, 사당, 무동, 꼽새, 사자, 대사상좌중, 승무, 마을 사람들).
③ 각각 역할에 맞는 탈과 옷을 입힌다.
④ 북장단은 교사가 쳐 준다.
⑤ 꺽쇠가 양반을 끌고 나오고 악사가 뒤따른다.
⑥ 양반이 사당과 무동, 꼽새 등을 불러들여 놓고 사자를 부른다.
⑦ 사자가 여러 가지 춤추는 재주를 부리다가 쓰러진다.
⑧ 양반은 대사를 불러 반야심경을 외우나 움직이지 않자 의원이 침을 놓아 일어나게 한다.
⑨ 꺽쇠가 사자에게 토끼를 먹게 하고 그로 인해 사자는 기운이 나서 굿거리장단에 맞춰 춤을 춘다.
⑩ 양반이 기뻐서 사자 한 마리를 더 불러 춤을 추도록 한다.
⑪ 사당춤과 상좌의 승무가 한데 어울리고 사자는 퇴장한다.
⑫ 마을 사람들(모든 유아)이 신고산타령을 부르면서 군무를 추고 끝낸다.

놀이 평가

- 역할극을 해 본 느낌을 말로 표현해 본다.
- 친구들이 흉내 낸 것 중에 어떤 역할을 맡은 친구의 표현이 재미있었는지를 물어본다.
- 다음에 이 놀이를 할 때는 어떤 역할을 해 보고 싶은지를 물어본다.
- 극놀이를 해 보고 힘들었던 점, 이 놀이를 변형해서 해 볼 수 있는 놀이는 어떤 것이 있을까를 논의해 본다.

※ 미술 작업 시간에 유아들과 함께 사자탈을 만들어(쇼핑백, 가면, 종이봉투 등) 그것을 쓰고 함께 놀이해 볼 수 있다.

놀이 확장

① 북청사자놀이를 게임으로 변형할 경우에는 2인 1조가 되어 사자를 만들고 앞사람은 탈을 쓰고 뒷사람은 등에 천을 덮어 반환점에 가서 신고산타령을 한 절씩 부르고 도착점으로 들어오는 게임을 할 수 있다.
② 놀이를 확장하여 게임으로 연결할 경우에는 출발선에서 일정한 간격으로 꺽쇠,

양반, 의원을 두고 그 앞에서 신고산타령을 부르며 각각의 역할을 하고 반환점을 돌아서 도착점으로 들어오는 게임을 할 수 있다.

7. 황해도 지방의 전통 놀이(돌팔매놀이)

1) 놀이의 유래

돌팔매놀이는 일명 편싸움, 석전(石戰)이라고 불리는 놀이이다. 이 놀이는 삼국시대 고구려에서 정월 대보름과 오월 단옷날에 각 지방에서 주로 남성들이 돌을 가지고 행하던 전쟁 연습이었다. 최초 역사적 기록은 수서(隋書) 권 81, 열전 제 46, 동이 고구려조에 "고구려는 매년 정초 패수(浿水, 대동강) 위에 모여 좌우로 두 편을 나누어 서로 수석을 던지며 싸운다. 이때 국왕은 요여(腰輿)를 타고 와서 구경한다."고 하였다. 돌팔매놀이는 고려시대에도 전승된 기록이 있는데, 고려사 권 44 세가 공민왕 7 정월조에 "경오(庚午)에 격구와 석전하는 장난을 금한다."고 쓰여 있다. 또 이 외에도 "왕이 석전희를 구경하고자 하므로 지신사 이존성이 간하기를 이것은 상왕께서 볼 것이 못됩니다. 하므로 왕이 좋아하지 아니하고 소견(내시)을 시켜 존성을 때리게 하고 활을 친히 쏘았다. 나라 풍속에 무뢰배가 무리로 가구(街衢)에 모여 좌우로 나누어 호력(互礫)을 가지고 서로 치고 혹은 단정을 잡용하여서 승부를 결정하는데 이것을 석전이라 한다.", "왕이 말을 동효에서 달리고 불일야에서 놀았다.", "왕이 석전희를 관람하였다.", "왕이 석전희를 시엄에서 그 능한 자 수인을 불러 술을 주고 대(枚)를 주어 석전을 하게 하고 그 기(技)를 다하게 하였다."[고려사 권 134, 135 신우(辛禑) 조]고 전한다. 이와 같이 고려 시대에 들어서도 석전, 즉 돌팔매놀이는 계속적으로 행해지다가 충목왕 원년 5월에 일시 단오에 금지되기도 하였으나 이후에는 계속되었다. 고려 말에 와서는 세시적 풍속으로 완전히 정착된 모습을 보여 주는데 특히 고려 우왕이 개인적으로 매우 좋아한 놀이였던 것으로 짐작할 수 있다.

고구려에 비해 고려시대의 사료를 살펴보면 돌팔매놀이는 정초에 행하지 않고 5월 단오에 행해졌음을 알 수 있다. 이 돌팔매놀이는 단순한 놀이로서 출발해서 유사시에는 군사적 목적으로 국가의 장려하에 정책적으로 조직 활성화된 것을 기록을 통해 알 수 있다. 이미 신라의 관제 가운데 무관직에 석역당(石役幢)이라는 조직이 발견되는 바(삼국사기 권 40 잡지 9, 직관 하 무관조) 이는 바로 투석부대를 지칭하는 것으로 이해된다.

또한 고려의 병제 가운데 호별제반과 오군의 조직 속에 석역군이 포함되어 있다. 기록에 태조 3년 4월에는 척석군(擲石軍)을 모집하였다.

척석군은 세종대에 이르러 재조직된다. 석전희는 왜적을 방비하는 군사적 목적뿐만 아니라 국왕의 관람용 유희로도 장려되었다. 그러한 사실은 세종 3년 5월 당시 상황인 태종이 병환 중임에도 불구하고 석전 구경을 하고 싶다고 하여 석전을 베풀기도 하였던 것에서 확인된다. 또 임진왜란 때는 김해, 안동의 석전군을 모집하여 왜구를 물리쳤다는 기록이 보이고 있다. 또한 임진왜란 당시 행주산성 전투에서 석역을 위한 아낙네들의 돌 나르기는 너무나 유명한 일화이다.

역사적 기록과 흔적을 통해서는 서울과 경기 일원, 충청도, 경상도까지 대략 전국적으로 행해졌던 놀이로 추측할 수 있으나 민속 조사 결과 강원도, 평안도, 황해도에서 주로 왕성하게 행하여진 것으로 나타났다.

*자료 출처: http://koreandb.kdaq.empas.com

2) 놀이 방법

주로 청·장년층의 젊은이들이 조각돌을 가지고 하는데 던질 때는 한 개씩 쥐고 던진다. 인원은 한 편이 50명 이내로 하는 것이 보통이지만 특별한 제한은 없고 다만 양편이 같은 인원수로 한다. 장소는 들판에서 청소년들이 하는데 한 부락이 동편과 서편으로 나누어 들판에다 중앙 경계선을 그리기도 하고 혹은 자연 개천을 경계선으로 하기도 한다.

양편이 수백 보의 거리를 두고 서서 대립하여 서로 돌팔매질을 하는 것인데, 처음에는 먼 곳에서 던지다가 싸움이 고조되면 서로 가까이에서 돌을 던진다. 시간은 한 시간 정도인데 중앙 경계선 지대에서 심판원이 심판석에 앉아서 양편의 전세를 지켜보고 있다가 어느 한 편이 전의를 상실하든가, 퇴장하는 이가 많든가, 패하여 달아나는 사람이 많든가 하면 양편의 상황을 비교하여 어느 편이 이겼다고 선포한다. 이때는 징을 쳐서 싸움을 정지시킨 다음에 선포한다.

싸울 때는 응원단으로서 동서 양편의 농악대가 북을 치고 징을 울리면서 자기 편의 기세를 돋우어 주기도 한다. 이때 부락 사람들이 많이 나와서 구경하는데 부녀자들은 대개 멀리 떨어진 산 위에서 이 광경을 구경한다. 승부가 끝나면 동서 양편은 그 각각의 농악대가 치는 타악에 맞추어 한바탕 춤을 추면서 마을로 돌아온다.

3) 놀이 활동안

- **놀이명** 돌팔매놀이(황해도 지방의 전통 놀이)
- **대상 연령** 4~5세
- **참여 인원** 학급 전체 유아
- **놀이 목표**
  - 대근육 활동, 신체 운동 기능 발달을 돕는다.
  - 협동심을 기른다.
  - 손, 발, 눈의 신체 협응 능력을 기른다.
- **놀이 자료** 모래, 콩주머니 1인당 10개 정도, 신문지 공, 바구니 2개
- **놀이 방법**

① 교사는 돌팔매놀이의 유래와 놀이 방법을 설명한다.

② 운동장에 선을 긋고 학급 전체의 유아를 두 팀으로 나눈다(팀 이름은 유아들이 정한다).

③ 양 팀이 서로 색깔이 다른 모래주머니를 1인당 10개씩 갖고 출발선 앞에 선다.

④ 교사의 시작 신호와 함께 모래주머니를 교사가 정한 시간까지 던지게 한다.

⑤ 중간지점에 그어진 선을 넘어서 반대편의 영역에 모래주머니가 들어가야 한다.

⑥ 교사가 정지 신호를 울리면 선 밖으로 나간 모래주머니와 자기 팀 영역에 있는 모래주머니를 뺀, 상대팀 영역으로 던져진 모래주머니의 수를 세어서 많이 들어간 팀이 승리하게 된다.

놀이 규칙

① 교사의 출발 신호와 함께 모래주머니를 던져야 한다.

② 모래주머니가 선 밖을 나가거나 자기 팀에 던져진 것은 계수하지 않는다.

③ 팀별로 모래주머니 색깔을 반드시 다른 색으로 한다(예: A팀 빨강, B팀 노랑).

④ 팀별로 가장 멀리 던져진 모래주머니의 거리를 재어서 승부를 판가름할 수도 있다.

⑤ 놀이 시간을 교사는 1분 또는 2, 3분 등의 시간을 양 팀에게 일정하게 주어야 하며 정지 신호가 울린 뒤에 던진 것은 무효가 된다.

놀이 확장

① 두 팀으로 나누어서 일정한 시간을 주고 큰 바구니를 나무막대에 매달아서 터트리는 게임으로 확장할 수 있다. 이때 빨리 바구니를 터트리는 팀이 이기게 된다.

② 두 팀으로 나누어서 출발선에서 모래주머니를 각각 던지게 해서 2명 중에 더 멀리 던지는 유아가 이기게 된다. 각 게임마다 이긴 유아가 많은 팀이 승리하게 된다.

③ 유아를 두 팀으로 나누고 신문지를 뭉쳐서 만든 공으로 종이판(창호지로 붙여서 만든 것)을 뚫고 나간 수를 헤아려 많이 뚫은 팀이 이기게 되는 게임으로 확장할 수 있다. (1인당 3개씩 또는 5개씩 수를 정해 준다.)

8. 강원도 지방의 전통 놀이(황병산 사냥놀이)

1) 놀이의 유래

평창군 도암면 지역은 험준한 태백산맥의 고산준령에 위치하여 도처에 높은 산이 솟아 있는 곳이다. 특히 그중에도 황병산, 발왕산, 오대산 등의 해발 1,500m 이상 되는 높은 산이 있어 호랑이, 곰, 산돼지 등 많은 산짐승들이 살고 있었는데 11월 상순부터 다음 해 4월 하순까지 내리는 눈은 겨우내 쌓여 산짐승들이 먹이를 찾아 마을 부근으로 내려왔기 때문에 예부터 이 고장에는 겨울이 되면 산짐승 사냥을 생계로 하는 주민들이 살고 있었다.

이 황병산 사냥놀이는 이러한 지역적 환경을 배경으로 지역 주민의 겨울철 농한기 생계 및 소일 수단으로 전래되어 오는 산짐승 사냥을 놀이로 재현한 것이다.

도암면 횡계리 대관령 지역은 백두대간의 태백준령에 위치한 한국의 대표적인 고원 대로서 '한국의 지붕 마을'로 불리는 곳이다. 평균 해발고도 700m 이상의 고원 구릉 지대로 형성되어 있다. 매년 겨울이면 3m 이상의 많은 눈이 내려 마을이 고립되기 일쑤였던 이 마을 주민들은 문 밖의 출입을 하자면 설피를 신어야 했고, 사냥을 즐겨 하였으며 마땅한 운반 수단이 없어 발구를 주로 이용하여 생필품과 땔감을 실어 나르곤 하였다. 이와 같은 주민들의 독특한 겨울 생활 문화가 지금도 주민들이 즐겨 벌이는 '황병산 사냥놀이'이다.

2) 놀이 방법 및 노래

'황병산 사냥놀이'는 언뜻 보면 여느 농촌에서 행해지는 농악놀이와 비슷하지만, 놀이 중에 날카로운 창과 멧돼지가 등장해서 사냥꾼들이 멧돼지를 잡는 과정을 보여주는 장면이 있다는 게 큰 차이점이다. 멧돼지 사냥이 이루어진 계절은 주로 겨울철이었으니 '황병산 사냥놀이'는 토속적이며 '계절 궁합'이 꼭 맞아떨어진다. 아침에 일어나 보면 눈이 처마 밑까지 쌓여 있는 깊은 겨울, 마을의 장정들은 사냥 도구인 창과 설피, 사형 썰매(전통 스키), 주루막 등을 준비해 황병산으로 사냥을 나간다. 사형 썰매를 타고 눈 덮인 산 속을 뒤지다가 멧돼지를 발견하면 몰이꾼은 멧돼지를 몰고 창수(槍手)들은 길목을 지킨다. 멧돼지가 눈 속에서 이리저리 몰리다가 창수 쪽으로 도망하면 창수 중에서 가장 날랜 사람이 "선창이요." 하며 멧돼지를 찌른다. 곧 '재창'과 '삼창'이 이어지고 멧돼지는 더운 피를 흘리며 눈밭에 쓰러진다. 한참 뒤 사냥에서 잡은 멧돼지를 둘러메고 마을로 내려온 장정들은 서낭당에 멧돼지 머리를 올려놓고 주민들과 함께 마을의 안녕과 풍년을 기원하는 제사를 지낸다. 그리고 제사가 끝나면 주민들이 한데 어울려 잡아 온 멧돼지 고기와 술을 마련해 흥겹게 노는데, 이때 사냥놀이와 함께 '사냥 노래'도 곁들여진다.

[사냥 노래]

눈이 많이 내렸으니 산짐승이나 잡으러 가세 에헤야 얼럴럴 상사디야
너도 가고 나도 가세 손에 손에 창을 들고 에헤야 얼럴럴 상사디야
이 산 저 산 살피면서 황병산에 올라가세 에헤야 얼럴럴 상사디야

3) 놀이 활동안

놀이명 황병산 사냥놀이(강원도 지방의 전통 놀이)

대상 연령 4~5세

참여 인원 20명

놀이 목표

- 대근육 발달, 신체 운동 기능 발달을 돕는다.
- 손, 발, 눈의 협응 능력을 기른다.
- 행동의 민첩성, 유연성, 순발력을 기른다.

놀이 자료 사냥꾼 옷, 화살(유아 수만큼), 동물 그림을 그린 통 2개, 반환점, 화살통 4개, 동물 모자 2개

놀이 방법

이 놀이는 사냥놀이 게임으로 변형해서 활동안을 만든다.

① 교사는 유아를 모아 놓고 황병산 사냥놀이의 유래와 방법에 대해 설명한다.
  • 출발선에서 3m 거리에 활이 담긴 활통을 두고 반환점 1~2m 앞에 화살을 넣는 통을 둔다.

② 유아를 두 팀으로 나눈다.
  • 팀 이름은 유아와 함께 정한다.

③ 교사의 시작 신호와 함께 양 팀에 1명씩 나와서 출발한다. 이때 각각 동물 모자를 쓰고 출발한다.
  • 출발선 3m 거리에서 활통을 메고 뛰어가다가 반환점 1~2m 앞에서 화살통에 화살을 넣는다. 만약 화살이 들어가지 않으면 들어갈 때까지 넣어야 한다.

④ 반환점을 돌아서 출발점으로 다시 들어와서 뒤에 있는 유아에게 모자를 씌워 준다.

- 교사는 화살통을 받아서 다음 차례의 유아가 쏠 수 있도록 지정된 자리에 놓아 둔다.

⑤ 모자를 받아 쓴 유아는 앞의 유아가 한 방법대로 계속 게임을 진행한다.

⑥ 끝까지 게임해서 빨리 들어온 팀이 승리하게 된다.

놀이 규칙

① 출발 신호와 함께 출발한다. 이때 모자를 꼭 쓰고 출발해야 한다.

② 출발선 3m 거리에서 어깨에 꼭 화살통을 메어야 한다.

③ 반환점 1 ~ 2m 앞에 놓인 화살통에 화살을 꼭 집어넣어야 반환점을 돌아올 수 있다.

④ 모자가 벗겨지거나 화살이 쏟아지면 처음부터 다시 시작한다.

9.1. 제주도 지방의 전통 놀이 ①(집줄놓기)

1) 놀이의 유래

예로부터 제주도는 바람이 많은 고장으로 유명하다. 따라서 주거 형태가 초가집이었을 때에는 지붕이 쇄(즉, 볏짚)로 이루어졌기 때문에 바람에 날아가지 않도록 튼튼하게 만들 필요가 있었다. 그래서 지붕을 쇄로 만들고 튼튼한 끈으로 쇄를 고정시켰다. 이때 쇄를 고정시킨 끈은 쇄를 엮어서 만들었는데 바로 이것이 집줄놓기라는 것이다.

제주 사람들은 쇄를 엮는 것을 일로 생각하지 않고 하나의 놀이로 생각했다.

2) 놀이 활동안

놀이명 집줄놓기(제주도 지방의 전통 놀이)

❀ **대상 연령** 4~5세

❀ **참여 인원** 학급 전체 유아

❀ **놀이 목표**

- 눈과 손·발의 협응 능력을 기른다.
- 대근육 발달, 소근육 발달을 돕는다.
- 신체의 유연성, 민첩성, 순발력을 기른다.

❀ **놀이 자료** 볏짚, 반환점

❀ **놀이 방법**

이 놀이는 집줄놓기를 변형하여 집줄꼬기 게임으로 확장하여 활동안을 만든다.

① 교사는 집줄놓기의 유래와 제주 지역의 특색을 설명한다.

② 게임 방법과 규칙을 설명한다.

- 유아를 두 팀으로 나누고 출발선에 줄을 세운다. (팀 이름은 유아가 정한다.)
- 반환점 앞에 볏짚을 갖고 새끼를 꼰다. (일정한 크기의 볏짚을 준비해 두고 1개씩만 꼬게 한다. 새끼 꼬는 방법은 사전에 실습해 둔다.)
- 새끼를 다 꼬면 그 자리에 두고 출발점으로 다시 들어온다.

③ 출발점에 들어온 유아는 다음 유아와 손을 터치하고 다음 유아가 앞의 유아가 한 것과 동일한 방법으로 게임한다.

④ 마지막 유아까지 게임해서 빨리 들어온 팀이 이기게 된다. 그러나 새끼가 꼬아진 모양 등을 보아서 늦게 들어와도 잘 꼬는 팀에게 승리를 줄 수 있다.

⑤ 게임을 평가해 보고 또 다른 놀이도 확장해 볼 수 있는 방법을 생각해 본다.

❀ **놀이 규칙**

① 새끼를 꼴 수 있는 짚은 두 팀 다 일정한 크기로 해야 한다(예: 50㎝, 80㎝).

② 새끼를 끝까지 꼬지 않으면 실격으로 한다.

③ 반환점을 돌아서 와서 그 다음 유아에게 손을 터치해야 그 다음 유아가 출발할 수 있다.

9.2. 제주도 지방의 전통 놀이 ②(물허벅 놀이)

제주도에서 물을 길어 나르는 물동이를 허벅이라고도 한다. 지름 30~40cm 정도의 공 모양의 둥근 항아리로, 주둥이가 병처럼 좁아 출렁거려도 물이 흘러넘치지 않는다. 물허벅을 짊어지고 다닐 수 있게 만든 대바구니를 물구덕이라고 하는데, 넓적하게 쪼갠 대나무로 바닥이 엮어져 있어 물구덕을 짊어지는 밧줄인 물배로 멜빵을 해 짊어지기 편하도록 되어 있다. 물동이를 머리에 이어 나르는 내륙 지방의 부녀자들과는 달리 제주 여성들이 등에 물을 지고 나르는 까닭은 바람과 돌이 많은 고장이어서 자칫하면 돌에 채이고 바람에 쓰러질 우려를 방지한 데서 생긴 풍습으로 짐작된다. 한편 물허벅은 제주도 특유의 타악기이기도 한데, 남녀가 모여 노래를 부르고 즐길 때에 물허벅을 두드려 장단을 맞추기도 하고, 주둥이를 손바닥으로 두드려 은은하면서도 무게 있는 소리가 울려 나오게 하기도 하며 한쪽 손으로 불룩한 배를 두드려 소리를 내기도 한다.

2) 놀이 활동안

- **놀이명** 물허벅놀이(제주도 지방의 전통 놀이)
- **대상 연령** 4~5세
- **참여 인원** 학급 전체 유아
- **놀이 목표**
  - 대근육 발달, 신체 운동 기능 발달을 돕는다.
  - 눈, 손, 발의 협응력을 기른다.
  - 신체의 유연성, 민첩성, 순발력을 기른다.
  - 서로 협동하는 마음을 기른다.
- **놀이 자료** 물허벅 2개, 물, 바가지 2개, 양동이 4개, 반환점
- **놀이 방법**

이 놀이는 물허벅놀이를 변형하여 물 나르기 게임으로 확장하여 활동을 만든다.

① 교사는 제주도의 지역적인 특색과 물허벅에 관련된 이야기를 설명해 준다.

② 물허벅으로 물을 나르는 게임 방법을 설명한다.

- 교사와 함께 유아를 두 팀으로 나누고 팀 이름을 정한다.
- 교사가 출발 신호를 하면 물허벅을 지고 반환점 앞까지 간다. (물허벅은 유아용으로 만들어서 사용한다.)
- 반환점 앞 양동이에 들어 있는 물을 한 바가지 물허벅에 담고 다시 물허벅을 지고 출발선으로 들어온다.
- 출발선에 놓인 양동이에 물허벅에 있는 물을 다시 쏟아 놓고 다음 번 유아에게 물허벅을 건네준다.
- 다음 번 유아는 앞의 유아와 동일한 방법으로 게임한다.

③ 교사는 유아들이 차례대로 게임을 끝내면 출발선에 담겨 있는 물의 양을 재서 승부를 가려 준다.

④ 전체적인 게임을 평가해 보고 또 다른 게임으로 확장할 수 있는 방법을 유아와 함께 논의한다.

놀이 규칙

① 반환점에 가서 물을 꼭 한 바가지만 넣도록 한다.

② 출발 시 유아들이 "어디 감수광?" 하면 출발하는 유아는 "물 길레 감수당." 하고 출발해야 한다.

③ 만약 이 말을 하지 않으면 가는 도중에라도 다시 들어와서 처음부터 시작한다.

④ 도착점에 들어온 유아는 출발 전에 놓인 양동이에 물을 꼭 쏟아 놓고 다음 번 유아에게 물허벅을 건네줘야 한다.

놀이 확장

① 앞과 동일한 게임 방법으로 하되 물 대신 볼풀공이나 신문지로 뭉친 공을 담아오는 게임으로 변형해서 할 수 있다.

② 반환점에서 서로 색깔이 다른 볼풀공을 놓고 상대편의 공을 많이 담아 오는 유아가 이기는 것으로 할 수 있다. (시간을 30초로 정해 둔다.)

③ 물허벅 대신 주전자나 양동이를 사용하여 물 나르기 게임으로 변형할 수 있다.

제 5 부

전통 음식

제 1 장 우리나라 전통 음식의 역사

우리 민족의 역사가 오랜 것처럼 우리나라 전통 음식도 오랜 세월에 걸쳐 발전해 왔다. 이 땅이 생겨난 첫 시기의 자연환경은 지금보다 온도가 더 높았으며 습도도 높고 숲이 우거져 있었다고 하며, 사람들은 먹는 문제를 해결하기 위하여 오랜 세월에 걸쳐 끊임없는 투쟁을 해 왔다고 한다.

인류 문화에서 무엇보다도 중요한 것은 식생활 문화이다. 인간 생활의 가장 기본이 되는 식생활은 그 민족의 역사와 함께 오랜 세월을 거치는 동안 정치, 경제, 종교, 사회, 문화, 자연환경 등의 영향을 받아서 그 민족 특유의 식생활 문화가 형성된다.

우리 조상들이 불을 알게 된 것은 구석기 시대 중기쯤인 10여만 년 전이라고 한다. 불의 발견은 인간의 식생활에 커다란 변혁을 갖고 왔으며, 우리 조상들이 자연의 구속에서 벗어나기 위한 오랜 투쟁 과정에서 식물을 목적의식적으로 재배할 수 있었는데 이는 인간의 식생활에 큰 변혁을 일으켰으며 그 시기는 신석기 시대 초쯤으로 지금으로부터 약 7천 년 전이라고 한다.[1)]

"인간은 요리하는 동물이다."라는 말이 있다. 즉, 인간을 제외한 모든 동물들은 원료를 재가공하지 않은 채 음식을 섭취하는 데 비하여 인간은 그것을 요리(cooking)

1) 최필승, 「자랑스런 민족 음식 북한의 요리」, 서울: 도서출판 한마당, 1989, p.21.

라는 과정을 통해서 하나의 음식물로 만들어 내기 때문이다. 인간은 식료품 재료를 씻고, 다듬고, 자르고, 조리하는 과정을 거쳐 음식을 만든 다음 그것을 그릇에 담는다. 이와 같이 음식을 요리하고 먹는 행위는 많은 문화적인 요소를 내포하고 있다. 즉, 특정한 재료를 이용하여 음식을 요리하는 것은 특정 기술이 생산해 낸 문화의 결과인 것이다. 그러므로 특정한 지역의 자연환경으로부터 발달한 음식은 반드시 그 지역 주민(민족)의 특성을 담고 있다.[2)]

전통 음식에 대한 정의를 살펴보면, 신민자는 전통 음식이란 "우리 민족의 생활 여건에 가장 알맞게 창안하여 우리 전통 문화와 함께 발전시켜 온 한국인의 음식을 말한다."라고 했다.[3)] 윤서석은 전통 음식이란 "우리 민족의 생활 여건에 가장 알맞게 창안하여 우리 전통 문화와 함께 발전시켜 온 한국인의 요리를 말하는 것으로 왕실과 반가의 화려했던 요리, 일반 서민의 소박한 요리, 향토 요리를 통틀어 일컫는 말이다."[4)]라고 했다. 또한 그는 한 나라나 한 지역의 음식 문화는 자연환경과 문화의 복합적인 상관관계의 산물이며, 특정 지역이나 특정 시점의 음식 문화는 그 집단의 고유한 역사적 경험과 자연에 대한 적응의 총체적 산물이라고 할 수 있다고 했다.[5)]

한 민족의 식생활에 담겨진 문화성은 그 민족 생활의 유적이라고 한다. 식품의 구조나 기호, 양식 등은 그 민족이 처하고 있는 자연을 기본 요인으로 하고 긴 세월을 살아오면서 정치, 경제, 문화, 종교, 사회 등의 변천에 따라 영향을 받으면서 음식 문화가 형성되고 전승되어 그 민족만이 가지는 전통 음식으로 전해 내려오게 되는 것이라고 한다.[6)]

본 장에서는 우리나라 음식의 역사를 삼국시대, 고려시대, 조선시대로 나누어 간단히 살펴본다.

2) 이기현, 앞의 연구, p.87.
3) 신민자, "한국 식생활 문화의 어제와 오늘", 국민영양, 4월호, 1986, pp.14-18.
4) 윤서석, 「한국음식: 역사와 조리」, 서울: 수학사, 1988.
5) 윤서석, 「한국 식생활 연구사」, 서울: 신광출판사, 1985.
6) 윤서석, "식생활 문화의 전승과 창조", 대한가정학회지, 제25권, 제4호, 1989, pp.185-191.

1. 삼국시대

삼국시대는 철기 문화가 발달하였으며 이에 따라 농경의 기술도 혁신되어 벼농사가 크게 보급되었다. 이때 심은 곡식은 주로 벼, 콩, 피, 조, 기장, 수수, 팥, 밀, 보리 등을 생산하여 주식물로 하였다.

이들의 주식은 밥이어서 밥을 지어먹는 것은 확고한 풍습이 되었다. 또한 이때는 밥과 함께 난알을 가루 내어 떡을 해 먹는 것을 즐겼으며, 음식을 쪄 먹는 시루도 널리 보급된 조리 도구였다.

또한 이 시대 사람들은 말, 소, 돼지, 닭 등을 집에서 길러서 부식물로 사용하였다. 바다나 강을 낀 곳에서는 물고기도 잡아먹었는데 특히 조개는 바다 사람들의 좋은 음식 재료로 이용되었다고 한다.[7)]

또한 이 시대에는 엿, 꿀, 기름을 사용하는 등 식생활이 다양화되었고, 곡류 중심의 주식과 채소, 육류, 어패류를 반찬으로 구성하는 우리나라 일상 음식의 양식이 형성되었다. 떡은 삼국시대의 일반적인 음식으로 변하였으며, 농산물 가공 방법이 발달하여 장 담그기, 술 빚기, 포, 젓갈, 얼음 등을 만들어 오래 저장할 수 있게 되었다.[8)]

2. 고려시대

고려시대(918~1392)의 우리나라 민속 음식은 새로운 종류가 첨가되어 발전하면서 더 풍부해졌다.

이 시대에 새로 나타난 중요한 음식은 두부이다. 두부가 언제부터 만들어지기 시작하였는지 명백히 알 수는 없으나, 기록에 의하면 고려시대에는 두부가 일반적으로 보급되어 민족 음식의 하나였다는 것을 알 수 있다.

또한 고려시대에 새로 나타난 음식물로는 김장 김치를 들 수 있다. 김장 김치의 시원도 알 수 없으나, 고려 때에 무로써 김장 김치를 담가 먹었다는 기록이 있다. 또한

7) 최필승, 앞의 책, p.22.
8) 전경원·전경분, 「전교수의 창을 요리로 확 열자 I」, 서울: 창지사, 2001, p.123.

유밀과(기름에 지져 꿀에 잰 과자)도 만들어지고 있었으며, 우유 제품과 후추 등이 널리 이용되어 우리나라 음식을 더욱 풍만하게 하였다. 또한 고기 요리인 맥적(고구려 식으로 구운 고기로 가장 고급스러운 음식)은 유명하여 중국에까지 알려졌다고 한다.

고려시대의 가장 특색 있는 음식은 장이다. 장은 당시 '미소'라고 불렀으며 일본에까지 전해졌다. 일본은 고려에서 장을 담는 방법을 배워 갔으며, 그 명칭은 한자로 표기한 '미소'라는 이름으로 오늘날까지도 부르고 있다.[9] 또한 숭불 사상의 영향으로 육류 음식이 쇠퇴되어 절제되었고, 상류층에서는 우유로 낙수를 만들어 마시기도 하였다. 또한 쌈, 국, 무침 등의 채소 음식이 발달하여 종래의 절임 이외에 침채류(沈菜類)가 나박김치, 동치미류의 형태로 개발되어 김치의 원형이 되었으며, 차를 마시는 풍습이 크게 유행하였다. 술을 빚는 법도 다양하여 청주, 화양주, 약주, 소주를 빚는 법이 발달하였으며, 이 시기의 전반기에는 사원을 중심으로 술, 차, 국수 등을 제조하고 소금, 기름, 꿀 등과 함께 판매까지 하게 되었다. 고려 중반기부터 중국과 일본을 비롯한 여러 나라와 교류를 시작하여 여러 가지 식품, 조미료, 조리 기구, 조리 방법 등이 유입되어 다양한 음식을 만들어 먹게 되었다.

고려 후기에 이르러서 몽고의 지배로 도살법을 배우고 여러 가지 육식의 조리법도 배우게 되어 식생활의 양상이 많이 바뀌었으며, 식품도 매우 다양해져 우리 음식의 조리법이 완성되는 단계에 이르렀다.[10]

3. 조선시대

조선시대에 들어와서는 유교의 이념을 바탕으로 쇠퇴해졌던 육류의 조리법이 발달하였고, 곡류, 채소류, 어패류의 조리법도 한층 더 발달하여 찬란한 우리나라 음식 문화의 기틀이 잡히게 되었다.

이 시기에 음식 재료로 새로 나타난 것은 강냉이, 감자, 고구마, 고추, 호박 등이었

9) 최필승, 앞의 책, pp. 22-23.
10) 전경원·정경분, 앞의 책, pp. 123-124.

다. 강냉이, 감자, 고구마, 호박 등은 18세기 말경부터 생산되었고 고추는 16세기경부터 재배되어 중요한 양념으로 이용되었다.[11]

또한 이 시기에는 가부장의 창제로 인한 농서의 발간, 과학 기술의 발달 등으로 획기적인 음식 문화가 등장했다. 또한 식품의 산출과 저장, 가공법 및 요리 기술과 상차림의 규범이 정착되어 우리나라 식생활의 전통이 뿌리내렸다고 할 수 있다.

조선 중기 이후에 도입된 고추, 호박, 감자, 고구마 등의 외래 식품은 음식 문화를 더욱 풍부하게 하였으며, 특히 고추는 김치를 비롯한 모든 음식의 양념으로 이용하게 되었고, 고추장의 원료로도 사용되어 오늘날 우리나라 음식의 특징인 매운맛과 선명하고 붉은 빛깔이 나타나게 되었다고 한다. 식품 저장법은 채소류는 움저장·건조법·침지법 등을 사용했고, 과실류는 움저장·건조법 등을 사용하였으며, 어패류는 자건법(煮乾法)·동건법(凍乾法)·염건법(鹽乾法)·젓갈법·소금 절임 등으로 저장하였다.

조선시대에는 조리법이 분화·발달되어 음식의 다양화가 이루어졌고, 약식동의(藥食同意)의 음식이 성행하였다. 또한 조리법의 완성으로 일상식은 반상이라는 형식을 띠게 되었는데, 반상차림에는 찌는 법, 끓이는 법, 굽는 법, 발효시키는 법 등이 쓰여 다양한 조리법의 발전을 이루었다.

채소의 발효 식품인 김치는 절인 채소에 고추와 채소, 양념, 동물성 식품인 젓갈을 한데 넣어 영양적으로도 훌륭하고, 독특한 맛을 내는데 이 맛은 세계적으로 우리나라를 대표할 수 있는 음식으로 꼽히게 되었다.[12]

11) 최필승, 앞의 책, p.23.
12) 전경원·전경분, 앞의 책, pp.124-125.

제 2 장 전통 음식의 특징

우리 민족의 전통 음식에 대한 특징은 학자들마다 여러 형태로 정리하고 있으나 본 장에서는 윤서석, 이효지, 장은주, 황혜성 등이 정리한 내용을 중심으로 살펴보고자 한다.[13)]

① 곡물을 중히 여기어서 곡물 음식이 다양하다.

우리 민족은 농경이 주업인 민족이어서 곡물을 가장 중요하게 여겼으며 쌀이나 보리 등의 곡물로 만든 밥을 주식으로 하였다. 그리고 곡물로 만드는 음식의 종류로는 죽, 국수, 만두, 수제비, 범벅, 떡, 엿, 술, 장, 식혜 등으로 매우 다양하게 발달하였다.

쌀은 곡물 중의 으뜸이며, 보리와 밀의 생산이 많았고, 조·콩·메밀·팥·수수·옥수수 등도 생산하였다. 산간 지방에서는 감자와 고구마가 곡물 대용의 주식 재료로 쓰이기도 하였다.

---

13) 윤서석, 앞의 책.
이효지, "전통 식기류와 상차림", 국민영양지, 5월호, 1991.
이효지, 「한국의 음식 문화」, 서울: 신광출판사, 1998.
장은주, "전통 음식에 대한 의식, 지식, 식생활 행동, 선호도에 관한 조사 연구", 한양대학교 교육대학원, 1995.
황혜성·한복려·한복진, 「한국의 전통 음식」, 서울: 교문사, 1998.

② 주식과 부식이 명확하게 구분되어 있다.

우리의 식생활은 주식인 밥과 여러 가지 반찬을 부식으로 같이 먹는 것이 일상적인 식사 형태이다. 반찬은 채소, 육류, 어류 등의 재료를 사용하여 조리법을 다양하게 발전시켰다. 기본적으로 국물이 있는 국이나 찌개를 중심으로 여러 가지 반찬을 마련하였다.

예전에는 물자를 구하기 힘들어서 육류나 어류의 찬거리는 귀한 편이었고, 채소로 만든 반찬이 많았다. 소량의 동물성 식품을 섭취하므로 영양분의 부족을 보충하기 위하여 콩으로 만든 장류와 두부 등을 이용하여 식물성 단백질을 보충하였고, 참기름·들기름·콩기름 등의 식물성 기름의 섭취로 열량과 영양분을 보충하였다.

③ 음식의 종류와 조리법이 매우 다양하다.

우리나라 음식의 주식은 밥·죽·국수·만두·떡국·수제비 등이 있고, 부식으로는 육류·어류·채소류·해초류 등을 재료로 하여 국·찌개·구이·전·조림·볶음·편육·나물·생채·젓갈·포·장아찌·찜·전골·김치 등의 조리법으로 만드는 반찬들이 있다. 또한 일상의 음식 이외에 떡·과자·엿·화채·차·술 등의 후식과 기호 식품들이 다양하다. 그리고 정월부터 섣달까지 각 계절에 맞추어 장 담그기, 김장하기, 채소 말리기, 젓갈 담그기, 포 만들기 등의 저장 발효 식품과 건조 저장 식품을 마련하였다.

④ 음식의 맛이 다양하고 향신료를 많이 사용하였다.

음식의 맛을 내는 데는 여러 가지 조미료를 복합하여 쓰는데 우리나라 음식의 대부분은 '갖은 양념'이라 하여 간장, 설탕, 파, 마늘, 깨소금, 참기름, 후춧가루, 고춧가루 등을 골고루 넣는다. 따라서 식품 자체가 가진 맛보다는 식품 재료에 여러 가지 조미를 하여 어우러진 복합적인 맛을 즐긴다. 그러나 곰국이나 영계백숙 등과 같은 음식은 소금, 후춧가루, 파 등의 양념만 쓰기 때문에 담백한 맛을 즐긴다.

⑤ 음식에 대하여 의식동원(醫食同源)이란 말처럼 '입으로 먹는 음식은 몸에 약이 된다'는 사상에서 비롯되었으므로 재료의 어울림과 조미료를 쓸 때 몸에 이로운 약이 되도록 염두에 두었다.

일상의 음식에 한약재가 되는 재료들이 흔히 쓰이는데, 예를 들면 꿀, 후추, 계피, 잣, 인삼, 생강, 대추, 밤, 오미자, 감초, 구기자, 당귀 등이 있다. 양념이란 말은 한문으로 약념(藥念)으로 표시하는데 이것은 여러 가지 조미료를 쓸 때에 '몸에 이로운 약이 되도록 염두에 둔다'는 뜻이라 할 수 있다. 그리고 약과, 약식, 약주 등과 같이 약(藥)자가 붙은 경우도 많다.

평소에 건강관리를 매일의 식생활에 의해서 유지하려고 하였고, 보양과 양생 음식(養生飮食)이 많다.

⑥ 음식의 모양보다는 맛을 위주로 한다.

우리 음식은 색, 모양, 담는 그릇 등의 모양적인 면보다는 우선 맛을 으뜸으로 여기고 그릇에 푸짐하게 많은 양을 담는다. 일상의 반찬은 먹기 쉽도록 잘게 썰거나 다져서 조리하는 경우가 많으므로 음식 모양은 소박하고 정성이 깃들어 있다. 그러나 의례적인 상차림의 고임상은 규모도 크고 매우 화려하다.

⑦ 상차림과 식사 예법에 유교의 영향이 크다.

우리 음식의 문화는 유교의 영향을 받아 의례를 매우 중히 여기어 돌, 혼례, 회갑, 상례, 제례 등의 통과의례 행사에는 반드시 특별한 음식을 마련하고 차리는 반찬의 종류도 정해져 있다. 또한 일상의 반상 차림은 한 사람씩 차리는 외상 차림이고 반드시 어른이 먼저 먹고 나서 아랫사람이 먹는다. 식사 때의 수저 사용법 등 식사의 예법도 엄격하다.

⑧ 명절 음식과 세시 음식의 풍습이 있다.

우리의 전통 음식 문화는 세시풍속과 연관되어 있다. 정월 초하루에는 떡국, 정월 대보름에는 오곡밥과 묵은 나물, 추석에는 송편을 먹는 등 명절이나 절기에는 특별한 음식을 해 먹는 풍습이 있다. 그리고 명절과 잔치나 제사 등의 행사에는 많은 음식을 풍성하게 장만하여 이웃과 친지와 두루 나누어 먹는 미풍도 있다. 또한 제철에 새로 나온 제철 식품, 즉 봄이면 진달래 화전, 쑥국, 여름인 복날에는 수박과 참외, 가을에는 유자 화채, 밤단자 등을 해 먹음으로써 계절의 미각을 즐기는 풍류도 있다.

사월 초파일에는 느티떡, 오월 단오에는 더위를 이기기 위한 제호탕, 유월 유두에는 수단을 해 먹는 풍습이 있었다. 이는 계절에 따라 부족하기 쉬운 영양분을 보충하는 데에 도움이 되었다.

장은주는 전통 음식이 갖는 4가지 일반적인 특징을 다음과 같이 설명했다.

첫째, 전통 음식의 역사성이다. 전통 음식의 시간적 대상은 현존하는 옛 음식으로 한정해야 하므로, 전통 음식으로 인정받기 위한 시간의 흐름은 3세대 이상 대략 100여 년 전까지 거슬러 올라갈 수 있다고 했다. 즉, 시기적으로 조선 말기 이전의 음식들을 전통 음식의 부류로 본다.

둘째, 전통 음식의 공간성이다. 공간성은 나라마다 고장마다 그 지역의 공간적인 환경에 깊은 영향을 받으면서 고유하게 지역 전통의 특징을 형성해 옴을 의미한다. 공간적 환경이란 주로 지리적 조건, 기후, 풍토 등의 자연환경을 말한다. 그리고 공간적 환경에 외부 접촉이 많이 일어나는 곳일수록 계속적인 문화 접변이 발생하여 본질적인 의미에서의 전통성을 지켜 나가기 매우 어렵다.

셋째, 전통 음식의 문화성이다. 전통 음식은 일상적이면서도 계층별 문화적 주체에 의한 다양한 문화 생산을 통하여 유지되고 전달되어 왔다. 문화적 주체란 과거의 신분 사회에 존재하던 왕실, 반가, 서민 등의 여러 계층을 말하며 이들은 궁중 의식, 통과의례, 세시 풍속 등의 문화적 행사를 연속적으로 이어 왔다. 그러나 현대인들은 전통 음식에 존재하던 계층 간 구별을 별로 의식하지 않고 식생활을 하기 때문에 현대적 개념에서의 전통 음식의 문화성은 문화적 행사와 일상 식생활에서 찾아볼 수 있다. 시식, 절식, 통과의례 음식, 일상 음식, 향토 음식, 보양 음식, 사찰 음식, 궁중 음식 등이 그 예라고 할 수 있다.

넷째, 전통 음식의 외래성이다. 외래성은 한편으로는 전통을 변하는 것으로 만들어 주며, 또 한편으로는 변하지 않도록 강한 대응을 하게 되는 외부적 요인이다. 역사적으로 볼 때에도 고려 말 몽고 지배하에 영향을 받았던 육식의 식생활이나 17세기 초 고추의 전래, 해방 후 미국의 밀가루와 분유의 무상 원조는 우리 민족의 식생활 문화에 큰 영향을 주었다.

제 3 장 우리나라의 계절 음식

우리나라는 지형적으로는 동북아시아의 끝에 위치하여 남북으로 길게 뻗은 반도로서 3면이 바다로 둘러싸여 있고 평야보다는 산의 면적이 더 넓은 특징을 갖고 있다. 또한 국토 면적에 비해 4계절이 뚜렷하여 연중 온도의 차이가 급격하고 그 풍토가 매우 다양하므로 농산물을 기본으로 풍부한 수산물과 축산물을 이용한 음식이 발달하였다. 우리나라는 계절의 바뀜이 명확하여 예로부터 민족의 식생활에서 계절적인 특성을 갖게 되었는데 그것은 모든 식료품들이 제철에 나는 것이어야 가장 맛이 좋고 영양가도 높으며 입맛을 당기게 하고 건강에도 이롭기 때문이다.

본 장에서는 우리 민족이 봄, 여름, 가을, 겨울 4계절 식품으로 사용하여 왔던 것을 중심으로 살펴본다.[14)]

1. 봄

추운 겨울이 가고 새싹이 움트고 꽃이 피는 봄이 오면 사람들은 입맛을 당기게 하

14) 최필승, 앞의 책, pp. 28-29.

고 기력을 돋우는 음식을 찾게 된다. 사람들은 산뜻한 맛과 싱그러운 향기, 아름다운 색깔로 잘 조화를 이룬 음식을 만들어 먹기 위하여 노력하였는데 이와 같은 식생활의 요구를 반영하여 사람들은 이른 봄에 심어 가꾸는 채소들이 나기 전에 산과 들에서 싹트고 자라나는 쑥, 냉이, 달래, 씀바귀와 같은 나물을 즐겨 먹게 되었다.

파르스름한 색과 상큼한 향기 나는 쑥을 뜯어 쑥버무리떡, 쑥절편, 쑥개피떡, 쑥찰떡을 만들고, 쑥밥, 쑥국, 애탕국(쑥을 다져 소고기와 함께 섞어서 완자를 빚어 넣고 끓인 장국)을 만들어서 먹었다. 쑥에는 카로틴과 비타민 C를 비롯하여 갖가지 광물질이 매우 풍부하게 들어 있다. 그러므로 겨우내 신선한 냄새를 그리워하던 사람들에게 영양가가 높고 향기로운 입맛을 돋우는 쑥은 더 없이 좋은 음식감이 되었다. 쑥떡은 쫄깃쫄깃하고 맛이 좋을 뿐 아니라 빨리 굳거나 쉬지도 않는 것이 특징이다.

봄철에는 달래김치, 달래무침, 냉잇국, 물쑥나물 등을 먹었다.

우리 민족은 봄의 상징인 진달래꽃을 가지고도 음식을 만들어 먹었다. 연분홍색 진달래 꽃잎을 붙여서 곱게 지진 꽃전이나 녹말가루를 씌워서 끓는 물에 살짝 익혀 낸 농마, 진달래꽃으로 만든 술, 진달래꽃을 꿀물에 띄워 마시는 풍미도 느꼈다.

그 외 산나물, 돌나물도 봄철의 좋은 식료품이 되었으며, 소나무 껍질을 벗겨서 떡을 해 먹는다든지 나무껍질 등을 이용하여 다양한 식품을 만들어 먹었다.

2. 여름

여름에는 사람들이 땀을 많이 흘리고 더위 때문에 피로하고 영양분도 많이 소모하게 되어 입맛이 떨어질 수 있다. 따라서 시원한 음식, 기력을 돋우는 음식을 찾게 된다.

여름철 음식으로는 맑은 녹두묵(청포묵)과 노란색 물을 들인 녹두묵이 좋은 음식이었다. 구수한 맛을 즐기는 사람들은 녹두앙금을 가라앉게 만들지 않고 녹두를 갈아서 그대로 쑨 묵인 제물국을 무쳐 먹었다.

또한 칼국수를 시원한 콩국과 깻국에 말아 먹기도 했다. 질 좋은 단백질과 기름을 보충해 주는 콩국과 깻국은 여름철에 사람들의 원기를 돋우는 좋은 음식이다. 이 밖에 고소한 찹쌀 미숫가루를 꿀물에 띄워 마시기도 하였는데 이는 땀이 가시고 시원해지며 피로를 빨리 회복시켜 주기 때문이다.

여름철이라 하여 찬 음식만이 좋은 것은 아니었다. 몸을 보호하기 위하여 햇병아리 삶아 먹고, 얼큰하게 끓인 단고기국이나 소고기탕국(육개장)을 먹었는데 이는 사람들의 몸을 보호하는 단백질 음식이기 때문이다.

또한 애호박과 오이가 흔한 철이어서 애호박을 채쳐 넣고 밀지짐을 지져 먹기도 했다. 이와 같이 더위로 인한 영양분의 소모를 보충하기 위하여 단백질과 비타민, 광물질이 풍부한 음식을 먹는 풍습은 과학적이고 문화적인 우리 민족의 식생활 방식의 한 면을 보여 주는 것이라 하겠다.

3. 가을

오곡백과가 무르익고 한 해의 농사를 결속짓는 가을이 오면 햇곡식으로 송편을 해 먹는 것이 풍습으로 되어 있다. 파란 해콩과 풋대추, 풋밤을 소로 넣고 송편을 빚어 싱그러운 솔잎으로 켜마다 깔고 찐 송편을 먹는 것이 특색이었다.

가을철의 또 하나 별식은 토란국이다. 쇠고기나 다시마를 넣고 끓인 토란국은 가을에 맛볼 수 있는 특별한 국이었으며 추어탕 또한 가을의 별미였다.

그 외 잘 익은 붉은 호박으로 만든 호박시루떡, 호박범벅, 잘 익은 감을 쌀가루에 넣어 쪄낸 감떡 등이 있다.

4. 겨울

겨울철에 빼놓을 수 없는 것은 김장일 것이다. 배추김치, 동치미, 갓김치 등이 있다. 예로부터 겨울철이 되면 어느 집에서나 김장을 하고 난 뒤에 팥시루떡을 해 먹는 풍습이 있었다고 한다.

겨울에는 또한 새알심(멥쌀, 찹쌀, 수수쌀 등의 가루를 익반죽하여 새알처럼 빚은 것)을 넣고 동지팥죽을 쑤어 먹었다. 또한 음력 정월 열나흗날(14일) 저녁에는 오곡밥과 묵은 나물(피마자 잎, 무 시래기, 호박 오가리, 취나물, 들깻잎, 산나물 말린 것 등)을 볶아 먹는 것도 우리 식생활을 보여 주는 풍습 중의 하나였다.

음력 정월 보름날의 이른 새벽에 잣, 호두, 밤, 땅콩 등의 딱딱한 열매를 깨물어서 까먹으면 이가 튼튼해진다고 하여 부럼을 먹는 풍습도 우리 민족의 식생활을 보여 주는 한 면이 된다. 특히 설 명절이 들어 있는 겨울철에는 만두와 떡국이 보편적인 음식이 되었다. 또한 식혜와 수정과도 겨울철 음식으로 널리 알려져 있다.

계절 음식은 지방의 특성에 따라 여러 가지가 있으나 어느 것을 막론하고 단순한 취미에 의해서 생겨난 것이 아니고 사람들이 그 철에 절실히 필요한 영양분을 섭취하기 위한 것과 함께 사람들의 기호를 만족시키는 것을 목적으로 하여 이루어진 것이다.

우리 민족의 계절 음식과 절식을 윤서석과 이기현이 정리한 내용은 〈표 5.1〉 및 〈표 5.2〉와 같다.

〈표 5.1〉 우리 민족의 계절 음식

구분	음식
봄	봄나물(쑥, 냉이, 달래), 떡(쑥버무리떡, 쑥절편, 쑥개피떡, 쑥찰떡, 송기떡, 개피떡, 산떡, 환떡, 두견화떡 등), 쑥밥, 봄나물국(쑥국, 애탕국: 쑥을 다져 쇠고기와 함께 섞어서 완자를 빚어 넣고 끓인 장국), 명주(두견주, 도화주, 소국주, 이강주, 죽력주, 서향주, 사마주), 탕평채, 수란, 모시조개탕, 도미탕, 미나리를 넣고 끓인 복어탕, 어채, 어만두, 웅어회, 미나리강회
여름	닭국물에 애호박과 닭고기를 섞어서 만든 칼국수, 호박지짐, 암치지짐, 닭국물에 미역을 섞어 끓인 수제비국, 편수, 임자수탕, 밀쌈, 육개장, 장편 * 여름에 땀을 많이 흘리므로 원기를 채워 주기 위한 식품을 많이 먹음
가을	햅쌀로 만든 송편, 무시루떡, 호박고지시루떡, 인절미, 밤단자, 대추단자, 전골, 신선로, 메밀만두, 밀만두, 갈비요리, 너비아니구이, 두부찌개, 영계찜, 햇채소로 만든 화양적, 햅쌀로 빚은 술, 유자화채, 추어탕
겨울	냉면, 비빔밥, 설렁탕, 동치미, 수정과, 새우젓의 윗물에다 무/배추/마늘/생강/고추/청각/전복 등을 담근 박지, 식혜

〈표 5.2〉 우리 민족의 절기 음식

구분	음식
설날 (1월 1일)	흰떡국, 만두, 약식, 인절미, 과정류, 전유어와 빈대떡, 식혜, 수정과, 술, 떡잡채, 떡찜, 떡산적
입춘	오신반(산야의 눈 밑에서 새로 싹터 나오는 산채를 뜯어다 겨자, 식초, 소금 등으로 조미한 신선미 있는 채소 음식)
대보름 (1월 15일)	부럼, 귀밝이술, 오곡밥, 약식, 묵은 나물
중화절 (2월 1일)	큰 송편(새해 농사를 시작하면서 수고해 달라는 의미로 노비에게 큰 송편을 나이 수대로 만들어 줌), 콩떡(콩, 명주심, 나락보리, 수수를 넣고 볶아 콩떡 만듦)
삼짇날 (3월 3일)	두견화전, 화전, 진달래 화채, 향애단, 탕평채, 수면, 애탕, 쑥강정, 다식
초파일 (4월 8일)	유엽병(느티나무의 어린 잎을 따다가 멥쌀가루에 섞어서 시루에 설기떡으로 찐 것), 콩 볶음, 미나리 나물, 느티떡, 증편, 파강회, 미나리강회, 고기만두
단오 (5월 5일)	차륜병(멥쌀가루를 시루에서 익힌 다음 수리취잎을 끓는 물에 데친 것과 섞어 만든 떡), 제호탕(궁중 음료의 하나), 앵두화채, 쑥떡, 찔레꽃떡, 수리취떡, 망개떡, 양초떡
칠월 칠석 백중	밀전병, 전유어, 오이김치, 깻국탕, 밀국수
유두 (6월 15일)	전병(햇밀이나 호박 소재), 떡수단, 보리수단, 건단, 상화병, 연병, 유두면, 풋고추전
삼복	삼계탕, 개장국, 닭죽, 임자수탕
추석 (8월 15일)	햅쌀 송편, 토란탕, 화양적, 햇병아리 닭찜, 햇콩을 섞어서 지은 청대콩밥, 절편, 시루떡, 율단자, 백숙, 송잇국, 인절미, 토란단자
중구 (9월 9일)	국화전, 국화주, 식혜, 추어탕, 화채
시월 고사	붉은팥 시루떡, 메밀가루로 만든 만둣국, 무시루떡, 강정, 쑥국(애탕), 신선로, 인절미, 시루떡, 난로회, 애단자(쑥을 찹쌀가루에 섞어 떡을 만든 것)
12월	호박시루떡, 호박떡, 편강, 강정
동지 (12월 25일)	팥죽, 청어구이, 대구구이, 수정과, 냉면
납향	참새구이, 산돼지고기, 산토끼고기

제 4 장

전통 요리 실습의 실제

본 장에서는 우리나라 전통 요리를 유아교육기관에서 유아들과 함께 요리 실습 활동으로 전개해 볼 수 있는 내용을 중심으로 엮어 본다. 본 장을 통해서 전통 음식을 유아교육적으로 접근할 수 있는 방법으로 모색해 보고 요리 실습도 직접 해 보면서 우리 민족의 고유한 음식을 더 사랑할 수 있는 계기가 되기를 바란다.

활동 1 김치

- **활동 영역** 요리 영역
- **활동 주제** 김치 만들기
- **활동 목표**
  - 우리 조상들의 식품 저장법에 대해 알게 한다.
  - 김치의 종류, 중요성, 영양에 대해 알아본다.
  - 직접 김치를 만들어 보고 맛보면서 김치 먹는 습관을 기르게 한다.
- **활동 자료** 배추, 미나리, 무, 파, 갓, 마늘, 생강, 고춧가루, 굴, 멸치젓, 설탕, 찹쌀풀, 칼, 도마, 1회용 장갑

활동 방법

① 김치를 먹어 본 경험에 대해 이야기 나눈다.

② 김치의 종류에 대해 아는 대로 말해 본다.

③ 왜 겨울에 김장을 담그며, 보관은 어떻게 했을지 생각해 본다.

④ 김치에 들어가는 재료를 알아본다.

⑤ 요리 순서표를 보고 직접 김치를 담가 보고 느낌을 말이나 글로 표현해 본다.

요리 방법

① 배추는 실습하기 하루 전에 2~4등분으로 나누어 소금물에 절인다. 이때 줄기 부분에 소금을 조금씩 뿌려 둔다.

② 무는 채 썰고 파, 갓, 미나리는 적당한 크기로 썰어 둔다.

③ 생강과 마늘은 까서 찧어 놓고 찹쌀은 풀을 쑤어 둔다.

④ 채소와 갓은 양념을 넣고 버무려서 김치 속을 만들어 둔다.

⑤ 배추를 깨끗이 씻어 물기가 빠지면 김치 속을 넣는다. 이때 굴, 낙지 등을 함께 넣는다.

⑥ 김치 통이나 항아리에 김치를 넣고 보관한다.

확장 활동

- 김치로 해 먹을 수 있는 음식의 종류를 알아보고 다음 요리 실습 시간에 적용해 본다.
- 양념은 동일한 것으로 하되 배추 대신 무, 갓, 파, 열무 등을 주 재료로 하여 실습해 본다.
- 과학 활동으로 연계하여 배추가 줄어드는 '삼투압 현상'을 설명해 준다.

설명 자료

① 배추는 4등분하여 소금물에 절여 둔다.

② 무, 파, 갓을 적당한 크기로 썰어 둔다.

③ 생강, 마늘은 찧어 두고 찹쌀은 풀을 쑤어 둔다.

④ ②+③을 넣고 고춧가루, 설탕, 멸치젓을 넣고 함께 버무린다.

⑤ ①의 배추를 깨끗이 씻어 물기가 빠지면 ④의 양념과 속을 배추 사이사이에 넣는다.

⑥ 깨끗한 항아리나 김칫독에 ⑤의 김치를 넣어서 보관한다.

활동 2 파전

- **활동 영역** 요리 영역
- **활동 주제** 파전 만들기
- **활동 목표**
  - 파전의 재료에 대해 알아본다.
  - 파전의 쓰임에 대해 알아본다.
  - 전을 직접 구워 보면서 액체가 고체로 변하는 과정을 관찰해 본다.
- **활동 자료** 파, 밀가루, 계란, 프라이팬, 식용유, 물오징어 또는 굴, 물, 소금
- **활동 방법**

① 파전에 들어갈 재료를 하나씩 살펴본다.

- 파를 먹어 본 경험이 있나? 어떤 맛이었나? 어떤 느낌이었나?
- 파를 맛있게 먹을 수 있는 방법에 대해 생각해 본다.

② 요리 순서표를 보면서 파전을 만들어 본다.

③ 밀가루 반죽이 어떻게 변했나?

④ 요리 실습한 것을 간식으로 먹는다.

⑤ 파전을 먹어 본 맛과 느낌을 이야기해 본다.

- **요리 방법**

① 파를 깨끗이 다듬어 씻어서 적당한 크기로 잘라 둔다.

② 밀가루에 계란, 소금, 물을 넣고 걸쭉하게 반죽한다.

③ 프라이팬에 기름을 두르고 반죽한 밀가루에 파를 넣고 그 위에 물오징어 또는 굴을 조금씩 얹어서 굽는다.

④ 파전이 타지 않도록 불 조절을 적당히 하고 위쪽이 어느 정도 익으면 뒤집어서 노릇노릇하게 굽는다.

⑤ 구워진 파전을 적당한 크기로 썰어 간식으로 먹는다.

확장 활동

- 파를 반죽에 바로 넣고 섞어서 굽는 방법도 있다.
- 물오징어나 굴, 생새우 등을 잘게 썰어서 혼합해서 파전을 구울 수 있다.
- 파로 할 수 있는 다양한 요리의 종류에 대해 알아본다.

설명 자료

① 파를 씻어서 적당한 크기로 자른다.

② 밀가루에 물, 계란, 소금을 넣고 걸쭉하게 반죽한다.

③ 프라이팬에 기름을 두르고 ①과 ②를 넣어 굽는다.

④ 기호에 따라 물오징어, 굴, 새우 다진 것을 함께 넣어 굽는다.

⑤ 파전이 노릇노릇하게 구워지면 접시에 담는다.

⑥ 적당한 크기로 썰어서 간식으로 먹는다.

활동 3 호박전

- **활동 영역** 요리 영역
- **활동 주제** 호박전 만들기
- **활동 목표**
  - 호박을 이용하여 만들 수 있는 요리에 대해 알아본다.
  - 호박전을 만드는 과정을 익힌다.
  - 직접 요리해 보고 맛보면서 우리 전통 음식에 대한 이해를 돕는다.
- **활동 자료** 호박, 밀가루, 계란, 소금, 물, 식용유

활동 방법

① 호박을 먹어 본 경험에 대해 이야기 나눈다.

② 호박의 종류에 대해 알아보고 호박을 이용해서 만들 수 있는 요리도 살펴본다.

③ 호박전의 요리 과정을 요리 순서표를 통해 알아본다.

④ 직접 호박전을 요리해 본다.

- 재료 관찰
- 반죽의 농도 관찰
- 색깔의 변화 관찰

⑤ 호박전을 간식으로 먹어 보고 맛에 대해 이야기해 본다.

요리 방법

① 호박을 얇게 썰어 둔다(둥근 모양 그대로).

② 밀가루에 소금, 물, 계란을 넣고 반죽해 둔다.

③ 밀가루 반죽에 호박을 넣어 1개씩 건져 낸다.

④ 프라이팬에 기름을 두르고 호박을 1개씩 지져 낸다.

⑤ 노릇노릇하게 익으면 접시에 담아 둔다.

⑥ 간식으로 유아들과 함께 나누어 먹는다.

확장 활동

- 호박 외에 어떤 재료로 전을 만들 수 있는지 살펴보고 유아들이 원하는 재료를 다음 요리 실습 시간에 반영한다.
- 밀가루 반죽을 하지 않고 호박에 밀가루를 묻히고 계란을 씌우는 방법으로도 요리해 볼 수 있다.
- 호박으로 할 수 있는 다른 요리의 종류를 알아본다(호박나물, 볶음, 죽, 떡).

설명 자료

① 호박을 둥근 모양으로 얇게 썰어 둔다.

② 밀가루에 소금, 물, 계란을 넣고 걸쭉하게 반죽한다.

③ ①을 ②에 넣고 1개씩 건져 낸다.

④ 프라이팬에 기름을 두르고 노릇노릇하게 지져 낸다.

⑤ 다 익으면 접시에 담아 둔다.

⑥ 간식으로 유아들과 함께 시식한다.

활동 4 빈대떡

- **활동 영역** 요리 영역
- **활동 주제** 빈대떡 굽기
- **활동 목표**
  - 녹두로 만들 수 있는 요리에 대해 알아본다.
  - 녹두 빈대떡을 직접 만들어 본다.
  - 빈대떡을 맛보고 느낌을 표현해 본다.
- **활동 자료** 녹두, 녹두 가루, 돼지고기, 소금, 후추, 김치, 파, 식용유, 프라이팬
- **활동 방법**

① 빈대떡에 대한 이야기를 들어 본 적이 있는지?

② 빈대떡을 먹어 본 경험이 있으면 발표해 본다.

③ 빈대떡 재료에 대해 알아보고 크기를 관찰한다.

④ 직접 빈대떡을 만들어 본다.

- 반죽 상태 관찰
- 빈대떡이 익는 과정 관찰

⑤ 빈대떡을 간식으로 시식해 본다.

⑥ 빈대떡을 먹어 본 후의 맛과 느낌을 말이나 글로 표현해 본다.

- **요리 방법**

① 녹두 가루에 소금, 후추, 물을 넣고 걸쭉하게 반죽해 둔다.

② 김치, 고기, 파를 다져 둔다.

③ ①에 ②를 넣고 혼합한다.

④ 프라이팬에 기름을 두르고 반죽을 한 국자 떠 넣는다.

⑤ 불을 잘 조절하여 타지 않게 중불에서 앞면이 익어 가면 뒤집는다.

⑥ 노릇노릇하게 구워지면 접시에 담는다.

확장 활동

- 음식에도 서로 어울리는 것이 있음을 알게 한다(예: 녹두 + 돼지고기, 냉면 + 배·오이).
- 다른 방법으로 빈대떡을 구울 수 없을까?
- 녹두를 직접 갈아서 해 본다.

설명 자료

① 녹두 가루에 소금, 후추, 물을 넣고 반죽한다.

② 김치, 고기, 파는 곱게 다진다.

③ ①에 ②를 넣고 섞는다.

④ 프라이팬에 기름을 두르고 반죽한 것을 한 국자 떠 넣는다.

⑤ 노릇노릇하게 구워 낸다.

⑥ 접시에 담아서 간식으로 먹는다.

활동 5

김치전

- 활동 영역 요리 영역
- 활동 주제 김치전 만들기
- 활동 목표
  - 김치를 이용하여 만들 수 있는 요리에 대해 알아본다.
  - 김치의 특징에 대해 알아본다.
  - 김치전을 지져 보고, 맛보고 느낌을 표현해 본다.
- 활동 자료 김치, 밀가루, 계란, 식용유, 소금, 후추, 물

활동 방법

① 김치전을 먹어 본 경험을 이야기 나누어 본다.

② 만약 김치전을 배추김치가 아닌 다른 김치로 하면 어떻게 될까?

③ 왜 신 김치로 김치전을 하면 더 맛이 있나?

④ 김치전에 들어간 재료를 살펴본다.

⑤ 김치전을 직접 지져 본다.

- 김치의 양 관찰
- 반죽의 변화 관찰
- 불의 세기 관찰

⑥ 김치전을 직접 먹어 보고 맛과 느낌을 표현해 본다.

요리 방법

① 배추김치를 꼭 짜서 잘게 썬다.

② 밀가루에 계란, 소금, 후추, 물을 넣고 걸쭉하게 반죽한다.

③ ①을 ②에 넣어 섞는다.

④ 프라이팬에 기름을 두르고 ③을 한 국자 떠 넣는다.

⑤ 불을 잘 조절하여 노릇노릇하게 지져 낸다.

⑥ 접시에 담아 적당하게 잘라서 간식으로 먹는다.

확장 활동

- '만약 김치가 없다면'을 상상해서 말해 본다.
- 김치로 만들 수 있는 요리의 종류(김치찌개, 김치 볶음밥, 김치 버거)를 알아보고 다음 실습과 연계해 본다.

설명 자료

① 배추김치를 꼭 짜서 잘게 썬다.

② 밀가루에 계란, 소금, 후추, 물을 넣고 반죽한다.

③ ①에 ②를 넣고 섞는다.

④ 프라이팬에 기름을 두르고 ③을 한 국자 떠 넣는다.

⑤ 앞뒤를 노릇노릇하게 지져 낸다.

⑥ 접시에 담아 간식으로 시식한다.

활동 6 쑥전

- **활동 영역** 요리 영역
- **활동 주제** 쑥전 만들기
- **활동 목표**
  - 봄에 나는 나물인 쑥에 대해 관심을 갖게 한다.
  - 쑥으로 만들 수 있는 요리에 대해 알아본다.
  - 쑥전을 직접 지져 보고, 맛보고 느낌을 표현해 본다.
- **활동 자료** 쑥잎, 찹쌀가루, 건포도, 식용유, 소금, 설탕, 물, 체, 뒤집개

활동 방법

① 쑥을 먹어 본 경험이 있나? 맛은 어떠했는가?

② 쑥으로 어떤 음식을 만들어 먹을 수 있을까?

- 우리 민족들이 쑥으로 만든 음식을 소개해 준다(쑥국, 쑥떡, 쑥송편, 쑥범벅, 쑥절편).

③ 쑥전에 들어갈 재료를 알아본다.

④ 쑥전을 직접 지져 본다.

- 찹쌀가루를 익반죽하는 과정 알기
- 쑥을 전으로 부칠 때의 색깔 변화 관찰
- 불의 세기와 전이 익는 정도, 온도의 변화 관찰

⑤ 쑥전을 직접 먹어 보고 맛과 느낌을 표현해 본다.

요리 방법

① 쑥을 캐서 깨끗이 씻어 둔다.

② 찹쌀가루는 체 쳐 둔다(덩어리가 없도록).

③ 찹쌀가루에 소금을 넣은 후에 뜨거운 물을 넣어 익반죽한다.

④ 익반죽된 찹쌀가루를 둥글납작하게 만든다.

⑤ 프라이팬에 익반죽해서 빚어 놓은 반죽을 넣고 지진다. 이때 윗면에 쑥과 건포도를 얹어 예쁘게 장식한다.

⑥ 노릇노릇해지면 꺼낸다.

⑦ 접시에 담아 간식으로 먹는다.

확장 활동

- 쑥 대신 계절에 따라 진달래꽃이나 국화, 잣, 대추, 곶감 등으로 장식할 수 있으며, 장식물에 따라 전의 이름도 달라짐을 알게 한다.

설명 자료

① 쑥을 캐서 깨끗이 씻는다.

② 찹쌀가루는 체 쳐서 소금과 뜨거운 물로 익반죽한다.

③ 익반죽한 것을 둥글납작하게 만든다.

④ 프라이팬에 익반죽을 넣고 지진다. 윗면에 쑥과 건포도로 예쁘게 장식한다.

⑤ 앞뒤가 노릇노릇해지면 꺼낸다.

⑥ 접시에 담아 간식으로 먹는다.

활동 7 도토리묵

활동 영역 요리 영역

활동 주제 도토리묵 만들기

활동 목표
- 온도의 변화에 따른 물질의 변화 과정을 알게 한다.
- 도토리로 할 수 있는 음식에 대해 알아본다.
- 도토리묵을 직접 쑤어 보면서 우리 민족의 전통 음식에 대한 이해를 돕는다.

활동 자료 도토리 가루, 물, 냄비, 체

활동 방법

① 우리 민족들이 흉년을 이겨 낸 이야기를 해 준다.
- 풀뿌리, 나무껍질, 열매 등을 이용하여 보릿고개를 이겨 낸 이야기

② 도토리묵을 먹어 본 적이 있는지 이야기 나눈다.
- 어떤 맛이었는지?
- 느낌은 어땠는지?

③ 도토리묵에는 어떤 재료가 들어가는지 이야기 나눈다.

④ 도토리묵을 직접 쑤어 본다.
- 도토리묵 외에 또 다른 묵의 종류(청포묵, 메밀묵)와 쑤는 방법에 대해 이야기 나눈다. 재료에 따라 이름이 달라짐을 알게 한다.
- 액체에서 고체로 변화되는 과정을 관찰한다.

⑤ 도토리묵을 먹어 본 느낌을 말이나 글로 표현해 본다.

요리 방법

① 도토리를 까서 깨끗이 씻어서 말린 후에 가루를 낸다.

② 도토리 가루를 곱게 체 쳐 둔다.

③ 그릇에 도토리 가루를 1컵 넣고 물을 5컵 넣어(1:5의 비율로) 나무 주걱으로 잘 저어 둔다.

④ 냄비에 ③을 넣고 중불에 끓인다. (중간까지 구멍이 퐁퐁 올라올 때까지 끓인다.)

⑤ 다 익으면 불을 끄고 도토리묵을 다른 그릇에 담아 찬 곳에 보관한다.

⑥ 도토리묵이 다 식으면 잘게 썰어서 갖은 양념을 해서 간식으로 먹는다.

확장 활동

- 우리 민족이 흉년이 들었을 때에 도토리 가루로 묵을 쑤어 먹었던 내용을 설명해 준다.
- 도토리 가루를 떡이나 밥에 섞어 먹기도 하였고, 묵을 만들어 주식 대용으로 삼아 흉년에 구황 식품으로 중요하게 여겼음을 알게 한다.
- 다람쥐만 도토리를 먹는 것이 아니라는 것을 알게 한다.

설명 자료

① 도토리 가루를 체 쳐 둔다.

② 그릇에 도토리와 물의 비율을 1:5로 해서 혼합한다.

③ 냄비에 ②를 넣고 나무 주걱으로 잘 저어 가면서 끓인다.

④ 중간까지 구멍이 올라올 정도로 끓인다.

⑤ 다 익으면 다른 그릇에 담아 찬 곳에 보관한다.

⑥ 적당한 크기로 썰어서 갖은 양념을 해서 시식한다.

활동 8

호박죽

- 활동 영역 요리 영역
- 활동 주제 호박죽 만들기
- 활동 목표
  - 죽의 종류에 대해 알아본다.
  - 호박으로 할 수 있는 음식에 대해 알아본다.
  - 호박죽을 직접 쑤어 보면서 고체에서 액체로 변하는 과정을 관찰해 본다.
- 활동 자료 누런 호박, 찹쌀가루, 팥, 소금, 물
- 활동 방법

① 호박의 종류에 대해 알아보고 호박의 종류에 따라 요리 방법이 다르다는 것을 알게 한다.

② 우리 민족이 즐겨 먹는 죽의 종류에는 어떤 것이 있었는지 이야기 나눈다.

- 전복죽, 팥죽, 시래기죽, 콩죽, 고기죽, 채소죽

③ 호박죽에 들어가는 재료를 살펴본다.

④ 호박죽을 직접 쑤어 본다.

⑤ 딱딱한 호박이 액체로 변하는 과정을 관찰해 본다.

⑥ 호박죽을 직접 시식해 보고 맛을 표현해 본다.

- 요리 방법

① 호박을 반으로 잘라서 껍질을 벗기고 씨를 꺼낸다.

② 호박을 적당한 크기로 잘라서 솥에 물과 함께 넣고 푹 삶는다.

③ 삶은 호박을 잘 으깬 다음 솥에 물을 넣고 다시 끓인다.

④ 죽이 끓으면 찹쌀가루를 물에 타서 걸쭉하게 한 후에 함께 넣고 젓는다.

⑤ 삶은 팥을 함께 넣어 끓인 후에는 소금으로 간을 한다.

⑥ 다 끓여지면 그릇에 담아 시식한다.

확장 활동

- 누런 호박으로 할 수 있는 요리에 대해 알아보고 다음 요리 실습 시간에 반영한다.
- 주 재료에 따라 요리 이름이 달라짐을 알게 한다.
- '내가 가장 좋아하는 죽'을 그래프로 만들어 본다.

설명 자료

① 호박을 잘라 껍질을 벗기고 씨앗을 꺼낸다.

② 적당한 크기로 잘라서 솥에 넣고 푹 삶는다.

③ 삶은 호박을 잘 으깬 후에 다시 끓인다.

④ 끓으면 물에 탄 찹쌀가루를 넣고 젓는다.

⑤ 삶은 팥을 함께 넣어 끓인 후에 소금으로 간을 한다.

⑥ 다 끓고 나면 시식한다.

활동 9 오곡밥

활동 영역 요리 영역

활동 주제 오곡밥 짓기

활동 목표
- 오곡밥 재료에 대해 알아본다.
- 오곡밥과 관련된 세시 풍속에 대해 알아본다.
- 오곡밥을 직접 짓고 먹어 본 후에 흰 쌀밥과의 다른 점을 말해 본다.

활동 자료 찹쌀, 조, 수수, 검은콩, 팥

활동 방법

① 정월 대보름에 대해 알아보고, 이 날 왜 오곡밥을 먹었는지 이야기 나눈다.

② 오곡밥의 재료에 대해 이야기 나눈다.

③ 곡식이 날 것일 때와 익었을 때의 모습을 색깔, 크기, 모양으로 나누어 관찰·비교해 본다.

④ 오곡밥을 짓는 순서를 알아본다.

⑤ 직접 오곡밥을 지어 보고 정월 대보름에 먹는 나물과 함께 먹어 본다.

⑥ 오곡밥을 먹어 본 느낌을 이야기해 본다.

요리 방법

① 찹쌀, 조, 검은콩, 수수는 물에 불려 둔다.

② 팥은 삶아 둔다.

③ ①에 ②를 넣고 곡류와 물의 비율을 불린 정도에 따라 1:1 또는 1:2의 비율로 하여 솥에 넣고 끓인다.

④ 뜸을 잘 들인 후 소금을 약간 넣는다.

⑤ 밥을 떠낸다.

⑥ 그릇에 담아 시식해 본다.

확장 활동

- 다섯 가지 곡식을 그릇에 담아 손과 발로 감촉을 느껴 보고 이야기 나누어 본다.
- 곡식을 이용하여 마라카스를 만들고 어떤 곡식의 소리인지 맞혀 본다.
- 다섯 가지 곡식을 색깔별로 분류해 보고 다른 곡식들의 색깔도 알아본다.

설명 자료

① 찹쌀, 조, 검은콩, 수수는 물에 불려 둔다.

② 팥은 삶아 둔다.

③ ①에 ②를 넣고 물을 적당히 부어 끓인다.

④ ③에 소금을 적당하게 넣는다.

⑤ 밥을 떠낸다.

⑥ 그릇에 담아 시식한다.

활동 10 떡국

- **활동 영역** 요리 영역
- **활동 주제** 떡국 끓이기
- **활동 목표**
  - 떡국을 먹는 이유와 설날에 대해 알게 한다.
  - 떡국을 직접 끓여 보면서 우리 전통 음식에 관심을 갖게 한다.
  - 떡국에 들어가는 재료를 알아본다.
- **활동 자료** 흰 가래떡, 육수 또는 사골 국물, 소금, 고명(쇠고기, 계란 흰자·노른자 지단), 파, 후추, 깨소금, 마늘

활동 방법

① 설날에 대해 알아보고 설날에 먹는 음식에 대해 이야기 나눈다.

② 떡국에 들어가는 재료를 알아본다.

- 고명이 무엇인지를 알아본다.
- 고명의 종류에 대해 알아본다.

③ 떡국을 직접 끓여 본다.

- 떡이 퍼지지 않게 하려면?
- 떡국 국물에 대해 알아본다.
- 고명은 언제 올리는지?

④ 떡국을 시식해 보고 맛을 표현해 본다.

요리 방법

① 가래떡을 길고 둥글게 썰어 둔다.

② 쇠고기는 삶아서 가늘게 찢어서 갖은 양념을 해 둔다.

③ 계란은 흰자, 노른자를 분리하여 얇게 지단을 부쳐 채 썰어 둔다.

④ 육수 또는 사골 국물을 냄비에 넣고 끓인다.

⑤ 육수가 끓으면 마늘과 썰어 둔 가래떡을 넣고 끓인다.

⑥ 다 끓으면 고명과 소금, 파, 후추, 깨소금을 넣고 시식한다.

확장 활동

- 또 다른 고명을 넣을 수 없는지 알아본다.
- 가래떡 외에 다른 떡으로 떡국을 끓일 수 없는지 생각해 본다(절편, 쌀가루).
- 딱딱한 가래떡을 어떻게 떡국으로 끓일 수 있는지 알아본다.

설명 자료

① 가래떡을 길고 둥글고 얇게 썬다.

② 쇠고기를 삶아 결대로 찢어서 갖은 양념을 한다.

③ 계란은 흰자, 노른자 분리하여 지단을 부쳐서 채 썰어 둔다.

④ 육수 또는 사골 국물을 끓인다.

⑤ 마늘과 가래떡을 넣고 끓인다.

⑥ 고명과 양념을 넣고 시식한다.

활동 11 팥죽

- 활동 영역 요리 영역
- 활동 주제 팥죽 만들기
- 활동 목표
  - 동지에 대해 알아본다.
  - 동짓날에 먹는 전통 음식에 대해 알아본다.
  - 팥죽을 직접 끓여 보는 경험을 갖는다.
- 활동 자료 팥, 맵쌀, 소금, 찹쌀가루, 물

활동 방법

① 팥죽을 먹어 본 경험을 말해 본다.

② 팥죽에 왜 새알심을 넣는지 알아본다.

③ 팥죽의 재료에 대해 알아본다.

④ 팥죽을 직접 쑤어 본다.

- 팥을 어떻게 으깨는가?
- 팥의 앙금 관찰
- 새알심은 언제 넣는가?
- 타지 않게 하려면 어떻게 해야 하는가?

⑤ 끓인 팥죽을 시식해 보고 그 맛을 말로 표현해 본다.

요리 방법

① 팥은 푹 삶은 후 으깨서 체에 걸러 둔다.

② 멥쌀은 불려서 건져 둔다.

③ 찹쌀가루는 반죽해서 새알심을 동글동글하게 만들어 둔다.

④ 냄비에 ①과 ②를 넣고 중불에 끓인다. (이때 나무 주걱으로 계속 젓는다.)

⑤ 팥죽이 끓으면 새알심을 넣고 다시 끓인 후에 소금을 넣어 간을 한다. (중간 부분에 구멍이 퐁퐁 뚫릴 때까지 끓인다.)

⑥ 다 끓으면 다른 그릇에 담아서 식힌다.

확장 활동

- 새알심의 종류를 찹쌀가루 외에 다른 것으로 만들 수 없는지 생각해 본다.
- 새알심 없이 팥죽을 끓일 수 있다.
- 팥죽 외에 팥으로 요리할 수 있는 것은 어떤 것이 있는지 알아본다.

설명 자료

① 팥을 푹 삶아서 으깬 후 체에 걸러 둔다.

② 멥쌀을 불려서 건져 둔다.

③ 찹쌀가루는 반죽해서 새알심을 만들어 둔다.

④ 냄비에 ①과 ②를 넣고 끓인다.

⑤ 팥죽이 끓으면 새알심을 넣고 다시 끓인 후에 소금으로 간을 한다.

⑥ 그릇에 담아 시식한다.

활동 12 식혜

활동 영역 요리 영역

활동 주제 식혜 만들기

활동 목표
- 우리 민족의 전통 음료에 대해 알아본다.
- 식혜에 사용되는 재료에 대해 (엿기름의 기능을) 알아본다.
- 식혜를 직접 만들어 보고 시식해 본다.

활동 자료 맵쌀 2컵, 엿기름 2컵, 물 10컵, 설탕 1컵, 잣, 대추, 체

활동 방법

① 엿기름으로 만들 수 있는 것에는 무엇이 있을까?

② 우리 민족은 여름철에 어떤 음료를 마셨을까?

③ 식혜는 잘 상하는데 냉장고가 없었던 옛날에는 더운 여름철에 어떻게 보관했을까?

④ 식혜를 만드는 방법을 요리 순서표를 보고 알아본다.

⑤ 식혜를 직접 만들어 본다.

- 밥은 어떻게 지어야 할까?
- 물의 양은 엿기름과 얼마의 비율로 해야 할까?
- 밥알이 잘 뜨게 하려면 어떻게 해야 할까?
- 온도는 어느 정도가 되어야 할까?

⑥ 식혜를 시식해 보고 맛을 표현해 본다.

요리 방법

① 엿기름 가루를 미지근한 물에 담가 둔다.

② 엿기름을 체에 받쳐 거른 후에 진한 엿기름물을 받아 앙금을 가라앉힌다.

③ 밥을 고슬고슬하게 짓는다(쌀과 물의 비율을 1:1로 한다).

④ 엿기름 웃물을 붓고 ③의 밥을 넣은 후에 밥통의 온도를 50~60℃ 되게 해서 5시간 정도 둔다.

⑤ 밥알이 동동 뜨면 밥알을 건져서 찬물에 씻어 둔다.

⑥ 밥알을 건져 낸 물에 설탕을 넣고 다시 끓인 후에 식힌다.

⑦ 식혜를 떠서 그릇에 담고 밥알, 잣, 얇게 썬 대추를 띄운 후 시식한다.

확장 활동

- 전통 음료와 현대 음료는 어떻게 다른가?
- 전기밥통이 없었던 옛날에는 어떻게 식혜를 만들었을까? (아랫목, 가마솥에 넣고 약한 불을 지펴서)
- 지방마다 식혜를 다른 방법으로 만들어 먹었음을 알게 한다.

설명 자료

① 엿기름을 미지근한 물에 담가 체에 받쳐 웃물을 만든다.

② 밥은 고슬고슬하게 짓는다.

③ ①의 웃물을 붓고 ②의 밥을 넣은 후 온도가 50~60℃ 되는 밥통에 5시간 정도 둔다.

④ 밥알이 동동 뜨면 건져 내서 찬물에 씻어 둔다.

⑤ 밥알을 건져 낸 물에 설탕을 넣고 다시 끓인 후에 식힌다.

⑥ 식혜를 떠서 그릇에 담고 밥알, 잣, 대추를 띄운 후에 마신다.

활동 13 수정과

- **활동 영역** 요리 영역
- **활동 주제** 수정과 만들기
- **활동 목표**
  - 수정과를 만드는 과정에 대해 알아본다.
  - 수정과에 사용되는 재료에 대해 살펴본다.
  - 수정과를 직접 만들어 보고 시식해 보면서 전통 음료에 대한 이해를 돕는다.
- **활동 자료** 통계피 100g, 생강 10개, 물 60컵, 설탕, 곶감, 잣

활동 방법

① 수정과를 먹어 본 경험을 이야기 나눈다.

② 수정과는 언제 먹었을까?

③ 수정과 만드는 방법에 대해 요리 순서표를 보고 알아본다.

④ 수정과를 직접 만들어 본다.

- 어떤 재료가 들어가니?
- 어떻게 재료를 준비하니?
- 물의 양은?
- 곶감은 언제 넣니?

⑤ 수정과를 시식해 보고 식혜와 어떻게 다른지 비교해 본다.

요리 방법

① 통계피를 씻어 냄비에 물을 넣고 끓인 후에 걸러 둔다.
② 생강을 깨끗이 씻어 얇게 저민 후에 냄비에 넣고 푹 삶은 후 채에 걸러 둔다.
③ 곶감은 꼭지를 떼고 깨끗이 손질하여 얇게 썰어 둔다.
④ 생강물과 계피물을 혼합하고 설탕을 넣어 다시 끓인 후에 식힌다.
⑤ ④를 식혀서 잣과 곶감을 넣는다.
⑥ 예쁜 유리그릇에 담아 시식한다.

확장 활동

- 곶감을 함께 넣어 끓이면 어떻게 될까?
- 왜 매운 계피와 생강을 함께 넣어 끓일까?
- 물의 양을 달리하면 맛이 어떻게 변하는지에 대해 알아본다.

설명 자료

① 통계피를 씻어 냄비에 끓인 후에 걸러 둔다.
② 생강을 저민 후에 냄비에 넣고 삶아서 채에 걸러 둔다.
③ 곶감은 꼭지를 떼고 얇게 썰어 둔다.
④ 생강물과 계피물을 혼합하고 설탕을 넣고 다시 끓인다.
⑤ ④를 식혀서 잣과 곶감을 넣는다.
⑥ 예쁜 그릇에 담아 시식한다.

활동 14

송편

- **활동 영역** 요리 영역
- **활동 주제** 송편 만들기
- **활동 목표**
  - 송편을 만드는 과정에 대해 알아본다.
  - 송편에 들어가는 재료를 알아본다.
  - 송편을 직접 만들어 보고 전통 음식에 대한 이해를 돕는다.
- **활동 자료** 쌀가루, 설탕, 콩, 깨소금, 밤, 고구마, 참기름, 솔잎

활동 방법

① 송편을 먹어 보았던 경험을 이야기 나눈다.

② 송편에 들어가는 재료는 무엇무엇이 있니?

- 속 재료의 종류는?
- 솔잎은 왜 필요하니?

③ 송편 만드는 방법에 대해 요리 순서표를 보고 알아본다.

④ 송편을 직접 만들어 본다.

- 반죽은 어떻게 하니?
- 송편이 터지지 않게 하려면 어떻게 해야 하니?
- 송편을 예쁘게 만드는 방법은?

⑤ 송편을 먹어 보고 느낌을 말이나 글로 표현해 본다.

요리 방법

① 콩, 밤, 고구마는 쪄서 식혀 둔다.

② 쌀가루에 뜨거운 물을 넣고 익반죽한다.

③ 깨, 콩, 밤, 고구마에 설탕을 넣고 각각 다른 그릇에 담아 둔다.

④ 익반죽을 조금 떼어서 양손바닥에 놓고 동그랗게 굴린 다음 오목하게 만들어서 ③의 속 재료 중에서 한 가지를 선택하여 넣고 양끝을 마주 붙인다.

⑤ 솥(찜통)에 면으로 된 보자기를 깔고 솔잎을 한 켜 놓고 송편을 놓고 익을 때까지 푹 찐다.

⑥ 솔잎을 걷어 내고 송편을 꺼낸 다음 참기름을 위에 바른 후에 시식한다.

확장 활동

- 쌀 송편 외에 감자를 강판에 갈아서 앙금을 받쳐서 감자 송편을 만들어 볼 수 있다.
- 송편의 속 재료로 팥, 동부, 완두콩 등을 다양하게 넣어 보고 맛을 비교해 본다.

설명 자료

① 콩, 밤, 고구마는 쪄서 식힌다.

② 쌀가루를 익반죽한다.

③ 깨, 콩, 밤, 고구마에 설탕을 넣는다.

④ 반죽을 오목하게 해서 ③의 속을 넣는다.

⑤ 찜통에 솔잎을 넣고 송편을 찐다.

⑥ 솔잎을 걷어 내고 송편에 참기름을 바른 후에 시식한다.

활동 15 팥시루떡

활동 영역 요리 영역

활동 주제 팥시루떡 만들기

활동 목표
- 우리 조상들이 왜 팥을 이용해서 죽, 떡을 만들었는지 알아본다.
- 팥시루떡을 언제 사용하였고, 왜 사용했는지 알아본다.
- 팥시루떡을 직접 만들어 보고 시식해 본다.

활동 자료 팥, 쌀가루, 소금, 설탕, 물, 찜통, 면수건

활동 방법

① 팥시루떡을 언제 먹어 보았는지 이야기 나눈다.
- 팥시루떡은 우리나라 어느 지방에서든지 즐겨 먹고 있으며, 붉은 팥은 잡귀를 물리친다 하여 고사떡, 이사떡으로 쓰이기도 한다.

② 팥시루떡에 들어가는 재료를 알아본다.

③ 팥시루떡을 만드는 요리 순서표를 보고 방법을 알아본다.

④ 팥시루떡을 직접 만들어 본다.
- 쌀가루의 두께가 너무 두껍지 않게 한다.
- 시루떡을 잘 찌려면 어떻게 해야 할까?
- 팥 대신 콩을 쪄서 시루떡을 만들면 어떨까?

⑤ 팥시루떡을 먹어 보고 맛과 느낌을 표현해 본다.

요리 방법

① 팥을 삶아서 절구통에 찧어서 소금, 설탕을 넣고 간을 해 둔다.

② 쌀가루는 곱게 갈아서 체에 쳐 둔다.

③ 찜통에 물을 적당하게 넣고 면수건을 깐다.

④ ①의 팥가루를 한 켜 놓고 그 위에 쌀가루를 한 켜 놓으며 여러 층으로 반복해서 놓는다.

⑤ 찜통에 푹 찐다. (잘 익게 하기 위해서 밀가루 반죽으로 시루나 찜통 뚜껑의 겉을 한 번 감싸 둔다.)

⑥ 잘 익으면 꺼내서 식힌 후에 시식해 본다.

확장 활동

- 팥과 콩의 맛을 비교해 본다.
- 팥을 사용하는 대신 콩을 사용해서 시루떡을 만들면 어떻게 될까?
- 직접 만들어 보고 팥과 콩의 다른 점을 이야기해 본다.

설명 자료

① 팥을 쪄서 가루를 낸다.

② 쌀가루를 체 쳐 둔다.

③ 찜통에 물을 넣고 면수건을 깐다.

④ 팥가루 한 켜, 쌀가루 한 켜씩 번갈아 깐다.

⑤ 찜통에 찐다.

⑥ 다 익으면 꺼내서 시식한다.

활동 16

경단

- **활동 영역** 요리 영역
- **활동 주제** 경단 만들기
- **활동 목표**
  - 경단은 언제 먹는 떡인지를 알아본다.
  - 경단의 재료에 대해 알아본다.
  - 경단을 직접 만들어 보고, 맛본 후에 느낌을 표현해 본다.
- **활동 자료** 찹쌀가루, 소금, 설탕, 검은깨, 노란 콩가루, 초록 콩가루, 계핏가루, 보자기, 접시

활동 방법

① 경단을 먹어 본 경험을 말해 본다.
- 맛은 어땠니?
- 크기는?
- 종류는 몇 가지가 있었니?

② 경단에 들어갈 재료를 알아본다.
- 재료의 색깔을 살펴본다. 왜 다양한 색깔을 썼을까?

③ 경단 만드는 방법에 대해 요리 순서표를 보고 알아본다.

④ 경단을 직접 만들어 본다.

- 경단의 크기는 어느 정도가 좋으니?
- 경단에 고물이 잘 입혀지려면 어떻게 해야 하니?

⑤ 경단을 먹어 본 후에 맛과 느낌을 표현해 본다.

요리 방법

① 찹쌀가루를 물로 반죽한다.

② 밤톨 정도의 크기로 떼어서 동그랗게 만든다.

③ 끓는 물에 익힌 후에 찬물로 헹궈 둔다.

④ 검은깨, 노란 콩가루, 초록색 콩가루, 계핏가루에 설탕을 넣어 둔다.

⑤ ③을 ④에 넣고 옷을 입힌다. (이때 자신이 먹고 싶은 것을 선택해서 묻혀 보게 한다.)

⑥ 색깔대로 예쁘게 접시에 담아 시식한다.

확장 활동

- 유아들이 좋아하는 카스텔라 빵을 가루를 만들어 그것으로 옷을 입혀 맛을 본 후에 다른 것과 맛을 비교해 본다.
- 경단 만들기를 다른 방법으로 시도해 본다.
  - 찹쌀가루를 익반죽하고 쪄서 고물을 입히는 방법은 어떨까?

설명 자료

① 찹쌀가루를 반죽한다.

② 밤톨 크기로 동그랗게 만든다.

③ 끓는 물에 익힌 후에 찬물로 헹궈 둔다.

④ 각종 옷(고물)을 준비한다.

⑤ ③을 ④에 넣고 옷 입힌다.

⑥ 예쁘게 접시에 담아 먹는다.

활동 17 한과(쌀강정)

활동 영역 요리 영역

활동 주제 한과(쌀강정) 만들기

활동 목표
- 한과는 어떤 날에 먹었으며 어디에 쓰였는지 알아본다.
- 한과의 종류와 모양을 알아보고 서로 비교해 본다.
- 한과를 직접 만들어 보고, 맛본다.

활동 자료 쌀 튀밥, 물엿, 설탕, 쟁반, 비닐종이, 방망이, 냄비, 칼, 도마

활동 방법

① 한과를 먹어 본 경험에 대해 이야기 나눈다.
- 맛은 어땠니?
- 어떤 모양이 있었나?
- 한과의 종류는?

② 한과를 만드는 재료에 대해 알아본다.

③ 한과 만드는 방법에 대해 요리 순서표를 보고 알아본다.

④ 한과를 직접 만들어 본다.
- 한과의 재료를 다르게 해 보면 어떨까?
- 한과를 잘 만들려면 온도를 어떻게 해야 하니?
- 왜 꾹꾹 눌러야 흐트러지지 않을까?

⑤ 한과를 맛보고 그 느낌을 말이나 글로 표현해 본다.

요리 방법

① 쌀은 튀밥을 만들어 준비해 둔다.

② 냄비에 쌀 튀밥과 물엿, 설탕을 넣고(튀밥 1컵, 물엿 1큰술, 설탕 약간) 따뜻한 온도에서 물엿, 설탕이 풀어질 때까지 잘 젓는다.

③ ②를 쟁반에 쏟아 붓고 비닐 종이를 덮고 방망이로 잘 밀어 둔다.

④ ③을 도마 위에 올려놓고 굳기 전에 자르고 싶은 모양으로 자른다.

⑤ 공기가 들어가지 않게 비닐 봉투나 통에 담는다.

⑥ 예쁜 접시에 담아 시식해 본다.

확장 활동

- 쌀 튀밥 외에 다른 재료로 만들어 본다(예: 볶은 콩, 볶은 찹쌀, 찐 쌀, 땅콩, 옥수수 튀밥)
- 콩강정, 깨강정도 함께 만들어 본다. (위와 만드는 방법은 동일함)

설명 자료

① 쌀을 튀밥으로 만든다.

② 냄비에 튀밥, 물엿, 설탕을 넣고 잘 젓는다(따뜻하게 한다).

③ ②를 쟁반에 쏟아 붓고 비닐종이를 덮고 방망이로 민다.

④ ③을 도마 위에 올려놓고 예쁜 모양으로 자른다.

⑤ 비닐봉투나 통에 담는다.

⑥ 예쁜 접시에 담아 시식해 본다.

활동 18 약과

활동 영역 요리 영역

활동 주제 약과 만들기

활동 목표
- 약과와 과자의 차이점을 알아본다.
- 약과의 재료를 알아보고 직접 만들어 본다.
- 우리나라 전통 다과에 관심을 갖게 한다.

활동 자료 밀가루 5컵, 꿀 7큰술, 참기름 5큰술, 청주 5큰술, 식용유, 잣가루, 소금, 생강즙, 계핏가루, 물엿 2컵

활동 방법

① 약과를 먹어 본 경험에 대해 이야기 나눈다.
- 어떤 맛이었니?
- 모양은 어땠니? 종류는?

② 약과에 들어가는 재료를 살펴본다.

③ 약과를 만드는 요리 순서표를 보고 방법을 알아본다.

④ 약과를 직접 만들어 본다.
- 약과 반죽 만드는 법에 대해
- 약과 판의 모양 관찰
- 맛있게 만드는 방법 등

⑤ 약과를 맛보고 다른 과자와 어떻게 다른지 말해 본다.

요리 방법

① 밀가루에 소금을 넣고 체로 친 후에 참기름을 넣는다.

② 참기름이 골고루 배도록 한 후에 채로 다시 한 번 쳐서 꿀, 생강즙, 청주를 넣고 섞어 반죽을 만든다.

③ ②의 반죽을 적당하게 잘라서 약과 판에 넣고 찍어 낸다.

④ 냄비에 물엿을 2컵 넣고 약한 불에 중탕한 후에 계핏가루를 넣고 섞어 둔다.

⑤ 기름에 약과를 넣고 튀겨 낸다.

⑥ ⑤를 ④에 담갔다가 꺼낸 후에 약간 굳어지면 잣가루를 뿌린다.

확장 활동

- 약과 판의 모양을 다르게 해서 찍어 볼 수 있다.
- 약과를 좀 더 쉽게 만드는 방법에 대해 알아본다.
- 밀가루 대신 찹쌀가루, 쌀가루, 콩가루를 대용해서 약과를 만들어 본다.

설명 자료

① 밀가루에 소금을 넣고 채친 후에 참기름과 섞는다.

② ①에 꿀, 생강즙, 청주를 넣고 반죽한다.

③ ②를 약과 판에 찍어 낸다.

④ 냄비에 물엿을 넣고 중탕한 후에 계핏가루를 넣고 섞는다.

⑤ 160~170℃ 기름에 ③을 튀겨 낸다.

⑥ ⑤를 ④에 담갔다가 꺼내서 잣가루를 뿌리고 시식한다.

활동 19 밤초

- **활동 영역** 요리 영역
- **활동 주제** 밤초 만들기
- **활동 목표**
  - 밤으로 할 수 있는 음식의 종류에 대해 알아본다.
  - 밤이 전통 음식에 어떻게 쓰였는지 살펴본다.
  - 밤초를 직접 만들어 보고 시식해 본다.
- **활동 자료** 밤 20개, 설탕, 물엿, 잣가루, 계핏가루

활동 방법

① 밤초를 먹어 본 경험에 대해 이야기 나눈다.
- 어떤 맛이 났니?
- 생밤이랑 어떻게 달랐니?

② 밤초에 들어가는 재료를 살펴본다.

③ 밤초 만드는 과정을 요리 순서표로 알아본다.

④ 밤초를 직접 만들어 본다.
- 밤을 잘 까려면 어떻게 해야 하니?
- 밤과 물의 양, 물엿의 양도 살펴본다.
- 어느 정도 졸여야 되는지 알아본다.

⑤ 밤초를 시식해 보고 느낌을 표현해 본다.

요리 방법

① 밤은 껍질을 까서 물에 담가 둔다.

② 밤이 잠길 만큼 물을 붓고 설탕을 넣은 후에 조린다.

③ 물이 반 이상 줄어들면 물엿을 넣고, 계핏가루를 넣고 조린다.

④ ③을 골고루 섞는다.

⑤ 잣가루를 뿌린다.

⑥ 접시에 예쁘게 담아 시식한다.

확장 활동

- 밤 대신 어떤 재료를 이용하여 만들 수 있는지 알아보고 유아들과 함께 실습해 본다.
- 밤을 으깨서 양갱처럼 만들어 볼 수 있다.

설명 자료

① 밤 껍질을 까서 물에 담가 둔다.

② 밤에 물을 붓고 설탕을 넣고 조린다.

③ ②에 물엿과 계핏가루를 넣고 조린다.

④ ③을 골고루 섞는다.

⑤ ④에 잣가루를 뿌린다.

⑥ 예쁜 접시에 담아 시식한다.

활동 20 수제비

- **활동 영역** 요리 영역
- **활동 주제** 수제비 만들기
- **활동 목표**
  - 밀가루를 이용해서 만들 수 있는 음식에 대해 알아본다.
  - 수제비를 직접 끓여 보고 맛본다.
  - 수제비에 들어가는 재료를 알아본다.
- **활동 자료** 밀가루, 멸치, 다시마, 감자, 양파, 호박, 마늘, 소금, 간장, 파

활동 방법

① 수제비를 먹어 본 경험에 대해 이야기 나눈다.
- 어떤 종류였니? (재료에 따라 이름이 달라짐을 알게 한다.)
- 조개, 멸치, 고기 등으로 육수를 만들 수 있다.

② 수제비에 들어가는 재료를 살펴본다.

③ 수제비를 만드는 과정을 요리 순서표로 알아본다.

④ 수제비를 직접 만들어 본다.
- 어떻게 하면 반죽이 손에 달라붙지 않니?
- 물이 너무 많거나 적으면 어떻게 되니?
- 채소는 언제 넣어야 하니?

⑤ 수제비를 먹어 보고 국수와 어떻게 다른지 알아본다.

요리 방법

① 밀가루를 찬물에 반죽한다(손에 달라붙지 않을 정도로 한다).
② 냄비에 멸치와 다시마를 넣고 푹 끓인 후에 건더기를 건져 낸다.
③ ②에 감자를 넣고 끓인다.
④ ③이 끓으면 수제비를 얇게 떼서 넣는다.
⑤ 파, 양파, 호박, 마늘을 넣고 소금과 간장으로 간을 맞춘다.
⑥ 한 번 더 끓이고 그릇에 담아 시식한다.

확장 활동

- 수제비가 쫄깃쫄깃하려면 어떻게 해야 할지 알아본다.
- 밀가루와 물의 양, 불의 세기와 관련 있음을 알게 한다.
- 밀가루가 아닌 콩가루, 메밀가루, 쌀가루로 수제비를 만들어 볼 수 있다.

설명 자료

① 밀가루를 반죽한다.
② 멸치와 다시마를 넣고 육수를 끓인다.
③ ②에 감자를 넣고 끓인다.
④ ③이 끓으면 수제비를 떼서 넣는다.
⑤ 파, 양파, 호박, 마늘을 넣고 소금과 간장으로 간한다.
⑥ 한 번 더 끓으면 그릇에 담아 시식한다.

활동 21 인절미

활동 영역 요리 영역

활동 주제 인절미 만들기

활동 목표
- 쌀이 떡이 되는 과정에 대해 알아본다.
- 우리 민족이 좋아했던 떡의 종류에 대해 살펴본다.
- 인절미를 직접 만들어 보면서 전통 떡에 대한 이해를 돕는다.

활동 자료 찹쌀 10컵, 소금, 노란 콩가루, 푸른 콩가루, 검은깨 가루

활동 방법

① 인절미를 먹어 본 경험이 있니?
- 어떤 색깔을 먹어 보았니?
- 어떤 맛이었니?

② 인절미를 만드는 데 들어가는 재료에 대해 알아본다.

③ 인절미를 만드는 과정을 요리 순서표로 알아본다.

④ 인절미를 직접 만들어 본다.
- 찹쌀을 찌는 과정에 대해 관찰한다.
- 고물의 종류를 살펴본다.
- 어느 정도 절구에 찧어야 할까?

⑤ 인절미를 먹어 본 후에 맛과 느낌을 표현해 본다.

요리 방법

① 찹쌀을 깨끗이 씻어서 하룻밤 물에 푹 담가 둔다.

② 노란콩, 푸른콩, 검은깨는 깨끗이 씻어서 볶은 후에 빻아서 체쳐 둔다.

③ 찹쌀을 건져서 면 보자기를 깐 후 시루에 쪄 낸다.

④ ③에 소금물을 타서 뿌린 후에 주걱으로 섞어서 다시 찐다.

⑤ ④를 절구에 넣고 찧는다.

⑥ ⑤를 네모 모양으로 만든 후에 썰어서 ②의 콩가루, 깻가루를 묻힌다.

확장 활동

- 콩가루, 깻가루 외에 빵가루, 계핏가루를 묻혀 본다.
- 유아들이 원하는 색깔대로 고물을 묻혀 본다.
- 인절미를 다른 모양으로 만들 수는 없는지 알아본다.

설명 자료

① 찹쌀을 1일간 담가 둔다.

② 노란콩, 검은깨 등의 고물을 만든다.

③ ①을 시루에 찐다.

④ ③에 소금물을 뿌린 후에 다시 찐다.

⑤ ④를 절구에 넣고 찧는다.

⑥ ⑤를 네모 모양으로 썰어서 ②의 고물을 묻힌 후에 시식한다.

활동 22 떡볶이

- **활동 영역** 요리 영역
- **활동 주제** 떡볶이 만들기
- **활동 목표**
  - 떡볶이를 만드는 과정과 재료에 대해 알아본다.
  - 떡볶이를 직접 만들어 보고 맛본다.
  - 떡으로 할 수 있는 전통 음식에 대해 알아본다.
- **활동 자료** 가래떡, 쇠고기, 고추장, 토마토케첩, 파, 마늘, 양파, 당근, 간장, 설탕, 물
- **활동 방법**

① 떡볶이를 먹어 본 경험에 대해 이야기 나눈한다.
- 어떤 맛이었니?
- 떡볶이를 맵지 않게 하려면 어떻게 해야 하니?
- 떡볶이의 떡 모양은 어땠니?

② 떡볶이에 들어가는 재료에 대해 알아본다.

③ 떡볶이를 만드는 과정을 요리 순서표로 알아본다.

④ 떡볶이를 직접 만들어 본다.
- 떡의 크기는 어느 정도가 좋을까?
- 어떻게 하면 쫄깃쫄깃할까?
- 채소는 언제 넣어야 색깔이 변하지 않을까?

⑤ 떡볶이를 먹어 본 후에 맛과 느낌 등을 말이나 글로 표현해 본다.

- **요리 방법**

① 가래떡을 적당한 크기로 썰어 참기름, 간장을 넣고 섞는다.

② 양파, 파, 당근을 떡 길이 정도로 잘라 둔다.

③ 쇠고기를 얇게 채 썰어 파, 마늘로 양념해서 볶은 후에 ②를 넣고 다시 볶는다.

④ ③에 물, 고추장, 토마토케첩을 넣고 끓인다.

⑤ ④에 ①을 넣고 섞은 후에 함께 끓인다.

⑥ 그릇에 담아 먹어 본다.

확장 활동

- 떡볶이를 맵지 않게 해 본다(고추장 대용으로 토마토케첩, 간장을 넣고 실습해 본다).
- 떡볶이 떡으로 떡산적을 만들어 본다.

설명 자료

① 가래떡을 썰어 참기름, 간장에 섞는다.

② 양파, 파, 당근을 썰어 둔다.

③ 쇠고기를 채 썰어 양념해서 ②와 함께 볶는다.

④ ③에 물, 고추장, 토마토케첩을 넣고 끓인다.

⑤ ④에 ①을 넣은 후에 함께 끓인다.

⑥ 그릇에 담아 시식한다.

활동 23 떡산적

활동 영역 요리 영역

활동 주제 떡산적 만들기

활동 목표
- 떡산적을 만드는 과정과 재료에 대해 알아본다.
- 가래떡으로 만들 수 있는 전통 음식에 대해 살펴본다.
- 떡산적을 직접 만들어 보고 맛본 후에 표현해 본다.

활동 자료 가래떡, 쇠고기, 표고버섯, 당근, 파, 꼬치, 간장, 마늘, 참기름, 후춧가루, 깨소금, 설탕, 식용유

활동 방법

① 떡산적을 먹어 본 경험에 대해 이야기 나눈다.
- 어떤 맛이었니?
- 산적의 종류에 대해 알아본다(산적으로 끼울 수 있는 것에 뭐가 있을까?).
- 만약 꼬치가 없으면 무엇으로 끼울까?

② 떡산적의 재료를 알아본다.

③ 떡산적을 만드는 과정을 요리 순서표로 알아본다.

④ 떡산적을 직접 만들어 본다.
- 떡과 채소, 기타 재료의 크기에 대해
- 구울 때의 온도와 색깔에 대해

• 양념장은 언제 바르나?

⑤ 떡산적을 먹어 본 후에 맛과 느낌 등을 말이나 글로 표현해 본다.

요리 방법

① 떡볶이 떡을 5cm 길이로 자른다.

② 당근도 5cm 길이로 자른 후에 끓는 물에 데친다. 파, 쇠고기, 표고도 5cm 길이로 잘라 둔다.

③ 흰떡, 쇠고기, 표고버섯, 파, 당근을 양념한다.

④ 꼬치에 준비한 재료를 번갈아 가며 하나씩 끼운다. (일정한 패턴을 유지하면서 끼운다.)

• 떡 + 당근 + 떡 + 파 + 떡 + 쇠고기 + 떡 + 표고버섯

• 떡 + 당근, 표고 + 떡 + 쇠고기, 파

⑤ 프라이팬에 식용유를 두르고 ④를 지진다.

⑥ 양념장을 바른 후에 시식한다. (양념장 재료: 간장, 깨소금, 후추, 마늘, 설탕, 참기름)

확장 활동

- 떡산적을 끼울 때에 일정한 패턴을 유지하며, 유아들이 좋아하는 패턴으로 자유롭게 끼워 보게 한다.
- 떡산적에 더 넣고 싶은 재료는 어떤 것인지, 또 다른 재료를 넣어 실습해 본다.
- 떡산적 만드는 것을 조작, 미술 활동으로 연계해서 활동해 볼 수 있다.

설명 자료

① 떡을 5cm 길이로 자른다.

② 당근, 파, 쇠고기, 표고버섯도 같은 길이로 자른다.

③ ①, ②를 양념한다.

④ ③을 일정한 패턴대로 끼운다.

⑤ 프라이팬에 ④를 지진다.

⑥ 양념장을 바른 후에 시식한다.

≫ 참고문헌

고려대학교 민족문화연구소 (1980). 한국민족대관. 서울: 고려대학교 민속문화연구소.

고병익 (1982). 동아시아의 전통. 서울: 일조각.

교육부 (1993). 전통놀이 교육활동 지도자료.

______ (1999). 유아를 위한 전통문화 교육활동 자료집.

국립민속박물관 (1997). 한국의 세시풍속 Ⅰ, Ⅱ. 서울: 태학사.

김동극 (1995). 장애예방. 서울: 성원사.

김문식 (1998). 소학(小學)과 아동교육, 전통과 현대, 여름호. 서울: 전통과 현대사.

김미혜 (1978). 한국 가족에서의 효의 의미. 이화여자대학교 대학원 석사학위논문.

김상일 (1987). 한밝문명론. 서울: 지식산업사.

김석암 (1991). 불교인간학에 대한 교육학적 접근. 동국대학교 교육대학원 석사학위논문.

김인옥 (1999). 태교신기를 중심으로 본 전통사회의 태교에 관한 고찰, 한국전통생활문화학회지, 제2권 1호.

김재은 (1993). 태아도 뭔가를 배운다. 서울: 샘터.

김종서 외 (1990). 전통사상의 현대적 의미. 성남: 한국정신문화연구원.

김지하 (1985). 김지하 이야기 모음: 남녘 땅 뱃노래. 서울: 도서출판 두레.

______ (1996). 생명과 가치. 서울: 솔.

김진경 (2001). 전통 유아교육 원리를 적용한 유아 사회생활 지도 모형 연구. 신라대학교 교육대학원 석사학위논문.

김형주·김군자 (1997). 태교음악. 서울: 샘터.

류경화 (1999). 유아를 위한 전통놀이교육. 서울: 창지사.

류점숙 (1991). 조선 후기 동몽교재의 내용연구. 경북대학교 대학원 박사학위논문.

민경환 (1983). 석존의 교육사상에 관한 연구. 동국대학교 대학원 석사학위논문.

민속학회 (1998). 한국 민속학의 이해. 서울: 문학아카데미.

박상희 (1991). 이 사람 이후. 서울: 도서출판 월드북.

박상희 (1999). 가정에서의 자녀교육에 관한 연구. 성신여자대학교 대학원 박사학위논문.

박상희·주영애 (2001). 전통생활문화의 계승 차원에서 본 유아사회교육. 서울: 양서원.

박선영 (1981). 불교의 교육사상. 서울: 동화출판공사.

______ (1982). 불교와 교육. 현대불교신서 45. 동국대학교 역경원.

박이문 (1996). 문명의 위기와 문화의 전환. 서울: 믿음사.

백경임 (1984). 불교의 인간 발달 단계. 서울: 불광.

서봉연 (1982). 전통적 생활세계와 아동생활. 한국정신문화연구원 편, 전통적 생활양식의 연구(中).

신민자 (1986). 한국 식생활 문화의 어제와 오늘, 국민영양, 4월호.

안경식 (1988). 「예기」 '내칙'편에 나타난 중국 고대 유아교육의 전통, 한국교육사상구회, 유치원 전통문화지도자료, 경상북도 교육청, 97-④ 장학자료 ㊥, 1988.
_____ (2000). 한국전통아동교육사상. 서울: 학지사.
오문환 (1996). 동학의 생명사상. 서울: 열음사.
오시림 (1993). 신사임당과 자녀교육. 서울: 민예사.
우영희 (1989). 조선시대 교훈서를 통해서 본 자녀교육. 중앙대학교 대학원 박사학위논문.
한국유아교육학회 편 (1996). 유아교육사전. 한국사전연구사.
유안진 (1987). 한국전통사회의 유아교육. 서울: 정민사.
_____ (1990). 한국전통사회의 유아교육. 서울: 서울대학교 출판부.
윤서석 (1985). 한국식생활연구사. 서울: 신광출판사.
_____ (1989). 식생활문화의 전승과 창조, 대한가정학회지, 제25권, 제4호.
윤서석 (1988). 한국 음식: 역사와 조리. 서울: 수학사.
이계학 (1993). 한국인의 전통교육 사상과 가정교육. 성남: 한국정신문화연구원.
이기석 역해 (2000). 명심보감. 서울: 홍신문화사.
이기석 역해 (2001). 동몽수지. 서울: 홍신문화사.
이길표 외 (2000). 태교에 관한 문헌 고찰, 한국전통생활문화학회지, 제3권 1호.
이길표·주영애 (1995). 전통가정생활문화연구. 서울: 신광출판사.
이덕무 (1985). 김종권 역해. 사소절. 서울: 명문당.
이민태 (1995). 한국인의 윤리와 교육. 서울: 교육과학사.
이은화 (2000). 한국의 전통아동놀이, 어린이와 환경. 안전 국제학술대회.
이은화 (1989). 전통놀이의 유아교육현장 적응을 위한 연구. 연세대학교 대학원 박사학위논문.
이이 (1995). 이기석 역해. 격몽요결. 서울: 명문당.
이홍우·유한구 (2000). 교육의 동양적 전통 II. 서울: 성경재.
이홍우 (1990). 우리의 교육적 유산, 한기언 교수 정년 기념 논문집, 한국교육학의 성찰과 과제. 서울: 교육과학사.
이효지 (1991). 전통 식기류와 상차림, 국민영양지, 5월호.
_____ (1998). 한국의 음식문화. 서울: 신광출판사.
임동근 (1989). 태훈(胎訓). 서울: 정음사.
임희섭 (1991). 문화전통과 생활문화, 문화전통과 사회발전. 미원문화재단.
자랑스런 민족음식 (1989). 자랑스런 민족음식과 북한의 요리. 도서출판 한마당.
장선철 (2000). 유아사회교육. 서울: 동문사.
장은주 (1995). 전통 음식에 대한 의식, 지식, 식생활 행동, 선호도에 관한 조사연구. 한양대학교 교육대학원.
전경원·전경분 (2001). 전교수의 창을 요리로 확 열자 I. 서울: 창지사.
전경화 (2000). 유아전통교육에 대한 교사 인식과 실태에 대한 연구, 유아교육학론집, 제4권, 제2호, 27-51.

전남련 (2004). 영유아보육개론. 서울: 형설출판사.

전남련 (2001). 유아를 위한 창의적 신체게임활동. 서울: 창지사.

정재걸·이혜영 (1993). 전통교육의 체계화를 위한 연구, 한국교육개발원, 연구보고, RR 93-25.

정진자 (2000). 우리나라 전통교육 방법이 발달장애아의 발달에 미치는 영향(I), 한국지체중복건강장애교육학회. 지체중복건강장애연구, 제36호.

주영애 (1999). 효교육 내용을 중심으로 한 유아예절교육 프로그램 개발의 기초, 한국전통생활 문화학회지, 제2권, 2호.

주정일 (1989a). 태교: 출산의 지혜. 서울: 샘터.

______ (1997b). 태교 : 출산의 지혜. 서울: 샘터.

주희 (1997). 이기석 역해. 소학. 서울: 홍신문화사.

조동일 (1993). 우리 학문의 길. 서울: 지식산업사.

조자용 (1995). 삼신민고. 서울: 가나아트.

차경수·정문성·구정화 (1998). 유아사회교육. 서울: 학문사.

천도교중앙총부 (1981). 천도교경전. 서울: 천도교중앙총부 출판부.

최길성 (1994). 한국 무속의 이해. 서울: 예전사.

최남선 (1973). 최남선 전집(3). 서울: 현암사.

최삼섭·박찬국 역해 (1997). 태교신기. 서울: 성보사.

최상수 (1985). 한국민속놀이의 연구. 서울: 성문각.

최필승 (1989). 자랑스런 민족 음식 북한의 요리. 서울: 한마당.

한국정신문화연구원 (1983). 한국의 교육고전연구.

________________ (1995). 한국민족문화대백과사전. 서울: 웅진출판사.

한국영재교육개발원 (1999). 천재는 태교에서부터 시작된다. 서울: 시간과 공간사.

황미향 (1995). 불교수행의 교육학적 의의에 관한 연구. 동국대학교 교육대학원 석사학위논문.

황혜성·한복려·한복진 (1998). 한국의 전통 음식. 서울: 교문사.

황혜성 (1996). 태교음식. 서울: 도서출판 둥지.

Gross, D. (1992). *The past in ruins: Tradition and the critique of moderrnity.* Amherst: University of Massachusetts press.

Jung, C. G. (1969). *The Collected works of C. G. Jung, Vol. 9,* 11. Routledge.

국민일보, 2000. 4. 21. 33면.

http://www.mami.co.kr
http://www.kidca.com
http://www.koreandb.kdaq.empas.com

/저/자/소/개/

전남련

- 중앙대학교 대학원 유아교육학과 졸업(석사)
- 평택대학교 대학원 사회복지학과 졸업(박사)
- 7감각 글로벌 영유아학교 창시자
- 7감각 글로벌 영유아학회 회장
- 남서울대학교 아동복지융합학과 초빙 교수
- 유치원 1급 정교사 자격 연수 프로젝트 강사
- 프로젝트 1·2급 자격과정 지도 교수

저서 및 논문: 유아전통교육(2004), 유아관찰평가의 이론과 실제(2005), 프로젝트 접근법의 이론과 실제(2005), 창의성을 키우면 누구나 영재다(2005), 놀이지도(2007, 공저), 부모교육론(2008, 공저), 보육과정(2008, 공저), 유아와 상호작용을 통한 프로젝트 접근법(2008), 영유아 프로그램과 평가(2008, 공저), 표준보육과정에 의한 주간교육계획안(2009), 보육실습 이론과 실제(2009), 일곱 가지 감각으로 기르는 영재육성특성화 프로그램(2009), 아동관찰 및 행동연구(2009, 공저), 아동영양학(2010, 공저), 아동발달(2010, 공저), 영아반 프로젝트(2011), 영유아교수학습방법(2011, 공저), 영아발달(2011, 공저), 유아건강안전교육(2012, 공저), 영유아놀이지도(2012, 공저), 누리과정 이야기나누기 자료(2012, 전집), 두뇌를 명석하게 하는 유태인 천재교육의 비밀, 테필린 카드(2012), 3~5세 누리과정에 따른 교육계획안(2013), 제3차 표준보육과정에 따른 교육계획안(2013), 누리과정과 초등학교 통합교과를 연계한 프로젝트 접근법(2013, 공저), 구성주의 유아교육 철학에 입각한 생태 통합프로젝트(2013, 공저), 유아발달(2014, 공저), 유아전통교육(2014, 공저), 아동안전관리(2014, 공저), 아동건강교육(2014, 공저), 영아발달(2014, 공저), 영유아프로그램개발과 평가(2014), 아동관찰행동연구(2014, 공저), 유아학교 평가를 위한 국가수준 통합 프로젝트접근법(2014, 공저), 보육학개론(2015, 공저), 인성교육론(2016), 영유아 수학교육(2016, 공저), 유보통합평가를 위한 유아교육기관 원장·교사 지침서(2016, 공저), Project Based Learning 국가수준 교육과정 통합 프로젝트(2017, 공저), 구성주의 유아교육교수법에 의한 누리과정 통합 Project Based Learning(2017, 공저), 통합평가와 유보통합평가를 위한 프로젝트 접근법(2018, 공저) 외 다수

남궁기순

- 한양대학교 대학원 사회복지학과 졸업(석사)
- 남서울대학교 아동복지융합학과 박사 과정 중

현) • 서일대학교 평생교육원 강사
- 7감각 글로벌 영유아학회 이사
- 글로벌멘토링연구회 연구원
- 7감각 글로벌 영유아학교 연구 교수
- 어린이도서관 교사 스토리텔링 강사
- 현대 원격평생교육원 운영 교수
- 나래 PBL 교육연구소 소장
- 사)색동어머니동화구연가회 이사

저서: 3~5세 누리과정에 의한 주간교육계획안(공저, 2013), 놀이지도(공저, 2013), 구성주의 유아교육 철학에 입각한 생태 통합프로젝트(공저, 2013), 유아발달(공저, 2014), 유아전통교육(공저, 2014), 아동관찰 및 행동연구(공저, 2014), 영아발달(공저, 2014), 영유아교수학습방법(공저, 2014), 보육학개론(2015), 유보통합평가를 위한 유아교육기관 원장·교사 지침서(2016, 공저), 구성주의 유아교육교수법에 의한 누리과정 통합 Project Based Learning(2017, 공저)

서영순

- 순천향대학교 교육대학원 유아교육과 졸업(석사)

현) • 민족사관 어린이집 원장
- 7감각 글로벌 영유아학회 이사
- 글로벌멘토링연구회 연구원

저서: Project Based Learning 국가수준 교육과정 통합 프로젝트(2017, 공저), 통합평가와 유보통합평가를 위한 프로젝트 접근법(2018, 공저), 국가수준 교육과정에 의한 PBL주제중심 통합교육 활동교재 6월 지침서(2018, 공저)

변혜영

- 대구가톨릭대학원 유아교육학과 졸업(석사)
- 대구카톨릭대학원 유아교육 전공 박사 과정 중

전) • 영산대학교 아동학과 강사

현) • 미예림어린이집 원장

- 7감각 글로벌 영유아학회 이사
- 글로벌멘토링연구회 연구원

저서: 영유아 수학교육(2016)

윤오식

- 상지전문대학교 유아교육과 졸업

현) • 다솔숲어린이집 원장

- 7감각 글로벌 영유아학회 이사
- 글로벌멘토링연구회 연구원

강경화

- 군산대학교 미술학과 졸업
- 한국방송통신대학교 유아교육과 졸업

현) • 고운유치원 원장

- 7감각 글로벌 영유아학회 이사
- 글로벌멘토링연구회 연구원

유아전통교육

초판 1쇄 인쇄 2018년 7월 20일
초판 1쇄 발행 2018년 7월 25일

지은이 | 전남련·남궁기순·서영순·변혜영·윤오식·강경화
펴낸이 | 김기섭
편집인 | 이윤희
펴낸곳 | 창지사 www.changjisa.com
08589 서울시 금천구 가산디지털 1로 83 파트너스타워 1차 9층
전화 (02) 719-2211~3
팩스 (02) 701-9386
등 록 | 1977년 4월 28일·제1-421호

ISBN 978-89-426-1149-2 (93370)

값 24,000원

이 도서의 국립중앙도서관 출판예정도서목록(CIP)은 서지정보유통지원시스템 홈페이지(http://seoji.nl.go.kr)와 국가자료공동목록시스템(http://www.nl.go.kr/kolisnet)에서 이용하실 수 있습니다.(CIP제어번호: CIP2018022773)